쿠's 퍼실리테이션

쿠's 퍼실리테이션

욕망하는 목소리의 실현

초판 1쇄 발행 2023년 5월 23일

지은이 구기욱

펴낸이 구기욱
편 집 조유나
디자인 박주란
경영지원 임순미
마케팅 조연우

발행처 쿠퍼북스
출판등록 2015년 4월 15일 제2016-000119호
주 소 서울특별시 강남구 테헤란로 22길 9, 아름다운빌딩 9층
대표 전화 02-562-8220 | **팩 스** 02-562-0810
홈페이지 www.koofa.kr | **이메일** koofa@koofa.kr

ⓒ 구기욱 2023
ISBN 979-11-957290-7-4

쿠's 퍼실리테이션

욕망하는 목소리의 실현

구기욱 지음

KOOFA BOOKs

감사의 글

퍼실리테이션의 퍼자도 모르던 쿠에게 퍼실리테이션을 알게 해준 고마운 분들의 기억이 생생하다. 가장 크게 영감을 주신 분들을 만난 순서대로 떠올려 보면, 정경희 대표, 오우식 대표, 채홍미 대표, 윤경로 원장, 이영숙 대표 등이다. 대부분 한국퍼실리테이터협회 창립 멤버이며 지금도 협회의 발전과 퍼실리테이션의 확산에 헌신하고 있다.

협회의 인증 과정 수립과 KOOFA 설립 과정에 함께했던 남서진 대표는 쿠's 퍼실리테이션의 중심을 잡게 해준 커다란 후원자이다. 그리고 KOOFA의 창립 멤버, 지금 KOOFA 구성원의 지지와 용서가 없었다면 이 책은 세상에 나오지 못했을 것이다.

이 책의 제목을 던져주며 용기를 주신 김경묵 공장장을 포함해 책이 나올 수 있도록 돕고 그 안에 담을 지혜를 보태주신 많은 분에 대한 감사의 마음을 담는다.

서울에 살까?

부산에 살까?

서울에 사는 것이 옳다고 생각하면 서울에 산다. 부산에 사는 것이 옳다고 생각하면 부산에 산다. 어느 것도 완전히 옳다고 할 수 없지만, 둘 중 스스로 옳다고 생각하는 것을 받아들인다. 그리고 그렇게 받아들인 믿음에 대해서는 철저하다. '내가 옳다.'라고 생각하며 믿는 대로 행동한다.

우리는 자유를 원한다. 스스로 자유롭게 선택하여 행하고 싶어 한다. 생명체로서 내가 사는 것을 택하면 살고 내가 죽음을 택하면 죽는다. 나의 생사는 타인의 생사와 별개로 독립되어 있다. 그러므로 나는 나의 생사 문제에 집중해야 한다. 내 생명을 유지해야 하니 내가 내 생명에 유리하다고 생각하는 믿음대로 결정하고 싶다. 목숨이 걸려있으니 선택하는 자유를 포기하기 어렵다.

선택이란 바로 실행할 것에 대한 결정이다. 그리고 실행은 생명에 유리한 것에 대한 끝없는 시도이다. 그래서 유리한 것은 옳게 느껴진다. 기분도 좋아진다. 무엇이 유리한지 쉽게 알 수 있으면 선택도 빠르고 마음도 즐겁다. 선택이 어려울 때는 괴롭고 불안하다.

하나의 선택은 다른 나머지의 포기가 된다. 포기한 것이 불리한 것이라는 확신이 없을 때, 미련이나 아쉬움이 남게 되고 선택은 제법 어렵다. 그 아쉬움이나 미련은 생명에 대한 또 다른 유리함을 잃을지도 모른다는 상실감일 것이다. 이런 선택의 어려움 때문에 사람들은 때론 자유에서 도망가고 싶다. 그리하여 신, 무당, 운, 컨설턴트, 멘토, 리더에게 진짜 유리한 것이 무엇인지 선택을 맡겨 보기도 한다.

자유는 자신의 생명을 지켜주는 선물이지만, 선택하지 않는 것에 대한 상실의 형벌을 함께 준다. 이렇게 보면 자유는 있어야 하지만, 없어도 좋을 것 같은 아이러니다. 그래도 여전히 자유를 가지려는 데는 또 다른 이유가 있다.

바로 성취감이다. 선택은 선택한 것에 대한 결과를 선물한다. 선택에 그치는 것이 아니라 선택과 실행의 결과로 성취를 생산한다. 그 성취는 선택한 자에게 성취감이라는 긍정적인 기분을 가져다준다. 메뉴를 고르는 것, 여행지를 결정하는 것, 취업할 회사를 고르는 것, 시도해 볼 프로젝트를 선택하는 것, 배우자를 선택하는 것, 모두 선택이라는 자유가 성취로 이어질 가능성을 지닌 것이다.

실패도 마찬가지다. 실패하게 되면 패배감, 좌절감, 죄책감과 같은 부정적인 기분이 찾아올 것이다. 그러므로 사람들은 부정적인 기분을 피하기 위하여 성공할 가능성이 높은 것을 선택하고 패배할 선택지를 포기하려 한다. 패배는 곧 생명 유지의 실패로 느껴지기 때문이다.

성취가 성취감으로 이어지려면 나의 선택이 있었어야 한다. 누군가가 시켜서 한 일은 비록 그 일을 성공적으로 해냈다고 하더라고 성취감으로 충분히 이어지지 않는다. 누군가가 아이디어를 내어 시작한 프로젝트에 참여해서 성공한 것보다는, 내가 먼저 아이디어를 내어 시작하게 된 프로젝트를 성공적으로 해냈을 때 성취감은 훨씬 크다. 성취감을 맛보지 않고는 행복하기 어려우니 결정권은 곧 행복의 근원이 된다.

한편 인간은 혼자 살 수 없어 무리를 지어 산다. 가정, 회사, 클럽, 학교, 교회, 지역사회, 협동조합 등 다양한 무리에 속해 있다. 무리를 지어 사는 이유는 그렇게 사는 것이 생명에 유리하기 때문일 것이다. 유리해 보이는 사람에게 가까이 가고, 불리해 보이는 사람에게는 거리를 둔다. 도움이 되는 회사에는 입사하고 불리한 회사라면 퇴사를 결정한다. 어떤 무리에 속하는 것이 유리하여 무리에 속하기를 선택하였지만, 무리 속에서 나의 선택권은 타인의 것과 필연적으로 대립하는 운명에 놓인다. 내 생명에 유리하여 무리를 선택하였지만, 내 생명을 유리하게 만드는 선택권을 제한받게 되는 모순된 상황에 봉착하게 되는 것이다.

그리하여 무리 속은 결정권의 전쟁터가 된다. 무리의 구성원 각자는 저마다의 유리함이 있고 이 각각의 유리함이 저절로 일치되기란 지극히 어려운 일이다. 여러 개의 선택지에서 하나를 결정하는 개인 내면의 갈등처럼, 무리에서도 여러 사람이 제각각 제시하는 선택지에서 하나의 결정을 만들어 가는 갈등이 생겨난다.

행복해지려고 무리에 속했지만 갈등이라는 불행의 씨앗을 만나게 되는 것이다. 불행할 수 없으니 인간은 대안을 찾아왔다. 처음엔 신의 지배를 따랐다. 개인의 선택권을 신에게 또는 사제에게 의탁했다. 신에게 넘겨주었던 선택권은 세습 군주에게 넘겨졌다. 인간은 신과 군주라는 두 절대자에게 결정권을 넘겨 구성원 간의 갈등 즉 결정 투쟁을 차단했다.

근대사회에서는 자본이 결정권의 우위를 차지하기 시작했다. 또한 의사, 변호사, 세무사, 과학자, 변리사와 같은 지식 전문가에게 상당한 결정권을 넘겨줬다. 이성과 합리적 근거를 가진 과학과 지식을 보유한 전문가의 결정에 따르는 것이 현실적으로 유리했다.

21세기, 이제 지식이 산재한 시대가 되었다. 지식이 더 이상 전문가의 전유물이 아니다. 클릭 하나, 질문 하나로 최고의 지성을 언제 어디서든 만날 수 있다. 웬만한 것은 AI가 생성까지 해준다.

차고 넘치는 지식 덕택에 세상은 더 빠르게 변하고 있다. 무엇이 유리한지를 알려주는 지식이 많아졌다고 해서 인간의 문제가 더 많이 해결된 것은 아니다. 60을 바라던 기대수명은 80이 되고, 이제는 100을 넘어서고 있다. 혹자는 무한 연장의 가능성까지 논하고 있다. 이렇듯 무한한 인간의 욕망과 기대는 새로운 문제를 무한히 만들어낸다. 더 빠른 교통수단, 더 값싼 에너지, 더 큰 메모리, 더 빠른 인터넷, 더 맛있는 식사 등 새로운 문제를 한없이 창출한다. 이미 확보한 기대 생명에 더하여 더 긴 생명의 기회를 모색한다.

무엇이 내 생명에 유리한지에 대한 탐색은 절대 끝나지 않을 것이다. 그리고 여전히 어떤 무리 속에서 함께 찾아갈 것이다. 엄청나게 많은 지식의 창출과 함께 동시에 일어나고 있는 것은 지난 지식의 폐기이다. 지식의 축적이 무색하리만큼 어제의 지식은 더 이상 유용하지 않은 빠른 폐기를 경험한다. 더군다나 세상은 복잡해져서 어떤 결정도 단순하거나 혼자 내리기 어려운 시대가 되었다.

이러한 복잡한 세상에선 정해진 온전한 답이나 진리를 찾기 어렵다. 수소차가 나을지, 전기차가 나을지 정확하게 판단하기 어려웠다. AI에서 OpenAI가 승리할지, 구글이 승리할지, IBM이 승리할지 알기 어렵다. 메타버스 세상은 어디로 도약할지, 양자 컴퓨터의 미래를 누가 지배할지도 알기 어렵다. 높아진 복잡성은 이미 정해진 정답을 찾아내는 것이 아니라, 상황에 가장 가까운 그럴듯한 선택이 무엇인지를 서로 모여 결정하기를 요구한다.

진리를 찾는 것보다는 그럴듯한 결정 만드는 것이 더 중요한 세상이 되었다. 그럴듯함은 진리의 추구를 포기하지 않되, 진리에 도달할 수 없음을 인정하며 각자의 믿음에 기초한 최선의 선택 만들어 가는 것을 말한다. 그리하여 불완전할 수밖에 없는 자신의 선택에 대하여 편안함과 자신감을 가지는 것이다.

고학력과 정보의 홍수 속에서 개인의 경험, 정보, 지식도 많아져서 결정과 자유에 대한 욕구도 높아졌다. 나도 결정할 수 있고, 결정에 영향을 미치는 수평 조직을 희망한다. 하지만 개인의 지식이 늘어난 만큼 결정해야 하는 상황의 복잡성도 높아졌다. 혼자 결정하기 어려운 일이 늘어났다. 나만 똑똑한 것이 아니라 똑똑한 많은 다른 사람들과 함께 일해야 한다. 함께 결정해야 하는 복잡한 일이 많아졌다. 그러면서도 내 결정이 있어야 내가 행복해지는 인간의 기본적인 생명 추구의 본성은 변하지 않았다. 이 둘을 결합하려면 공동의 결정에 내 의견을 반영하는 것이 중요하다. 리더는 이제 이 일을 잘 해내는 사람으로 역할이 달라졌다.

퍼실리테이션은 집단의 공동 결정collective decision making 과정을 돕는 방법이며 바톰업bottom-up의 진정한 실현이다. 함께 결정하는 과정에 구성원의 의견을 반영하여 무리의 결정이 곧 나의 결정이 되도록 실현하는 기술이다. 이 퍼실리테이션을 중요하게 바라봐야 하는 시대가 되었다. 퍼실리테이터가 신과 운을 대체할 수 없다. 군주나 자본가를 대체할 수 없다. 다양한 전문가 역시 대체할 수 없다. 그러나 가정에도, 교회에도, 의회에도, 정부에도, 회사에도, 연구소에도, 지역사회에도 구성원의 결정과정에의 참여 필요성은 매우 높아졌다. 퍼실리테이터가 필요해졌다. 자율성, 지성, 복잡성을 엮어내는 '퍼실리테이션의 시대'가 된 것이다.

이 책은 조직의 리더, 중간관리자, 조직 개발 컨설턴트, 변화관리자, 전문 퍼실리테이터들을 독자로 생각하며 저술하였다. 이미 발간된 훌륭한 퍼실리테이션 책들이 많이 있지만, 이 책은 다음 7가지 측면에서 차별성 있는 내용을 담아냈다.

1. 퍼실리테이션을 철학, 이론, 스킬, 도구 4가지 측면으로 구분하여 설명
2. 퍼실리테이션이 요구되는 시대적 맥락을 조명

3. 조직의 본질로서 정보처리와 의사결정의 관점에 집중

4. 맞춤 워크숍의 설계 방법 제시

5. 실제 현장에서 사용하는 퍼실리테이터의 발언과 질문을 풍부하게 게재

6. 쿠가 개발하여 애용하는 새로운 도구와 기법 소개

7. 조직 개발과 퍼실리테이션의 구체적 연결 제시

이런 점을 특히 염두에 두면서 읽으면 보다 쉽고 흥미로운 독서가 될 것이다. 그리고 구성원과 참여자를 바라보는 리더와 퍼실리테이터의 눈빛이 달라질 것이다.

모항에서 서쪽 바다를, 성산에서 동쪽 바다를 바라보며

구기욱

목차

5 조직 개발과 퍼실리테이션

프롤로그

1

1980년대 후반, 공무원 시험을 준비하던 때 행정학 책을 통해 알게 된 '거버넌스^{governance}'라는 개념은 참으로 멋있었다. 거버넌스는 행정기관이 단독으로 의사결정하는 방식이 아니다. 이해관계가 얽혀 있는 다양한 분야의 사람들이 한데 모여 정책을 토론하고 협의하고 합의한다. 협치라고 번역된 거버넌스는 내게 바람직하고 당연히 있어야 하는 멋진 방법으로 다가왔다.

멋진 개념이지만, 실제로 거버넌스를 실행하고 있는 곳을 찾아보기는 어려웠다. 멋지고 당연히 적용되어야 할 것만 같은 개념이어서 마음속으로는 언젠가 실행하리라 생각하며 포기하지 못하고 있었다. 오늘날 중시되는 가치인 ESG에 거버넌스가 한자리를 차지하고 있는 것을 보면 실현하기는 쉽지 않아도 포기할 수 없는 요소다.

2

물리학과 출신인 나로서는 행정학이 무척 낯설었다. 인과가 등호로 떨어지지 않는 것만 같았기 때문이다. 이를 극복하려고 사회학개론, 심리학개론, 행정학개론 등 몇 강의를 충남대에서

도강했다. 내 존재가 드러나지 않게 조용히 수업을 듣고는 했는데, 하루는 행정학 교수님께서 토론 수업을 하겠다며 책상을 모둠 형식으로 모아 앉게 했다. 도강생임이 탄로 날까 두려워서 강의실을 빠져나올까 생각했지만 도대체 어떤 식으로 수업이 진행하는지 궁금해 버텨봤다. 나중에 알게 되었지만 그 당시 진행한 수업은 '난파선 게임'이었다.

'육지로부터 300km 이상 떨어진 곳에서 배가 조난을 당했고 대부분의 물건을 잃어버리게 된 상황에서 30개의 아이템을 건질 수 있다면 우선순위를 어떻게 둬야 할까요?'

처음에는 토론 없이 각자의 판단에 따라 순위를 매기고, 두 번째는 조별 토론을 한 후에 토론 내용을 참고하여 각자의 우선순위를 새롭게 매겼다. 놀랍게도 30명 정도의 학생 모두 토론 후의 점수가 더 높게 나왔다. 집단 지성의 위대함을 눈앞에서 체감한 순간이었다. 그때까지만 하더라도 나는 스스로 좀 잘난 줄 알았고, 내가 적은 답이 당연히 더 높은 점수를 얻을 것이라 확신했다. 하지만 그 확신은 조용하고도 무참히 깨졌다. 거버넌스의 당위성과 집단의 우수성을 생각하게 만든 계기였다. 그렇게 모험 같던 도강은 내 마음에 뜨거운 불씨를 하나 심어주었다.

3

공무원이 된 후로 거버넌스는 책에만 존재하고 현실에는 없는 것 같았다. 동정협의회, 시정자문회의와 같은 다양한 협의체는 대부분 형식적으로 운영되었다. 공무원이 열심히 만든 회의자료를 중심으로 별다른 논의나 토론 없이 내용을 공유하는 정도에 그쳤다. 오히려 지역유지들과의 사교를 위한 자리처럼 보였다.

'왜 현실 세계에서 거버넌스는 제대로 작동하지 못하는 것일까?'

'개념은 그럴듯하지만 실제로 거버넌스는 별로 도움이 되지 않는 방법일까?'

'권력자, 재력가, 지식인 등과 같은 힘 있는 사람들이 결정하는 방식이 더 효과적인가?'

의문을 품고 있었지만, 뚜렷한 답을 찾지는 못한 채 관료제의 일하는 방식에 잘 적응해갔다. 실은 비교적 저성과자였다.

4

거버넌스와 마찬가지로 잘 이해되지 않는 것이 하나 더 있었다. 자치단체의 공보실에 4년을 근무하면서 경험한 언론이었다. 공무원의 선의가 왜곡되어 보도되는 경우가 많았다. 그때마다 공무원인 나로서는 억울하다는 생각이 들었다. 게다가 그런 왜곡은 관점의 차이가 아닌 악의적인 왜곡인 것 같았다. 기자가 공무원을 손바닥 안에 두고 좌지우지하면서 금전적인 이득을 챙기려는 악의가 있다는 것을 점점 알게 되었다.

축제와 같은 큰 행사를 앞둔 경우, 일부러 시정에 대한 부정적인 기사를 내는 것이 역력해 보였다. 시에서는 행사 기간 우호적인 보도를 기대하는 마음에서 행사 광고비를 책정했다. 언론이 정보와 주민을 연결하는 진실한 소통의 통로로 작동하지 못하고 있다는 것이 안타까웠다.

5

2001년에는 공무원으로서 지방자치단체국제화재단 뉴욕사무소에 파견되어 근무 중에 9.11 테러 사건(이하 9/11)을 겪었다. 월드 트레이드 센터World Trade Center, North Tower의 78층에 근무하고 있었으나 10분 차이로 목숨을 건졌다. 그리고 9/11 이후의 미국 사회 움직임과 논의를 매우 가까이에서 관찰할 수 있었다.

당시 나는 매일 장관에게 보고할 상황 보고서를 만들어야 했기에 종일 TV와 신문에 매달려 미국 상황을 살펴야 했다. 이 과정에서 가장 놀란 점은 언론이 정부와 혼연일체가 되어 복구를 돕는 모습이었다. 우리나라에서 봐온 보도 방식과 극명하게 달랐기에 너무 낯설었다. '어떤 장관을 문책하고, CIA 국장을 경질해야 한다'는 방식의 보도가 있는지 일부러 찾아봐도 정부나 공무원의 잘못을 지적하고 비난하는 보도는 없었다.

오히려 매체는 행정기관처럼 움직였다. 현장의 상황을 전 국민에게 실시간 영상으로 중계하며, 잘못을 지적하는 내용이 아니라 문제 해결에 초점을 맞춰 보도되고 있었다. 현장의 영상과 목소리를 실시간으로 전해 주니 어떠한 보고 체계보다 신속하고 정확했다.

'맨손으로 찾아오는 자원봉사자는 현장의 행정을 가중시킬 뿐 현장에 실제로 도움이 되지

않습니다. 방문을 자제해 주세요.'

'굴삭기를 운전할 줄 아시는 분이 많이 필요합니다. 희망하시는 분은 제이컵 센터(뉴욕의 COEX) 서쪽으로 오셔서 접수해 주시기를 바랍니다.'

잘못을 지적하고 실수를 비난하는 것보다는 복구를 응원하고 협력하는 일에 집중하는 모습이 매우 인상적이었다. 재난방송의 효율을 보면서 마음 깊이 부러워했다. 일일 보고를 하던 2개월여 동안 큰 공부가 되었다. 9/11의 복구 과정, 정부와 언론의 긍정적 협력 관계, 미디어에 등장하는 각계 인사들이 911을 바라보는 다양한 관점을 자연스럽게 배울 수 있었다.

6

엄청난 비극과 다양한 시각을 아우르는 키워드는 '소통'이었다. 소통은 나의 화두가 되어 가슴에 꽂혔다.

'미국과 중동이 소통을 잘했더라면 911은 일어나지 않았을 텐데.'

'특정 집단에만 유리한 소통이 아니라 이해관계에 얽혀 있는 모두에게 유리한 소통을 실현하는 방법은 무엇일까?'

'나는 어떻게 소통을 도울 수 있을까?'

9/11은 나의 가슴에 소통의 씨앗을 심어 주었다. 거대한 세상의 수많은 소통을 힘 없는 한 사람의 힘으로 어찌해보겠다는 것은 막막하고 두려운 일이었다. 귀국 후에는 소통에 관해 몇 년 잊고 지냈다.

7

2003년 참여정부는 정부 혁신을 강하게 부르짖었다. 권위주의를 타파하고 민간 기업처럼 정부에서도 효율을 높여 보자는 대대적인 운동이었다. 토론이 중시되고 민간기업에서 적용하는 경영 기법을 배우고 도입했다. 나는 지금의 지방자치인재개발원에 근무하면서 신설된 혁신교육팀의 업무를 자원해 맡게 되었으며, 청와대 혁신관리수석실과 정부혁신지방분권위원회가 주축이 되어 공무원 교육의 중요성을 강조하고 있었다. '혁신은 교육이다'라는 슬로건을 연수원 벽면에 크게 내걸었다.

GE의 워크아웃, 식스시그마, LG혁신학교의 혁신교육, KOTRA와 KT의 BSC, 유한킴벌리의 지식노동자, 4조 2교대 등의 사례를 배우고 현장을 방문해 실무의 생생한 스토리를 전해 들었다. 그리고 이런 현장을 안내해 준 한국능률협회, 한국생산성본부 등의 컨설턴트들로부터 액션러닝, 코칭, 퍼실리테이션의 개념을 처음으로 전해 들었다.

8

2년이 넘게 정부혁신이라는 키워드를 중심으로 폭풍 같은 교육 운영, 수강, 독서, 현장 학습의 시간을 보냈다. 혁신과 관련한 많은 책과 사례, 강의, 현장에서도 중심이 되는 언어는 소통이었다. 권위 있는 사람에 의한 일반적인 소통에 의존하지 않고, 누구나 허심탄회하게 이야기할 수 있는 환경이 혁신을 일으킬 수 있는 성공 요인으로 보였다. 그리고 그것이 실현되도록 하는 방법과 기술로 코칭과 퍼실리테이션이 주로 사용된다는 것을 알게 되었다.

특히 나는 퍼실리테이션에 집중했다. 여러 사람이 함께 일하는 집단 또는 조직에 가장 필요해 보이는 것은 퍼실리테이션이었다. 과거에 포기했던 '거버넌스'의 실현 방법이 있다는 점에서 다시 희망을 품었다. 누군가가 똑똑하고 일 잘하는 한 사람을 육성하는 것만으로는 조직의 문제가 해결되지 않는다. 여럿이 무리 지어 사는 데서 발생하는 갈등의 문제를 해결하고 협력의 이점을 살리는 방향이 더 필요했다.

갈등을 협력으로 바꾸는 촉매제가 20세기에는 권력이었다면 21세기에는 퍼실리테이션이 그 역할을 한다고 느꼈다. 현대 사회에서 퍼실리테이션은 없으면 안 되는 비타민 C 같은 존재라는 생각에 다양한 책을 읽고 연수원에서 여러 가지 프로그램에 도입하며 실현하고자 시도했다. 연간 50개가 넘는 교육 과정을 운영했다. 여전히 미미했지만, 퍼실리테이션이라는 개념을 전국 지방자치단체에 조금씩 확산시켰다. 퍼실리테이션에 관한 이해와 실무 능력을 키워가던 중에 운 좋게 유학 시험에 선발되어 영국 유학길에 올랐다. 좀 더 체계적으로 퍼실리테이션과 거버넌스를 배우고 싶었다.

9

유학하던 첫해에는 Community Leadership 석사를 이수했다. 마을 만들기, 공동체 개발에 중점을 둔 프로그램이었다. 영국의 반상회 비슷한 마을 회의에 참여하면서 풀뿌리 민주주의를 실감했다. 조그만 동네의 마을 회의의 진행자도 회의 진행을 잘하는 것을 보고 놀랐다. 회의가 살아야 집단과 조직이 살아나고, 회의가 살아나려면 진행자가 퍼실리테이션을 잘해야 한다는 나의 가설이 현장에서 입증되는 느낌이었다.

이어서 이수한 워릭^{Warwick}대학교의 MPA 석사 과정은 퍼실리테이션의 이론과 스킬을 조직 관점에서 다지는 데 정말 큰 도움이 되었다. 전략 개발, 정책 개발, 지식 관리, 인간 경영, 성과 관리, 거버넌스, 재정, 변화 관리 등의 과목은 존재론적 기반을 모두 복잡계에 두고 있었다. 그리고 그 복잡성을 퍼실리테이션 방식으로 다루는 것을 직접 경험할 수 있었다.

이때 우리나라에서 조직 개발과 퍼실리테이션에 관한 석사 과정을 멋지게 하나 만들고 싶다는 충동을 느꼈다. 이론과 실무가 유기적으로 상호작용하는 로망을 실현하고 싶었다. 9/11 사건에서 품었던 소통의 씨앗은 그렇게 조직 개발과 퍼실리테이션으로 새싹을 틔웠다. 그리고 퍼실리테이터의 육성은 나의 비전이 되었다.

'우리나라에 450만 명의 퍼실리테이터를 육성한다.'
'쿠's 퍼실리테이션을 세계에 수출한다.'

1

달라진 세상

정보 중심 사회

아침에 눈을 뜨면 스마트폰을 연다.

'몇 시지?'

'날씨는 어떻지?'

'헤드라인이 뭐지?'

'미국 증시는 어떻게 되었지?'

핸드폰을 보며 생각한 질문들은 모두 정보를 구하는 내용이다. 그러고는

'오늘은 어디로 출근하지?'

'무슨 옷이 잘 어울릴까?'

'아침 식사로 뭘 먹을까?'하며 또다시 정보를 구한다. '아침 식사로 뭘 먹을까?'라는 간단한 질문 속을 들여다보면, 실은 의식조차 하지 못했던 수많은 후속 질문이 들어 있음을 알게 된다.

'어떤 음식이 제일 간편하지?'

'시간이 충분한가?'

'가격이 얼마지?'

'그 가격이 적절한가?'

'칼로리는 얼마지?'

'내가 시도하고 있는 다이어트에 부합하는 음식인가?'

겉으로는 몸을 움직이고 행동하는 물리적, 육체적 모습으로 보인다. 그러나 그 움직임을 만들어 내는 데는 두뇌의 엄청난 정보처리와 그에 기반한 결정이 있었다. 이 모든 질문의 중심에는 '나에게 유리한 것이 뭐지?'라는 숨은 질문이 담겨 있다.

자신에게 유리한 것을 수행하는 데 있어, 과거에는 자신이 직접 경험한 정보와 집안 어른이 제공해 주는 정보를 이용했다. 어른이 경험을 많이 했기 때문에 보유하고 있는 정보도 많았다. 그때도 정보력이 권력의 근원이었다. 정보를 가지고 있는 사람은 다른 사람보다 유리하다는 것이니 정보력이 곧 권력이 되는 것은 자연스럽다.

책이 쓰이면서 인류의 문명을 비약적으로 발전하기 시작했다. 정보원이 늘어난 것이다. 집안 어른에게만 의존하던 정보의 원천이 확대되기 시작했다. 어른만큼 나이를 먹지 않아도, 유리한 것(정보)을 더 많이 가질 수 있게 되었다. 그 힘은 산업혁명의 원천이 되었다. 그리고 컴퓨터는 아예 정보화 시대를 열었다.

이제는 모바일 시대가 되었다. 어마어마한 물질들이 정보화되어 네트워크를 통해 우리의 두뇌와 상호작용한다. 움직이면서도 세계의 정보를 실시간으로 사용할 수 있는 정보력을 개인이 갖게 되었다. 손끝에서 온갖 종류의 글, 소리, 그림, 동영상에 접근한다. 논문에서 웹툰까지 매체도 다양하다. 포털 뉴스에서 틱톡까지 플랫폼도 다양하다. 그 모든 것이 손안에 들어왔다.

이 변화는 정보력의 수평화라는 사회적 변화를 만들고 있다. 수평을 넘어 심지어 역수직[1]이라는 역전 현상까지 일어나고 있다. 나이 든 것이나 지위가 높은 것이 정보력의 우위를 보장하지 않을뿐더러 경우에 따라 약화를 불어오고 있다.

---

1 코로나19 팬데믹으로 인해 원격매체를 사용하게 되었을 때, 이 매체에 대한 지식과 정보력은 조직의 낮은 연령층이 상대적으로 앞섰다. 이 원격매체에 대한 정보력은 적어도 그 분야 권위의 원천이 되었다.

믿는 것에서 옳은 것으로

사람들은 어떤 결정을 하기 위해 회의를 연다. 비전, 핵심 가치, 전략, 신사업, 신상품, 사업 폐기, 조직 구조, 업무분장, 승진, 채용, 상벌 등 결정의 연속이다. 이때 결정을 위해 동원하는 것은 정보, 의견, 지식이다.

어떤 결정이 내려지기까지 정보, 의견, 지식은 어떤 관계와 운명을 가지고 있을까?

정보, 의견, 지식은 어떻게 현명한 결정, 올바른 결정으로 이르게 하는 것일까?

조직에서 정보는 결정을 돕는 지식으로 진화되어야 한다. 정보는 인과 관계로 조직화되었을 때 지식이 된다. 개인과 마찬가지로 조직도 현명한 결정을 해야 생존하고 발전할 수 있다. 현명한 결정을 하기 위해서는 무엇이 옳은지를 잘 찾아가는 업무 과정이 있어야 한다. 이 옳은 것을 찾아가는 과정이 지식화 과정이다.

지식은 어떤 명제proposition를 옳다고 여긴 것이다. 플라톤은 지식을 'justified true belief(믿고 있는 것들 중에서 진짜라고 입증된 것)'라고 보았고 오랫동안 이 정의가 받아들여졌다. 오늘날에는 입증의 불완전성에 대해 반성하면서 진리의 개념을 완화하고 있다. 칼 포퍼는 옳지 않을 수 있어야 과학적 지식(반증가능성)이라고 말했다. 노직Nozick의 'true belief with counterfactual tracking(반대 사실을 추적할 수 있는 진짜 믿음)'으로 완화해 사용하고 있다.

명제라는 용어부터 좀 더 설명해보겠다. 명제란 참, 거짓을 판별할 수 있는 문장을 말한다. '나는 사람이다.'는 명제이다. 반면에 '어린이는 위대하다.'는 명제가 아니다. '위대하다'의 기준이 사람마다 다를 수 있기 때문에 참, 거짓을 말하기 어렵다.

사람들은 감각기관을 통해 수집한 정보를 그냥 두지 않고 이를 활용하기 위한 가설을 수립한다. '바람이 분다.'라는 정보와 '깃발이 나부낀다.'라는 정보(사실)를 결합해 '바람이 불면 깃발이 나부낀다.'라는 추론(잠정적인 신념)을 하게 된다. 이는 참인지 거짓인지 말할 수 있는 문장이므로 명제에 해당한다. 그리고 이 명제는 아직은 옳다고 증명이 된 것은 아니므로 입증되지 않은 신념(옳다고 받아들인 것)의 수준에 머물러 있는 것이 된다.

여러 차례 바람이 불 때마다 깃발이 나부끼는 것을 경험하면서 사람들의 신념은 견고해진다. 옳음의 기준을 획득하게 되지만 반드시 옳다고 확정할 수는 없다. 옳다고 확정할 수 없음에도 사람들은 일반적으로 옳다는 확신을 갖는다. 이는 소통의 장애로 작동하고, 갈등의 원인이 된다.

'Swan^{백조2}은 흰색이다.'라는 명제도 수없이 많은 경험에서 얻는 일반화된 신념이지만, 1697년 검은색 Swan이 호주에서 발견되면서 잘못된 신념임이 밝혀졌다. 이른바 블랙스완이다. 정말로 옳다고 생각하던 것마저 아닐 수 있다는 열린 마음을 가졌을 때, 오히려 진리에 좀 더 가까이 다가갈 수 있다. 사람들은 지식(진리)보다 훨씬 많은 입증되지 않은 신념을 가지고 있다. 우리 생각의 대부분이 신념으로 메워져 있다. 이미 밝혀져 있지만 그 반대로 알고 있는 신념도 있고, 밝혀진 것을 제대로 알고 있는 신념도 있다. 이쪽이든 저쪽이든 스스로는 모두 옳다고 생각한다.

여기서 조직 또는 집단의 문제가 발생한다. 사람들이 가진 여러 신념은 서로 다르지만 각자 자기 것이 옳다고 생각하는 것이다. 그러므로 이런 당사자가 모여 있으면 견해의 충돌로 인해 불편함이 생긴다.

서로 스스로가 옳다고 생각하기 때문에 이를 해결하는 과정으로 당사자에게만 맡겨서는 쉽게 해결될 수 없다. 퍼실리테이터가 개입하는 것이 바람직하다. 서로 가진 신념을 편히 드러내고, 합리적 추론과 증거를 발견해 당사자가 모두 동의하는 결론에 도달하도록 하는 정교한 개입자가 필요한 것이다. 이때 당사자들이 내린 결론은 그들 공통의 잠정적 진리 즉 지식이 된다.

---

2 · 우리말 백조에서 흰색이라는 말이 명칭에 포함되어 있지만, 영어의 swan에는 흰색이라는 실마리가 명칭에 들어있지 않다. 색 중립적인 이름이다.

내 닫힌 마음의 정당성

A: 사무실 근무가 업무 효율을 높인다.

B: 재택근무가 업무 효율을 높인다.

A라는 사람이 어떤 주장을 하는데, 다른 의견을 가진 B가 A를 마주하게 되면 A는 꽉 막힌 사람처럼 보인다. B는 자신이 가진 의견이 옳다고 생각해 주장할 것이다. 그런데 B가 생각할 때, A는 자신이 가진 의견과는 다른 주장을 하고 있으므로 A는 틀린 주장을 하는 것으로 여겨진다. A가 겪는 상황도 마찬가지일 것이다.

틀린 것인데 옳다고 계속 주장하는 것을 보면서, 서로는 '저렇게 틀린 것을 주장하는 사람과 논쟁하는 것은 잘못된 일(시간 낭비)이야.'라는 생각에 다다르게 된다. 상대가 틀린 것을 주장하는 부당한 사람이므로 굳이 내가 주장하는 것에 오류가 있을 수 있다고 의심해 볼 필요가 느껴지지 않는다. 그래서 내가 굳이 다른 의견을 가진 사람과 말을 섞지 않는 것은 정당하다. 두 사람의 대화는 진전을 이루지 못한다.

VUCA, 짧아진 정보 수명

정보라는 용어의 의미가 '유용한 자료'이므로 유용할 때만 정보이다. 정보의 유용함은 안정적인 시절에 높다. 그러나 학자들은 오늘날의 환경을 일컬어 'VUCA'[3]라고 부른다.

유가, 경기, 기후 등 변동성^{volatility}이 심하고 미래를 예측하기 어려운 불확실성^{uncertainty}이 높으며, 사람이 결부된 정치, 경제, 사회 현상 등의 인과 관계는 복잡^{complexity}하게 얽혀있고, 어떤 하나의 현상을 두 가지 이상으로 해석할 수 있는 모호함^{ambiguity}이 상존하고 있다는 의미이다. 어떤 정보나 지식의 유용성과 정당성에 항상 회의를 품어야 하는 세상이 되었다.

위 네 가지의 개념은 개별적으로 의미를 지니지만, 통합적으로 이해하는 것이 필요하다. 중요한 것은 VUCA 환경의 개별적 특성에 따라 기계적으로 대응 수단을 찾는 것이 아니라, 실제로 조직에 도움이 되는, 원하는 결과를 얻을 수 있는 적응적인 방법을 찾는 것이다. 또한 4차 산업, 리더십, 수평적 조직 문화, 애자일, 임파워먼트, 학습 조직, 반영 조직, 센스메이킹 등의 유관 개념과 어떻게 연관되는지도 살펴야 한다. 이렇게 되면 공부할 내용도 너무 많고 실무에 활용할 시간도 부족하다.

그러나 조직의 리더 또는 변화 관리자의 역할을 맡은 사람이라면 버릴 수도 피할 수도 없는 내용이다. 이 모든 개념은 별개로 작동하는 것이 아니라 세상에서 일어나고 있는 하나의 현상을 다양한 시각으로 관찰하고 그에 따른 다양한 개입 방법을 설명하고 있는 것이다.

어제의 정보는 오늘의 정보가 아니다. 세상이 복잡하게 얽혀 있으므로 하나의 이론이나 하나의 시각으로 현상을 파악하고 해석하기 어렵다. 나아가 어떤 인과 관계도 부분적이고, 조건적일 뿐 온전하지 않다. 조직은 이러한 환경 속에서 진리를 추구하고 결정해가야 한다. 진리의 과녁에 도달할 수는 없을지라도 그 흐릿한 방향을 향해 화살을 당겨야 한다. 결정을 피할 수는 없다.

---

3 VUCA는 Volatility, Uncertainty, Complexity and Ambiguity의 약어다. 1987년 미국 육군참모대학교(The US Army War College)의 리더십 커리큘럼에 새로워진 리더십 환경을 설명하는 용어로 처음 등장한다. 이후 1991년, 허버트 바버(Herbert Barber)는 'Developing Strategic Leadership: The US Army War College Experience'라는 제목으로 콘퍼런스에서 연설했는데, 이후 세계에서 주목했다. 그리고 911 사건은 전 세계인들이 VUCA를 현실적으로 받아들이게 하는 큰 계기가 되었다. 바버는 VUCA 개념을 Bennis와 Namus의 책 『Leaders: The Strategies for Taking Charge』에서 아이디어를 가져왔다고 밝히고 있다.

VUCA 세상은 매뉴얼의 수명을 짧게 만든다. 지난 달 완성한 매뉴얼을 이번 달에 다시 고쳐야 한다. 매뉴얼에 담을 수 없는 새로운 상황이 끊임없이 등장한다. 그렇다고 매뉴얼을 없애는 것이 현명한 것은 아니다. 개략적인 매뉴얼을 만들고 변동에 대응하도록 구성원의 역량을 길러야 한다.

매뉴얼에 담겨 있지 않은 변화된 상황에 대한 대응은 어떻게 해야 할까?

구성원의 높은 수준의 정보처리 능력, 지식을 동원한 의사결정이 필요하다. 구성원 혼자 가진 정보만으로 결정하기에 부족하다면 다른 사람들의 정보를 동원해야 한다. 회의가 필요해지는 상황이다.

최근 한국을 휩쓸고 간 조직의 이슈를 돌이켜 보면 VUCA 세상을 실감하게 된다. 워라벨, 52시간, 디지털 트랜스포메이션, 애자일, 디자인 씽킹, OKR, MZ세대, 이직률 증가, 재택근무, 온라인 회의, 협업툴, 식당 영업 제한, 스마트 워크, 하이브리드 워크 등 지난 5년 동안 숨가쁜 변화가 지속되었다.

소통, 리더십, 부서 이기주의, 협업과 같은 고전적인 이슈들이 여전히 조직의 숙제로 남아 있는 채로 하나를 좀 알고 나면 또 하나의 새로운 이슈가 등장했다. 그 이전에 유행했던 BPR, 다운사이징, 전자결재 시스템, 그룹웨어, MBO, 6시그마, BSC, 워크아웃 등에 비해 주기와 수명이 더 짧아졌다.

재빠른 변화의 적응 시스템을 갖추지 못한 조직은 어설픈 적응에 노출된다. 어설픔은 조직 내 피로로 누적된다. 피로를 퇴치하고, VUCA의 파고에 묻히는 것이 아니라 그 위에서 서핑을 즐기려면 어떻게 해야 할까? 정보를 효율적으로 다루고, 구성원들의 지식을 효과적으로 사용해 척척 의사결정을 만들어 내는 조직을 만들어 가야 한다.

사람의 일은 복잡하다

VUCA의 중심에 자리하고 있는 한 개념은 복잡성이다. 복잡성을 이해하고 조직의 문제와 상황을 바라보는 데 있어 복잡계의 시각을 갖고 접근할 필요가 있다.

인간의 합리성은 끊임없이 사건들의 인과 관계를 파악하고 바람직한 미래를 만들어 내기 위한 원인 행위를 하고자 시도한다. 그러나 하나의 원인 행위가 반드시 기대한 결과를 만들지 않을 수 있다. 이 점이 복잡계이론에서 얻을 수 있는 가장 중요한 시사점이다.

지식은 원인과 결과를 파악한 결과물이다. 인과 관계가 맞다라고 밝혀내는 것이 연구하고 일하는 과정이다. 하지만 복잡계이론은 이러한 인과 관계를 무력화시키는 측면을 보여주고 있다. 실은 인간이 어떤 의도를 가지고 실행하지만 원하는 결과를 얻지 못하는 경우가 많았던 것을 본다. 하나의 원인이 반드시 기대한 결과를 만들지 않는다는 복잡계 속에 살아왔던 것이다.

경영 또는 행정의 개입주의는 인과를 파악할 수 있다는 전제를 깔고 있다. 만약 인과를 파악할 수 없다면, 개입은 쓸모없거나 상황을 악화시킬 수 있다.

1. 커네빈 프레임워크

영국에서 데이비드 스노우덴^{David Snowden}의 강의를 직접 들으며 충격에 빠지게 됐던 개념이 바로, 커네빈^{Cynefin} 프레임워크다. 그때까지만 해도 질서 잡힌 세상만을 보며 살았고, 인간의 능력은 노력을 통해 그 질서를 파악할 수 있다는 점을 의심하지 않았다. 커네빈 개념은 세상을 존재 양식이 서로 다른 4개의 시스템으로 구성되어 있다고 본다. 이 서로 다른 시스템은 매우 다르게 작동하며, 각 시스템을 개선하는 데는 저마다의 다른 접근 방법을 적용되어야 한다고 주장한다.

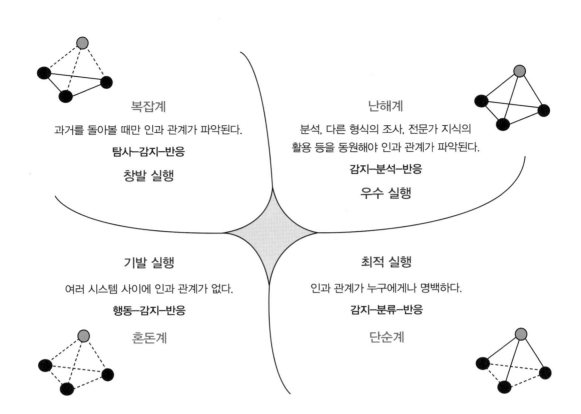

복잡계

과거를 돌아볼 때만 인과 관계가 파악된다.

탐사-감지-반응

창발 실행

난해계

분석, 다른 형식의 조사, 전문가 지식의 활용 등을 동원해야 인과 관계가 파악된다.

감지-분석-반응

우수 실행

기발 실행

여러 시스템 사이에 인과 관계가 없다.

행동-감지-반응

혼돈계

최적 실행

인과 관계가 누구에게나 명백하다.

감지-분류-반응

단순계

그림 1-1 단순계, 난해계, 복잡계, 혼돈계

단순계는 자전거처럼 작동 원리를 모두 파악할 수 있는 시스템이다. 매뉴얼을 만들어 두면 고장이 났을 때 해당 부분을 찾아 이미 만들어 놓은 방법대로 시도하면 고칠 수 있다. 따라서 표준화가 쉽고 문서화해 전수가 용이한 영역이다.

난해계는 자동차나 비행기처럼 인과 관계가 명확하지만 복합적이어서 그 작동 원리를 모두 알기 위해서는 상당 기간 동안 이를 학습한 전문가가 필요한 시스템이다. 고장이 났을 때 다양한 분석 과정을 거쳐야 한다. 매뉴얼이 있더라도 일반인이 문제를 해결하기에는 너무 난해하다.

복잡계는 새 떼, 생태계처럼 자연계에서도 발견되지만, 사회에서는 조직 문화, 동기부여,

성과 관리와 같이 주로 사람이 결부된 시스템에서 나타난다. 어떤 하나의 조치가 기대하지 않았던 결과를 불어올 수 있다. 미리 결과를 온전히 예측하기 어렵기 때문에 완벽한 계획의 실행보다는 과거에 비추어 뭔가 그럴듯한 것을 해보는 탐사를 우선시한다. 큰 틀에서의 매뉴얼이 가능하지만 부분적으로 일어나는 다양한 변화는 현장의 임기응변이 필요하다. 바로 조직에서 리더가 해내는 역할이다. 완벽하게 통제된 결과를 만드는 것이 아니라, 시스템 자신의 역동에서 생겨나는 창발을 일구어야 하는 영역이다.

혼돈계는 질서를 파악할 수 없는 시스템이다. 합리적이고 이성적인 판단이 적용될 여지가 없다. 무엇이든 먼저 기발하게 행동하고 그에 따라 나타나는 어떤 새로운 질서를 발견해 그 다음의 조치를 취할 수 있는 영역이다. 기존의 지식과 이성에 기반한 합리적 결정보다는 용기를 동원한 결단이 요구된다.

2. 복잡적응계

복잡계 이론 중에서 조직 개발과 조직 문화를 다루는 데 있어서 또 하나의 중요한 시각을 제공하는 것은 복잡적응계CAP, Complex Adaptive System다. 조직을 복잡적응계로 본다는 것은 조직을 질서 있게 척척 움직이는 기계로 보는 것과 대비된다. 기계는 하나의 원인이 생기면 기대한 결과로 이어지는 특징이 있다면, 조직은 기계와 다르다. 조직은 어떤 때에는 지시에 잘 따르지만 다른 때에는 지시에 저항한다. 급여를 인상하면 고맙게 생각하다가도 나중에는 당연한 것으로 여긴다.

존 홀란드는 '행위자agent로 일컬어지는 수많은 구성요소가 서로 교류하고 적응하고 학습하는 시스템'이라고 정의하고 있다. 두뇌, 면역계, 인터넷, 조직, 공동체 등이 좋은 예이다. 위 그림은 복잡적응계를 알기 쉽게 그려낸 모델이다.

조직은 끊임없이 변화한다. 같은 인원으로 같은 구성원을 유지하는 경우에도 예외는 없다. 구성원들은 환경과 정보를 교류하면서 끊임없이 생각한다. 그리고 새로운 정보를 받아들이는 학습을 하면서 일신우일신日新又日新 다른 존재가 된다. 만약 같아 보인다면 그것은 감지하기 어려운 만큼 조금 변했거나 변하지 않은 부분만을 보고 있을 뿐이다. 그리고 조직은 그 학습과 상호작용을 통해 새로운 결정을 만들어낸다.

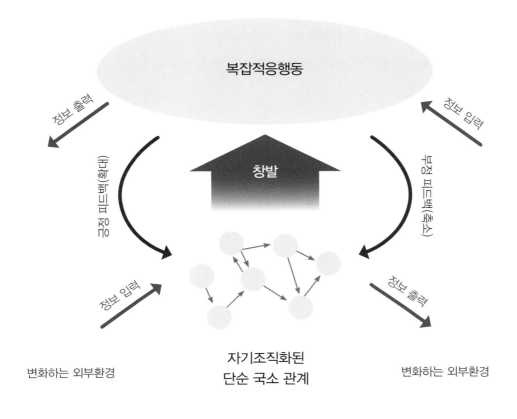

변화하는 외부환경　　　　　　　　　　　　　　　　변화하는 외부환경

복잡적응행동

정보 출력

정보 입력

긍정 피드백(확대)

창발

부정 피드백(축소)

정보 입력

자기조직화된
단순 국소 관계

정보 출력

변화하는 외부환경　　　　　　　　　　　　　　　　변화하는 외부환경

그림 1-2 복잡적응계

　조직 개발자 또는 리더는 조직의 이러한 특성을 알고 있어야 한다. 바람직한 방향으로의 변화를 예측하면서 모종의 개입을 하게 되지만, 이때 조직은 개입한 의도대로 움직이지 않는다. 시차가 생기고 의외의 결과가 나타난다. 모든 것을 예측할 수 없고, 때로는 예측과 크게 다른 방향으로 작동하기도 한다.

　여전히 조직 문화를 진단하고 그 진단 결과, 낮게 나온 어떤 항목에 대해 개선 방안을 도출하도록 하는 방식으로 조직 문화의 개선을 시도하는 기업이 많이 있다. 조직을 단선적이고 분절적이라고 전제하고 보는 것에서 비롯된 접근 방식이다.

조직을 복잡계로 바라보고 어떤 하나의 현상이 어떤 요인들과 복잡하게 얽혀있는지를 그려보는 과정이 절대적으로 필요하다. 조직이 복잡한 시스템이므로 그렇게 이해하고 그에 어울리는 접근 방법을 선택해야 한다. 예측한 대로 변화하지 않을 것이라는 예측을 전제로 삼아야 한다. 그래서 복잡적응계에서는 항상 다시 묻고 다시 들어야 한다.

정보 권력의 수평화

적어도 한국사회 또는 선진사회에 산다는 것은 고도로 정보화된 사회, 지식기반사회에서 산다는 것을 의미한다. 의사결정을 경험, 육감, 직감 등에만 의존하기보다 증거와 지식을 기반으로 일하는 사회에 산다는 것이다. 혼자 살 때는 자신의 정보와 지식을 바탕으로 자신에게 유리한 결정을 내리면 그만이지만, 무리를 이뤄 지낼 때는 무리 전체의 결정을 해야 한다.

'어떤 날을 휴일로 정하자.'

'유연 근무 방식을 시행하자.'

'구성원 간의 업무를 이렇게 나누자.'

'회사에서 지원하는 점심값은 최고 2만 원으로 하자.'

'성과급을 등급제로 하자.'

무리 전체를 위해 결정할 일이 항상 생겨난다. 결정할 일이 생기면 동시에 '누가 결정할 것인가?'의 문제가 생겨난다. 그리고 그 결정은 바람직한 결정 즉 현명한 결정이기를 원한다. 바람직하다는 것은 이익이 늘어나고 손해가 줄어드는 것이다. 또한 모두가 공정하다고 여겨지는 결정이다. 그러므로 바람직한 결정을 하려면, 결정으로부터 영향을 받는 사람들의 이해관계를 알고 그것을 결정에 반영하는 것이 필요하다.

하지만 인간의 욕망은 무한하므로 그 기대를 모두 충족할 수 없다. 욕망이 무한하여 무한한 이익을 추구한다고 해서 어떤 결정을 내릴 수 없는 것은 아니다. 인간은 현실적인 제약을 이해하는 능력 또한 뛰어나다. 따라서 실현 가능한 최선의 선택이라는 합리적 결정의 근거를 탐색한다. 여기에는 어느 것이 합리적인 선택인지를 판가름할 정보가 필요하다.

회사에서 지급하는 점심값을 결정할 때는 생각해 보자.

'회사 주변 식당의 메뉴 가격은 어느 정도인가?'

'요즘 직장인의 점심 식사 패턴은 어떠한가?'

'주된 메뉴의 품질은 어떤가?'

'회사가 기대하는 삶의 수준에 부합하는가?'

'다른 회사의 점심값은 얼마인가?'

대체로 이런 질문에 대한 답(정보)을 가지고 결정하게 될 것이다. 과거에는 이를 결정하는 사람이 원탑이었다. 탑이 어떤 결정을 내리더라도 일정 수준의 급여를 받을 수만 있다면 나머지는 감수할 수 있었다. 나머지 다른 것은 감수해도 좋을 만큼 가난하고 대체할 직업적 선택지가 충분하지 못했다. 과거 구성원들은 곤궁하고 난처한 사정에 놓여 있었다. 탑의 결정이 부당한 결정처럼 느껴져도 논리적으로 반박할 힘을 가지지 못했다. 그것이 습관처럼 익숙해 당연한 것으로 받아들였다.

그러나 지금은 사정이 달라졌다. 구성원들이 먹고사는 문제의 궁핍함에서 벗어났을뿐더러 높은 학력과 정보력을 장착하게 되었다. 조직 내의 지위를 막론하고 자신이 아닌 타자의 결정에 대해 회의와 의문을 품는 시대가 되었다. 하나의 이유는 풍부하게 확보하고 있는 정보력이고, 다른 하나는 정보력에 기반해 자라난 주도성이다.

'내가 결정하고 싶다.'

적어도 '저 결정이 잘못되었다.'라고 생각하고 말할 힘을 지니게 되었다. 저년 차 구성원의 정보와 지식이 급속하게 확장되는 반면, 고년 차 구성원의 정보와 지식은 쉽게 구시대적인 것으로 여겨지는 시대에 살고 있다. 지난 10여 년간 거세게 등장하고 있는 MZ세대 관련 이슈다.

VUCA 세상은 경험 많은 사람이 축적하고 있는 어떤 지식 또는 인과 관계가 꼭 옳다고 말하기 어렵게 만들었다. 오랫동안 경험으로 쌓은 지식과 노하우가 쓸모없는 것으로 취급되는 일이 자꾸 생겨난다. 유튜브를 많이 본 MZ세대가 SNS 마케팅 전략을 수립하기에 더 유리해졌다.

어제의 지식은 그 지식이 존재하던 맥락 속에서 유용했지만, VUCA 세상에서의 맥락은 쉽게 바뀌고 만다. 고년 차 구성원의 경험과 지식이 모두 쓸모없다는 것이 아니다. 의심할 여지가 많아졌다는 것이다. 그 의심을 해소할 새로운 방법론을 모색해야 한다. 기성세대가 축적한 시대를 관통하는 맥락적 지식과 새로운 세대가 손쉽게 공간을 관통하는 맥락을 결합할 줄 아는 조직을 만들어 가야 한다.

2

인간을 생각하다

생명체로서의 인간

인간은 생명체며, 생각을 할 수 있다. 각자의 의견에는 실현하고자 하는 의지가 있기에 강력하다. 생명체는 생명이 있을 때만 생명체이다. 그러므로 생명이 유지되어야 생명체로 존재한다. 생명의 유지가 생명체의 본성이다. 생명은 저절로 유지되지 않는다. 환경의 혜택과 위협으로부터 최선의 선택을 끊임없이 이어가는 것으로 유지된다. 인간의 선택은 생명의 유지라는 목적과 연결되며, 그 목적 달성을 위해 의견을 내게 된다.

비가 오고 바람이 분다. 해가 뜨고 달이 뜬다. 생명체가 수시로 변화하는 환경에 대해 예측하기는 어렵다. 그럼에도 여러 위협 속에서 생명을 유지하기 위한 선택은 한시도 멈출 틈이 없다. 그 선택은 행동으로 발현되어 다시 환경에 영향을 준다. 그리고 지능은 이러한 행동의 최적화를 돕는다. 지능을 가졌다는 것은 인과 관계를 파악할 수 있다는 것을 의미한다. 그리고 그에 따라 계획을 수립한다. 비를 맞으면 감기에 걸릴까 봐 우산을 들고, 농사를 지으면 가을에 곡식을 거둘 수 있다는 예측력을 가진다.

예측은 자신의 생명에 유리한 결과를 얻기 위한 지능적 활동이다. 이렇게 계획을 수립하는 능력을 지닌 것을 지능을 가진 것이라고 말한다. 좀 더 풀어 말하면, 계획을 수립한다는 것은 원하는 결과를 얻는 데 필요한 원인이 무엇인지를 파악해 이에 따라 어떻게 행동할지를 결정한다는 것이다. 곡식을 얻는 데 필요한 수단과 방법이 무엇인지를 결정하는 것이 계획이다.

인간의 행동에는 눈깜빡임처럼 의식하지 못한 채 저절로 일어나는 행동도 있지만, 부동산 매매, 주식 투자, 자녀 교육, 회사 업무 등 고도의 전략적 지능적 판단에 기반을 둔 것이 대다수다. 환경이 변화무쌍하기 때문에 생명체로서의 인간이 환경에 대응하는 방식은 역시 매우 복잡하다. 고도의 지능이 필요하며 지능적 판단을 위해서 정보를 이용한다.

음식에서 이상한 냄새가 나면 먹지 않는다. 음식 색깔이 평소와 달라도 고개를 갸우뚱하며 주저한다. 어디선가 꽝 하는 소리가 들리면 몸을 움츠린다. 끊임없이 주변에서 일어나는 일을 감지한다. 인간과 환경의 경계선에는 다양한 감지 기관이 있다. 피부, 눈동자, 혀, 고막, 코점막 등 오감의 접점이 배치되어 있다. 그리고 감각에서 정보를 수집한다. 그것을 신호라고 부를 수 있다.

코로나가 유행하는 상황에서는 누가 마스크를 썼는지, 기침하는지, 온도계에서 알람이 나는지를 신경 쓴다. 신경 쓴다는 것은 어떤 신호를 감지하기 위해 외부 세계에 자신의 정신 에너지를 들이고 있다는 의미이다. 그리해서 얻은 정보를 바탕으로 결정한다. 좀 더 먼 미래에 관한 일에는 계획을 수립한다.

자신의 생명은 소중하니까. 생명에 유리한 결정을 내리고 계획을 수립한다. 사람이 하는 모든 일들이 생명과 치밀하게 연결되어 있다. 조직이 성과를 내기 위해 일을 어떻게 하는 것이 좋은지를 찾는 것도 같은 맥락이다. 조직의 집단 지성이 발휘되면 조직의 생명에 유리한 방법을 찾아 결정하게 될 것이다. 집단 지성의 근거가 되는 정보는 구성원들의 감각기관을 통해 수집된다.

조직의 리더는 조직의 생명을 유지하기 위해 의견을 내고 실행에 옮기려고 한다. 그런데 때로는 그 일이 개인의 생명과는 배치背馳되는 경우가 생긴다. 여기서 조직의 고전적인 문제가 생겨난다. 조직의 목적과 개인의 목적이 항상 일치하지는 않는다. 조직은 조직의 생명력을 위해 구성원이 좀 더 치밀하게 일하기를 기대하지만, 구성원들은 자신의 생명력을 위해 좀 더 느슨하게 일하기를 기대한다.

어떻게 이 양자의 일치를 만들어 낼 수 있을까? 어떻게 개인의 생명력을 높이기 위해 수집한 정보를 조직의 생명력을 높이는 정보로 공유하게 할 수 있을까? 이를 가장 가깝게 일치시키는 노력이 조직 개발이다. 그러므로 리더는 조직과 개인 모두를 잘 이해하고 있어야 한다.

본질적인 충돌과 대립 지점을 알고 있을 때, 그 해결책이 드러나기 시작한다. 퍼실리테이터는 인간에 대한 깊은 이해를 바탕에 두어야 한다. 회의에 참여한 사람들에게서 나오는 목소리에는 자신의 생명을 지키려는 의지가 있다. 이 점에서 모든 사람의 의견이 동등하게 귀중하다고 할 수 있다.

tip

수단성과 진리 추구

생명을 유지하는 것이 인간의 궁극적인 목적으로 볼 것인가에 대해서 모두가 동의하지 않을 수 있다. 흔히 말하듯, 빵 없이는 살 수 없는 것이 맞지만 빵만으로 살 수 없는 것도 인간이다. 많은 학자들이 빵 이외의 것도 후세를 위한 번식과 관련되어 있다고 보는 관점에 동의하고 있다. 누군가가 명예로운 삶을 살거나, 윤리적인 행동을 할 때 다른 사람들로부터 지지받으며 매력적으로 보이기 때문에 번식에 성공할 가능성이 더 커진다는 것이다.

이 책에서는 우리가 끊임없이 추구하는 긍정적인 목표들은 생명에 유리하며, 생명 유지가 인간의 궁극적인 목적인 동시에 본성이라는 가설을 바탕에 두고 설명하고자 한다. 생명 유지가 최종 목적이 아니더라도, 인간이 어떤 목적을 끝없이 추구하려 한다. 추구한다는 것은 목적을 달성할 수 있는 수단을 강구하는 것인데, 목적 달성을 위해 수단을 실행하는 것은 원하는 결과를 위해 원인을 만드는 것이라고 할 수 있다. 즉, 수단–목적의 관계는 원인–결과의 관계와 같다.

원인과 결과가 명백하게 밝혀진 것은 흔히 진리라고 불려지는데, 어떠한 행동/실행이 수단성instrumentality이 있는지를 탐색하는 것은 곧 진리를 추구하는 것이 된다. 그러므로 우리가 무엇인가 잘해보려는 모든 시도는 진리를 추구하는 것이라 할 수 있다. 부모가 자식을 공부시키는 이유도, 조직이 학습 조직이 되어야 하는 이유도 여기에 있다.

인간이 진리를 추구한다는 것은 어떤 목적을 추구하는 데 사용할 수단이 정말로 그 목적을 달성하는 것에 최선인가(수단성)를 검증하는 것을 뜻한다. 그리고 가장 최선의 효과를 내는 수단을 찾으려 할 것이다. 그러나 인간이 필요한 정보를 모두 동원할 수 없고, 인지적 편향과 같은 한계도 있어서 최선이라고 단정할 수는 없다. 여기서 진리의 부분성, 잠정성이 나온다.

그럼에도 인간은 생명을 포기할 수 없으므로 목적적 존재가 되고, 목적을 지닌 이상을 이를 달성하려는 수단을 찾는 일을 한다. 이는 일(목적 달성)이며 동시에 학습(진리 추구)이다.

> 퍼실리테이터의 질문 → 경청과 기록으로 정보처리 촉진 → 한 세션의 목적 달성 → 워크숍 결과 산출(현명한 결정) → 워크숍의 기대효과(상위목적) 달성

이처럼 인간의 활동은 매우 복잡해 보이지만 그 핵심은 '수단(원인)—목적(결과)'이라는 원소가 논리적으로 연결되어 있다는 단순함에 기초를 두고 있다.

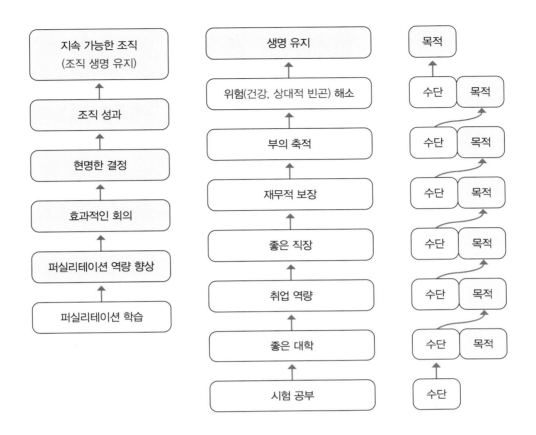

그림 2-1

인간 – 정보 – 환경

해가 뜨고, 바람이 분다. 사람들은 원하든 원하지 않든 개체 밖에서 찾아온 모종의 영향을 맞이한다. 그 영향이 감지할 수 있는 것이라면, 그것을 신호라고 말할 수 있다. 밝거나 아프거나 뜨겁거나 춥거나 무섭거나 크거나 향기롭다. 즉각적으로 신호를 처리한다. 일부러 노력하지 않아도 대부분의 신호는 손쉽게 감지된다.

신호가 감각기관으로 들어와 '뜨겁다'와 같은 인식을 만들기까지의 과정을 지각이라고 부른다. 신호가 감각세포에 닿는 순간 곧바로 반응이 일어난다. 거의 동시에 일어나는 일이어서 감지와 지각의 차이를 구분하기 어렵다. 현상학은 특히 이 부분을 면밀하게 살피고 있다.

소리가 작거나 빛이 어두운 곳에서처럼 신호의 세기가 약한 것에는 좀 더 노력을 기울여야 지각할 수 있다. 적외선, 자외선, 고주파와 같은 인간이 노력을 기울여도 직접 알아차릴 수 없는 감지력 밖의 신호도 존재한다. 이 경우에는 적외선 망원경과 같은 인간이 개발한 특수 장치를 사용하거나 탐지견처럼 인간보다 뛰어난 감각기관을 가진 동물을 통해 감지의 범위를 넓히고 있다.

이 수집된 신호의 일부는 일정한 범주로 정리되고 그중에서 유용한 것, 즉 생명에 도움이 되는 것은 정보로 인식한다. 범주화된 데이터 중에서 유용한 것, 의미를 가지는 것은 정보라고 부른다. 그리고 유용성을 평가해 중요한 것에 우선순위를 두면서 선택적으로 지각[selective perception]하기도 한다. 우리는 시끄러운 지하철 안에서 들리는 모든 소리를 듣지 않고 내게 유용한 것만 골라서 집중할 줄 아는 선택적 지각 능력을 갖고 있다.

오감으로 찾아온 외계의 신호를 감지하고, 이어서 지각한다. 무엇인지 뚜렷하지 않은 육감이나 직관도 작동한다. 신호는 지각 과정을 거쳐 감정과 사고를 불러일으킨다. 지각에서 감정과 사고에 이르는 과정 역시 번개처럼 빠르게 일어난다.

그러나 행동으로 이어지는 속도는 제각각이다. 화살이 날아드는 것처럼 생명에 위협이 있을 때는 재빠른 행동으로 이어지기도 하고, 아름다운 장면을 감상할 때는 잔잔하게 음미하는 느린 행동을 자아내기도 한다. 저절로 자연스럽게 이루어지는 것 같은 이 과정을 잘게 잘라 보면 다음과 같은 순서를 발견할 수 있다.

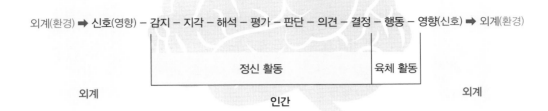

외계(환경) ➡ 신호(영향) − 감지 − 지각 − 해석 − 평가 − 판단 − 의견 − 결정 − 행동 − 영향(신호) ➡ 외계(환경)

정신 활동	육체 활동

외계　　　　　　　　　　　　　　　인간　　　　　　　　　　　　　　　외계

그림 2-2

- **신호:** 감각기관에 감지되는 대상이다. 세상에는 인간의 감각기관으로 감지할 수 없는 수많은 신호가 존재하지만, 인간은 그중에서 일부를 감각기관을 통해 받아들인다.

- **지각:** 철학적으로 매우 어려운 개념인데, 인간이 지닌 선험적인 범주를 적용해 그 신호가 무엇인지를 분별하는 과정이다. 바람인지, 비인지, 눈인지, 색깔, 크기, 속도, 수량 등을 적용해 외계의 현상을 일차적으로 파악하는 단계이다.

- **해석:** 지각한 것에 과거의 기억과 지식을 결부시켜 좀 더 현상이나 상황을 명확히 이해하려는 과정이다. 주변 상황과 같은 맥락을 동원하고, 무엇인지 뚜렷해지지 않을 때는 해석을 보류하기도 한다.

- **평가:** 해석한 결과를 놓고 생명체로서 후속 행동에 대한 유불리를 대입해 보는 과정이다. 이 역시 과거부터 축적해 놓은 정보와 지식을 활용한다. 외계의 변화에 어떻게 대응하는 것이 가장 유리한지에 목적을 두고 여러 대안 중에서 가장 효과적인 것이 무엇인지를 알아보는 과정이다. 알아보는 과정은 추론을 포함한다. 창의성을 발휘하

게 된다.

- **판단**: 주어진 시간 내에서 시도한 평가의 결과로써 최종 선택을 내리는 단계이다. 욕망의 실현, 진리의 추구를 가장 잘 실현하는 방법의 최종 선택이다. 인간은 어떤 경우라도 제한된 정보만을 가질 수 있어서 해석과 평가 과정은 온전하지 못하고 성급한 판단(premature judgement)을 내릴 수밖에 없다.

- **의견**: 판단을 근거로 외부 세계에 대해 어떤 작용을 하려는 자발적, 정신적, 사회적 움직임이다. 의견은 타인을 향한다. 자신의 생명에 유리하게 미래를 지배할 필요가 있을 때 적극적으로 의견을 품게 된다.

- **결정**: 정신 작용에서 일어난 결과를 근거로 근육을 움직여 외부 세계에 영향을 행사하려는 신체 사용의 선택이다.

- **행동**: 신체를 사용해 외부 세계에 영향을 제공하는 물리적(physical) 변화다. 행동에는 결정에 따른 의도적인 행동이 있지만, 식은땀이 흐르거나, 눈을 깜박이는 것과 같은 반사적 행동도 존재한다.

지각에서 결정에 이르기까지의 정신 작용은 매우 순간적으로 일어나며, 이 과정이 진행되고 있는 도중에도 계속해서 새로운 신호가 감지되어 들어오고 있으므로, 지각, 해석, 평가, 판단 등이 오락가락하거나 동시에 이루어지는 것처럼 보일 수 있다.

따라서 그 순서를 뚜렷하게 확정적으로 밝히기 어렵다. 이 과정은 통합적이고 직관적이거나 순환하며 무의식에서 동작하는 경우도 있을 것이다. 그러나 전반적으로는 앞에서 설명한 순서에 따른다고 가정해 볼 수 있다. 그리고 이 과정은 생명체로서의 인간이 자신의 생명을 지키기 위한 행동이 무엇인지를 결정해 그 행동을 통해 외계에 자신에게 유리한 영향을 주는 것에 집중되어 있다.

앞에서 본 그림 2-2는 우리에게 익숙한 시스템의 기본 모델과 닮아 있다. 당연하게도 인간도 유기체로서 하나의 시스템이다. 이때 오감을 통해 들어온 외계의 신호를 바람직한 행동으로 변환하는 과정의 핵심은 정보처리가 된다. 자료-정보-추론-신념 등의 속성의 변화가 있기는 하지만 이를 묶어 정보처리라고 표현할 수 있다.

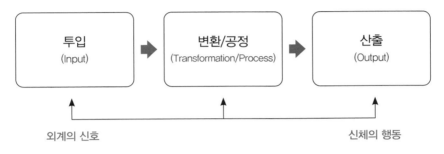

그림 2-3 두뇌와 신경망의 정보처리

경험의 세계	개념	작용
하늘에서 무엇인가 내려온다.	환경 변화	상황
소리. 색깔이 다가온다.	감지	영향을 받음
흰색이다. 물방울이 아니다. 눈이 온다.	지각	
많이 쌓이지 않았다. 눈의 밀도가 낮다.	해석	
운전에 안전한 수준이다.	평가	정신 활동(정보처리)
자동차를 가져가는 것이 유리하다.	의견	
자동차를 가져간다.	결정	

(다음 페이지에서 이어집니다.)

경험의 세계	개념	작용
시동을 켜고 운전한다.	행동	영향을 줌
자동차가 움직인다.	환경 변화	상황

표 2-1 인간-정보-환경

환경 변화를 감지해 어떤 행동을 취하기까지의 시간은 몇 초 걸리기도 하고 몇 년이라는 오랜 시간이 걸리기도 한다. 예를 들어 박사 과정에 진학할지 말지를 결정하거나, 고가의 주택을 구입하기로 결정하기까지는 몇 년의 시간이 걸리기도 한다.

의견에 담긴 것

'공정하게 평가해 주세요.'

'혐오시설을 내 집 앞에 설치하지 말아 주세요.'

퍼실리테이터는 표현된 의견을 다룬다. 의견의 대부분은 타인에 대한 요구를 담고 있으며, 적어도 타인에게 영향을 끼치는 사회적 속성을 지닌다. 의견은 개인 내면에 머무르면서 잘 표현되지 않기도 하지만, 때로는 폭력과 고성을 지르며 강력하게 표현하기도 한다. 사람들은 자신의 목소리에 의견을 담아 소통을 시도한다. 그 의견에는 크게 두 가지를 추구하는 목소리가 담겨 있다. 하나는 욕망에 대한 추구이고, 다른 하나는 진리에 대한 추구이다.

라깡의 욕구^{need}, 요구^{demand}, 욕망^{desire}의 구분이나, 헤겔의 인정 욕구에서 말하는 욕구라는 용어의 정확한 의미는 여기서 자세히 다루지 않겠다. 우리가 생활에서 흔히 사용하는 욕망이 우리의 대화 속에 담겨 있는 점을 집중해 살펴보자.

'점심시간이다. 밥 먹으러 가자.'

'내일까지 신제품 사양서 좀 보내 주세요.'

'요즘 마땅히 입고 다닐 옷이 없어.'

'우리 회사는 방향성이 없는 것 같아.'

우리의 흔한 의견 속에 우리의 욕망이 담겨 있다. 의견에는 진리 추구도 담겨 있다.

'이 제품 가격을 9,900원으로 합시다.'

'이 제품은 9,900원으로 가격을 책정해야 가장 높은 수익을 올릴 수 있다고 생각합니다.'

'9,900원의 가격이 최고 수익을 내는 것은 참입니다.'

'제 말이 진리입니다.'

욕망의 추구와 진리의 추구는 서로 다른 추구로 보이지만, 한편으로는 양자가 서로를 포함하는 관계에 있기도 하다.

'점심시간이다. 밥 먹으러 가자.'(욕망 추구) → '점심시간이 된 지금 이 시간을 가장 효과적으로 사용하는 것은 밥을 먹는 것이다. 그것이 옳다.'(진리 추구)

욕망의 표현 속에 진리의 표현이 담겨 있다. 의견에는 욕망과 진리가 통합되어 담겨 있다.

'이 제품 가격을 9,900원으로 합시다.'(진리 추구) → '9,900원의 가격으로 가장 높은 수익을

내는 우리의 욕망을 실현하고, 나의 분석 능력과 업무 성과를 인정받고 싶다.'(욕망 추구)

진리의 추구며 옳고 그름을 다투는 것 같은 상황 속에도 욕망의 추구가 담겨 있다. 우리의 목소리에는 욕망과 진리가 동시에 담겨 있다. 그래서 이를 거두고 포기하는 일은 참으로 어렵다.

한편, 인간의 욕망은 영생을 바라듯이 무한하다. 본인에게는 당연해 보이는 어떤 요구가 어쩌면 무한한 욕망의 발로여서 상대방이 들어주기에 너무 벅찬 것이다. 게다가 스스로 지극히 진리라고 여기는 것도 싫은 진리일 수 없다. 이에 관해 헤겔은 '진리는 전체다.$^{\text{Das Wahre ist}}$ $^{\text{das Ganze.}}$'라고 말한 바 있다. 부분은 진리가 되지 못한다는 관찰이다. 인간은 다루는 것은 어느 것도 부분적일 수밖에 없다. 니체는 '진리는 없다. 관점만 있을 뿐이다.'라며 관점주의를 역설했다. 인간이 말할 수 있는 것은 나타난 것에 대한 관찰자의 해석일 뿐이지 그것이 실재하는 것을 온전하게 말할 수 없다는 견해이다.

욕망의 추구가 있지만 무한한 욕망에 다다를 수 없다. 진리의 추구가 있지만 전체인 진리에 다다를 수 없다. 인간의 욕망은 무한하고, 진리 또한 온전한 것이 없으니 이를 담고자 하는 인간의 소통은 실패로 끝나기 쉬운 운명이다. 그렇다고 절망할 것인가? 우리는 이미 절망하지 않고 있다. 여전히 인간은 끝없는 추구를 하고 있으니 절망하지 않았다는 증거이다. 나도 절망할 수 없다. 무한한 욕망이 없다면 삶은 얼마나 지루할 것인가?

의견의 속성

퍼실리테이터는 참여자의 의견을 다룬다. 그러므로 이 의견의 속성을 꿰뚫고 있는 것이 가장 중요한 전제가 된다. 철의 속성과 금의 속성을 알아야 철을 잘 다루고 금을 잘 다룰 수 있는 것과 같다. 퍼실리테이터는 참여자가 의견을 내고 그 의견을 모아 집단이 동의하는 하나의 결론에 도달하도록 돕는 사람이다.

1. 신념이다

의견은 신념belief이다. 때로는 입증된 지식을 포함하지만 아직 입증되지 않았더라도 스스로 옳다고 받아들인 것이 신념이다. 사람은 외계로부터 입수한 신호를 저장하고 자신의 생명에 유리한 신호를 중요한 정보로 인식해 저장한다.

'백화점에 신상품 옷이 들어왔다.' '멋진 옷이다.'

자신에게 잘 어울리고 다른 사람들에게 긍정적인 평가를 얻을 수 있는 옷을 입는 것은 자신에게 유리하니 이번에 살 수도 있는 구매 후보로 기억해 둔다.

'이번 달 급여가 들어왔다.'

'5백만 원이다.'

그리고 저장된 서로 다른 정보 사이의 관계를 맺어간다.

'그 옷을 사기에 급여가 충분하지 않다.'

그리고 신념(옳다고 받아들인 것)을 만든다.

'옷은 다음에 사는 것이 낫다.'

'지금 옷을 사는 것은 과분하다.'

나아가 일반화의 추론을 시도한다.

'백화점에서 옷을 사는 것은 늘 무리다.'

이 신념을 바탕으로 타인과 소통을 시도한다. 자신의 의견을 제시하고 동의와 지지를 구한다.

'백화점에서 사지마. 비싸기만 해.'

2. 명제이다

신념에 근거해 의견을 제시한다. 그런데 의견은 명제^{proposition}의 형태를 갖는다. 명제란 참과 거짓을 말할 수 있는 진술문이다. 자신이 가진 신념이 옳다는 것을 호소하는 것이 의견이다. 스스로 옳다고 받아들인 것이 신념이기 때문에 이에 기반한 자신의 의견이 옳다고 호소하는 것은 자연스럽다. 그리고 옳다는 것은 자기 생명에 유용한 어떤 행동이 필요하다는 것이다. 타인에게 받아들여져서 그 의견을 반영해 결정이 일어나기를 바라는 것이다.

'옷은 다음에 사야겠어.'

이 진술은 의견이지만, 일견 참과 거짓을 말할 수 있는 명제는 아닌 것으로 보인다. 그러나 이 말은 다음과 같이 바꾸어 쓸 수 있다.

'옷을 지금 사는 것은 우리 형편에 과도한 지출이다.'

이는 '맞아.' 또는 '아니지!'와 같이 참과 거짓을 말할 수 있는 진술이다. '옷은 다음에 사야겠어.'는 혼잣말이면서 동시에 상대방에게 의견을 제시하는 말이다. 그런데 한 번 더 들어가 생각해보면 이 말은 옳음의 주장을 펼치는 것이고 그 옳음을 지지하는 결정의 동의를 구하고 있는 것이다. 옳음의 주장임을 아는 퍼실리테이터는 그것을 검증하기 위해, '과도하다는 것은 어떤 점을 말하는 것인가요?'라는 질문을 던질 수 있다. 과도하다는 말은 객관적인 기준이 확인되지 않으므로 지금까지는 주관적이고 자의적일 수 있다는 점을 간파해야 한다.

'월 급여의 30%를 초과하는 것은 과도한 것이라고 봅니다.'

'또 다른 기준이 있다면 무엇일까요?'

'아직 입을 옷이 여러 개 있는데 또 산다는 것 자체가 과도한 것이라고 생각합니다.'

이 경우 과도하다는 주관적인 평가를 탐색하지 않는다면 당사자들은 암묵적으로 과도함의 정의에 대해 투쟁하면서 스스로는 어떤 투쟁을 하고 있는지 모르는 채 헛된 논쟁에 휘말리기도 한다.

3. 항상 옳다

'이 옷은 다음에 사야겠어.' 또는 '이 옷을 지금 사는 것은 우리 형편에 과도한 지출이다.'

이 의견은 옳다. 일견 옳다. 옳다고 생각하는 면이 있으니 옳다고 주장했을 것이다. 그곳에는 드러내지 않는 전제 또는 조건이 있다. 집을 사기 위해 급여의 50%를 저축하는 상황이고 이는 변할 수 없는 원칙이어서 반드시 지켜야 한다는 관점에서 위 진술은 참이다.

'일 년에 한 번쯤은 일탈의 행복을 맛보며 사는 것이 바람직한 인생이다.'라는 전제를 달면, 위 진술은 거짓이 된다. 과도하지 않은 것이다.

의견을 말한 사람은 그가 염두에 두고 있는 전제와 조건의 관점에서 항상 참이다. 하지만 그 참은 염두에 둔 조건을 해제하면 바로 거짓으로 변한다. 그러므로 의견의 참과 거짓은 실은 항상 잠정적인 상태에 있다. 이 점이 서로 반대 주장을 하는 사람마저도 합의와 동의에 다다를 수 있는 근거가 된다.

퍼실리테이터는 참인 점을 먼저 바라보는 것이 중요하다. 그리고 논의에 참여하고 있는 다른 사람들에게도 그 의견이 참이라는 점을 먼저 보도록 해야 한다. 즉 그 사람이 옳다고 보는 것이 무엇인지를 충분히 설명할 수 있는 기회를 주는 것이다.

사람들은 거짓 주장을 하는 사람보다 참인 주장을 하는 사람과 함께 협력하고 싶어 한다. 어떤 의견도 참이며 동시에 거짓이다. 하지만 먼저 참을 바라보는 것이 논의의 진전을 이루어 가는 데 훨씬 효과적이다. 그렇게 했을 때 발언자는 존중받고 있다고 느낀다.

4. 생명이다

의견은 참의 주장이고, 참의 주장은 유용성의 주장이다. 유용성이 진리 구성의 충분한 요소는 아니지만, 어떤 사람에게 유용성을 포기하라고 요구하기 어렵다. 유용성은 생명 유지의 유용성이므로 상대방에게 생명을 포기하라고 요구할 수 없다.

의견은 제시하는 본인의 생명 유지에 유익한 것이라는 점에서 참이다. 생명체에게 생명의 유지보다 더 가치 있는 것은 없다. 그 참을 실현하려는 의지를 의견에 담게 된다. 그러므로 참을 실현하려는 의지는 생명체의 당연한 속성이 된다. 이런 점에서 의견을 다루는 것은 생명을 다루는 것이다. 의견의 개진한 사람의 유용성을 들으려는 노력은 바로 그 발언자의 생명을 존중하는 노력이 된다. 고귀한 일이다.

  퍼실리테이터가 다루는 의견은 발언자의 생명처럼 소중하고 발언자에게 있어서는 옳다고 받아들인 신념이고 명제이다. 이 속성을 이해하고 참여자의 의견을 들을 때 '모든 의견은 동등하게 귀중하다.'라는 퍼실리테이터의 신념을 현장에서 실현할 수 있다.

불공정하다는 착각

모든 의견은 항상 옳고 생명처럼 소중하지만, 다른 한편으로는 형편없는 편견일 뿐이다. 퍼실리테이터는 이 역설을 다루는 사람이다.

1. 인지적 편향

'자라 보고 놀란 가슴, 솥뚜껑 보고 놀란다.'는 속담이 있다. 사람에게는 솥뚜껑이 자라처럼 보일 때가 있다. 잘못 보는 것이지만, 스스로는 정말 옳고 중요한 것이라고 생각하는 일을 간혹 경험한다. 인지적 오류다.

어떤 사람은 지나가는 사람을 보고 '저 사람 키가 165cm다.'라고 말한다. 다른 사람은 '아니야, 167cm는 되지.'라고 말한다. 이때 적어도 두 사람 중 한 사람은 반드시 오류를 범하고 있다. 그 사람의 키가 163cm라면 둘 다 오류다. 사람의 인지(사고) 기능은 지구상의 어떤 생물보다도 우수하지만 완벽한 것은 아니다. 항상 오류와 착각의 위험 속에 노출되어 있다.

따뜻한 음료를 마시거나, 점심 식사를 마친 후의 면접관이 더 많은 면접자를 합격시킨다는 연구는 상식처럼 널리 알려져 있다. 면접관 스스로는 매우 공정하고 책임감 있게 면접관으로서의 역할을 수행하려 하겠지만, 인지적 오류를 범할 수 있는 인간의 한계를 온전히 극복할 수는 없다.

흔히 말하는 내로남불과 같은 자기 본위 편향도 인지적 오류이다. 훌륭하고 성공한 일은 내가 잘했기 때문이고, 열악하고 실패한 일은 타인의 잘못 때문이라고 생각하는 경향이다. 이미 옳다고 생각하는 것에 부합하는 정보만을 채택하고 그와 배치되는 정보는 배척하는 확증 편향 역시 인지적 오류를 만들어 낸다. 어떤 바위나 하늘의 구름을 보면서 '거북이다' '형제다' '코끼리다'하면서 형상을 만들어 내고 거기에 어떤 의미를 부여하기도 한다. 동전을 던지거나 촛불을 켜고 기도한다.

사람은 옳음을 추구하지만, 자신이 옳다고 생각하는 것에는 항상 착각, 편향, 오류가 담겨 있다. 공정성 역시 누구나 추구하는 바이지만 어떤 한 사람이 생각하는 공정이 사실상의 공정이 아니라 착각일 수 있음을 고려해야 한다. 마찬가지로 누군가가 느끼는 불공정하다는 인식 역시 단지 본인의 편견일 뿐이라는 생각이 가능하다. 편견과 편견에 사로잡혀 있을 수밖에 없는 사람들이 스스로 당사자의 문제를 해결하기란 쉬운 일이 아니다. 출발부터 오류를 가득 안고 시작하기 때문이다. 3자로서의 퍼실리테이터는 편견에서 벗어날 수 없는 인간의 사고 과정에 개입해 현명한 결정을 돕는 사람이다.

주요 인지적 편향 목록

- 환시(pareidolia): 북두칠성이 국자 모양이라거나, 어떤 바위가 거북이 모양을 하고 있는 것으로 보고 그것에 어떤 의미를 부여하는 현상

- 도구의 법칙(Law of the Instrument): 익숙한 도구에 과도하게 의존하는 현상

- 초두 효과(primary effect): 어떤 사물이나 사람에 대해 처음 얻은 정보가 오래 기억되어 나중의 사건에 영향을 주는 현상

- 최근 효과(recency effect): 최근에 들어온 정보가 인지적 판단에 더 크게 영향을 미치는 현상

- 단위 편향(unit bias): 일정한 단위를 임의로 묶은 것임에도 그 단위가 어떤 중요한 의미를 지니는 것을 보게 되는 현상

- 확증 편향(confirmation bias): 이미 가진 신념에 부합하는 정보를 주로 찾고, 선호하고, 회상하는 현상

- 닻내림 효과(anchor effect): 처음 받아들인 정보가 이후 의사결정에 지속적으로 영향을 미치는 현상

- 자기 본위 편향(self-serving bias): 성공적인 일은 자신 덕분이고, 실패한 일은 타인의 탓으로 돌리는 현상

- 근본 귀인 오류(fundamental attribution error): 타인의 행동은 그의 성격과 태도 때문이라고 생각하면서, 자신의 행동은 외부환경과 상황에서 비롯된 것이라고 보는 경향

- 집단 귀인 오류(group attribution error): 구성원 개개인의 특성이 그룹 전체를 반영한 것이라고 보거나, 구성원 개개인이 선호를 반영하는 집단의 결정이 이루어져야 한다고 믿는 경향

- 피그말리온 효과(pygmalion effect): 특정 분야에 대한 높은 기대가 성과의 개선을 가져오는 데 영향을 끼치는 현상

- 프레임 효과(framing effect): 동일한 사안이라도 제시하는 방법이 다르면 두 가지에 대한 의사결정이 달라지며, 해석 또한 달라지는 현상

- 편승 효과(bandwagon effect): 다른 사람들이 하고 있다는 것만으로 따라 하게 되는 현상

- 진실 편향(truth bias): 특별한 증거가 없다면 상대방이 말한 것을 진실로 받아들이는 현상

- 인류 중심 사고(anthropocentric thinking): 세상을 인간의 가치와 경험을 기준으로 해석하는 현상

- 주의 편향(attentional bias): 어떤 것에 주의를 기울일 때 다른 것은 무시하게 되는 현상

이와 같은 인지적 현상은 편향, 편견, 오류라고 불리지만 이 역시 하나의 잠정적 판단으로 보아야 한다. 사람들은 이와 같이 수많은 인지적 편향과 오류를 범하고 있음에도 여전히 진리를 추구하고 있기 때문에 자신이 한 번 내린 판단을 쉽게 진리라고 속단하는 경향을 지닌다.

퍼실리테이터는 이 속단하려는 경향을 잠시 연기해 의견에 포함된 진리의 부분성, 잠정성을 확인하는 절차를 수행하는 사람이다. 여러 사람의 여러 관점과 외부 세계의 보완적인 자료들이 이러한 오류를 수정해가는 데 있어 매우 중요한 정보 자원이 된다.

2. 언어의 불완전성

인간의 언어는 불완전하다. 사랑, 공정, 책임과 같이 우리가 늘 쓰는 말은 사람과 상황에 따라 의미가 상당히 달라질 수 있다. 워크숍을 의뢰받거나 진행하면서 자주 듣는 말 중의 하나가 '방향성'이다.

'우리 회사는 방향성이 없어요.'

'제 리더는 방향성을 정해 주지 않아요.'

이 방향성이라는 말의 의미가 매우 불완전하다. 어떤 회사라도 반드시 어떤 방향성은 있다. 적어도 수익을 낸다거나 좀 더 성장한다거나 어떤 제품을 만들고 있다거나 정도의 방향은 다 지니고 있다. 방향성이 없다는 것은 좀 더 구체적이고 세부적인 어떤 수준에서 방향을 못 찾고 있다는 의미일 것이다. '방향성이 없다'는 말 자체는 매우 불완전한 말이므로 이 표현을 주고받았다고 하더라도 소통이 충분히 일어났다고 보기 어렵다. 이를 알아차리고 좀 더 정확한 소통을 도울 필요가 있는 것이다.

조직 개발을 위해 수십 명 규모의 스타트업 구성원 한 명을 인터뷰한 적이 있다. 구성원들의 회사에 대한 기대사항을 듣고, 업무상의 불편함이 무엇인지를 파악하는 과정이었다. 여러 가지 대화 도중에 그는 '우리 회사는 비전이 없어요.'라고 말했다. 이 회사는 창업 당시부터 비전으로 명확히 세워두고 있었다. 그리고 회사 대표는 비전의 중요성을 알고 있었으며 잘 보이는 곳에 게시도 해두고 있었으므로 이 회사의 비전에 대해 내재화된 수준은 높다고 생각하고 있었다.

'비전이 없다는 말은 어떤 의미신가요?'

'제가 언제쯤에 얼마나 연봉을 받게 될지 알 수 없어요. 대표가 어떤 것도 제시해 주는 것이 없습니다.'

이 구성원의 발언 자체를 그대로를 보면 '우리 회사는 비전이 없어요.'라는 말이다. 하지만 그가 이 말에 담으려 했던 의미는 '내 미래의 연봉 또는 발전에 관한 구체적인 정보가 없어요.'였다. 일반적인 '비전'의 개념과는 조금 달라 보이지만, 그가 생각하는 회사에서의 비전은 자신의 '바람직한 눈에 선한 미래 모습'이었다. 이 '바람직한 눈에 선한 미래 모습'은 조직 개발에서 말하는 비전의 정확한 의미이다. 회사의 비전과 개인의 비전이 정렬되어 있지 않은 전형적인 예이다. 회사의 조직 개발 담당자 또는 리더는 회사가 비전을 달성할 때 그것이 각 구성원에게 어떤 변화가 생기는 것인지, 그리고 그 변화가 개인적으로 바람직한지를 확인할 필요가 있다.

그 출발선에 언어의 불완전성에 대한 이해를 배치해야 한다. 그래야 그가 말하는 것이 무슨 의미인지 보다 정확히 알 수 있다. 수를 다루는 수학의 세계에서는 '='가 존재한다. '1'이라는 개념을 정말로 '1'이라고 완전하게 인식하고 출발하기 때문이다. 그러나 생활의 세계에서 말로 소통하는 상황에서의 '='이나 '1'은 존재하기 매우 어렵다. 부인이 생각하는 '사랑'과 남편이 생각하는 '사랑'이 등호가 되기 어렵다. 내가 생각하는 '부자'와 다른 사람이 생각하는 '부자'의 개념도 다르다. 또한 사랑이든 부자든 각자의 개념 역시 '1'처럼 고정된 것도 아니다. 늘 변하고 있다.

우리는 흔히 '일찍 갈게.'라고 소통하지만, '일찍'을 인식하는 서로의 시간은 저마다 다르다. 실은 정확하게 소통이 되지 않은 것이다. '방향성'도 비슷한 상황이다. 어떤 회사도 모든 것을 시도하지는 않는다. 모든 것을 하지 않는다면 방향성이 있는 것이다. 극단적으로 생각해 모든 것을 한다고 하더라도 '모든 것을 한다'는 방향성을 지니고 있다. 어떤 식품회사의 경우를 예로 들 때, 구성원들이 느끼는 '방향성'이 없다는 것은 무엇을 의미하는 것일까?

'디지털 트랜스포메이션을 하지 않는다.'

'더 이상 신제품을 개발하지 않는다.'

'대규모 투자 방향이 정해지지 않았다.'

'경재사 대비 내 급여가 낮은 편이고, 조만간 올려줄 기미가 없다.'

'회사의 정책이 자주 바뀐다.'

매우 다양한 가능성이 열려 있다. 듣는 사람의 생각에만 의존해 '방향성'의 의미를 단정해서는 소통(정보처리)을 제대로 실현할 수 없다. 이런 언어의 불완전성도 당사자 간의 의사소통을 방해하는 요인으로 작동한다. 그러므로 공정성을 판단하는 데 필요한 정보는 부족하고, 거기에 인지적 편향이 결합해 세상은 불공정하다고 느껴지게 된다.

세상이 실제로 불공정한 면이 많이 있겠지만, 언어의 불완전성과 인지적 편향이 만들어낸 허구적 불공정 역시 존재한다는 점에 착안해 보자는 것이다. 적어도 후자의 문제로 인간의 삶이 괴로워지는 것을 어느 정도 줄여볼 수 있을 것이다.

3. 나만 희생하고 있어요

조직 개발 또는 조직 문화 개선을 위해 구성원을 인터뷰해보면 가장 흔히 듣는 말이 '나만 희생하고 있어요.'다. 나만 희생한다고 느끼는 것은 CEO부터 신입사원까지 크게 다르지 않다. CEO는 본인 능력을 충분히 발휘할 수 있도록 구성원들이 받쳐주지 못하고 있다고 여긴다. 구성원들은 역시 리더 또는 제도의 희생자라고 생각한다. 지금 다니는 회사보다 유리한 면의 타사 사정을 들면서 자신이 희생자로서 불공정한 대우를 받고 있다고 말한다.

조직의 구성원 한 사람 한 사람이 모두 희생자라면 과연 그 희생의 혜택을 누리고 있는 사람은 누구일까? '접니다.'라고 말하는 사람은 거의 없다. 거의 모두 자신이 희생자라고 말한다. 논리상 명백한 오류다. 상당히 많은 사람이 희생당하고 있다는 생각은 착각이다. 그러나 이 착각은 매우 중요한 의미를 지닌다. 실제로 이 착각은 그 사람을 괴롭히기 때문이다. 화가 나고 좌절감이 생긴다. 이 불공정에 대한 지각은 불공정이 진짜냐 아니냐의 문제를 떠나 그렇게 지각하는 것 자체가 중요한 의미를 지닌다. 구성원에게 현실적인 영향을 주기 때문이다.

인간은 한편 선량하지만, 착각에 취약한 존재이다. 그러므로 조직의 문제 해결은 이 착각의 취약성에 기반을 두어야 한다. 강해지라고, 착각해서는 안 된다고, 오류로부터의 취약성에서 벗어나라고 외치고 훈계하는 것만으로 부족하다. 인간이 오류를 범할 수 있다는 것을 전제하면서 이를 극복하는 방법을 찾는 것이 더 효과적이다.

누군가는 인간에게 인지적 편향이 있다는 것을 알게 되어, 스스로 자신을 성찰하고 최대한 오류를 줄이고자 하는 사람도 있을 것이다. 조직에 그런 사람이 많다면 물론 바람직할 것이다. 그러나 그렇지 못한 경우가 대부분이다. 조직이 후자의 경우에 대한 방법론을 알고 있어야 한다.

방법은 생각보다 간단하다. 서로 희생자라고 생각하는 사람들이 모여 대화하게 하는 것이다. 본인들이 어떤 점에서 희생자라고 생각하는지를 다른 구성원들과 함께 말하게 하는 것이다. 서로 자신의 희생을 마음껏 말하게 한 다음, 그것을 적어놓고 타인이 말한 것을 돌아보도록 하는 시간을 갖는 것이다. 그러고 나면 놀랍게도 스스로를 되돌아보게 된다.

'나만이 아니었구나.'

'나만 희생하고 다른 사람들은 그 위에서 달콤한 과실을 먹고 있는 줄만 알았는데 그것이 아니었구나.'

'다른 사람들도 나를 위해 열심히 일하고 있었구나.'

잊지 말아야 하는 것은 이 대화를 다 함께해야 한다는 것이다. 개별적으로 시차를 두면서 대화를 하게 되면 다른 사람의 목소리를 잘 듣지 못하게 된다. 타인의 말을 듣지 못하게 되면, 스스로 희생자가 되고 있는 것은 아닌지 걱정이 점점 불어난다. 불공정하다는 생각이 짙어진다. 사실이 아니더라도 그런 결론에 다다르게 된다.

소통의 전제

편견, 착각, 희생자 마인드의 방해를 무릅쓰고 인간은 한편 소통하며 지금의 문명을 일구어 왔다. 무엇이 소통을 가능하게 하고 있는가?

1. 자비의 원리

도날드 데이비슨Donald Davidson의 자비의 원리principle of charity는 이러한 불완전한 인간이 어떻게 공존하고 소통할 수 있는지에 대해 근본적으로 알 수 있게 해준다. '최대한 동의해 보려는 방식으로 상대의 의견을 해석할 때 그를 최대로 이해할 수 있다.' 이는 데이비슨의 자비의 원리를 요약한 문장이다. 위와 같은 다소 어려운 문장을 마주했을 때, 사람들은 너그럽게 이해해보려 하기보다는 가혹하고 차가운 반응을 보일 가능성이 높다.

'뭔 소리야.'

'왜 이렇게 어렵게 썼어.'

'너무 현학적인 거 아니야?'

'알아먹으라는 거야, 저만 알겠다는 거야?'

하지만 이렇게 접근할 경우 저 문장을 이해해 내기 어렵고 소통은 실패하며, 나아가 관계마저 악화되기 쉽다.

'누구라도 헛된 짓을 하진 않아.'

'데이비슨이 저렇게 쓸 수밖에 없었던 사정이 있었겠지.'

'저 문장에 뭔가 중요한 내용을 담으려 했을 거야.'

'내가 보지 못하는 무언가를 말하고 있겠지?'

앞서 보여준 가혹한 반응과 달리 이번에는 자비로워 보인다. 이처럼 소통이 이루어지기 전에 먼저 상대를 긍정하는 자비로운 태도가 전제되어 있다는 것이 '자비의 원리'이다. 이 원리는 말이 전혀 통하지 않는 동물과 소통하거나 외국인과 소통할 때를 상상해 보면 더 쉽게 파악할 수 있다. 고양이가 다가와서 내게 어떤 행동을 했을 때, 그 행동이 어떤 메시지를 담고 있고 그것을 알아차리려면 자비를 베풀어야 한다.

'얘가 뭔가 의미 있는 말을 하려는 것이겠지?'

'표현하려는 것을 제대로 표현하려고 했을 거야.'

'그것을 내가 알아내야 하는 것이겠지?'

이와 같은 전제가 선행되지 않으면 고양이가 보내는 어떤 메시지를 해석하는 것은 불가능할 것이다. 소통을 잘하려는 사람이라면 자비를 장착해야 한다는 데이비슨의 놀라운 통찰이다. 담론에 참여하는 사람들은 상대방의 주장을 충분히 경청해야 한다는 위르겐 하버마스Jürgen Habermas의 담론 윤리나 인간 중심성의 실천으로써 긍정성을 역설한 칼 로저스Carl Rogers의 적극적 경청과 같은 맥락을 따른다.

자비의 원리의 연장선상에서 리처드 그랜디Richard Grandy는 인본의 원리principle of humanity를 이야기했다. 우리가 누군가를 이해하는 데 그가 하는 말을 듣는 것만으로는 불완전하다. 그가 처한 상황, 어떤 현실에 대해 말하려 할 것이라고 미리 생각하는 태도를 가져야 이해할 수 있다. 새가 지저귀는 소리를 들을 때, 그 지저귐 자체만으로는 어떤 의미를 포착할 수 없다. 그러나 새가 지저귀는 상황과 함께하는 것들을 고려하면서 들으면 달라진다. 비록 그 새는 인간의 언어를 사용하고 있지 않더라도 우리는 무언가 알아낼 수 있게 되는 점을 포착한 것이다.

HRD 분야에서 경청과 소통에 관해 수십 년 동안 강조해 왔지만, 이를 잘 실천하는 사람을 만나는 일은 쉽지 않다. 저마다 자신의 생명이 우선이기 때문에 자신의 의견을 앞세우는 일에 몰입하게 된다. 그러므로 논의 당사자의 말에 경청하고 자비로운 태도를 취하는 것은 옳은 일이지만 실현하기 어렵다.

그러므로 당사자끼리만 소통하도록 두지 않고 소통을 도와주는 제삼자인 퍼실리테이터를 두는 것이 유리하다. 자비 담당 역할을 분리해 맡겨 보는 것이다. 퍼실리테이터는 참여 집단의 소통 과정에서 순간순간 자비가 작동하지 않을 때 자비가 작동하도록 돕는 사람이다. 또한 퍼실리테이터는 참여자들의 소통을 돕기 위해 발언자가 처해 있는 상황, 그가 바라보고 있는 현실이 무엇인지를 말할 수 있도록 도움으로써 참여자 사이의 이해 수준을 높여낸다. 자비의 실현과 편견의 치유를 돕는 사람이다.

2. 그만한 이유가 있다

어떤 일이 일어났다면 그 일이 일어날 만한 충분한 이유가 있다. 논리학의 4번째 공리인 충족이유율$^{principle of sufficient reason}$이다.

'왜 저래?'

'도대체 이해가 안 돼.'

어떤 상황이나 현상을 받아들이기 어려울 때 흔히 튀어나오는 말이다. 예상하지 못한 일이 발생하거나, 어떤 보편적인 기준에 부합하지 않을 때 저렇게 말할 수 있다. 저 발언 역시 '자비의 원리'와 '인본의 원리'를 적용하면 저렇게 말하는 사람의 메시지를 이해할 수 있게 된다.

자비까지 가져오지 않고 순전히 형식 논리만을 끌어들이더라도 사람들의 발언은 항상 정당하다. 저 발언을 한 사람의 입장에서는 저렇게 말할 수밖에 없었던 충분한 이유가 있다. 결과가 있다면 반드시 그 원인이 있다는 인과율이다. 저 발언을 내가 받아들이거나 말거나의 문제를 떠나서 저 발언이 일어난 데는 그럴 만한 충분한 이유가 있을 수밖에 없다. 만약 충분한 이유가 없었다면 저 일을 일어나지 않았을 것이기 때문이다. 그러므로 '왜 저래?'와 같은 말을 하는 데에도 그만한 충분한 이유가 있었던 것이다.

이제 '왜 저래?'라고 말한 사람(A)이 바라본 상황(B)으로 들어가 보자. A는 3년 차 신입사원이다. 회사에 갑작스럽게 처리할 업무가 잔뜩 생겼는데, B는 휴가를 가겠다고 말한다. 이 상황을 바라본 A는 '왜 저래?' 싶어진다. '요즘 것들'이라는 말도 뇌리에 스친다. '미친 거 아니야?'라고 소리치는 사람도 있을 것이다. 그러면서 요즘 애들과는 말이 통하지 않는다거나 자기밖에 모른다며 한탄한다. 아무리 소통하려 해도 소통을 할 기본이 되어 있지 않다고 생각한다. 내가 다 해봤지만 소용이 없더라며 좌절한다. 이 사례문을 읽으면서 앞서 언급한 자비의 원리나 인본의 원리가 떠올려졌다면 아주 바람직한 독서를 한 셈이다. 훌륭한 퍼실리테이터로 성큼 다가선 것이다.

이제 여기에 충족이유율을 적용해 보자. '할 일이 잔뜩 생겼는데, 휴가를 낸다.'는 상황 즉 이 결과가 생겨났다. 그렇다면 이 결과가 발생한 충분한 이유가 있을 것이다.

- 일이 잔뜩 생겨난 줄 몰랐다.

- 다른 사람이 할 수 있을 것으로 보았다.
- 그것은 회사의 사정일 뿐이라고 생각한다.
- 휴가가 개인적으로 너무나 중요한 일이다.
- 휴가 전에 미리 말해야 좋다는 것을 몰랐다.
- 실제 휴가 내는 이유를 말할 수 없는 사정이다.
- 퇴사를 준비하고 있다.
- 전에 선임으로부터 괴롭힘을 당해서 복수하는 것이다.
- '회사보다는 내가 우선이다.'라는 사고방식을 가지고 있다.
- 주변에서 회사에 충성하는 것은 바보 같은 짓이라는 친구들이 많다.
- 자신의 행동에 회사가 어떻게 반응하는지 실험 중이다.
- 다른 동료가 그랬을 때 나는 기꺼이 그의 일을 감당해야 한다고 생각한다.

이와 같은 12가지 추정이 해당하는 것이 없더라도 그가 그렇게 행동한 데에는 그만한 이유가 있다. A 입장에서 이해가 선뜻 되지 않았던 것은 그러한 사정을 알지 못했을 뿐이다. 또는 알았더라도 서로의 견해와 태도가 다른 때문이다.

여기서 서로 견해와 태도가 다른 것이 문제가 된다면, 어떤 점이 다른지를 확인하고, 앞으로 그 점에 관해 다루면 되는 일이다. 예를 들면, 리더와 구성원 간에 심리적 계약$^{psychological\ contract\ 4}$이 다른 때문일 수 있다. 그리고 이를 다루어 가는 과정에 역시 자비와 인본이 필요할 것이다.

퍼실리테이터가 효과를 발휘할 수 있는 것은 '당신은 그런 식으로 하면 안 돼요.'라고 접근하지 않기 때문이다. 대신 '당신이 그런 데에는 그만한 이유가 있겠죠. 그 이유를 알고 싶습니다.'라고 접근한다.

---

4 심리적 계약이란 고용자와 피고용자 간에 공식적으로 작성한 근로계약서 외에 상대방이 어떤 의무를 수행할 것이라고 마음에 담아두고 있는 기대와 믿음을 말하는 것으로써 데니스 루소(Denise Rousseau)가 발전시킨 개념이다.

3
조직에 대해

조직에서 하는 일

사람들은 예나 지금이나 무리를 지어 산다. 가족, 동호회, 회사, 공동체, 협동조합, SNS 등 다양한 형태로 모임을 만든다. 무리를 지으면 유리하다. 사냥할 때도, 농사를 지을 때도, 길을 닦을 때도, 집을 지을 때도 무리를 지어 일하는 것이 유리하다. 모바일 게임을 개발하거나 영화를 제작하거나 자동차를 만들거나 도로를 건설할 때도 마찬가지다.

모임이 순조롭지만은 않다. 갈등하고 투덜대면서도 모여서 일한다. 일터는 성과를 내야 하고 생계의 원천이며 경쟁과 협력이 공존하는 곳이다. 일터의 종류는 수없이 많다. 그중에서 주로 머리를 써서 의사결정을 하는 일에 집중하고 있는 일터가 사무실이다.

이 책이 주목하는 장소는 일터 중에서 사무실이다. 물리적 공간으로서의 사무실이 아니라, 사업장이 잘 돌아가도록 지원하는 의사결정의 집합체로서의 관념적 사무실을 말한다. 사무실은 농장, 공장, 매장, 오락장, 학교와 같은 다양한 사업장의 일부를 구성한다. 그러면서 동시에 정보의 처리와 의사결정이라는 고유한 역할을 맡고 있다. 농장, 공장, 매장 등의 사업장에서는 물리적이고, 물질적인 요소의 교환과 처리가 일어난다. 사무실에서는 그 처리가 효과적으로 일어나도록 정보를 처리한다. 일반적으로 큰 조직을 가지고 있는 공장과 사무실을 대비해 좀 더 구체적으로 생각해 보자.

공장과 사무실

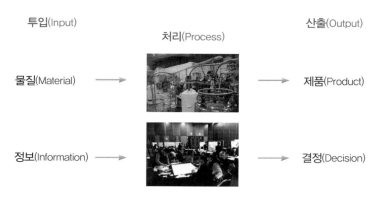

그림 3-1

공장의 최종 산출물은 제품이다. 제품이 공장을 짓고 운영하는 목적이며 얻고자 하는 것이다. 공장을 운영하는 원인의 결과이기도 하다. 제품이 만들어지기 위해 공장의 맨 앞에 있었던 것은 무엇일까? 그것은 원료이다. 일반적인 말로는 어떤 물질이 있었을 것이다. 연필이라는 제품을 만들기 위해서는 나무, 흑연, 접착제와 같은 원료가 필요하다.

그렇다면 공장에서 하는 일의 본질은 무엇일까? 원료를 처리해 제품을 만드는 과정의 본질을 의미한다. 그것은 바로 가공processing이고, 이 가공이란 원료의 처리 즉 '물질처리'가 된다. 모든 공장이 하는 일을 하나의 개념으로 묶어 본질을 파악해 본다면 그것은 '물질처리material processing'가 된다. 공장과 대비해 존재하는 또 하나의 일터는 사무실이다.

사무실의 최종 산출물은 무엇일까? 사무실의 최종 산출물은 의사결정이다. 사무실을 마련해 운영하는 목적은 바람직한 의사결정을 만드는 것에 있다. 사무실에서 열심히 행한 일이라는 원인은 의사결정이라는 결과를 만들기 위한 것이다. 조직의 생명을 유지하려는 궁극의 목적sustainability을 실현하기 위한 가장 바람직한 수단이 무엇인지에 대해 끊임없이 결정한다.

의사결정을 산출하기 위해 사무실의 맨 앞에 있던 것은 무엇일까? 그것은 정보이다. 좀 더 구체적인 말로는 자료, 지식, 의견 등이 있었을 것이다. 어떤 제품의 가격을 결정하려면, 제품의 원가, 경쟁 제품의 가격, 경쟁 제품과의 차별성, 시장에 대한 접근 전략, 소비자 분석 등의 정보가 필요하다. 그 정보를 처리해 가격이라는 결정을 내리고 시행한다.

그렇다면 사무실에서 하는 일의 본질은 무엇일까? 정보를 처리해 결정을 만드는 과정의 본질을 의미한다. 그것은 바로 정보의 분석과 통합이고, 이를 한 마디로 압축하면 '정보처리 information processing'가 된다. 모든 사무실에서 하는 일을 하나의 개념으로 묶어 본질을 파악해 본다면 그것은 '정보처리'가 된다. 조직 개발의 직접 대상은 주로 사무실이다. 사람이 머리를 써서 일하는 정보처리 과정을 주목한다. 퍼실리테이터는 바로 이 정보처리를 돕는 사람이다. 그리하여 더욱 현명한 결정에 도달하도록 만든다.

---

tip

정보처리 장치로서의 조직 (Organization as Information Processor)

조직을 정보처리 장치로 파악한다는 것은 존재론적으로 참이냐 거짓이냐의 문제를 넘어 매우 높은 실용적인 가치를 지닌다. 조직을 바라보던 복잡한 시선을 단순화할 수 있어서 그렇다. 그리하여 조직을 개발하는 과정에서 어디에 집중하면 되는지를 명확하게 알려 준다. 바로 정보처리에 집중하면 된다. 정보처리과정을 하나의 중심축으로 여기고 나머지 현상을 바라보면 조직의 실체가 보다 손쉽게 드러난다.

① **조직은 현명한 의사결정을 향해 가고 있다.**

현명한 결정은 의사결정에 필요한 정보가 충분히 사용된 결정(Informed Decision)이다. 조직의 목적을 가장 잘 이루어낼 수 있는 방법을 찾아 결정하는 것이다. 결정은 어떤 행동을 하겠다는 결정이다.

- 물건을 몇 개 만들겠다는 결정
- 가격을 얼마로 하겠다는 결정
- 어떤 신제품을 만들겠다는 결정
- 신제품을 어떻게 만들겠다는 결정
- 판매는 누구를 주요 타깃으로 삼겠다는 결정

결정을 한 후 조직 활동이 이어진다.

② 의사결정을 하려면 정보가 있어야 한다.

그 정보는 어디에 존재하고 있을까? 대표적인 정보의 저장소는 컴퓨터 저장장치와 인간의 두뇌 두 곳이다. 2014년에 발표된 한 연구에 의하면 인터넷 전체의 저장용량은 1 yottabytes라고 추정하고 있다. 한편 인간 두뇌의 저장 용량은 2.5 petabytes로 추정하는 연구가 있다.

모두 추정치이지만 거의 무한에 가까운 정보의 원천이 있음을 의미한다. 따라서 정보의 존재 여부의 문제라기보다 어떻게 저 원천에 저장된 정보를 효과적으로 꺼내어 쓰느냐의 문제가 더 핵심이라는 것을 알 수 있다. 정보를 확보하려면 비용이 든다. 이미 구성원들의 머릿속에 저장된 정보를 사용하는 데는 별도의 비용을 지급하지 않는다. 이미 급여에 포함되어 있다. 이뿐만 아니라 구성원의 머리를 쓰게 하면 구성원은 자부심과 만족감을 얻는다. 세상을 움직이는 주역이 되기 때문이다.

③ 존재하는 정보를 가져다 처리하는 효율이 필요하다.

정보 – 처리 – 결정

이미 산재해 있는 정보를 잘 수집하고, 분석하고, 종합해 최선의 결정을 내리는 것이 조직의 사무실에서 해야 하는 일이다. 이 과정을 하나로 묶어 표현하면 정보처리이다.

앞서 개인이 환경을 읽어내고 자신이 원하는 것을 얻기 위해 환경에 작용을 가하는 과정은 조직 또는 사무실에서의 이루어지는 과정과 거의 유사하다. 다른 것이 있다면, 그 과정을 조직에서는 여럿이 함께해야 한다는 것이다. 여기서 소통의 중요성이 등장한다. 개인은 뇌세포의 뉴런들이 상호작용 또는 정보교환을 하면 그만이었다면, 조직에서는 개개인의 두뇌 작용의 결과를 서로 교환하는 소통을 해야 하는 일이 추가되는 것이다.

개인 수준에서는 대부분 신경망의 소통이 저절로 일어난다. 그러나 조직에서 개인 간의 소통이 저절로 이루어지는 경우는 오히려 적다. 모종의 추가적인 노력을 기울이지 않으면 소통은 잘 일어나지 않는다.

조직 성과, 조직 개발, 조직 문화, 리더십의 핵심이 여기에 자리하고 있다.

그림 3-2

크게 두 가지 트랙의 정보처리 방식을 가지고 있다. 하나는 보고서 작성이고, 다른 하나는 회의이다.

조직에서 소통한다는 것

무리를 지어 일을 한다. 조직에서는 여러 사람이 모여 열심히 무엇인가 일을 한다. 열심히 하고 있는 그 무엇의 실체를 살피는 것은 조직을 보다 효과적으로 만드는 기초가 된다. 조직은 사람들이 지속적으로 무리 지어 있는 곳이다. 무리 지어 있다는 것의 속뜻은 무엇일까?

요즘처럼 원격근무가 많은 점을 생각하면 무리 지어 있다는 말이 무색하게 들리기도 한다. 육체적으로는 흩어져 있는 것이 사실이다. 그러나 온라인 연결망에 여전히 무리 지어 있다. 대면으로 일하던 방식에서 원격으로 일하는 방식으로 바뀐 상황에서 오히려 조직의 실체는 더욱 분명하게 드러났다. 연결망은 정보망이었으며, 그 정보망을 통해 소통하고 있었던 것이다. 일을 한다는 것은 소통하는 것이고, 소통이 있어야 조직이다.

여러 사람이 모여 있지만 아무런 소통도 하지 않는다면 그것을 조직이라 부를 수 없다. 그러므로 조직의 움직일 수 없는 본질은 소통이다. '우리 조직은 소통이 안 된다.'고 말하는 흔한 불평은 조직에 당연히 있어야 한다고 생각하는 본질이 없다는 호소이다. 리더를 만나 조직에 관한 이야기를 나눠보면 소통의 아쉬움을 호소한다. 중간관리자를 만나 조직에 관한 이야기를 나눠보면 소통의 어려움을 하소연한다. 구성원들은 소통이 안 된다고 불평한다.

모두 소통을 원하지만 소통이 잘 실현되지 않는 이유는 뭘까? 소통에는 편향이 담겨진다. 일반적으로 소통은 중립적이지 않다. 소통을 시도하는 사람의 이익과 가치를 담고 있다. 각자 자기에게 유리한 것을 관철하기 위해 소통한다. 주관적이고 이기적이다. 진리가 아닌 것으로 소통하는 인지적 편향이 있고, 자신의 이익을 좇기 위해 소통하는 이해관계의 편향이 있다.

그리고 불행하게도 자기에게 유리한 것이 타인에게도 유리한 경우는 많지 않다. 경쟁적이다. 이 때문에 소통 과정에서 벽을 만나게 된다. 소통이라는 말은 매우 선량해 보이지만, 경쟁 환경에서 자신의 이익을 좇는 시도가 된다. 그리고 그것은 결국 타인에게 손해를 끼치는 은밀한 시도일 수 있다. 정당한 내가 타인에게 손해를 은밀하게 입히는 시도를 하게 된다.

'김 부장은 이 대리의 야근을 원한다.'

'이 대리는 제때 퇴근해 다른 삶을 영위하고 싶다.'

각자 이렇게 생각한다면 서로 대화를 해도 소통이 안 된다고 느낄 것이다.

단지 서로의 메시지가 객관적으로 전달되느냐 아니냐의 문제를 넘어 자신의 이익을 얻어 올 수 있는 의지가 실현되느냐 아니냐의 문제를 품고 있다. 그리고 이 의지는 각자에게 유리한 것이고 둘 모두에게 유리한 것은 아직 아니다. 여기서 오는 대립이 불통의 답답함을 느끼게 만든다. 개인과 개인의 유리함이 충돌할뿐더러 개인과 조직의 유리함이 충돌하는 경우도 많다. 구성원은 자신의 일을 줄이기 위해 좀 더 많이 채용하기를 기대한다. 반면, 회사는 현재의 구성원이 더 열심히 일하기를 기대한다.

이와 같은 대립이 불가피하고 당연하다면, 사람들이 이 당연한 것으로부터 불만을 느끼고 고통받는 일은 바보 같은 짓이다. 쓸데없는 욕망에 사로잡혀 실현될 수 없는 일에 매달려 괴로움을 자청하는 것이 된다. 그렇다고 각자에게 필요한 욕구나 욕망을 포기하라고 말하는 것도 본성을 거스르는 일이다. 일이 많고 조금 덜 하고 싶어서 좀 더 많은 사람을 회사가 채용해 주었으면 하는 마음이 생기는 것을 막기 어렵다. 각자 자신의 이익을 추구하는 본성을 거스르지 않으면서 서로의 이익이 대립하는 것을 극복하는 절묘한 방법을 찾아야 한다.

각자의 이익이 담긴 의견을 말하는 것이 소통의 하나이고, 서로의 이익이 대립하는 것을 극복하는 방법을 찾는 것이 둘이다. 조직의 활동은 이를 실현하는 과정이다. 그리고 그 과정은 각자의 괴로움의 총량을 줄이고, 행복의 총량을 늘리는 것이 된다. 리더가 집중해야 하는 곳이 어디인지를 보여준다.

조직 속의 인간

조직은 묘한 역설의 공간이다. 협업을 위해 모여 있지만 경쟁한다. 조직에 들어간다는 것은 타인과 함께 일하는 것을 전제로 한다. 즉, 협업의 구조에 들어가는 것이다. 한편 능력 있는 한 개인으로 성장하고 싶고, 남다른 성과를 내고 싶다. 성장한다는 말은 매우 중립적으로 보이지만, 남들과 똑같은 정도의 성장을 성장이라고 생각하지 않는다. 무엇이라도 좀 더 타인보다 나아지고 싶은 마음을 품는다. 그리고 그것이 입증되었을 때 '아! 나 참 잘했어.'라거나 '나는 참 훌륭해.'라는 기분을 느낀다. 나아가 타인보다 더 많은 급여를 받고 싶고, 더 빨리 승진하고 싶다.

때론 '저는 그런 욕심이 없어요.'라고 말하지만, 다른 사람이 자기보다 급여를 더 많이 받는 것을 알게 되면 마음이 불편하다. 때로는 화가 난다. 실은 욕망이 자기도 모르게 숨어 있었던 것이다. 그 불편을 알기에 기업에서는 연봉을 철저하게 비밀로 한다.

여기에도 앞서 말한 불공정하다는 착각이 지배한다. 한 회사의 급여를 모두 알게 되었을 때, '나는 참 혜택 보고 다녔네!'라며 고마워할 사람은 거의 없다. 5억 연봉을 받은 사장도 마이클 조던보다는 비교할 수 없이 적다며 희생자라고 생각한다. '내가 그만 못한 것이 뭔데? 내 급여는 고작 5억밖에 안 되는 거지?'라며 불편해한다. 1억이 넘는 대리급 직원도 불만을 품는다. 회사에서 열심히 일하며 뛰어난 성과를 내도 증여받은 돈을 투자해 비트코인으로 10억을 번 친구보다 못하다며 희생자라고 생각한다.

인간은 끊임없이 비교하며 비교우위에 있으려고 한다. 그 우위의 추구는 타자를 열위에 갖다 놓으려는 추구이다. 그러므로 타자 역시 나를 끊임없이 열위에 두려고 하는 역동이 형성된다. 스스로 우수해지려는 매우 선량하고 바람직한 태도에서 출발하지만, 경쟁에서 패배자가 되거나 타인을 패배자로 만드는 관계의 비극에 도달한다.

일잘러의 역설

조직에 일잘러[5]는 매우 바람직한 존재이다. 그러나 일잘러조차 조직에 나쁜 영향을 끼칠 수 있다. 일잘러의 중요한 특징은 책임감이 높고, 성실하며, 업무 수행 능력을 보유하고 있다. 자신의 능력을 조직의 성과가 나는 방향으로 책임감을 가지고 성실하게 발휘함으로써 높은 성과를 내는 사람이다. 이런 사람은 때로는 다른 사람에 비해 2배 또는 10배 이상의 성과까지 내기도 한다.

첫해는 운이 작동한 면도 있다고 여기면서 자신의 공로를 애써 덮어두는 겸손함을 보여준다. 그러나 이듬해에도 비슷한 성과를 내게 되는 경우에는 이야기가 좀 달라진다. 자신이 낸 성과에 비해 '정당하게 보상받고 있나?'라는 의구심이 가지기 시작한다. 하지만 타인을 배려하는 훌륭한 태도를 가진 사람으로서 '나중에 다 좋아지겠지'하면서 또 한 해를 보낸다.

3년째가 되면 상황이 또 달라질 것이다. 성과가 좋은 사람이 있으니 상대적으로 성과가 낮은 사람이 있다. 낮아 보이는 사람들은 불편을 느낀다.

'내가 무능한가?'

'쟤 때문이야, 내가 열심히 하는 데도 쟤가 너무 성과를 내니 내 성과가 빛을 보지 못하고 있어.'

일잘러는 일잘러대로 불편하다. 잘못한 것도 없는데 동료의 시선이 따가운 것은 참으로 억울한 일이다. 인센티브를 받기는 했지만, 자신의 성과에 비하면 턱없이 부족한 수준이다. 회사에 돈 벌어주고 동료들에게 욕먹고 어처구니가 없다.

---

5 일잘러는 일을 잘하는 사람을 뜻하는 신조어다.

리더의 역할

리더는 조율^{coordination}하는 사람이다. 둘 이상의 사람 모여 살다 보면 이러쿵 저러쿵 의견이 분분하다. 의견이 일치되지 않는 현상이 항상 발생한다. 그중 일부는 스스로 대립을 해결하지 못한다. 이런 의견의 불일치를 갈등이라고 부른다. 리더의 출현은 이러한 갈등을 조율해 해결하려는 데서 근원한다고 학자들은 말한다.

무리의 생활에 갈등은 늘 일어나지만 또한 늘 해결하면서 살아간다. 갈등이 생기면 때론 덮어두고, 때론 타협한다. 때론 기를 쓰고 관철하고, 때론 상대의 제안을 수용한다. 스스로 풀어가는 지혜를 가지고 있다. 어떤 의견은 불일치 상황이 되었을 때 당사자들이 스스로 그 의견을 철회하거나 포기하기가 쉽지 않다. 크게 3가지의 접근 방법으로 해결한다. 바로 폭력, 재판(3자 결정), 대화다.

폭력은 오늘날에도 여전하지만 가장 원시적인 방법이다. 물리적인 힘을 동원해 갈등을 해결하는 방법이다. 오늘날에는 사적 폭력을 인정하지 않는다. 폭력을 국가가 독점하고 있다. 국가 간의 갈등 해결 방법으로써 전쟁도 이 범주에 포함된다. 재판은 당사자 사이에 의견의 일치를 보지 못할 때, 권위를 부여한 3자의 판단에 의존하는 방법을 말한다. 판사^{judge}, 중재자^{arbitrator}, 조직 내의 상급 결정권자 등이 이에 해당한다.

대화는 3자가 당사자 의견의 일치와 불일치 지점을 확인하게 하면서, 최선의 합리적인 대안에 합의해 가도록 지원하는 방식이다. 양자의 갈등을 조율하는 조정^{mediation}과 다자의 갈등을 조율하는 퍼실리테이션^{facilitation}의 개입 방법이 있다. 굳이 하나를 더한다면 동전 던지기와 같이 운^{fortune}에 맡기는 결정도 있지만 여기서는 논외로 한다.

리더는 자신의 관할 범위 안에서 일어나는 수많은 갈등 상황을 조율해 해결하는 일에 책임을 지는 사람이다. 그리고 그 방법론으로는 단독 결정, 중재, 조정, 퍼실리테이션 등 여러 가지가 있다.

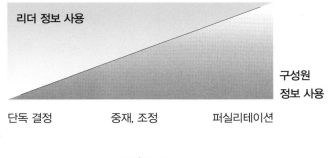

리더 정보 사용

구성원
정보 사용

단독 결정　　　　중재, 조정　　　　퍼실리테이션

그림 3-3

　세상이 복잡해지고 구성원들의 자율성과 참여 욕구가 높아지면서 리더에 대한 기대는 왼쪽에서 오른쪽으로 점점 변화하고 있다. 퍼실리테이션의 시대가 도래한 것이다.

조직은 무엇으로 사는가?

조직 활동의 열매는 의사결정이다. 그 열매는 정보의 결합이며, 정보는 소통을 통해 조직의 결정으로 결합한다. 조직은 현명한 의사결정이라는 목적을 달성하기 위해 정보교환 즉 소통을 시도한다. 개인의 두뇌 안에서 벌어지는 뉴런 사이의 정보교환과 달리, 조직의 정보교환은 독립된 생명체로서 주체 의식을 가진 개인과 개인 간의 교환이다. 그러므로 조직 안에서 개인은 정보를 중립적으로 교환하기보다는 개인의 유리함이라는 목적의식을 가지고 메시지를 주고받는다. 소통의 장애가 발생할 수 있는 위험성이다.

한편, 결정에 필요한 정보는 인간의 두뇌와 컴퓨터 정보망에 풍부하게 산재해 있다. 검색어만 넣으면 1초 만에 감당할 수 없을 정도의 정보가 모니터에 나타난다. 태교부터 시작한 조직의 구성원의 머릿속에 들어있는 정보 역시 어마어마하다. 책을 읽은 것이나, 수학 문제를 푼 것만이 저장된 것이 아니라, 삶을 살아오면서 감지한 모든 외계의 신호들이 두뇌의 여기저기에 저장되어 있다. 오랜만에 초등학교 교정을 방문했을 때, 잊어버리고 있는 줄 알았던 초등시절의 추억이 머릿속에서 생생하게 재현된다. 여전히 머릿속에 저장되어 있었던 것이다. 구성원의 정보와 지혜는 그들에게 저장된 정보가 있느냐 없느냐의 문제이기도 하지만, 어떻게 효과적으로 꺼내 쓰느냐의 문제이기도 하다. 리더의 일이다. 창의적인 일일수록 더 그렇다.

조직에는 거대한 두 종류의 정보 원천이 있다. 데이터 저장장치와 구성원의 두뇌이다. 실은 데이터 저장장치로부터 검색할 수 있는 정보 역시 구성원의 손발과 두뇌를 거쳐야 사용할 수 있다. 주체 의식을 가지지 않은 데이터 저장장치로부터 정보를 꺼내 쓰는 일과 주체 의식을 가진 구성원들로부터 정보를 꺼내 쓰는 일은 하나의 중요한 차이를 낳는다. 데이터 저장장치로부터 정보를 구할 때는 필요한 정보를 요구하는 검색어를 입력하고 명령을 실행하면 그만이다. 요구한 답을 주저 없이 내놓는다. 데이터 저장장치는 자신의 이해득실을 따지지 않는다. 사람은 다르다.

기분에 따라 결과를 다르게 내놓는다. 기분이 좋을 때는 꺼내주고, 기분이 상하면 입을 다문다. 누구는 정보를 내놓고 누구는 내놓지 않는다. 자신의 유불리, 상대방에 대한 호감과 비호감에 따라 기분이 달라지고 그 달라진 기분에 따라 정보 제공의 양이나 질이 달라진다. 아주 싫은 감정을 가지고 있을 때는 심지어 정보를 왜곡해 거짓 정보를 꺼내놓기도 한다.

심리적 안전감을 조성하는 정서처리가 중요해지는 대목이다. 정보처리가 주된 프로세스이지만 그것을 제대로 해내려면 정서의 예민한 살핌이 선행되어야 한다. 이를 감성 리더십이라 불러왔다. 조직의 사무실은 정보를 처리해 현명한 의사결정을 만들어 내는 곳이다. 그리고 그 정보처리를 하는 주체는 사람이다. 사람은 기분을 가진 존재로서 기분에 따라 정보처리를 하는 방식, 효율, 의도 등이 달라진다. 이를 주목한 것이다.

정서가 정보에 항상 앞서는 것은 아니다. 정보에 따라 정서가 달라지기도 한다. 누군가가 나에게 미소를 지을 때 정서는 달라진다. 상대방의 얼굴에 나타나는 자기에 대한 선호의 표정을 읽고 기분이 좋아지는 것이다. 표정에 전해준 '저는 당신에게 호감을 느끼고 있어요.'라는 정보가 긍정적 정서를 야기한 것이다. 우호적인 분위기에서 왜곡되지 않은 정보를 꺼내놓았다고 하더라도 그 처리의 과정이 녹록하지만은 않다. 개개인의 이해관계가 담겨 있고, 참 거짓의 문제가 남아있다.

자료(data)	일정한 틀에 맞추어 배열한 양적 질적값의 모음. 어떤 사실 또는 정보를 구성하는 항목값
정보(information)	자료 중에서 사용자에게 유용하다고 여겨지는 것 또는 어떤 맥락에서 의미를 지니는 것
명제(proposition)	참 또는 거짓을 말할 수 있는 문장
신념(belief)	어떤 사실 또는 명제가 옳거나 틀렸다고 받아들인 것
지식(knowledge)	아직 아니라고 밝혀지지 않은 것. 어떤 주제에 대한 이론적이거나 실용적인 이해
의견(opinion)	입증이 어렵고 아직 결론에 도달하지 않은 판단, 관점 또는 발견

* 이 책에서는 정보라는 용어는 편의상 6개의 개념을 모두 통칭하는 말로 사용하기도 한다.

표 3-1

현명한 결정을 향해 가는 과정에서 구성원은 주로 의견의 형태로 정보를 꺼내 놓는다. 의견은 개인의 이익을 반영하고 있고, 아직 참이라고 확인되지 않은 상태인 경우가 많다. 조직에는 이런 의견들이 무수히 동작하고 있다. 그리고 의견들은 때로는 충돌하고 때로는 협력한다. 때로는 합의에 도달하고 때로는 결렬의 상처를 만든다. 더욱 협력하게, 보다 합의하게 조직을 만들어 가는 것이 리더의 일이다. 어려운 VUCA 세상에서 더 뚜렷이 살펴야 할 것은 정보와 정서라는 조직의 원소이다. 조직은 정보와 정서가 결합돼 존재하게 된다.

4

퍼실리테이션

퍼실리테이션

어떤 회의는 쉬는 시간이 되어서야 서로 활기차게 대화한다.
어떤 회의는 쉬는 시간을 주어도 마다하고 회의에 몰두한다.

어느 경우든 사람들은 자신에게 중요한 일에 몰두하고 있다.
이를 알고 바람직한 회의를 실현한 사람이 퍼실리테이터다.

21세기
환경은 VUCA, 역사상 복잡성이 가장 높아졌다.
옳고 정당한 것의 수명이 짧아졌다.
사람은 역사상 가장 많은 정보와 지식을 보유하고 있다.
아는 것이 많아진 개인은 자신의 목소리를 더 내고 싶어 한다.
조직의 위계는 그래서 더 이상 매력적이지 않다.
예나 지금이나 공정과 소통은 여전히 중요하다.
조직은 정보와 정서로 산다.

퍼실리테이션은 이 상황의 어려움을 효과적으로 극복해
조직이 오래 살아갈 수 있는 현명한 결정을 돕는다.
조직에 생명을 불어넣는다.

퍼실리테이션의 정의

퍼실리테이션은 집단이 구성원의 서로 다른 의견을 다루어 하나의 결론에 효율적으로 도달하도록 하기 위해 논의 과정의 순서와 방법을 제시하면서 논의의 내용에는 중립을 지키는 개입 방법을 말한다. 이때 의견은 문제 해결의 방법에 대한 의견이고, 결론은 문제 해결 방법의 최종 선택을 말한다. 그러므로 퍼실리테이션은 문제 해결의 다양한 접근 방법 또는 개입 방식 중의 하나이다.

명령, 설득, 설명처럼 상대방의 변화를 시도하는 개입 방식의 일종이다. 또한 결론에 효율적으로 도달하도록 하여 목적하는 바를 쉽게 달성하도록 돕는 역량이다. 개입 방식이며 그 방식을 실현하는 역량이다. 명령은 명령자의 의사를 전달하는 정도의 비교적 단순한 역량이 필요하다. 명령은 전달하고 나면 그다음은 명령권자가 지닌 권력이 사람을 움직이게 하는 일을 한다. 그 권력을 얻기까지는 매우 복잡한 역량을 필요로 하지만, 명령 자체의 역량은 간단한 편이다.

퍼실리테이션의 역량은 훨씬 복잡하다. 그래서 역량을 쌓아가는 데 시간이 걸리고 어려움이 있지만, 복잡한 VUCA 세상에 잘 어울리기 때문에 관심을 가질 필요성이 있다. 퍼실리테이션의 정의를 좀 더 자세히 살펴보면 다음과 같다.

집단이

퍼실리테이션의 대상은 개인보다는 집단이다. 집단 중에서도 3인 이상인 경우를 지칭하는 것이 일반적이다. 1인을 대상으로 하는 코칭이나, 상담과 구분된다. 집단 코칭이나 집단 상담이 있지만 이 경우에도 실제로 대상으로 삼은 것은 참여하고 있는 개인이지 집단 자체가 아니다. 만약 집단 자체를 대상으로 하고 있다면 이름은 코칭이나 상담이라고 부를지언정 실질은 퍼실리테이션에 해당한다.

양자를 대상으로 하는 개입의 경우에는 일반적으로 화해, 조정, 중재, 재판과 같은 전통적인 분쟁 해결 방법이 연구되고 발전되어 왔다. 이 책에서는 이에 대한 설명은 포함하지 않는다. 3인 이상의 집단을 상대하는 효과적인 개입 방법으로써의 퍼실리테이션이 주된 대상이다.

서로 다른 의견을

집단의 구성원은 서로 다른 의견을 가지고 있다. 이미 일치하는 의견을 가지고 있다면 퍼실리테이션 역량을 발휘할 상황이 존재하지 않는다. 각자의 독립된 생명을 지닌 개체로서 집단의 구성원은 대부분의 상황에서 서로 다른 의견이 지닌다. 만약 이견이 없이 일치된 견해를 가지고 있다면, 스스로 이미 하나의 결론을 만들고 있기 때문에 퍼실리테이션을 적용할 여지가 없다.

하나의 결론에

그러므로 퍼실리테이션의 개입이 요구되는 상황은 3인 이상의 집단이 어떤 주제에 대해 일치된 의견을 가지고 있지 않으면서 하나의 결론 혹은 결정을 내리고 싶어 하는 때이다. 서로 다른 의견을 다루어 합의라는 결론에 도달하도록 하는 것이다.

어떤 가족이 외식하고자 하는 경우, 외식 메뉴에 대해 구성원마다 서로 다른 의견을 가질 수 있다. 각자 먹고 싶은 음식 메뉴는 다르게 주문해 먹는다고 하더라도, 어떤 장소까지는 함께 가기 마련인데 이때마저 어느 장소로 가는 것이 좋은지 의견이 분분할 때가 많다. 이처럼 삶을 살거나 일을 하는 과정에서 집단은 하나의 결론에 도달하고 결정해야 하는 일이 빈번하다.

효율적으로 도달하도록 하기 위해

이때 한 사람의 고집이나 강요에 의해 결정하기보다는 여러 의견을 들어 합의에 도달하는 것이 더 바람직한데, 이 쉽지 않은 일을 쉽게 하도록 하는 것이 퍼실리테이션이다. 효율이 필요하다. 효율적으로 결론에 도달하지 못한 경험을 많이 가지고 있는 사람은 여러 사람의 의견을 모아가는 일에 거부감을 지닌다. 효율을 위해 독재적 결정을 내리는 것이 바람직하다는 견해를 가지게 된다. 자기도 모르는 사이에 독재자 혹은 독재주의자가 되어 간다. 효율을 지키면서 독재에서 합의로 전환할 수 있다는 생각은 자전거가 두 발로 달리는 것이 불가능하다고 생각했던 것과 비슷하다. 오늘날 두 발 자전거를 넘어지지 않고 탈 수 있다는 것을 못 믿는 사람은 없다. 자전거 타기 역량이 있으면 가능하다는 것을 우리는 알고 있다. 퍼실리테이션이 실현하는 합의도 마찬가지다.

논의 과정의 순서와 방법을 제시한다

여행지를 선정하는 경우, '먼저 예산의 범위를 정한 다음, 장소에 대한 옵션을 최대한 적어 놓고 그중에서 자유토론을 통해 최종 목적지를 정하겠습니다.' 이는 논의 과정(순서와 방법)에 관한 의견이다. 퍼실리테이터는 내용에 관해서는 중립을 지키지만, 논의 과정에 대해서는 의견을 제시한다. 논의 과정에 대해서는 구성원의 의견을 차단하기도 한다. 만약 논의 방법에 대해 구성원의 의견을 받아들이기 시작하면 자칫 논의의 주제가 '논의 과정 정하기'로 바뀌어 버리는 상황이 되고 만다. '묵시적 아젠다 교체' 현상이 일어나는 것이다. 위의 예에서 구성원들이 여행지를 정하는 데 집중하는 것이 좋은데, '예산을 먼저 말하자.'라거나 '자유토론보다 투표로 정하자.'는 등의 논의 순서를 정하는 것으로 아젠다가 전환되는 위험이 있다. 그러므로 순서를 전담하는 퍼실리테이터를 두어 회의를 진행하는 것이 유리하다.

논의 내용에는 중립을 지킨다

사람들은 자신의 생명을 지키기 위해 의견을 가진다. 그러므로 자신의 의견을 목숨처럼 여긴다. 따라서 자신에게 떠올려진 처음 생각을 목숨처럼 끝까지 지켜가고 싶어 하는 충동이 있다. 집단의 구성원 모두 이런 마음 상태에 있다면 이 경쟁을 원원으로 끝을 내기 어렵다.

누군가 한 사람은 이 경쟁에서 벗어나야 한다. 다른 구성원과 대립 또는 적대의 승패 구도에서 벗어난 최소한 1인이 필요하다. 그가 논의 내용에 중립을 지키는 퍼실리테이터이다. 중립을 지킨다는 것은 어떤 주제의 내용과 결론에 관해 의견을 내거나 유도하지 않고, 구성원의 의견에 찬성하거나 반대하지 않는 것을 말한다.

'지금부터 여행지를 선정해 보겠습니다. 우선 가장 가고 싶은 곳을 하나씩 말씀해 주세요.'

이는 퍼실리테이터가 회의의 순서를 제시하는 발언이다. 내용[content]이 아닌 과정[process]에 관한 의견을 제시해 회의 진행을 돕고 있는 모습이다. 그리고 참여자들은 내용을 말한다. '서울이 좋다.' '부산이 좋다.' '홍콩에 가자.'하는 말은 내용에 관한 의견이다.

중립과 유도의 차이

독서 모임에서 함께 읽을 책을 정할 때, 독서 모임의 리더가 다윈의 『진화론』이라는 구체적인 책을 염두에 두고 있다면 유도적 개입을 할 가능성이 높다.

'이런 기회에 두꺼운 책을 읽지 않으면 또 언제 읽겠어요.'
'그동안 자연과학 분야를 덜 다루었다는 점도 참고가 되었으면 합니다.'

중립을 지키는 리더(퍼실리테이터)는 다음과 같이 발언한다.

'여러분의 선택이 가장 중요하다고 생각합니다.'
'각자 염두에 두고 있는 책을 하나씩 말씀해 주시겠어요?'

퍼실리테이션의 4대 영역

퍼실리테이션은 매우 복잡한 역량이어서 쉽게 손에 잡히지 않는다. 퍼실리테이션에 관한 사전 지식이 없는 사람은 퍼실리테이션을 '점착 메모지를 사용하는 것' 정도로 이해한다. 어떤 사람은 '모둠으로 나누어 앉아 회의하는 것'으로 바라본다.

10년 전에 퍼실리테이션으로 비즈니스를 열었을 무렵에는 지루한 강의가 아닌 웃고 즐기는 강의를 해달라면서 퍼실리테이션이라는 이름으로 요청해 오기도 했다. 퍼실리테이션 워크숍에서 아이스 브레이킹 장면을 보고 그것이 퍼실리테이션인 것으로 생각했을 것이다. 대규모 회의에 참여해 전자기기로 투표하고 집계를 즉석에서 화면으로는 보던 방식에 신기해했던 사람들이 있다. 설문지보다 진전된 방식으로 즉석에서 여론 조사하는 것에도 퍼실리테이션이라는 이름을 붙였다. 그것을 먼저 경험한 사람들은 즉석 여론 조사를 퍼실리테이션의 전형인 것처럼 오인했다. GE 워크아웃이나, 스탠퍼드 디자인 씽킹이 퍼실리테이션인 것으로 생각하는 것도 매우 흔한 일이다. 전문가로 불리는 사람들조차 퍼실리테이션의 개념을 정확히 잡아내기 어려워했다.

퍼실리테이션을 다음의 4가지 영역으로 나누어 바라보면 퍼실리테이션의 전체를 보는 데 유리하다. 바로 철학, 이론, 스킬, 도구이다. 도구는 손에 잡히고 형체가 있는 것이어서 쉽게 눈에 띈다. 그리하여 사람들이 먼저 본다. 회의가 효과적으로 진행되는 것으로 여길 때 사람들은 단지 도구 때문이라고 생각하기 쉽다.

걸어 다니던 사람이 자전거 타는 사람을 보면서 '자전거가 있으면 빨리 가는구나.'라고 생각하는 것은 매우 정당하다. 그 생각이 정당하더라도 그가 자전거를 탈 수 있는 것은 아니다. 자전거가 있고 자전거를 타는 스킬이 있어야 한다. 스킬을 배우지 않은 채 자전거를 타면 넘어진다.

스킬만으로도 부족하다. 이론을 알아야 한다. 자전거 도로, 자동차 전용도로를 구분하고 표지판을 읽을 줄 알아야 한다. 오일을 어디에 어떻게 넣어야 하는지 알아야 한다. 간단한 자전거 수리법도 알아야 한다. 그렇지 않으면 역시 처벌을 받거나 사고를 낼 수 있다. 그리고 그런 규범을 준수하고, 안전하게 활용하며, 자전거를 삶과 일에 도움이 되는 방향으로 사용할 수 있는 힘을 만들어주는 것은 철학이다. 어떤 브랜드를 사용하고, 동호인과 어떻게 어울릴

그림 4-1 군맹무상(群盲撫象), 열반경

것이며, 환경과의 관계 속에서 자전거를 알아가는 것도 철학이다. 자전거를 타는 것에도 철학, 이론, 스킬, 도구라는 4개의 영역으로 바라보는 관점은 유효하다. 퍼실리테이션도 그렇다.

여기서는 퍼실리테이션의 복잡성을 감안해 철학, 이론, 스킬, 도구에 하나씩 부연 개념을 추가했다.

- 철학과 인간관
- 이론과 프레임
- 스킬과 실행력
- 도구와 방법론

이어지는 절에서 이 네 가지 영역에 대해 각각 상세히 설명한다. 철학, 이론, 스킬, 도구의 경계를 명확하게 구분하기에는 모호한 점이 있다. 이 책에서는 이 점을 면밀하게 천착하지 않을 것이다.

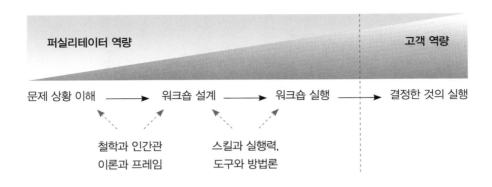

그림 4-2 퍼실리테이션 스킬과 결과

그럼에도 이 네 가지 영역은 리더, 교수, 의사, 변호사, 파일럿, 운전기사 등 어떤 직업이나 어떤 과업을 하든 참고하기 좋은 영역의 나눔이다. 퍼실리테이터도 4가지의 관점에서 자신의 역량을 살피면서 길러가면 퍼실리테이션 역량을 좀 더 쉽게 손에 넣을 수 있을 것이다.

퍼실리테이션은 다름이 다툼의 이유가 아닌 도움의 이유가 되게 하는 것이다. 일반적으로 다름이 다툼으로 번지기 때문에 그것을 피하려 다름의 해결을 회피한다. 그러나 조직에서 누군가가 옳다고 생각하는 하나의 의견을 포기하는 것은 손실이다. 따라서 이를 잘 다루어 내는 능력을 갖추는 것이 더 좋다. 퍼실리테이션은 다른 의견의 효과적인 처리 방식이다. VUCA 환경이 만들어 내는 복잡한 상황에서 더욱 그렇다.

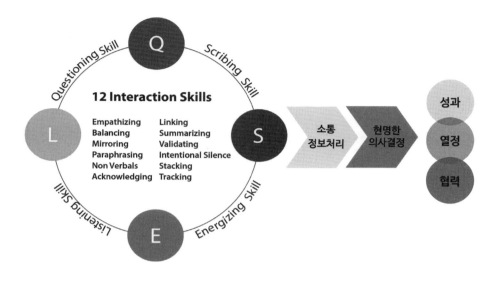

그림 4-3

북돋움과 내모

오랫동안 퍼실리테이션을 해오면서 이따금 받게 되는 질문 중의 하나는 '퍼실리테이션이 우리말로 무엇입니까?'이다. '주로 쓰는 번역어는 "촉진"입니다.'라고 대답하지만, 질문을 주신 분은 대부분 갸우뚱하면서, '그게 무슨 뜻이에요?'하면서 다시 반문한다. 어떤 경우에는 '왜 그렇게 어려운 영어를 쓰냐.'면서 항의하거나, 필자를 나무라기까지 한다.

이에 대한 책임감을 느끼면서 여러 궁리를 해보았지만 별다른 바람직한 번역어 또는 우리말이 떠올려지지 않았다. 정확히 표현하려면 우리말 역시 어려운 말이 되어 버리고, 쉽게 표현하려면 본래의 의미를 잃어버리고 말았다. 인터넷을 통해 검색해 보면, '회의진행자,' '진행촉진자,' '회의도우미,' '회의촉진자,' 등으로 퍼실리테이터를 표현하고 있다. 국어바르게쓰기위원회가 정한 서울시 행정순화어 목록(2020)에는 '도우미'라고 되어 있다. 모두 마음에 썩 드는 표현이 아니다.

어느 날 유튜브를 통해 철학 공부를 하다가 숙명여대의 구연상 교수를 알게 되었다. 우리말로 철학하기를 오랫동안 해오신 분이었다. 이분이라면 최선의 답을 찾아줄 것이라는 믿음을 갖고 메신저를 통해 만남을 요청했다.

<   🔍 ☰

구연상 교수님,

저는 교수님의 채널 애청자이며, 퍼실리테이션을 하는 사람입니다. 오랫동안 퍼실리테이션을 우리말로 어떻게 바꾸어야 하나 고심하고 있으나, 찾아내지 못해 안타깝게 생각하고 있습니다. 교수님의 강의를 들으면서 만나 뵈면 뭔가 길을 찾게 되지 않을까 하는 생각을 가져왔습니다.

편하신 요일을 주시면, 제가 학교로 찾아뵙고 저녁 식사라도 한 번 모시고 말씀을 나누고 싶습니다. 교수님을 뵐 수 있는 또 다른 방법이 있다면 알려 주셔도 좋고요. 여러 가지로 바쁘시겠지만, 실례를 무릅쓰고 말씀을 올려봅니다.

구기욱 올림

제가 메신저를 잘 쓰지 않아서 선생님 문자를 이제야 확인했습니다.
제 연락처는 010-1234-5678입니다.
저는 목요일 점심(1시부터)이 좋습니다. 고맙습니다.

(교수님께서 밥값을 내주셨다.)

점심을 함께 먹으면서 퍼실리테이션과 우리말로 학문하기에 대한 재미있는 대화를 이어 갔다. 식사 후 학교 근처의 숲길을 산책했다. 그러고는 그간 마음을 다해 찾아봤던 우리 말을 꺼내주셨다.

"퍼실리테이션은 '북돋움'이 가장 가까운 표현인 것 같아요."
"퍼실리테이터는 '북돋우미'로 하고요."

처음 마주하는 우리말의 발견이었다. 나는 어렸을 때 고추, 가지, 오이 등을 기르면서 북 돋움을 해보았다. 그래서 쉽게 의미가 다가왔다. 정서와 기분을 북돋아 주는 긍정적인 느낌도 좋았다. 이제 책에 이 말을 쓸 수 있어서 좋다. 더 많이 퍼졌으면 하는 바람이다.

북돋움을 만났지만, 속 시원한 편이 아니었다. 그리하여 계속 머릿속을 탐험했다. 오랜 시간이 흘러 최근에 '내어 모으기'라는 말이 떠올랐다. 퍼실리테이션은 의견을 내고 모아 가는 과정이다. 이런 의미에서 '내어 모으기'는 퍼실리테이션 회의나 워크숍 장면을 잘 묘사해 준다. 줄여서 '내모'라는 말을 만들어 볼 수도 있다.

'북돋움'은 퍼실리테이터의 돕는 행동의 본질을 잘 끌어내고 있고, '내어 모으기'는 퍼실 리테이터보다는 참여자의 목소리에 관한 행동의 본질을 잘 담고 있는 표현으로 보인다. '내모' 또한 '북돋움'과 함께 사용을 넓혀 퍼실리테이션을 대체하는 쉽고 아름다운 우리 말로 널리 사용되기를 기대해 본다.

정답에서 한답으로

생명은 각자에게 부여되어 있지만, 인간은 혼자 살 수 없다. 생명은 개별적이지만, 동시에 의존적이다. 의견은 각자의 생명을 매달고 있지만, 무리 속에서 지지받고 받아들여질 때 실현된다. 저마다 처한 상황이 다른 개인은 그 상황에 맞는 의견을 생성한다. 그리고 오늘날의 상황은 복잡하고 빠르게 변한다.

복잡성은 어떤 상황이나 상태의 질서가 잘 드러나지 않는 성질을 말한다. 인간은 생명체로서 그 생명을 유지하기 위해 자신의 생명에 유리한 미래를 만들어 가야 한다. 날씨가 추워질지, 호랑이가 나올지, 먹을 것이 어디에 있는지, 미세먼지가 많을지 아닐지 끊임없이 알아내야 한다. 단지 현재 벌어지는 상황에 반사적으로 움직이는 것만으로는 부족하다.

이는 미래에 대한 예측을 의미한다. 법칙을 발견함으로써 미래를 내다본다. 미래에 직접 가볼 수는 없으므로 법칙 또는 질서, 즉 인과 관계를 파악함으로써 미래를 예측한다. 지금 공을 던지면(원인), 멀리 날아간다(결과)는 미래를 안다. 법칙을 파악했기 때문이다.

그리고 이 파악된 인과 법칙을 이용해 자신에게 유리한 미래(결과)를 만들어 줄 현재(원인)를 선택한다. 이는 자신의 생명에 유리한 의견의 생성으로 이어진다. 즉 미래를 지배하려는 것이다. 인과는 연속되어 있다. 하나의 결과는 그다음 결과의 원인이 된다. 활을 쏘아(원인) 사슴을 맞추면(결과/원인) 사슴을 잡을 수 있다(결과). 사슴을 잡으면(결과/원인) 먹을 수 있고(결과/원인), 그렇게 되면 자신의 생명이 연장된다(결과). 활로 사슴을 맞힌 것은 활을 쏜 원인에 대한 결과이면서 동시에 사슴을 잡게 된 결과의 원인이기도 하다. 우리의 생각은 이 인과의 연결로 가득 차 있다.

인과는 끊임없이 연결되어 있고, 이를 알아가는 것이 지식 또는 이론의 습득이다. 그리고 이 과정에 인간은 자신에게 유리한 결과를 얻기 위해 모종의 개입이라는 행동을 취한다. 남친을 사귀기 위해 커피를 마시자고 제안하는 것이 그렇다. 그 개입의 직전에 일어나는 것이 결정이다.

사슴을 사냥하겠다는 마음을 먹고 활을 집어 든다. 활이 맨손이나 칼보다 사슴 사냥에 이롭다는 지식을 가지고 있다. 그리하여 사냥을 나가기 전에 활을 집어드는 결정을 한다. 대안이 있고 그 대안 중의 선택이라는 결정이 있다. 물론 이 결정은 총을 알기 전까지 진리에 기반을 둔 결정이다. 환경의 변화에 따라 대안은 계속 달라진다. VUCA 세상에서 대안은 정신 없이 따르게 변화한다.

이처럼 정보와 지식은 자신에게 유리한 결과를 만들 수 있는 원인이 무엇인지 알게 해준다. 인간이 실재하고 있는 시공간은 현재하는 순간뿐이다. 그러나 지식과 이론은 인과의 시차를 담고 있어서 현재라는 시공간을 초월하게 해준다. 인간에게 현재 어떤 원인을 제공해야 내가 바라는 결과를 미래에 얻을 수 있는지를 알게 해준다. 미래를 지배할 수 있도록 도와준다. 지식은 미래에 대한 지배력이다. 그리고 이런 지식의 학습은 미래의 지배력을 획득하려는 시도이다. 개인도 그렇고 조직도 마찬가지이다.

복잡성은 이러한 미래의 지배력을 약화시킨다. 하나의 원인이 여러 개의 서로 다른 결과를 만들어 내는 시스템이다. 급여를 올리면 일을 더 잘할 수도 있고, 그 올라간 급여를 이직의 수단으로 삼을 수도 있다. 너무 적게 올랐다고 불만을 살 수도 있다. 어떤 결과가 만들어질지 예상하기 어렵다. 복잡계에서의 결정은 입시 문제를 푸는 것과 같은 정답을 찾아가는 과정과 다르다. VUCA 세상에서 사람들은 미래 예측에 필요한 모든 정보를 확보할 수 없으며, 지금까지 보유한 지식만으로 상황을 파악할 수 없는 빈도가 높아진다. 즉, 정답을 찾기 어려운 세상이다.

정답을 찾을 수 없다고 해도 우리는 결정을 내려야 한다. 결정 없이 행동할 수 없고, 행동 없이 살아갈 수 없다. 행동 없이 성과도 낼 수 없다. 그러므로 결정을 잘하려면 풍부한 정보를 가지려는 시도와 함께, 정답을 찾아야 한다는 강박에서 벗어나는 것이 필요하다. 정답 대신 하나의 답을 찾아가야 한다. 집단에서의 결정은 서로 다른 관점과 이해관계를 가진 구성원의 결정이다. VUCA 세상에서 생명을 걸고 살아가는 개인의 결정도 정답을 찾기 어려운 경우가 많아졌다. 집단의 정답을 찾는 일은 더더욱 어려워졌다.

집단의 결정은 개인의 결정에 비해 한편으로는 복잡성이 높아진 까다로움이 있지만, 다른 한 편으로는 옳음을 추구할 수 있는 다양한 관점을 가진다는 이점이 있다. 다름이 다툼이 아니라 도움이 되게 할 수 있느냐 없느냐가 관건이다. 개인의 결정이든, 무리의 결정이든 한답[6]

---

6 하나의 답을 일반명사화해서 '한답'으로 부르고자 한다. 정답과 대비하여 어떤 문제를 해결하기 위하여 최종 선택한 하나의 답을 줄인 말이다. 인간이 정답을 알 수 없다는 한계를 인정하면서, 동시에 살아가려면 끊임없이 어떤 답을 만들 수밖에 없는 현실을 반영하는 말이다.
    VUCA 환경에서 조직의 의사결정이 정답을 찾을 수 없는 현실과 그럼에도 불구하고 어떤 결정을 내려야 하는 상황을 담아낸 표현이다. 정답을 찾아야 한다는 강박적 마인드셋을 전환하는 데에도 도움이 될 수 있다.

을 찾는 데 초점을 맞추는 것이 유리하다.

　VUCA 세상에서 없는 정답을 찾으려는 무모함을 버릴 때 길이 보인다. 설사 정답이 있다고 하더라도 그것을 알아낼 확률이 매우 낮다. 세상은 빠르게 바뀌고 있으므로 일정한 기한 내에 결정을 내리지 않으면 시간이 지난 후에 내린 결정이 쓸모없어지는 점도 간과할 수 없다.

　그럴듯한 한답을 찾는 일에 집중할 이유가 여기에 있다. 진리의 추구를 포기하는 것이 아니다. 한답을 만드는 것은 진리의 추구를 포기하지 않으면서도 진리에 도달할 수 없음을 인정하는 현명함을 말한다. 구성원들이 생명 유지 본능에서 발현되는 구성원의 의견은 진리 추구를 포기하지 않는 훌륭한 자원이다. 그리고 구성원들이 합의를 통해 만들어 내는 결론은 가장 진리에 가까운 그럴듯함이 된다. 그것이 한답이다. 퍼실리테이션은 이 한답을 정교하고 효율적으로 찾도록 개입하는 방법의 총칭이다.

철학과 인간관

퍼실리테이션의 4대 영역 중에서 첫 번째는 철학과 인간관이다. 퍼실리테이터가 지녀야 하는 세계관, 인간관, 윤리관을 포함하는 영역이다. 퍼실리테이션의 과정은 인간의 소통 과정을 주로 다룬다. 소통은 주로 언어를 사용해 이루어진다. 그러므로 퍼실리테이터는 인간, 집단, 언어, 그리고 인간이 바라보는 대상에 대해 조금이라도 본질적으로 이해하는 것이 필요하다.

인간은 어떤 존재인가?

갈등이란 무엇인가?

소통이란 무엇인가?

인간은 왜 소통하려 하는가?

'사고의 집,' '존재의 집'이라고 일컬어지는 언어는 무엇인가?

우리가 일상에서 경험한 회의는 그저 저절로 흔히 일어나는 일 중의 하나이다. 흔해서 누구나 경험하고, 시도하고, 참여하고 있지만, 제대로 해내는 사람은 적다. 그 하나의 이유는 회의에 대한 본질적인 이해가 부족한 데서 출발한다고 볼 수 있다. 회의를 좀 더 효과적으로 바꾸어 가려면 회의를 구성하고 있는 인간, 집단, 소통, 언어 등에 관한 본질적인 것들을 들여다보면 좋을 것이다.

회의실을 리모델링하는 것으로 회의가 충분히 개선되지 않는다. 회의실에 회의 규칙을 게시해 놓는 것으로는 회의가 거의 개선되지 않는다. 회의가 제대로 되지 않으니 30분 만에 마치자고 선언하던 시절이 있었다. 회의의 겉만 보고 처방한 대표적인 예이다. 자전거를 타다가 넘어진다고 자전거를 버릴 필요는 없다. 그리고 자전거를 잘 타는 것은 단지 비싼 자전거를 사는 것만으로 실현되지 않는다.

퍼실리테이션의 철학과 인간관은 회의 그리고 회의에 모여 있는 사람들에 대해 조금은 더 깊은 근본을 이해해 보고자 하는 것이다. 철학과 인간관의 절에서는 크게 3가지의 주제를 담는다. 첫째는 철학자들이 관심을 가진 주제 중에서 퍼실리테이터에게 많은 도움이 되는 철학자의 성과물이다. 둘째는 퍼실리테이터가 구성원의 창의를 발휘하고 갈등을 해결하는 데 도움이 되는 인간관이다. 그리고 마지막으로는 퍼실리테이터를 성공으로 이끄는 참여자를 대하는 태도와 윤리이다. 세 가지 모두 경계선이 모호하고 서로 경계를 넘나드는 면이 있지만 이해의 편의를 위해 나누어 다루어 본다.

본질을 알아가는 철학

1. 관점주의

사람들이 쉽게 합의에 도달하지 못할 때, 그들이 자기 욕심만 차리는 이기주의자이기 때문이라고 보인다. 이렇게 상황을 바라보는 사람은 그들에게 욕심을 버리거나, 이기주의자가 아닌 이타주의자가 되라고 설득한다. 그리고 그들이 끝내 욕심을 버리거나 이타적으로 변하지 않으면 그들을 나쁜 사람이라고 낙인찍는다. 합의는 더더욱 실현되지 않는다.

사람들이 쉽게 합의에 도달하지 못하는 이유는 서로 다른 관점을 가지고 있기 때문이다. 니체의 관점주의는 구성원 또는 참여자들이 제시하는 의견의 본성을 이해하는 데 도움을 준다. 구성원들은 자신의 의견을 진리 주장이라고 생각하지만, 실은 하나의 관점이라는 점을 퍼실리테이터가 알게 해준다.

니체는 세상의 누구도 동시에 같은 자리에서 세상을 바라볼 수 없는 태생적인 한계를 지적한다. 그러므로 인류는 누구라도 세상을 똑같이 이해할 수 없다. 서로 다른 것을 보고 있으므로 달리 이해하고 있다. 다만 함께 살아가기 위해 함께 결정할 일이 있으므로 서로가 바라보고 있는 것을 꺼내놓고 비교하면서 하나의 결정을 만들어 가는 수밖에 없는 것이다. 서로 의견이 다른 것은 지극히 자연스러운 일이다. 오히려 일치하는 것이 부자연스러운 일이다.

집단의 논의는 관점의 초대이다. 구성원들이 제시하는 의견은 구성원 하나의 관점에 기반한다. 니체가 말한 대로, 사람은 누구라도 동시에 같은 자리에 서지 못하기 때문에 자기 자리에서 보이는 것만 볼 수 있다. 동전의 앞면을 보면서 동시에 뒷면을 볼 수 없다. 내가 앞면을 보고 있을 때 동료는 뒷면을 볼 수 있다. 각자 서 있는 지점에서 서로 다른 것을 보게 되는 것이다. 이처럼 다른 관점을 가지게 되는 필연성 때문에 우리는 저마다 다른 의견을 품고 산다. 그리고 그 자신이 바라본 것이 옳다고 생각한다.

영업팀은 영업팀의 자리에서 세상을 본다. 기술팀은 기술팀의 자리에서 세상을 본다. 영업팀은 경쟁사 영업 직원이 항상 자신을 위협하고 있는 것을 두드러지게 바라본다. 기술팀은 영업해 온 일감을 기술적으로 해결하는 것이 얼마나 어려운지를 두드러지게 본다.

영업팀에서 수주받은 일은 회사를 먹여 살리는 절대적인 기여이지만, 기술팀에서 바라보는 수주는 까다로운 일감이 또 늘어난 것에 불과하다. 하나의 현상을 두고 서도 그 해석은 제각각이 된다. 저마다 경험의 누적이 다르고 이해관계도 다르기 때문이다. 그러므로 집단의 구성원이 어떤 사안에 대해 동일한 의견을 가지기는 참으로 어렵다.

이는 정답이 없다는 것을 의미하기도 한다. 하나의 관점은 항상 부분이기 때문에 그것을 옳다고 볼 근거는 항상 부족하다. 그럼에도 불구하고 우리가 살아가고 일을 하려면 어떤 결정을 내려야 한다. 그리고 그 결정은 최선의 옳음을 선택하는 것이다. 정답은 아니더라도 한 답을 찾아야 한다. 어느 관점도 온전히 옳다고 보기 어렵기 때문에 집단은 구성원 전체의 관점을 초대하는 것이 중요시되어야 한다. 그리고 그 관점이 모이고 경쟁하도록 지원해야 진리에 도달할 가능성이 커진다. 한답을 구성해가는 과정이다. 퍼실리테이션은 바로 이 과정을 효과적으로 다룬다.

관점을 모은다는 것은 헤겔이 말한 '진리는 전체다.'라는 말을 떠올리게 한다. 어떤 경우에도 인간이 전체를 볼 수는 없다. 바라보는 각도 외의 것을 보기 어렵다. 그러므로 진리에 다가가려면 가능한 한 전체를 보도록 지원해야 한다. 구성원의 다양한 의견을 담아내야 하는 이유이다.

권력자로서의 리더는 자신이 가진 의견이 절대적인 옳음이라는 착각을 일으키기 쉽다. 구성원에 비해 비교적 전체를 보는 경우가 많다. 또한 리더에게 부여되고 있는 책임과 역할 때문에 어떤 견고한 의견을 제시하는 것이 바람직하다는 생각을 가진다. 그리고 스스로 조직을 잘 이끌려는 선량한 마음마저 가지고 있기 때문에 자신이 가진 의견을 하나의 관점으로 보기보다는 어떤 절대적인 우위를 지닌 결론이라는 착각을 하게 된다.

니체의 관점주의는 이러한 리더의 오만에 대한 겸손의 미덕을 요청한다. 특히 VUCA 세상에서 리더의 이러한 생각은 위험한 착각이 될 수 있다. 리더의 역할이 달라져야 하는 이유이다. 적어도 구성원의 관점을 초대할 줄 아는 역량을 보태야 한다.

2. 구성주의

어떤 것이 실재한다고 보는 객관주의를 부정하지 않더라도, 어떤 것은 우리가 만들어 내는 것이라는 구성주의를 채택할 수 있다. 우리가 만들어 내는 회사, 정부, 법률 등이 대표적인 예이다. 보험상품, 신제품과 같은 관념이 아닌 물질적인 것조차 인간에 의해 구성되었다는 점을 부인하기 어렵다. 우리는 원래 있던 어떤 것을 발견하는 것만이 아니라 새로운 것을 끊임없이 구성해간다. 거기에는 미리 정해진 진리가 없다. 구성원이 결정을 구성할 뿐이다.

철학자 칸트는 '이상적인 합리적 숙의 과정idealized process of rational deliberation'을 거쳐 규범과 윤리가 구성되어야 한다고 보았다. 하버마스 역시 주장의 타당성을 검증하는 과정에서의 숙의의 중요성을 강조했다. 이 구성의 과정은 숙고이며 이 숙고를 이끄는 과정이 회의 또는 워크숍이다. 오늘날 현실 세계에서 요구하는 공정한 절차에 그대로 부합하고 있다.

구성주의는 행동주의, 인지주의를 넘어 교육학에서 진전시킨 학습이론이기도 하다. 관점주의, 현상학과 더불어 인간 내면의 사고 과정을 이해하는 데 도움을 준다. 구성원이 개진한 최초의 의견 중에서 최선의 하나를 선택해 결론에 도달하는 방법은 충분하지 못하다. 최초의 의견은 가장 미성숙한 의견일 가능성이 높다.

다른 사람의 관점과 의견을 참고하고 비교하고, 연결하고, 결합하면서 최초의 의견을 발전시키다 보면 더 좋은 의견이 만들어진다. 이 과정을 구성이라 부른다. 이미 주어져 있던 숨은 정답을 찾는 것이 아니라, 다양한 관점과 견해를 모아 가능한 한 전체를 보면서 최선의 답을 만들어 간다. 한답을 구성하는 것이다.

---

tip

의견의 진전 – 1차 의견과 2차 의견

'1차 의견'의 대표적인 예가 '회의를 없애자.'라는 의견이다. 이 의견은 일견 매우 타당해 보인다. 그동안 참석한 회의에서 긍정적인 경험을 한 경우가 거의 없었기 때문에, 회의는 당연히 불필요한 일이며, 시간 낭비라는 생각이 든다. 시간을 낭비하는 일은 줄여야 하는 것이 타당하므로 회의를 없애는 일 역시 타당해진다. 이때 민주주의 원칙으로 알고 있는 다수결의 원칙을 지켜 대다수가 찬성하는 회의 없애기를 결정한다면 이는 매우 민주적이며 합리적인 선택을 한 것이 된다.

여기에 어떤 오류가 있는 것일까?
여기에는 회의에서 부정적인 경험을 한 것이 회의 자체 때문이라고 생각하는 1차 의견에만 의존한 오류가 있다. 즉 회의에서의 부정적인 경험이 회의 자체 때문이라는 전제를 탐색해보지 않고 당연한 것으로 받아들인 오류가 되는 것이다. 이는 마치 '아이들에게 스마트폰을 사주니 게임을 하더라.' 그래서 스마트폰을 사주어서는 안 된다는 결론에 다다르는 경우와 마찬가지이다. 이 '1차 의견'은 미성숙한 판단(premature judgment)이다. '1차 의견'에 깔려 있는 전제를 다시 탐색해 보아야 한다. 이를 아지리스(argyris)는 이중 고리 사고(double loop thinking)라고 불렀다. 이때 퍼실리테이터는 그 전제를 탐색하는 질문을 던져 '2차 의견'으로 진전을 만들어갈 수 있다.

'회의에서 부정적인 경험을 하게 되는 이유는 무엇일까요?'

'어떤 때 회의가 잘못되고 있다고 생각하시나요?'

회의가 시간 낭비로 끝났던 것은 회의 자체가 나빴던 것이 아니라, 회의를 비효율적으로 진행하는 진행자의 역량이 부족하기 때문이다. 진행자가 자기 말만 하고 참여자의 의견을 묻고 다루지 않아서 회의가 시간 낭비가 되었다는 의견으로의 진전이 '2차 의견'이다.

교육학에서의 구성주의에 기초를 세운 사람으로는 심리학자이며 교육학자인 장 피아제Jean Piaget, 레프 비고츠키Lev Vygotsky, 존 듀이John Dewey 3명을 드는 것이 일반적이다. 구성주의는 지식이 행동, 성찰, 구성의 과정을 통해 가장 잘 얻어진다는 것을 확인하는 학습이론이다. 이는 조직에서 의사결정을 하는 과정을 행동-성찰-구성으로 이어갈 수 있다는 시사점을 제공한다.

피아제는 새로운 지식을 창출할 때 경험과 아이디어의 상호 작용에 중점을 둔다. 그러므로 리더가 이렇게 하자, 저렇게 하자라고 말하기보다는 구성원에게 물어보는 것이 더 바람직하다는 제안인 것이다.

'오늘 무슨 일이 있었어요?'

'그래서 어떻게 해볼 생각이세요?'

비고츠키는 동료들과 함께 배우는 사회적 구성의 중요성과 문화가 지식의 수용과 동화에 어떻게 영향을 미치는지를 밝혀냈다. 또한 사람들이 다른 사람들과의 상호작용을 할 때 가장 잘 배운다고 말한 사람이다. 오늘날 강조하고 있는 조직 문화, 조직의 수평성과 직접 연결된다. 다른 사람과 가장 밀도 있는 상호작용이 일어나는 장면이 워크숍이다.

이 워크숍은 비고츠키가 말한 사회적 구성을 이루어내는 공간이 된다. 심리적 안전감을 바탕으로 자신이 행한 일에 대해 성공과 실패를 거리낌 없이 말하고 그 과정에서 서로 더 좋은 방법을 찾아가는 것이 가능해진다. 듀이는 탐구와 실제 세계와 교실 활동의 통합을 강조했다. 생활, 일, 학습이 별개의 것이 아니라 하나로 어우러지는 학습 조직, 학습 공동체를 예고한 것이다.

이와 같은 구성주의 철학은 리더 또는 교사의 역할로서 퍼실리테이터가 되기를 권장한다. 구성원 또는 학습자가 자신의 지식 획득을 좌우하고, 리더 또는 교사는 퍼실리테이터의 역할을 하도록 하는 것이다. 구성주의적인 접근은 일터에서나 학교에서 어떤 방법보다도 더 높은 수준의 결론 또는 지식에 도달하도록 도와준다.

tip

구성주의에서 권장하는 강사의 역할

구성주의의 특성으로 인해 강사(instructor)는 전통적인 강의 스타일 대신 좀 더 실습할 수 있는 접근 방식을 채택해야 한다. 교실의 환경은 각 학습자의 사고를 지원하고 끊임없는 도전을 장려해야 한다. 사회적·구성주의적 접근에 따르면, 강사는 가르치는 사람이 아니라 퍼실리테이터(facilitator)의 역할에 적응해야 한다. 퍼실리테이터는 단순히 원리를 설명하는 대신 학습자가 내용을 스스로 이해할 수 있도록 도와준다. 후자의 경우 학습자가 완전히 참여하지 않지만, 전자의 경우에는 학습자가 능동적으로 참여한다.

따라서 목표는 강조점을 강사와 내용으로부터 학습자와 절차 쪽으로 옮기는 것이다. 강조점이 보다 능동적인 교육 과정으로 전환됨에 따라, 퍼실리테이터로서의 강사는 가르치는 것과 다른 방식으로 행동해야 한다. 교사가 말하고 퍼실리테이터는 묻는다. 교사는 앞에서 강의하고 퍼실리테이터는 뒤에서 지원한다. 교사는 정해진 커리큘럼에 따라 답변을 제공하고, 퍼실리테이터는 절차을 제공하고, 학습자가 자신의 결론에 도달할 수 있는 환경을 조성한다. 교사는 대부분 독백을 하고 퍼실리테이터는 학습자와 지속적인 대화를 한다.[7]

3. 진리의 잠정성(에포케Epoché)

전체가 아닌 부분밖에 알 수 없는 인간으로서 어떤 의견을 대하는 태도가 비심판적non-judg-mental이어야 하는 것은 당연한 귀결이다. 현상학 철학을 연 후설이 강조한 에포케의 실천이다.

그리스의 회의주의 철학자인 섹스쿠스 엠피리쿠스는 에포케를 다음과 같이 정의 내린 바 있다.

"Epoché is a state of the intellect on account of which we neither deny nor affirm anything."
에포케는 우리가 어떤 것에 대해 부정도 긍정도 하지 않은 결과에 근거한 지성의 상태이다.

여기서 심판은 성급하게 최종 결론을 내리지 않는다는 의미이다. 머릿속에서 어떤 견해에 대해 '옳다/그르다'라는 판단을 전혀 하지 않는다는 의미가 아니다. 평가하면서 해석하되, 자신이 미리 품고 있던 전제를 재확인하지 않은 채 성급하게 결론을 내려서는 안 된다는 뜻이다. 에포케 – 심판의 연기suspension of judgment 또는 찬성의 보류withholding of assent는 연구방법론의 기본이며, 옳은 것을 찾아가는 초석이 된다.

퍼실리테이터는 회의에 참여한 사람들이 최대한 옳을 결정을 하도록 돕는 사람이다. 빠른 결정, 과거의 경험에 사로잡힌 결정이 성급하고 미숙한 결정으로 흐를 수 있는 경향을 경계해, 보다 현명한 결정을 돕는 사람이다.

---

7 참고문헌: Brau, B. (2018). Constructivism. In R. Kimmons, The Students' Guide to Learning Design and Research. EdTech Books. Retrieved from https://edtechbooks.org/studentguide/constructivism

그림 4-4 퍼실리테이터는 참여자가 제출하는 의견을 성급하게 심판하지 않는다.

은행 창구의 일화를 들어보겠다.

은행 창구에서 카드 발급을 위해 서류 작성대에 비치된 볼펜으로 신청서를 작성한다. 양식을 채워가는 도중 볼펜이 나오지 않는다. 이때 다음 두 가지 유형의 반응이 가능하다.

    반응 1: '이봐요. 여기 볼펜이 안 나오잖아요.'

        '여기는 볼펜 점검을 안 하나요?'

    반응 2: '여기요? 볼펜 좀 바꾸어 주시겠어요?

        '여기요? 볼펜이 다 달았습니다.'

첫 번째 반응은 볼펜을 관리하는 누군가의 잘못을 지적하고, 그 관리자의 소홀함 때문에 자신이 불편을 겪고 있음을 어필하는 모습이다. '관리자의 소홀함'이라는 성급한 심판을 포함하고 있다.

두 번째 반응은 누군가의 잘못이 있는지 아닌지는 알지 못하며, 필요한 것을 요청하거나, 현 상황을 알려주기만 하면 관리자가 문제를 해결해 줄 것이라고 보고 있는 장면이다. 심판 없이 상황을 전달하거나 자신에게 필요한 것을 요청하면 들어 줄 것이라는 신뢰를 담고 있다.

최종 심판을 유보하고 구성원의 의견을 경청한 다음, 만약 그의 주장에 미심쩍은 부분이 있다면 질문을 던져 의견의 취지나 그렇게 생각하게 된 경위와 전제를 새롭게 파악하면 된다. 너무 빨리 단정 지을 필요가 없다.

어떤 하나의 의견을 가지는 데는 다양한 전제들이 깔려 있다. 퍼실리테이터는 이 전제들을 짐작하거나 속단해 '맞다.' '틀리다.'라는 성급한 결론을 내리지 않는다. 그 대신, '그렇게 말하는 데는 그만한 이유가 있다.'는 가정 아래 그 주장의 근거와 조건을 살펴봐야 한다.

성급하게 심판을 내리는 것은 듣는 사람이 자신의 생명을 지켜 내려는 신속한 반사적 반응이다. 또한 자기 우월적 편견에서 비롯된 상대방에 대한 비하적인 의심에서 비롯되는 경우가 많다. 이기주의자, 기회주의자, 위선자, 게으른 자, 무책임한 자일 것이라는 의심이다. 그래서 비윤리적인 사람이라는 의심이다. 이는 상대방의 주장을 긍정적, 우월적으로 검토하지 못하고 단정 짓게 하는 원인이 된다. 이때 흔히 리더들은 '됐고'라는 표현을 자주 쓴다.

따라서 퍼실리테이터는 논의에 참여하고 있는 구성원들이 충분히 도덕적이고 긍정적인 협력자라는 시각을 잃지 않아야 한다. 이 점에 관해 프랭크의 견해는 커다란 도움을 준다.

"views about human nature have important practical consequences….
[O]ur beliefs about human nature help shape human nature itself"[8]

사람을 어떤 존재로 바라보느냐는 매우 중요한 현실적 결과를 가져온다.
우리가 인간의 본성을 바라보는 대로 인간의 본성 자체가 만들어진다.

---

8 참고문헌: Frank, R.H. (1988). Passion Within Reason: The Strategic Role of the Emotions. New York: Norton.

아버지와 아들이 식당에서 함께 식사하고 있다. 반찬이 맛있었는지 주문한 순두부찌개가 나오기도 전에 두 가지 반찬을 모두 비웠다. 벽에는 '반찬 리필은 셀프'라고 붙어 있었다.

'아빠는 아들에게 반찬 좀 더 가져올래?'하고 주문했다.

아들은 반찬 그릇 하나를 들고 일어났다. 아빠에게 옳은 것은 반찬 그릇 두 개를 한꺼번에 들고 가는 것이었다. 그리고 두 개의 반찬 그릇에 반찬을 모두 채워 오는 것이었다. 하지만 아들이 반찬 그릇을 하나만 들고 일어서는 사태가 발생한 것이다. 이때 보통은 아빠가 이렇게 말한다.

'두 개 다 가져올래?'

혹은

'두 개 다 가져와.'

혹은

'두 개 다 가져와야지.'

에포케를 실천하는 아빠는 아무 말도 하지 않았다. 반찬 그릇 하나만 드는 것은 잘못된 것이라고 심판하지 않은 것이다. 아들은 하나의 반찬을 가져온 후, 연달아 또 다른 반찬을 가져왔다.

그림 4-5

반찬 그릇 하나를 들은 것이 반찬을 하나만 가져오고 말 것이라는 믿음도 성급한 심판이었다. 아들에게는 하나만 드는 것이 옳음이었다. 그럴만한 이유가 있었다. 양손으로 그릇을 가져가서 그릇에 반찬을 담으려면 그릇 하나를 어딘가에 올려놓아야 하는데, 셀프바 주변에는 그릇을 놓을 적당한 자리가 없었다. 그리고 좌석과 셀프바의 거리가 그리 멀지 않기 때문에 두 번 다녀오는 것이 큰 수고가 아니라고 생각해 그렇게 결정한 것이었다.

아빠는 두 개를 한꺼번에 가져오는 것이 효율이라는 믿음이 있었다. 그리고 하나만 들었다는 것은 반찬을 하나만 가져올 것이라는 예상의 믿음도 있었다. 그것은 아빠에게 참이라는 생각이 들었고, 그 참을 실현하고 싶은 충동이 일어났을 것이다. 하지만 그 진리의 실현을 위한 충동을 잠시 연기함으로써 일은 자연스럽게 흘러 갔다. 에포케의 유용성이다.

에포케는 미리 정해진 진리나 존재는 없다는 철학적 관찰이다. 퍼실리테이터에게 주는 힌트는 중립자로서의 열린 마음이다. 워크숍에서 다루는 이슈에 대한 해답은 미리 정해진 것이 아니라는 점이다. 상황을 해석하는 것도 참여자의 몫이고, 상황을 개선하는 데 필요한 해법도 참여자의 시각으로 만들어 가는 것이다. 퍼실리테이터는 편협하게 흐르지 않고 좀 더 다양한 시각에서 다루어 볼 수 있고 돕는 것이다.

4. 구조와 실존

사람은 구조의 역학 속에서 영향을 받는 존재이며, 동시에 그 구조를 만들어 가는 주체이다. 이는 구조주의와 실존주의의 대립이며 공존이다. 인간은 육체를 가진 존재로서 중력, 전자기력, 약력, 강력 등 네 가지의 힘에서 벗어날 수 없다. 이런 자연의 힘은 너무 자연스러워서 생활 속에서 크게 느껴지지는 않는다. 느끼지 못하더라도 그 구조 속에서 살고 있는 것은 부인할 수 없다.

인간은 자신의 탄생을 결정할 수 없다. 자기 부모를 결정할 수 없고, 국적을 선택할 수 없으며, 언어도 스스로 선택하지 못한다. 자본주의라는 체제, 현행 헌법도 스스로 선택하지 못하고, 인류의 역사 또한 선택할 수 없다. 선택하지 못하지만 자신을 지배하고 있는 구조는 셀 수 없이 많다.

그럼에도 불구하고 인간은 끊임없는 선택을 한다. 식사 메뉴를 고르고, 운전대를 붙잡고 좌지우지한다. 배우자를 선택하고, 출산을 선택한다. 어느 회사에 들어갈지, 어떤 창업을 할지도 결정한다. 이러한 선택들이 거대한 구조와 체계의 산물일 뿐이라고 볼 수 있지만, 하나의 존재자로서 적어도 자신의 외부에 어떤 영향력을 행사하고 있는 독자적인 점을 무시할 수 없다.

여기는 아직 온전하게 해결되지 않은 논란이 있다. 하나는 자유 의지의 존재 여부에 관한 논의이다. 둘째는 실존이 구조를 바꿀 수 있느냐의 논의이다. 양자택일의 문제가 아니라 양면을 모두 가진 문제여서 어느 한쪽이 전적으로 옳다고 판명하기는 어려울 것이다.

자유 의지의 존재와 실존이 구조를 바꿀 수 있다는 믿음을 필자는 선택한다. 적어도 사람은 어떤 선택을 하고 싶고, 그 선택한 것을 실행하고, 그 결과에 대해 만족과 불만족을 경험한다. 그리고 그 일련의 과정에서 외부와 구분되는 하나의 일관성 있는 존재자로 스스로를 인식한다. 적어도 내가 먹으면 내 배가 부르고, 섭취한 영양분으로 자기 신체를 순환하는 정도의 독립성을 지닌다.

그래서 생존하고 있는 일정 기간 스스로를 생명체로 인식하고 생명을 유지하기 위해 여러 가지 활동을 시도한다. 그리고 자기 생명에 유리한 행동을 하기 위한 어떤 의견을 만들어낸다. 그리고 그 의견에 따른 실행은 구조에 영향을 준다. 회사를 만들고 법과 규범을 제정한다.

혼자는 미미하지만 더 많은 개인들이 연대해 공동의 행동을 결정하고 실행하면 구조에 더 많은 영향을 끼친다. 크게는 혁명과 전복이 일어난다. 지구 생태계의 구조를 벗어나 화성을 향해 이주를 시도하기도 한다. 욕망의 연대가 지구의 생태계라는 구조를 망치기도 하고, 또 다른 욕망의 연대가 이를 구해낼 수도 있을 것이다.

퍼실리테이션은 바로 이 구조와 실존의 연결을 돕는다. 우주라는 지대한 구조를 건드릴 힘은 미약하지만, 하나의 팀이나 조직이라는 구조를 실존과 결합하는 데는 충분하다. 이를 통해서 작은 구조에서나마 옴짝달싹 못하는 나약한 존재를 자신의 힘으로 구조를 바꾸어내는 창조자로 승화시킨다.

하나의 조직에서 그 조직의 미션을 정의하는 것은 개인이 자신의 정체성을 정의하는 것과 닮아 있다. 자신의 정체성을 선택하는 것이나 조직의 정체성을 선택하는 것은 모두 자기의 실현에 해당한다. 자신의 정체성을 정의 내리는 것은 자신의 삶의 목적을 결정하는 일이다. 조직의 미션을 정의하는 것은 바로 조직의 높은 목적을 결정하는 일이다. 구조를 창설하는 일이다.

더 큰 시스템이나 구조 속에 속해 있다는 것을 받아들이고 인정하면서 그 안에서 목적을 결정할 수 있다. 그 목적이 구조를 어떻게 변화시킬지를 포함하기도 한다. 그리하여 실존이 구조의 지배를 받으면서 한편 구조를 지배하는 관계를 만들어낸다. 퍼실리테이션은 구조와 실존의 결합이다. '둘-중-하나either-or'가 아닌 '양쪽-모두both-and의 실현이다.

5. 언어가 만드는 흔한 착각

퍼실리테이터는 참여자 또는 구성원의 의견을 다룬다. 다양한 의견을 모아 합의에 의한 결정에 도달하는 과정을 돕는다. 생명과 같은 귀중한 의견의 대립을 쉽게 해소해 가도록 중립을 지켜 개입한다. 결정에 반영을 기대하는 의견은 주로 언어의 형태로 교환된다. 표정과 몸짓 같은 비언어적인 표현도 의견에 속하지만, 그것을 받아들이는 사람은 내면의 개념 언어를 사용해 해석하고 받아들일 것이다. 그러므로 퍼실리테이터는 언어의 속성을 깊이 이해할 필요가 있다. 개념화되지 않고 유령처럼 인간의 정신세계에 떠돌고 있는 무엇이 있을 수 있지만 그것은 여기서 논외로 한다.

앞서 2장에서 언어의 불완전성에 관해 간략하게 언급한 바가 있다. 미묘하고 불완전한 언어의 속성이 합의에 도달하는 것을 방해하는 경우가 많다. 언어의 숨겨진 세계를 이해할 때 퍼실리테이터는 논의되고 있는 상황을 좀 더 정확하게 해석하고 더 효과적인 개입을 시도할 수 있게 된다.

있다와 없다

누군가가 '있다'라는 의견을 낼 때, 다른 누군가는 '없다'라는 의견을 낼 수 있다. 이때 '있다' 또는 '없다'는 서로 반대말이어서 둘 중 하나는 옳고 다른 하나는 그르다는 것은 논리적으로 명백해 보인다. 과연 현실도 그럴까? '있다' 또는 '없다'는 '무엇'이 있다거나 없다는 것이다.

'책이 있다.'

'책이 없다.'

이 두 개의 진술은 하나가 참이라면 다른 하나는 거짓으로 보인다.

'책이 있다고? 그게 무슨 책이야. 그건 팸플릿이지.'

'그래? 이 정도면 책 아니야?'

'유엔이 정한 바에 따르면 50쪽을 넘어야 책이야.'

'그래 그럼 이것은 책이 아니네.'

'근데 우리가 반드시 유엔의 기준을 따라야 해? 그건 유엔에서 정한 것이지 반드시 책이 50쪽을 넘어야 하는 불변의 진리는 아니지 않아?'

'그건 그렇지. 요즘은 책이 점점 작아지는 경향이 있으니 그 경향을 반영해 우리 회사에서는 44쪽을 넘으면 책이라고 부르자.'

'그래 나도 동의해 44쪽만 되어도 책이라 부르기에 어색하지 않다고 봐.'

'있다'와 '없다'는 절대적이지 않다. 유엔의 구성원이 책의 정의를 만들었듯이, 어떤 대상에 대해 구성원이 정하는 선택의 문제이고 약속의 문제이다. 존재는 절대적이지 않다. 하나의 존재는 여러 가지 구성요소를 가지고 있으며 그 구성요소의 성질과 양은 영원히 확정적일 수 없다. 그 존재가 논의되는 맥락에서 하나의 정체성을 참여자가 선택하는 것이다.

옳다고 생각하는 의견과 일치하는 의견에 대해서는 찬성하고 그렇지 않은 의견에 대해서는 반대한다. 퍼실리테이터는 이 대립적 의미를 지닌 찬성과 반대에 대해서도 다시 보기를 시도해야 한다.

'저는 마을 카페를 반대합니다.'

'저는 마을 카페를 찬성합니다.'

어느 마을에서 마을 경비로 오래된 창고를 헐값으로 매입한 다음 그곳에 마을 카페를 운영할 것인지를 논의하는 마을 회의가 열렸다. 마을 회의를 시작하고 참여한 주민의 의견을 물으니 70%는 찬성, 30%는 반대의 의견을 가지고 있었다. 이때 찬성이 두 배 넘게 압도적이라는 이유로 다수결로 결정해 버린다면 30%의 옳음은 제대로 확인해 보지도 못한 성급한 결정이 되고 만다.

'어떤 점이 좋아서 찬성하시나요?'

'마을 카페가 있으면, 틈틈이 쉴 수도 있고, 주민들과 이야기 나누기도 좋고, 관광객들이 찾을 테니 마을 수입도 생길 것이니 반대할 이유가 없다고 봅니다.'

'혹시 반대하시는 분들은 어떤 점을 걱정하시나요?'

'마을 카페를 지어 놓고 누가 관리를 합니까? 주민 중에 바쁘지 않은 사람이 없는데 지어 놓기만 하고 관리가 안 되면 골칫덩어리가 되지 않겠습니까?'

찬성과 반대여서 대립하는 의견이 그러므로 둘 중 하나만 맞을 것 같지만 상황을 듣고 보니 둘 다 맞다.

'마을 카페를 운영하는 것이 옳다.'는 진리 주장은 어떤 조건에서만 부분적으로 옳다.

'마을 카페를 운영하는 것이 옳지 않다.'는 진리 주장 역시 어떤 조건에서만 부분적으로 옳다.

두 개의 상반되는 진리가 동시에 존재한다. 한편, 찬성하는 사람의 마음속에 '운영할 사람이 없다면 나도 반대'라는 반대의 마음이 동시에 있음을 들여다볼 수 있어야 한다.

세상의 모든 두 가지는 같으면서 다르다. 보편성과 특수성을 동시에 지닌다.

- 고양이와 강아지
- 숟가락과 젓가락
- 삼각형과 사각형
- 삼각형과 삼각형
- 남자와 여자
- 강물과 샘물
- 기차와 버스
- 나무와 나무

다음과 같이 반대되는 두 개의 주장은 모두 참이다.

'고양이와 강아지는 같아요.'

'고양이와 강아지는 달라요.'

여기 나열한 모든 두 가지는 같으면서 동시에 다르다. 고양이와 강아지는 동물이라는 점에서 같고, 주인과 교류하는 방식에서 다르다. 삼각형과 사각형은 꼭짓점을 가지고 있다는 점에서 같고, 꼭짓점의 숫자가 3개와 4개라는 점에서 다르다. 삼각형과 삼각형도 다르다. 3개의 꼭짓점과 3개의 변을 가진 점에서는 같지만, 세상에 실재하는 삼각형은 같은 것이 하나도 없다.

이처럼 어떤 존재 두 개는 항상 같으면서 동시에 다르다. 심지어 실재하는 동일한 물건조차 시간이 흐르면 달라진다. 시간이 끊임없이 흐르고 있으니 항상성을 유지하고 있는 동일한 물건은 없다. 그럼에도 세상의 모든 물건은 존재한다는 점에서 같고, 어떤 특성을 상당 기간 유지하고 있다는 점에서 같다. 그렇지만 그 모든 조합이 온전하게 일치하는 것은 없다.

이 점도 퍼실리테이터가 잘 포착하고 있어야 한다. 의견을 내는 사람에게 무엇이 다른 사람에게는 다른 것이 될 수 있다. 반대로 의견을 내는 사람과 그 의견에 동의하고 있지 않은 사람도 이야기를 나누어 보면 같은 것을 지칭하고 있을 수 있다. 그래서 퍼실리테이터는 각자가 지칭하고자 하는 것이 무엇인지를 지속적으로 확인해야 한다.

원인과 결과

'밥을 먹는 이유가 뭐예요?'

'배고파서요.'

'건강해지려고요.'

배가 고프다 → 밥을 먹는다 → 건강해진다.

이유를 묻는 하나의 질문에 한 사람은 원인을 대답하고, 다른 사람은 결과를 대답한다. 이런 일도 자주 발생한다. 원인과 결과는 반대말이다. 같은 질문에 사람에 따라 서로 반대로 대답할 수 있다. '배가 고프다'는 원인일까? 원인이면서 동시에 결과이다. '밥을 먹는다'의 관점에서 보면 '배가 고프다'는 원인이다. 그러나 '밥을 먹은 지 7시간이 지났다'의 관점에서 보면 '배가 고프다'는 결과가 된다.

밥을 먹은 지 7시간이 지났다 → 배가 고프다 → 밥을 먹는다 → 건강해진다 → 장수한다.

'건강해진다'도 마찬가지다. 조금 전까지 '건강해진다'는 결과였지만, '장수한다'의 관점에서 보면 '건강해진다'는 원인이 된다. 이처럼 원인과 결과는 서로 반대말이기 때문에 둘은 온전하게 구분되는 것처럼 보이지만 똑같은 한 가지를 지칭할 수 있다. 또한 어떤 한 가지는 원인으로 불릴 수도 있으며 결과로 불릴 수도 있다. 누군가가 무엇에 대해 원인이라고 말할 때 다른 사람은 그것을 결과로 볼 수 있고 그렇더라도 그것이 틀린 것은 아니라는 점을 퍼실리테이터는 간과하고 있어야 한다.

목적과 수단

인간의 행위는 목적성을 띠고 있고, 의견 역시 어떤 목적을 두고 제시된다. 그러므로 퍼실리테이터가 어떤 의견이 목적하는 바를 잘 간파하는 것은 논의를 효과적으로 진행하는 데 커다란 도움이 된다. 목적 역시 앞서 설명한 원인 결과와 비슷한 속성을 지닌다. 보는 관점에 따라 목적은 수단으로 불릴 수 있다. 또한 수단은 더 하위 수단의 목적이 된다. 목적은 있다. 그렇지만 일치하는 목적은 없다. 있는 것과 없는 것의 공존이다. 사람들이 같은 목적으로 모였다고 하지만 대화하다 보면 천차만별로 느껴지고 쉽게 갈등으로 이어지는 이유가 여기에 있다. 퍼실리테이터는 참여자들이 발언하고 있는 목적과 수단의 위계를 시각화해 보여줌으로써 소통을 돕고 갈등을 해결한다.

안다와 모른다

강남대로에 수퍼카가 요란한 소리를 내며 지나간다. 함께 길을 걷던 친구에게 물어본다.
'너 혹시 저 차 가격 아니?'
'아니, 몰라.'
'그래?, 1억 원이 넘을까?'
'당연하지, 1억은 훌쩍 넘지.'
'그럼 5억은?'
'5억도 넘겠지.'
'10억 원도 넘을까?'
'그건 잘 모르겠어.'
'그럼 100억도 넘을 거라 생각해?'
'말도 안 돼 100억은 아니지.'
'50억은?'
'20억도 넘지 않을 걸?'
이 친구는 자동차 가격을 아는 것일까, 모르는 것일까? 10억 원이 넘는다는 것은 알고, 20억은 넘지 않으리라는 것을 안다. 친구는 자동차 가격을 알면서 모른다고 한 것이다. 안다는 것은 100억이 되지 않는다는 관점에서 안다는 것이고, 모른다는 것은 몇억 또는 몇천만 원 사이의 정확도는 모른다는 의미이다.

즉 알고 모르는 것은 어떤 정확도를 기준으로 삼느냐에 달려있다. 조건을 검토하지 않은 채, 안다, 모른다를 말하는 것은 소통(정보처리)의 왜곡을 가져올 수 있다. 1억 원 이내의 정확도가 있어야 한다는 관점에서 보면 친구의 대답은 모른다가 맞다. 수십억 이내의 정확도가 있어야 한다는 관점에서 보면 친구의 대답은 안다가 맞다.

좋다와 싫다

친구와 카페에 앉았다.

'너 지금 다니는 회사 어떠니?'

'응 좋아.'

'지금 다니는 회사보다 연봉을 3천 정도 더 준다는 회사가 있는데, 거기로 이직하는 것은 어때?'

'당근 좋지.'

'너 지금 회사가 좋다며.'

'싫은 것은 아닌데, 3천이나 더 주는 곳이 있다면 그 회사가 더 좋지.'

좋다, 싫다에는 연봉 외에도 수많은 조건이 걸려 있을 것이다. 누군가가 말하는 '좋다'라는 판단은 여러 가지 깔린 조건 아래에서 좋다는 의미이다. 그러므로 그 깔려 있는 것(조건, 전제, 가정)을 검토한 후에야 비로소 좋다의 진정한 의미를 알 수 있다. 마찬가지로 이를 검토하지 않은 소통(정보처리)은 왜곡을 가져올 수 있다.

'사람은 변화를 싫어한다.'

'사람은 평가를 싫어한다.'

'사람은 회의를 싫어한다.'

'사람은 일을 싫어한다.'

'사람은 고쳐 쓰는 것이 아니다.'

'코로나 이전의 세상은 다시 오지 않는다.'

이 흔한 의견은 일견 진리처럼 받아들여지고 있지만, 중요한 전제를 생략한 하나의 편견 또는 관점임을 퍼실리테이터는 알아야 한다. 그래야 비로소 진전을 이루는, 사고를 전환하는,

새로운 발견을 시도하는 질문을 던질 수 있다.

'선생님은 지금보다 부자가 되는 것을 좋아하시나요, 싫어하시나요?'

'그거야 당연히 좋습니다.'

'그렇다면 지금보다 부자가 되는 것은 변화인가요, 변화가 아닌가요?'

'변화네요.'

'선생님은 변화를 좋아하시나요, 싫어하시나요?'

사람들은 변화를 싫어하는 것이 맞다. 지금보다 좋지 않은 변화를 싫어한다. 변화 자체가 아니라 변화가 가져다주는 부정적인 효과를 싫어한다. 그럼에도 불구하고 우리 일상의 언어는 그저 변화를 싫어한다고 표현한다. 퍼실리테이터는 이를 알고 있어야 한다.

사람들은 자신에 대한 긍정적인 평가를 좋아한다. 자신의 일을 덜어주는 회의를 좋아한다. 자신의 성취와 성장을 맛볼 수 있는 일을 좋아한다. 그리고 우리가 열심히 책을 읽고 교육을 받는 것은 자신을 고치려는 것이다. 강요되거나, 손해가 나거나, 결과가 없는 변화를 싫어하는 것이지 변화 자체를 싫어하는 것은 아니다. 세상의 어느 것도 항상 바뀌면서 여전히 바뀌지 않는다. 바뀌는 것과 바뀌지 않는 것은 항상 역설적으로 공존한다. 코로나 이전의 세상과 달라진 것도 무한대로 많고, 달라지지 않은 것도 무한대로 많다. 그중 한쪽의 관점을 지니고 말하는 것뿐이다.

퍼실리테이터는 비판 없이 당연한 것으로 받아들여지는 일반의 신념들에 대해 그 이면의 관점이 존재할 수 있음을 먼저 알고 있어야 한다. 그리고 그 다른 면의 관점까지 충분히 다루어지도록 필요한 절차와 질문을 던질 수 있어야 한다.

퍼실리테이터의 인간관

다름을 도움으로 이끄는 퍼실리테이터가 바라보는 인간관은 무엇이어야 하는가? 성악설, 성선설, 성무선악설, X형 인간, Y형 인간 등 인간을 바라보는 관점도 다양하다. 이점에 관해 인류가 연구하고 고민한 것도 역사만큼 오래되었지만 아직 결론이 난 것은 없다. 인간관 역시 어떤 것이 진리라기보다는 하나의 관점이다.

그러므로 인간을 바라보는 어떤 관점이 전적으로 옳다고 주장할 수는 없다. 퍼실리테이션을 성공적으로 이끌고자 했을 때 어떤 특정 관점이 더 유리하더라고 권장하는 신념이 있을 뿐이다. 반 컵의 물을 바라보며 누구는 반이 남아있다고 보고, 다른 사람은 반이 사라졌다고 본다. 이때 어느 관점이 진리라고 보기 어렵다. 둘 다 일견 옳고, 둘 다 일견 그르다. 여기에는 진위를 밝힐 수 없다 하더라도 여전히 어떤 관점을 활용해 살고, 일할 것인가 하는 여지가 남아있다.

퍼실리테이터는 스스로 답을 제시하는 사람이 아니라 구성원들의 의견을 꺼내어 구성원들 스스로 최선을 찾아가도록 돕는 방식을 사용하는 사람이다. 그러므로 여기서 필연적으로 수반되는 방법은 제시가 아닌 질문이다. 구성원에게 질문을 던지고 구성원으로부터 답을 찾아가도록 돕는 방식이다.

여기에는 다음과 같은 숨겨진 전제가 있다.

'구성원은 답을 찾아갈 수 있는 능력자이다.'

'구성원은 최선의 답을 찾으려고 최선을 다한다.'

회의나 워크숍을 설계할 때는 먼저 목적을 확인하고 그 목적의 실현에 필요한 정보를 가진 사람을 참여자로 선정해야 한다. 그리고 가급적으로 결정권을 가진 사람들을 참여시키거나, 결정권자로부터 회의에 결정을 위임해 주는 승낙을 미리 받는 것이 좋다.

참여자들이 회의 목적 달성에 필요한 정보를 보유하고 있지 못하다면 그 회의는 실패하거나 빈약한 결론을 내릴 것이다. 정보와 권한을 가진 능력자를 회의에 참석시켜야 하며 그들이 진정으로 머리를 써서 결론에 도달하도록 안내해야 한다. 그들이 답을 가지고 있을 테니 그들에게 물을 이유가 된다. 그렇지 않다면 답을 가진 사람이 그들을 가르쳐야 옳다.

언뜻 보면, 변화에 발목을 잡고 저항하는 사람이 있다고 불평하는 리더와 변화 관리자들이 많이 있다. 여기에는 그들은 최선의 답을 찾으려 하지 않고 현재에 안주하려 할 뿐 최선을 다하지 않는다는 인간관이 깔려 있다. 그러나 그들은 실패할 것으로 보이는 변화의 시도를 저지하려고 최선을 다하는 사람들이다. 쓸데없는 일에 시간과 에너지를 낭비하지 않겠다는 효율의 추구에 최선을 다하고 있는 것이다.

변화가 만들어 낼 수 있는 저항하는 개인의 불이익과 게으름 때문에 그러는 것이라고 칠 수 있다. 그렇더라도 그들은 정당하다. 변화의 과실을 공정하게 나누는 것에 실패하고 있는 조직에 경고하는 것이기 때문이다. 그들은 나쁜 사람이라는 인간관으로 바라보기 전에 잘못하는 것을 저지하려는 좋은 사람이라는 인간관으로 바라보면 다음과 같은 질문이 가능해진다.

'무엇이 걱정되시나요?'

다른 사람들이 미처 생각하고 있지 못한 마음속의 다양한 의견을 꺼내 줄 것이다. 보다 현명한 결정에 도달하는 데 꼭 필요한 의견이다.

사람은 매 순간 선택한다. 그리고 그 선택에 최선을 다한다. 대충 선택하는 것 같지만 실은 최선이다. 아침에 잠에서 깨어 의식이 돌아오면 '지금 몇 시지?'하고 묻는다. 최선의 선택을 위한 질문이다.

6시.

'조금 더 자야지.'라는 선택을 한다. 조금 더 자는 것이 피로 해소에 도움이 될 것이라는 최선의 선택이다. 여기서 최선에 대한 의심이 생긴다.

'6시에 일어나서 책을 읽는 것이 최선이 아닌가?'

'6시에 일어나서 운동하는 것이 최선이 아닌가?'

하지만 잠을 선택한 사람에게는 잠이 최선이고, 책을 선택한 사람에게는 책이 최선이다. 운동 역시 마찬가지다. 잠은 피로 해소가 더 필요하다는 점에서 최선이고, 책은 교양을 쌓는 것이 필요하다는 점에서 최선이다. 건강이 최고이니 운동 또한 최선이 아닐 수 없다. 누군가가 눈은 감은 채 일어나지 않고 누워있는 것을 선택한다면 그에게는 그것이 최선이다. 모두 그만의 이유가 있다. 그 이유는 매우 자의적이어서 그것이 최선의 선택이라고 보기는 어렵지 않냐고 볼 수 있다. 하지만 최선이라는 판단이 본인 외에 또 누구로부터 이루어져야 할 것인가에 대해 다시 묻는다면, 실로 본인말고는 그 최선을 최선이라고 말할 자격이 있는 사람은 없다.

그렇다면 본인 스스로 정말로 항상 최선의 선택을 하고 있는 것일까? 6시에 일어나지 않고 잠을 더 자는 것은 그 시간에 일어나서 책을 보거나 운동을 하는 사람에 비해 게으른 사람처럼 보이고 그리하여 그는 최선을 다한다고 볼 수 없지 않느냐는 생각이 든다.

그러나 그는 그의 관점에서 자신이 가진 건강 상태, 지식, 가치관, 과거의 경험을 모두 동원해 선택했을 것이다. 상황이 달라지면 다른 선택을 할 수 있겠지만, 당시에는 최선의 선택을 한 것이라고 볼 수밖에 없다.

누군가가 책, 운동 또는 다른 선택이 옳다고 한다면 그는 그 주장하는 사람의 건강, 지식, 가치관 등 그의 조건에 따라 최선이라고 말할 수 있다. 이런 점에서 '누구나 매 순간 최선을 다하고 있다.'는 말이 성립한다. 최선이라는 말은 다른 의미로는 그 선택이 참이라는 의미가 된다. 잠을 더 자는 것이 나의 삶에 가장 유리하다.'라는 명제가 참이라는 것이다.

독서를 선택한 사람도 마찬가지다. '독서를 하는 것이 나의 삶에 가장 유리하다.'라는 명제가 참이라고 보는 것이다. 이는 다시 말하면 사람은 누구나 매 순간 자기 삶의 진리를 추구하면서 사는 것이 된다. 그리고 그 참인 선택은 의견이나 주장의 형태로 타인과 만나게 된다. 진리이므로 타인에게 어떤 요청을 해 정당성을 지닌다. 즉 스스로 옳음을 추구하기 때문에 옳은 것을 타인에게 주장해 함께 실현하고 싶어 한다.

'6시면 일어나야지.'라고 주장하거나, '아침에는 책을 읽는 것이 최고지.'라고 주장한다. 누군가는 '운동을 해야지, 건강보다 중요한 것이 어디 있어.'라고 하면 자신의 옳음을 주장한다.

인간은 사회적 동물이라고 일컬어진다. 사회는 바로 이 여러 주장이 다루어지는 장이다. 서로의 주장은 자신에게는 참이요 옳은 것이기 때문에 그 주장을 철회하거나 바꾸는 것은 진리를 포기하는 불성실함을 초래하는 것이 된다.

더 많은 사고와 더 깊은 생각을 하는 사람은 더 신중한 선택을 한 사람이고 따라서 그 선택에 대한 확신과 견고함이 타인에 비해 더 높아질 수 있다. 이는 타인에게는 더 고집 센 사람이 되는 것이다.

즉, 더 많이 사고하고, 더 많이 공부하고, 더 많은 경험을 쌓은 사람이 자신이 더 옳다고 생각하고 더 강하고 확고한 주장을 펼치게 된다. 게다가 그가 성실하고 책임감이 강하다면 그는 자신의 옳음을 더 강하게 지키려고 노력할 것이다. 나이가 들면 꼰대[9]가 되는 이유가 이 때문일 것이다.

---

9   꼰대를 필자는 다음과 같이 정의한다. 꼰대란 오랜 시간 옳다고 생각하는 것을 성실하게 축적하여 그 옳음을 책임감 있게 실현하려는 사람이다. 옳음, 성실, 책임 등 긍정적인 일을 하였음에도 타인에게 부정적으로 다가가는 것은 아직 서로 다른 관점에서 보고 있어서인 것뿐이다.

서로의 주장과 의견이 다를 때, 당사자 중의 어느 한 사람에게 상대방의 진리 주장을 포기하라는 요청을 하기 어려운 이유가 여기에 있다. 항상 최선을 다하고 있는 상대방에게 그 최선을 포기하라는 것은 모순적이고 무례하다. 자신의 의견만이 최선이고 상대방의 것은 최선이 아니라는 주장을 암시하게 된다. 그러므로 당사자는 이 문제를 스스로 풀기 어렵다.

이렇게 진리들이 모여 투쟁을 벌이고 있는 장을 평화롭게 바꾸어 내는 것이 퍼실리테이션이다. 퍼실리테이터인 한 사람은 진리의 주장에서 벗어나서 논의 절차만을 관리한다. 다른 참여자들은 마음 편하게 각자의 옳음을 주장하도록 판을 깔아준다.

각자의 현재의 주장들에게 잠정적인 진리성을 부여하고 다시 생각해 보자는 제안을 하는 것이다. 지금의 주장에 이르기까지의 과정에서 잘못된 전제는 없는지, 빠뜨린 사실이나 오해한 사실은 없는지, 더 확인이 필요한 정보는 무엇인지, 각 주장을 실현한 결과는 어떻게 나타날 것인지를 한 번 더 생각해 보게 하는 것이 퍼실리테이션이다.

그리하여 당사자끼리 주장이 맞설 때는 잘 되지 않았던 '다시 생각해 보기'를 가능하도록 도와주는 것이다. 각자가 최선을 다하고 있는 것은 틀림이 없다. 그렇더라도 인간은 완벽한 존재가 아니므로 어떤 선택을 하는 데 있어서 필요한 정보를 모두 가질 수는 없다. 그렇다면 추가 정보를 확인하면서 지금의 진리 주장을 다시 볼 수 있는 것이다.

따라서 개인의 선택은 항상 최선이지만, 항상 미성숙한 선택premature judgment이 된다. 그리고 서로 다른 관점을 가진 구성원들이 모인 집단은 그 속성상 항상 의견과 주장의 불일치 상태에 놓이게 된다. 이때 최선을 다해 선택한 결과물인 각자의 주장을 스스로 굽히는 일은 최선을 포기하는 것이어서 너무 어렵다. 그러므로 중립을 지키는 3자를 앞에 두고, 당사자인 상대방과 직접 경쟁하지 않는 방법을 선택하는 것이다. 그렇게 함으로써 오히려 상대의 관점으로부터 자신의 진리성을 더 강화할 기회를 갖는 것이다.

퍼실리테이터가 중립자의 위치에서 전제, 관점, 정보, 결과 등을 확인하는 질문을 던진다. 새로운 시각과 정보를 만나게 되면 구성원은 새로운 최선의 선택과 주장, 진리를 만들어낸다. 그리고 놀랍게도 일치된 선택을 만들어 내기도 한다. 그 선택을 합의 그리고 집단 지성이라고 부른다. 생각보다 자주 집단 지성을 이뤄낸다.

퍼실리테이터의 태도

퍼실리테이터의 철학, 인간관, 신념 등을 모두 태도라는 말로 대체해 불러도 크게 어색하지 않다. 그러므로 여기서 사용하고 있는 용어에 엄격하게 매달릴 필요는 없다. 편의상 나누어 쓰고 있다고 생각하며 읽으면 좋다. 태도란 어떤 대상에 대해 가지는 선호를 일컫는다. 누군가가 도전적인 태도를 지녔다면 그는 어떤 일에 대해 도전하는 것을 선호하는 사람이다.

쿠가 배우고 경험한 퍼실리테이터의 중요한 태도 3가지는 중립성, 신뢰, 진정성이다. 중립성은 회의에서 퍼실리테이터가 중립을 선호한다는 의미이다. 마찬가지로 참여자에 대해 신뢰하는 것을 선호하며, 고객과 참여자에게 진정성을 지키는 것을 선호한다는 의미이다.

1. 중립성

퍼실리테이터의 정체성을 결정하는 가장 중요한 하나의 키워드는 중립성이다. 자신이 굳이 내용에 대한 의견을 내지 않더라도 구성원들은 현명한 결정을 할 것이라는 신념이 있을 때 이 태도를 지키는 것이 가능하다. 하지만 이를 지켜내는 것은 참으로 어려운 일이다. 일반적으로 긴 훈련이 필요하다.

퍼실리테이터도 훌륭한 하나의 인간이다. 그래서 의견을 내고 싶어진다. 인간으로서 지니는 선량한 마음이 있고, 자신이 가지고 있는 정보와 지식을 동원한 생명과도 같은 의견을 개진하고 싶다. 리더인 퍼실리테이터는 더욱 그렇다. 그렇게 해야 집단이 보다 현명한 결정을 내릴 것만 같다. 집단을 돕고 싶은 선량한 마음의 발로이다. 거기에는 자신의 의견이 더 우월하고 바람직하다는 우월의식도 작동한다.

퍼실리테이터는 이러한 충동을 내려놓는 사람이다. 한 사람이 중립을 지키면서 나머지 사람들의 논의를 돕는 것이 자신의 의견을 보태는 것보다 더 훌륭한 결론에 도달할 수 있다는 신념이 있어야 중립이 가능하다. 이 신념을 구축해 가는 여정은 험난하다. 그리하여 자기 내면을 변화시키는 노력보다 도구에 의존하는 트릭을 선택한다.

중립을 지킨다는 것은 구성원들이 논의 후 내리는 결론을 받아들이는 것이다. 참여자들이 퍼실리테이터의 예상보다 더 현명한 결론을 내는 경우는 마음이 편하다. 그런데 퍼실리테이터의 머릿속에 생각하고 있던 좋은 결론에 못 미치는 결론을 내는 경우에는 문제가 생긴다. 이는 조직의 리더가 퍼실리테이션을 직접 하게 될 때 흔히 나타난다. 결론을 뒤집고 싶은 충동에 시달린다.

퍼실리테이터가 진정으로 중립을 지키는 모습을 보이면 참여자들의 태도가 달라지기 시작한다. 속마음을 꺼내고, 가진 정보를 최대한 활용한다. 개개인의 편견이 작동하지만 다른 참여자에 의해 편견은 균형을 잡아간다. 퍼실리테이터가 중립을 지킬 때 일어나는 일이다.

2011년, 충남의 모 상권 지역에서 노점상의 철거를 두고 갈등을 빚고 있었다. 노점은 생존권을 주장해 현 위치 고수를 주장했고, 상인들은 노점상을 철거해달라며 민원을 제기했다. 오랜 갈등을 해결하기 위해 자치단체에서는 철거 예산 1억 원을 편성하고 그 집행을 앞두고 있었다.

일부 노점에 대한 긍정적 측면을 평가하고 있던 상인들이 필자의 퍼실리테이션을 우연히 경험하면서 퍼실리테이션으로 이 문제를 해결해 달라는 요청이 있었다. 이에 자리가 마련되었고, 대략 2주에 한 번씩 노점, 상인, 공무원 등 20여 명이 한자리에 모여 8차례의 상생 워크숍을 진행했다.

서너 차례 워크숍을 진행하던 중 퍼실리테이터의 역할을 해 오던 필자는 시청의 입장을 전달하는 상황에서 저항을 맞이하게 되었다. 시청의 입장을 중립적이며 객관적으로 전달하려는 시도였으나, 이를 참관하고 있던 노점 측의 후원자(노점상 전국단체 보직자) 한 사람이 벌떡 일어나더니 큰 소리로 다음과 같이 외쳤다.

"당신 말이야 그렇게 말하는 것을 보니, 시청 끄나풀이구먼. 이런 편파적인 회의는 하지 맙시다."

'나름 훌륭한 퍼실리테이터이고, 시간을 내어 봉사하고 있는 나에게 편파적이라니…' 한편 생각하면 억울한 마음이 든다. 그리하여 그가 오해한 것이라고 방어하거나 해명할 수 있다. 하지만 그 방법이 상황을 해결하는 최선이라고 볼 수는 없다. 상대방의 부당함을 그 자리에서 직접 증명하는 것이 적절한 상황은 아닌 것이다. 나는 다음과 같이 언급했다.

"선생님께서 그렇게 큰 소리로 걱정하는 것을 보면 제가 무언가 큰 잘못을 저지른 것 같습니다. 저는 제가 중립을 지킬 때만 이 문제를 가장 잘 해결할 수 있다고 믿고 있는 사람입니다. 만약 제가 조금이라도 중립을 잃는 모습을 보였다면, 그것은 전적으로 제 잘못입니다.
조금 전에 드린 말씀은 시의 입장을 있는 그대로 전해드리고자 하는 것이었습니다. 제가 시의 편을 드는 것처럼 보였다면 제 잘못입니다. 앞으로도 혹시 제가 중립을 제대로 지키지 못하는 일이 있는지 잘 지켜보시고 지적해 주시기를 바랍니다. 감사합니다."

그 후로 그 참관인은 나타나지 않았다. 무례하거나 억지스러워 보였던 그의 발언이 지지가 되었고, 중립성을 잘 지키는 진행자가 자기 동지의 의견도 충분히 지지할 수 있다고 판단했을 것이다. 이 발언으로 참여자들의 기운은 더욱 올라왔다. 누구의 어떤 의견이라도 잘 인정되고 보호된다는 것을 보았고, 그 결과 자신의 의견도 그렇게 보호되리라는 확신이 생겼기 때문일 것이다.

2. 신뢰

조직의 리더는 구성원에 비해 조직 전체에 관한 풍부한 정보를 가지고 있다. 또한 리더의 역할이 조직 전체를 살피는 것이므로 조직 전체에 관한 이슈에 대해 늘 생각하고 최선의 길을 책임감 있게 모색한다. 그 결과 리더의 머릿속에는 여러 가지 잠정적인 결론 즉 대안들이 살아 숨 쉬고 있다. 잠재적 답정너[10]가 되어 있는 것이다.

---

10 듣고 싶은 답이나 결론을 미리 정해놓고 의견을 묻는 사람을 빗대어 부르는 말이다. '답은 정해져 있고 너는 대답만 하면 돼'의 준말이라고 알려져 있다.

구성원들의 논의 결과가 이 대안을 뛰어넘는 결론이 나오면 좋으련만 리더의 눈에는 그에 미치지 못해 보이기 시작한다. 리더는 또다시 결론을 되돌리고 싶은 충동을 느끼게 된다. 그리고 자신이 중립을 지키는 퍼실리테이터로서의 역할을 해보겠다고 선택한 것에 대해 후회하게 된다. 이 상황은 실은 겉으로는 퍼실리테이터의 역할을 수행하고 있지만 속으로는 끊임없이 구성원들을 심판하고 있었던 것이다. 불신을 가득 품고 진행하고 있다.

이런 경험을 가진 리더는 다음 회의에서 구성원을 더욱 신뢰하지 못한다. 아예 다른 결론이 나지 않도록 하는 치밀한 전략적 접근을 하게 된다. 바로 자신이 가진 결론으로 유도하는 전략이다. 리더로서는 어쩔 수 없는 선택이라고 생각하겠지만, 이는 결국 '구성원에게 맡기는 것은 바보 같은 일이다.'라는 불신을 가슴 깊이 새기고 있는 결과인 셈이다. 자신이 생각한 어떤 결론이 아닌 다른 결론을 내리더라도 그것을 받아들이는 것이 신뢰다. 그렇다면 이 다른 결론이 자신의 것보다 못한 경우까지 받아들이라는 말인가?

여기에 세 가지 대응 방법이 있다.

1. 결론에 이르게 하는 방법을 다시 선택한다.

퍼실리테이션이 올바른 선택이 아니라면, 다음 방법의 대안을 다시 생각하고 가장 효과적인 방법을 선택한다. 유념해야 하는 것은 각 방법의 선택이 가져올 결과이다. 바람직한 결과를 가져올 것이라고 생각하는 방법을 선택하면 된다. 퍼실리테이션이 항상 최선일 수는 없다.

- 퍼실리테이션: 중립을 지키고, 다양한 관점에서 구성원들이 탐색할 수 있도록 진행한다.
- 유도[leading]: 정해진 답으로 향해 가도록 구성원들에게 편중된 탐색을 시도한다.
- 조작[manipulation]: 왜곡된 정보를 제공하거나, 편중된 사람만 참여하게 해 의도된 결론을 만든다.
- 참여[participation][11]: 구성원의 의견을 모아 결정하거나 의견을 듣고 권한을 가진 사람이 결정한다.

---

11 참여라는 용어도 맥락에 따라 매우 다양하게 사용된다. 이에 대한 보다 자세한 내용은 다음 논문을 참고하면 좋다. Arnstein, S., 1969, A ladder of citizen participation. Journal of the American Planning Association, 35(4), pp.216 – 224

- 독재^{dictatorship}: 권한을 가진 사람이 내린 결론에 따라 단독으로 결정한다.

2. 방법을 개선한다.

퍼실리테이션을 하는 외형을 보아서는 모두 비슷해 보이지만, 논의 과정이 어떻게 설계되고 퍼실리테이터의 스킬이 얼마나 고도화되어 있느냐에 따라 결과는 매우 다르게 나타난다. 대안이 충분히 개진되고 탐색 되도록 하고 있는지, 대안의 검토가 충분한지, 논의 과정에서 숨겨진 목소리가 없는지, 필요한 정보가 충분히 공급되었는지 등을 살펴야 한다. 이러한 과정을 원활하게 이루어내려면 숙련된 퍼실리테이션 스킬이 필요하다. 또한 의사결정 권한을 가진 사람들이 참여하고 있는지, 결정에 필요한 정보를 가진 사람들이 참여하고 있는지를 확인해 방법을 개선한다.

3. 받아들인다.

1, 2번의 고려가 잘 되었다면, 설사 리더 또는 퍼실리테이터의 마음속 결론과 일치하지 않는 결론에 도달했다고 하더라도 그것을 받아들여야 퍼실리테이션이다. 다른 말로는 임파워먼트다.

비록 이번 결론이 최선이 아니더라고, 그 결론을 내린 구성원들은 자신이 내린 결론에 대해 책임감 있게 행동하게 된다. 그리고 그 결론이 미흡하다는 것을 알게 되었을 때, 더 좋을 대안을 찾고자 몰입하게 된다. 이 과정에서 생겨나는 자발성과 몰입이 퍼실리테이션의 중요한 효과이다. 팀을 임파워하는 데 있어 퍼실리테이션이 필수라는 말이다.

3. 진정성

고객의 의뢰를 받고 퍼실리테이션 워크숍을 진행할 때도 비슷한 문제가 생긴다. 고객이 이미 어떤 결론을 지어놓고 그 결론에 다다르도록 유도해달라는 요청을 받아들일 때인데, 이 경우는 퍼실리테이터는 고객이 요청한 답을 향해 가도록 퍼실리테이션이 아닌 조작^{manipultion}을 해야 하는 상황에 놓이기 때문이다. 퍼실리테이터는 지식서비스를 제공하는 전문가로서 고객의 의뢰를 최대한 수행해 영리를 꾀해야 한다. 그러나 고객이 퍼실리테이션의 이름을 사용하면서 실은 조작을 요청해 올 때 중대한 선택의 기로에 서게 된다. 퍼실리테이터의 정체성을 지킬 것인가? 돈을 버는 비즈니스를 할 것인가?

진정성을 버리면 퍼실리테이터라는 정체성을 포기한 것이다. 달리 말하면 퍼실리테이션을 하지 않으면서 퍼실리테이터라고 사칭하는 것이다. 의사가 변호사로 행세하는 것과 비슷하다. 고객이 퍼실리테이션을 온전하게 이해하는 경우는 아직 드물다. 지금까지 실제로 경험해 보지 못한 퍼실리테이션을 제대로 요청하기란 그래서 어렵다. 퍼실리테이터는 다소 부적절해 보이는 요청을 해왔을 때, 그 의뢰를 수행해 비즈니스적으로 성공하면서도 퍼실리테이터의 진정성을 지키는 두 마리 토끼를 모두 잡아야 한다.

퍼실리테이터는 우선 퍼실리테이션이 정말로 효과적이라는 자기 내면의 확신이 있어야 한다. 이 점이 진정성의 핵심이다. 구성원들이 서로 이기적이어서 조직 전체를 위한 제대로 된 결정을 한다는 것은 불가능한 일이라고 생각한다거나, 제각기 다른 생각을 가진 구성원들이 합의에 도달하는 것이 불가능하다고 생각한다면, 그는 이미 퍼실리테이터의 자격을 잃고 있는 것이다.

불가능하다고 생각하면서 스스로 그 일을 하겠다고 말하고 있으니 그것은 돈벌이를 위한 사기행각이 되고 만다. 그러므로 우선 퍼실리테이터는 구성원들이 진정으로 의견을 교환하고 탐색하게 하면 현명한 결론과 합의에 도달하는 원리와 메커니즘을 이해하고 이에 대한 자신의 신념을 가지고 있어야 한다.

그리고 본인이 구성원들로 하여금 그 일이 가능하게 지원하는 기술과 방법을 보유하고 있어야 한다. 즉 높은 수준의 퍼실리테이션 스킬과 상황에 따른 다양한 도구와 기법을 보유하고 있어야 한다. 진정성은 퍼실리테이션에 대한 온전한 이해와 그것을 구현하는 기술을 확보할 때 비로소 지켜가게 된다.

고객이 조작을 요청하는 것은 조작 이외에는 더 좋은 방법이 없다고 믿고 있기 때문이다. 퍼실리테이터는 조작보다 더 좋은 방법을 알고 있는 사람이므로 고객의 성공을 위해 더 좋은 방법을 사용하면 된다. 고객이 못 미더워한다면 문헌, 사례, 대화 등으로 이해를 도우면 된다.

그럼에도 불구하고 반드시 조작해달라고 요청하는 경우에는 그 일을 맡지 않은 것이 퍼실리테이터의 진정성을 지키는 길이다.

이론과 프레임

이론과 프레임

학자가 아니더라도 사람들은 어떤 현상이나 상황을 설명하려고 종종 시도한다. 그리하여 어떤 패턴을 발견하게 되면 마음속에 이론이 생긴다.

'재테크를 해야 노후가 편안해진다.'

'영어 실력을 쌓아야 좋은 직장을 얻을 수 있다.'

'이직을 해야 몸값이 올라간다.'

'지구는 평평하다.'

진화론과 같이 오랜 시간을 들여 치밀하게 분석한 연구의 결과로 만들어진 이론도 있지만, 일상에서 쉽게 추론하고 충분히 검증되지 않는 신념도 나름의 이론이 된다. 본디 이론은 과학적으로 연구해 얻어낸 결과로, 자연이나 현상에 대한 설명을 말한다. 좋은 이론은 높은 예측력을 가진다. 미래에 대한 지배력이 높아지는 것이다.

프레임은 세상을 보는 시각이 좁혀진 구조이다. 세상이 너무 복잡하기 때문에 몇 개의 개념을 결합한 프레임으로 세상을 바라보면 파악하기 쉬워진다. 여러 사람이 모여 있을 때, 성별과 연령, 키, 사교성 등의 프레임으로 바라보면 집단을 좀 더 잘 이해할 수 있다. '사람을 게으른 존재로 바라보냐, 부지런한 존재로 바라보냐'도 일종의 프레임이다. 프레임을 잘 사용하면 세상을 쉽게 읽어 낼 수 있지만, 프레임에 갇히면 프레임 밖을 볼 수 없게 되기도 한다.

이론과 프레임은 상황을 읽는 눈이며 동시에 상황을 더 잘 볼 수 있게 돕는 망원경이자 현미경이다. 퍼실리테이터가 다루어야 하는 상황이 어떤 상황인지 더 뚜렷하고 다각화로 볼 수 있도록 돕는다. 또한 사람들이 어떤 이론과 프레임으로 세상을 보고 있는지를 짐작하는 데도 도움이 된다. 참여자들의 이론과 프레임이 충돌하는 갈등 상황을 파악하는 데도 유리하다.

사람들은 보통 준 것을 똑같이 되돌려받고 싶어 한다. 사회교환이론은 이 관계를 보다 촘촘히 볼 수 있도록 알려준다. 이 이론을 알고 있으면 구성원들의 요구가 어디서 온 것인지 파악하기 쉽다. 낮과 밤이라는 프레임을 가지고 있으면 때를 알고 적절하게 활용하는 전략을 세우기가 편리하다.

리더가 조직의 문제를 해결해 가려면 먼저 지금 맞닥뜨리고 있는 상황이 무엇인지를 먼저 간파해야 한다. 상황을 간파하고 빠르게 포착하는 능력은 바로 이론과 프레임에서 나온다. 그런 점에서 이론과 프레임은 매우 실용적 가치를 지닌다. 퍼실리테이터나 리더를 불문하고 인간이라면 누구나 필요로 하는 역량이다.

학교에서 배워도 어려워할 이론을 굳이 추가로 또 배우는 것은 이런 실용적인 가치가 있기 때문이다. 이론을 더 많이 배운 고학력자에게 급여를 더 주는 이유도 여기에 있다. 집단역동 Group Dynamics이라는 용어를 창안하고, 조직 개발의 아버지라 불리는 커트 르윈Kurt Lewin은 이론의 중요성에 대해 다음과 같이 설파했다.

"Nothing is as practical as a good theory,"
and "the best way to understand something is to try to change it."

"좋은 이론만큼 실용적인 것은 없다."
그리고 "무엇을 이해하는 데 가장 좋은 방법은 그것을 바꾸어 보려고 하는 것이다."

현실에서 이론이 사용되고 현실로부터 이론을 만들어 가는 모습을 포착하고 있는 유명한 말이다. 상황을 정확하게 간파한다는 것은 병원에서 의사가 환자를 진단하는 것과 같다. 정확하게 진단해야 치료가 가능하다. 그런데 의사가 이론이 없다면 무엇으로 진단을 할 것인가? 돌팔이와 다름없을 것이다.

조직에서도 마찬가지다. 상황이나 증상을 읽어내는 이론이 없이 상황을 바라보는 리더는 엉뚱한 진단과 엉뚱한 해법을 내린다. 예를 들어 '요즘 것들'이라는 표현은 상황과 증상을 부정적으로 읽어내며 이론의 빈약함을 보여준다. '꼰대'라는 표현 역시 틀에 박힌 사고의 틀을 다양한 이론으로 읽어내지 못한 결과이다. 워크숍 또는 조직 개발은 무엇을 바람직한 방향으로 바꾸어 보려는 움직임이다. 무엇보다도 지금의 현상을 알아낼 수 있는 이론이 필요하다. 그러나 어떤 이론도 완벽한 이론은 없다. 어떤 현상을 하나의 이론만으로 해석하는 것도 어리석다. 변화를 시도하는 과정에서 알게 된 것을 잠정적인 이론으로 삼아서 다음 단계에 적용해가는 것이 바람직하다.

사람들이 발언하지 않는 현상에 대해서 여러 방식으로 설명할 수 있다. 또한 사람들이 발언을 하는 현상에 대해서도 다양하게 설명할 수 있다. 다양한 이론으로 현상을 읽어내면 좀더 적절하게 개입할 수 있는 전략을 세워가는 것이 퍼실리테이션이다. 이론의 도움이 크게 필요한 기술이다.

---

tip

팀플을 싫어하는 대학생

몇 해 전, 경영학과 2학년 과목으로 개설된 조직행동론을 강의할 기회가 생겼다. 대학생을 대상으로 강연한 경험이 적어 여러 선배 교수와 강사들에게 어떤 수업 전략이 좋은지에 대해 자문을 구했다.

귀중한 팁을 많이 얻었는데, 그중에서 특이한 것은 팀 프로젝트를 싫어한다는 것이었다. 이유를 확인해보니 서로 만나기도 어렵고, 무임승차자 이슈 때문에 여러 가지 잡음이 많이 생기게 되어 꺼린다는 것이었다.

그런 부정적인 증상이 있다는 것을 알게 되었음에도 불구하고 팀 프로젝트를 수업의 주요 방법으로 시행했다. 몇 가지 깔려 있는 이론을 수업의 효과성을 높일 수 있도록 적용한 것이다. XY이론, 자기결정성이론, 욕구단계설, 기대이론 등 동기이론을 참고했다. 그리고 나는 다음과 같이 말했다.

대학을 다니는 이유가 무엇일까요?

경영학과에서 무엇을 얻고자 하십니까?

취업한 후 어떤 사람으로 살아갈 것인가요?

조직행동론은 창업을 하든 취업을 하는 경험하게 될 동기, 협업, 의사결정, 갈등해결, 리더십 등 주옥같은 내용을 담고 있는 과목입니다. 그리고 팀 프로젝트는 여러분들이 창업이나 취업을 하는 경우 당장 맞닥뜨려야 하는 현실이 될 것입니다. 이 책에는 팀 프로젝트를 수행하면서 발생하게 되는 수많은 일들에 대해 풍부한 이론적 설명을 담고 있습니다. 팀 프로젝트를 실제로 해보면서 발생하는 다양한 일을 이 책의 도움을 받아 해석하고, 또 책에 제시된 이론을 팀 프로젝트에 적용해보고 어떻게 작동하는지도를 에세이로 써 본다면 여러분의 미래에 큰 도움이 될 것이라고 생각합니다.

학생들은 팀 프로젝트에 기꺼이 참여했고, 즐겁게 수행했다. 무임승차자의 문제가 있었지만 그 역시 중요한 학습을 위한 사건이 되었다.

'무임승차자는 왜 생겨났을까요?'

'교과서의 이론은 어떻게 설명하고 있나요? 그 설명에 동의하시나요?'

'무임승차자를 어떻게 대하는 것이 최선일까요?'

'그렇게 대했을 때 무슨 일이 일어날까요?'

'여러분이 창업을 하든 취업을 하는 무임 승차자의 문제를 만나게 될 텐데, 이 수업에서 어떤 교훈을 얻었나요?'

강의실 분위기는 흥미진진했다.

사람들은 경험을 통해서 생존에 필요한 가설을 도출하고, 다시 경험을 통해 이를 검증한다. 그리고 검증된 것을 기억해 생활에 활용한다.

경험　바깥 날씨가 춥다. 밖에 나갔다. 집에 다시 들어왔다. 따뜻하다. 기침을 하고 콧물이 흐른다.

가설　'추운 날 밖에 나가면 감기에 걸린다.'

검증　추운 날에 나가는 경우에만 감기에 걸린다는 경험을 몇 차례 더 한다.

신념　'추운 날 밖에 나가면 감기에 걸린다.'

원칙　'추운 날에는 밖에 나가지 말아야 한다.'

워크숍에 참여하는 사람들의 내면에는 이처럼 경험에서 축적한 다양한 신념이 쌓여 있다. '요즘 것들은 자기밖에 몰라서 그래.' 이런 생각은 아직 충분히 검증된 것이 아니어서 참이 아니라 거짓 경우도 많지만, 스스로 경험의 축적에 의한 결론이기 때문에 매우 옳다고 생각하는 편이다. 퍼실리테이터가 풍부한 이론과 이론적 프레임을 가지고 있다면, 위와 같은 주장을 좀 더 폭넓게 검토해 참에 가까워지도록 도울 수 있다. 정말 참이라면 워크숍에 참여한 사람들이 합리적인 성찰을 거쳐 합의에 도달할 수 있을 것이다.

앞서 1~3장에서 퍼실리테이터가 알고 있으면 좋을 기반이 되는 내용을 기술해 두었다. 퍼실리테이터가 받아들이면 좋을 만한 세계관, 조직관, 인간관을 지녔다면 다음과 같은 질문을 던질 수 있을 것이다.

'요즘 것들이라면 어떤 그룹을 지칭하시는 것인가요?'(관점주의)

'그들의 행동 중 가장 거슬리는 것은 무엇인가요?'(관점주의)

'그들의 그런 행동은 무엇 때문이라고 보시나요?'(인과율)

'또 어떤 해석이 가능할까요?'(관점주의)

'그들은 자신을 어떤 존재로 인식하고 있을까요?'(사회정체성이론)

퍼실리테이터의 질문은 철학과 이론에 깊은 근거를 두고 있다. 퍼실리테이터가 알면 좋을 많은 이론과 프레임은 무궁무진하다. 최소한 5년 정도의 기간을 잡고 하나씩 둘씩 꾸준히 학습해 가기를 권장한다.

조직 문화(Organizational Culture)	참여적 리더십(Participative Leadership)	연성체계 방법론(Soft Systems Methodology)
조직 구조(Organizational Structure)	변혁적 리더십(Transformational Leadership)	자기결정성이론(Self Determination Theory)
조직 공정성(Organizational Justice)	서번트 리더십(Servant Leadership)	사회교환이론(Social Exchange Theory)
신뢰와 진정성(Trust & Authenticity)	진정성 리더십(Authentic Leadership)	형평성이론(Equity Theory)
일터 영성(Workplace Spirituality)	연성 리더십(Spiritual Leadership)	사회정체성이론(Social Identity Theory)
복잡적응계(Complex Adaptive System)	촉진형(내모) 리더십(Facilitative Leadership)	복잡계이론(Complexity Theory)
학습 조직(Learning Organization)	임파워링 리더십(Empowering Leadership)	사회적 정보처리이론(Social Information Processing Theory)
팀워크와 팀빌딩(Teamwork and Team Building)	적응적 리더십(Adaptive Leadership)	동기적 정보처리이론(Motivated Information Processing Theory)
집단역동(Group Dynamics)	공유 리더십(Shared Leadership)	역설이론(Paradox Theory)
창의성과 혁신(Creativity and Innovation)	겸손 리더십(Humble Leadership)	센스메이킹 관점(Sense-making Perspectives)
비전과 전략(Visioning and Strategy)	진화적 리더십(Evolutionary Leadership)	관점주의(Perspectivism)
성과 평가(Performance Assessment)		사회적 구성주의(Social Constructivism)
전략 개발(Strategic Development)		사회학습이론(Social Learning Theory)
조직 진단(Organizational Diagnosis)		
민첩성과 그럴듯함(Agility and Plausibility)		

표 4-1 퍼실리테이터의 주요 참고 개념과 이론 목록

많이 공부할수록 유리할 터이니 추가적인 학습은 차근차근 해나갈 것을 기대하면서 가장 기본이 되는 몇 가지의 이론과 프레임을 간략하게 소개하겠다.

미래 지배력

과학을 연구하는 이유는 미래에 대한 지배력을 높일 수 있기 때문이다. 과학을 통해 여러 현상과 사건의 인과를 밝힐 수 있다. 우리 주변에는 상황과 사건이 끊임없이 발생한다. 사건이 발생한 순간, 사건의 이전과 이후로 나뉜다. 사건의 이전인 과거에는 내 생명이 존재하고 있지만, 이후인 미래에서의 내 생명은 보장되지 않는다. 미래에도 생명이 유지되려면 생명 유지에 유리한 사건을 만들어야 한다.

밥을 먹는다.
주의 깊게 운전한다.
충분히 잠을 잔다.
열심히 책을 읽는다.

살아가고 있는 현재는 미래 사건의 원인이 된다. 따라서 생명 유지와 같은 자신이 원하는 미래를 만들려면 현재의 순간에서 미래의 원이 될 사건을 만들어 가야 한다. 이 원인과 결과가 맞아떨어지는지 판단하는 것은 두뇌의 기능이며, 이를 보다 정확한 확률로 실현하는 것이 이성이다.

인과 관계는 결국 이론으로 설명할 수 있으므로, 머릿속에 많은 이론을 가지고 있는 사람은 미래의 지배력이 더 높을 수 있다. 많은 이론을 알고 있다면 바람직한 목적(미래, 결과)을 실현하는 수단(원인)을 얻기에 수월하기 때문이다.

자기결정성이론

리더의 로망은 구성원들이 자기 일을 알아서 척척 해내는 것이다. 구성원의 로망은 자기가 알아서 하도록 리더가 믿고 맡겨 주는 것이다. 리더와 구성원 모두 스스로 알아서 일하는 것을 기대하고 있지만, 현실에서는 잘 일어나지 않는다. 오히려 현실에서는 그 반대의 일이 벌어지고 있다. 리더는 감시하고, 구성원은 일을 스스로 알아서 하지 못한다. 무엇이 문제인가?

인간은 타고난 자발적 존재이다. 어린 아이를 보면 그들은 항상 자발적으로 학습하고 성장한다. 누웠다가 엎어지고 기어 다니다가 이내 앉는다. 서고 걷고 뛴다. 끊임없이 학습하고 성장한다. 스스로 성장하는 과정에 리더인 부모와 리더인 선생님의 개입을 만난다. 자발성을 조금씩 사라져간다. 조직에 들어오면 자발성의 감소 현상을 더욱 빠르게 일어난다. 지나치게 단기적인 성과를 내기 위해 작동하게끔 강요하고 통제적으로 개입한 결과다.

자발성이 생겨나려면 통제를 풀고 자율성을 높여 나가야 한다. 어린이가 자발적으로 학습한 것은 그에게 자율이 있었기 때문이다. 부모가 원하는 학습을 강요하면서 어린이의 자발성은 사라져간다. 조직이 구성원들의 자발성을 높이려는 의지가 있다면 이 이론을 주목하는 것이 좋다. 퍼실리테이션은 합의에 의해 어떤 결정을 내리는 과정을 돕는 것이므로 구성원 스스로 결정을 내리도록 하는 자율성을 실현하는 방법이다.

자발성은 또한 임파워먼트가 성공한 결과이기도 한다. 임파워먼트란 리더가 붙잡고 있는 권한을 구성원에게 위임하고, 그 권한을 잘 발휘해 성과를 낼 수 있도록 효능감을 살려주는 것을 의미한다. 여기서 구성원에게 권한을 위임하는 것은 곧 자율성을 보장하는 것을 말한다.

에드워드 데시^{Edward Deci}와 리처드 라이언^{Richard Ryan}이 발전시킨 자기결정성이론은 자율, 역량, 관계의 욕구가 충족되면 내재적 동기가 생겨난다는 것이다. 앞서 설명한 것을 잘 뒷받침하는 이론이다. 자율^{autonomy}은 어떤 일을 자기가 시작하는 사람이 되고 싶어 하는 욕구를 지녔다는 것을 말한다. 역량^{competency}은 성과를 실현하고 최고의 수준으로 일을 해내고 싶은 욕구를 지녔다는 것을 말한다. 관계^{relatedness}는 타인과 함께 일하고, 연결하고, 돌보고 싶은 욕구를 지녔다는 것을 말한다.

이 세 가지 욕구가 충족되었을 때 사람들은 내재적 동기를 발휘해 자발적으로 일한다는 이론이다. 그러므로 리더와 퍼실리테이터는 이 세 가지 욕구를 어떻게 충족시킬 것인가에 집중하면 좋다는 힌트를 이 이론으로부터 찾아낼 수 있다.

자율

자율 욕구는 어떤 일을 할지 말지 또는 어떻게 할지를 스스로 결정하고 싶은 것을 뜻한다. 그러므로 집단의 의사결정과정에 구성원들이 참여해 합의를 통해 결정하는 것은 그 결정에 참여한 모두에게 자율을 실현시켜 주는 일이 된다.

자신의 의견이 개진되고, 타인의 의견을 듣고 비교하면서 가장 최선의 선택이 무엇인지를 찾을 수 있도록 돕는 것이 내재적 동기를 지원하는 리더의 역할이다. 이는 바로 리더의 퍼실리테이터로서의 역할을 의미한다. 오래전부터 이야기되어 온 상향식bottom-up 결정의 실질적인 실현이다.

역량

역량 욕구는 성과를 조절하고, 경지에 다다르고 싶다는 욕구를 말한다. 사람들은 자신의 성장을 이루는 일을 하면서 보람과 의미를 찾는다. 최고로 일을 잘 해냄으로써 자신의 우수성을 확인하고 싶어 한다. 그러므로 리더는 어떤 업무나 프로젝트가 매우 우수한 수준으로 달성될 수 있도록 기획하고, 그렇게 보여지게 하는 노력이 필요하다. 구성원들이 가진 정보를 잘 꺼내고 서로 공유하도록 돕는 과정이 필수일 것이다.

관계

사람들은 누군가와 연결되고 싶고, 자기보다 더 큰 세계에 기여하고 싶어 한다. 나라가 잘 되고 조직이 잘 되기를 바라며 도움이 되기를 기원한다. 회사가 잘 되는 일에 반대하는 사람이 있다면 그는 그 일이 이 회사에 도움이 안 된다고 생각하기 때문이다. 리더는 '왜 일을 하기 싫어해?'가 아니라 '어떤 점이 걱정되서 그래?'라고 물어보는 편이 좋다. 그는 회사에게 더 유리한 방식이 무엇일지를 생각하고 있을 것이다. 구성원들과 함께 미션과 비전을 정립해 서로 마음속에 공유하도록 함으로써 구성원들의 관계를 증진할 수 있다.

콘퍼런스 자원봉사자 임파워먼트

200명 규모의 IAF 국제콘퍼런스를 개최하면서 12명의 대학생 자원봉사자와 협력하게 되었다. 대학생들은 처음 경험하는 행사였지만, 퍼실리테이션을 통해 임파워했고, 학생들은 매우 성공적인 역할을 수행했다.

자기결정성이론을 기반으로 다음과 같은 8시간의 워크숍을 개최했다.

1. 행사의 개요 설명

15분 정도의 시간 동안 행사 개요(목적, 개최 기간/장소, 인원, 역할 등), 프로그램의 내용을 소개했다.

2. 결정권 제공 – 자율성

여러분은 훌륭하다. 위 개요를 바탕으로 필요한 것을 여러분 스스로 찾아 여러분이 하자는 대로 할 것이다. 무엇을 하면 좋을 지 점착 메모지에 적어서 붙여봅시다. (100여 개의 의견이 모아졌다.)

3. 경지의 추구

'이 콘퍼런스에 참여한 사람들이 다른 곳에서 할 수 없었던 어떤 특별한 경험을 하고 갈 수 있다면 매우 좋을 것 같습니다.'
'무엇을 해볼 수 있을까요?'
'누가하면 가장 좋을까요?'

4. 관계 기회의 제공

'선남선녀 12명이 모였으니, 이 모임 자체도 매우 중요한 의미가 있을 것 같습니다.

만남, 식사 등을 위해 100만 원의 업무추진비를 제공해 드릴테니, 노래방이든 소주를 한 잔 하시든 자유롭게 쓰시기 바랍니다.'

이 행사는 매우 성공적으로 치러졌다. 콘퍼런스에 참여한 외국인들은 대학생 자원봉사자들의 자발성과 역할을 수행하는 역량에 놀라움을 표시했고, 행사 기간 중 여러 차례 화제가 되었다.

퍼실리테이터는 자기결정성이론에서 힌트를 얻어 R&R 세션을 설계할 수 있다. 또한 워크숍의 진행하는 동안에도 이 이론의 시각으로 바라보면서 그룹을 관찰하고 안내할 수 있다. R&R 세션은 합의에 의한 결정과 스스로 목표수준을 결정하도록 하는 위임, 서로 협력의 지점을 발견하도록 돕는다.

사회정체성이론

워크숍을 진행할 때, 무작위로 팀을 만들고 테이블을 배치해 함께 앉도록 하는 것만으로도 그 팀에 사회정체성이 생겨난다.

'우리 팀이 3팀이야.'

'1팀도 2팀도 아니야, 3팀이야.'이라고 생각하게 된다. 3팀의 누군가가 칭찬을 받으면 팀원 전체의 기분이 좋아진다. 다른 팀이 칭찬을 받으면 질투가 난다. 팀의 이름까지 정하도록 요청하면 팀의 결속은 더욱 높아진다. 아군in-group과 적군out-group의 구분이 명확해진다. 실은 전체 그룹도 아군인데, 왠지 다른 팀은 내 팀이 아니고 묘한 적대감마저 생겨난다. 헨리 타지펠Henri Tajfel과 존 터너John Turner 교수가 주창한 사회정체성이론은 집단에서 벌어지는 현상을 이해하는 데 커다란 공을 세웠다. 사회 정체성이란 '내가 사회의 어떤 집단의 일원이다.'라고 개인적으로 느끼는 자기개념self-concept의 한 부분이다. 젠더, 연령(20대, 50대, 청년), 한국인, 삼성맨, 쿠루, 3팀, 비건 등 사회 정체성의 종류는 매우 다양하다. 하나만 지니고 있는 것이 아니라 여러 사회집단에 속해 있다.

사람은 자신이 어느 집단에 속하는지를 관찰하고, 그 집단과 자신을 동일시하기identify 시작한다. 인간은 자신의 우월성을 추구하는 존재이므로 자신이 속한 집단 역시 우월적 존재이기를 기대한다. 남녀 집단 또는 LGBTQ+ 사이의 갈등이 발생하는 이유를 일부 설명해준다. 조직에서는 영업부와 기술부 간의 갈등이 잘 알려져 있다. '인사부서는 사측이다.'라며 경계선을 긋기도 한다.

자신과 자신이 속한 집단이 동일하다라고 생각하기 때문에 그 집단이 성공을 거두면 자신이 성공을 거둔 것처럼 여겨진다. 국가 간의 전쟁에 나가서 자신의 목숨까지 바치는 일을 사회정체성이론으로 설명할 수 있다. 국가조직이 지는 것은 내가 지는 것이기 때문에 목숨을 바쳐 전쟁터에서 용감히 싸울 수 있는 것이다.

사회정체성이론의 또 하나 흥미로운 부분은 사람들은 아주 사소한 것이라도 찾아서 자신이 속한 그룹내집단을 만들고 이를 기초로 타그룹외집단과 경계선을 긋고 배척하는 수단으로 사용한다는 것이다. 이렇게 구분을 지은 다음 자신의 특별함을 극대화하는 노력을 기울이면서 자신의 자존감을 세워가는 것으로 보고 있다.

이는 조직에서 빈번하게 일어나는 사실로 현상을 이해하는 데 큰 도움이 된다. 아울러 워크숍을 설계하는 단계에서 소집단 간의 경쟁이 발생할 수 있음을 미리 알고 대비할 시사점을 준다.

30명의 워크숍을 개최하는데, 5명씩 6개의 팀을 나누어 진행하게 되는 경우, 6개의 팀은 모두 자신의 특징과 우수성을 발견하고 다른 팀과의 경쟁에서 이기려는 태도를 보이게 될 것이다. 이러한 태도는 팀 안에서의 결속과 팀의 성과를 내는 데는 큰 도움이 되지만, 30명 워크숍 전체 그룹이 합의에 도달하는 데는 큰 장애가 될 수 있다. A팀의 의견과 E팀의 의견이 다를 경우, '합리적 결론이 무엇이냐?'보다 '우리 편 의견이 채택되어야 돼.'라는 정서가 지배하기 쉽다. 이 경우에 전체 합의를 이루기는 매우 어렵게 된다.

사회정체성은 부작용을 지녔지만, 협동심을 발휘하는 원동력이기도 하다. 리더나 퍼실리테이터는 이러한 인간의 사회적 경향을 이해하고 다룰 줄 알아야 한다. 조직 개발의 과정이든, 일시적인 워크숍에서든 지나치게 소그룹에 집착하고 충성하는 것을 경계할 필요가 있다. 전체 이름, 미션, 비전, 전체 공유 등의 기회를 만들어 전체 조직과 전체 집단에 대한 결속과 정체성을 증진하고 유지하는 노력을 함께 기울여야 한다.

사회교환이론

밥을 한 번 얻어 먹으면, 내가 한 번 사야겠구나 하는 마음이 자동으로 생겨난다. 이것이 사회교환이론이다. 등가 교환 원칙, give and take, 인간관계를 지배하는 가장 기본 원리다. 사회교환이론은 인간관계라는 것이 무엇이고, 사람과 사람 사이에 어떤 교환이 일어나는 지를 면밀하게 알게 해준다. 사람들의 문화 속에 담겨 있는 교환의 원칙을 이해하고, 상호 교환하는 대상(자원)이 무엇인지도 알게 해준다. 아울러 교환과 유사한 개념으로서 관계, 거래의 개념을 이해하는 데도 큰 도움을 주는 이론이다. 그런 점에서 사회교환이론은 리더, 조직 개발자, 퍼실리테이터에게 관계의 증진, 유지, 그리고 무너진 관계의 회복을 어떻게 할 수 있는지에 대한 실용적인 실마리를 가져다 준다. 누군가가 자원을 주는 것에서 관계는 시작한다. 주면서 바로 그대로 되받으려 하면 거래에 그치고 만다. 받을 수도 아닐 수도 있는 위험성을 열어두면 관계로 발전한다. 이때 주고받은 자원에는 사랑, 지위, 정보, 돈, 재화, 서비스[12] 등 6가지가 있다. 이는 모두 인간의 생명 유지에 필요하고 유리한 것이다. 그러므로 이를 주고받는 것은 한편 생명을 주고받는 것이다.

퍼실리테이터는 현장에서 자원 중의 하나인 정보의 교환과 처리를 돕는다. 그런데 이 정보는 나머지 5가지 자원의 효과적인 주고받음에 관한 정보이다. 사과를 어디 가면 싸게 살 수 있는지에 관한 정보를 제공해 주면 제공받은 사람을 사과를 싸게 살 수 있게 된다. 정보가 여기저기 큰 쓸모가 있다. 이런 속성을 염두에 두면서 회의, 조직 운영에 참고하면 조직의 효율적 운영에 많은 도움이 된다. 어떤 구성원이 불만을 가지고 있다면, 불만의 근저에는 위 6가지 자원 중 어떤 것이 균형 있게 교환되지 못하고 있다는 증거이다. 사람들은 정당한 교환을 원한다. 만약 그렇게 보이지 않는다면 그들이 생각하는 교환의 공식에 내가 알지 못하는 무엇인가가 포함되어 있을 것이다. 대화를 통해 그것을 찾아 서로 이해하도록 하는 것이 퍼실리테이터의 역할이다.

---

12 참고문헌: Foa, U. G., & Foa, E. B., 1974, Societal structures of the mind. Springfield, IL: Charles C Thomas.

호구 회피 전략

지난 20여 년 동안 퍼실리테이션을 실행하면서 '사람은 항상 최선을 다하고 있다.'는 긍정적 인간관에 기초를 두고 워크숍을 설계하고 진행했다. 그리고 워크숍의 성공에는 긍정적 인간관이 큰 요인으로 자라잡고 있다는 점을 강조해왔다. 긍정적 인간관을 말할 때마다 인간의 부정성을 입증할 만한 만만치 않은 반례들을 제시받는다.

'여러 차례 좋게 말했는데도 불구하고 업무 태도가 달라지지 않아요.'
'휴일에 나오지 않으면 문제가 된다는 것을 뻔히 알면서도 휴일은 무조건 쉰다고 합니다.'
'저 시위하는 사람들은 악마예요. 무조건 반대하고 보는 거예요.'
'땅값을 10배나 높여서 달라는 거예요. 해도 해도 너무하는 것 같아요.'

겉으로 드러나는 모습이나 그들의 발언을 놓고 보면 상종하기 어려운 나쁜 사람으로 보인다. 개인의 이익을 위해 전체가 나아갈 길을 가로막는 사람이라는 관점이 생겨난다. 그리하여 그들을 상대하는 사람의 마음에 무시와 적대감이 자라난다.

'나쁜 사람을 좋게만 대할 수는 없어.'

여기서 악순환이 만들어진다. 무시하고 적대감을 보이는 사람에게 그들은 더욱 사납게 자신의 생각을 관철시키려 한다. 그들이 나쁜 사람이라는 생각을 더욱 강화된다. 확증편향이 일어나고 갈등은 더욱 악화된다. 적대적 감정마저 더욱 커간다. 싫어지고 미워진다. 고조된 감정은 이성의 작동을 마비시킨다. 적대의 악순환이다. 나는 그들을 호구가 되기 싫어하는 사람으로 본다. 사람들은 대부분 호구가 되기 싫어하므로 그들은 정상이다. 그러므로 그들에게 적대감을 가지면서 마주할 이유도 사라진다. 그들은 전체를 해치려는 나쁜 마음을 먹고 있는 사람이 아니라, 호랑이처럼 자신을 해치려 들지도 모르는 상황에 놓여있다고 생각하는 사람이다. 잡아먹히지 않으려고 몸부림을 치는 나약하고 두려운 사람이다. 그들은 정당한 교환을 하고 싶어 하는 것이다.

하지만 그들은 어떤 것이 정당한 교환인지 정확하고 충분한 정보를 가지고 있지 못하다. 그래서 절대로 손해를 보지는 않을 것 같은 최대의 요구를 우선 제시하고 본 것이다. 실은 전체 방해 전략이 아니라 '호구 회피 전략'일 뿐이다. 퍼실리테이터는 그들이 호구가 되지 않도록 도우면 된다. 두려움을 극복하는 데 필요한 정보를 찾아낼 수 있도록 도와준다. 그리고 다른 사람들이 그들을 이용해 먹으려 하지 않는다는 점 드러나도록 도와줘야 한다.

'일을 좀 더 잘해보려 할 때 걸림돌이 뭘까요?'
'휴일에 일을 하지 못하는 절박한 사정이 무엇인가요?'
'대화보다 시위가 더 좋은 점이 무엇인가요?'
'10배를 부르셨는데 우리도 그렇게 할 수 있으면 좋겠습니다. 혹시 어떤 것을 알려드리면 조금이라도 낮춰 보실 수 있을까요?'

공정성이론

조직에서 생겨나는 구성원들의 분노와 불만족을 이해하는 데 있어 공정성 이론은 가장 중요한 자리를 차지한다. 사회교환이론의 자매 이론이기도 하다. 명확한 공정성의 개념을 파악하고 있는 것은 조직 개발 컨설턴트와 퍼실리테이터에게 큰 도움을 준다. 조직의 수많은 이슈가 바로 이 공정성과 얽히고설켜 있기 때문이다.

공정성^{justice}은 철학, 정치학, 법학과 같은 다른 학문 영역에서는 주로 정의라고 지칭한다. 인류 문명과 역사를 늘 함께하고 있는 숙명의 이슈이다. 인간의 불완전성으로 인해 온전하게 공정성을 실현할 수는 없지만, 인간은 완전함이라는 이상을 추구하는 존재로서 이를 포기할 수도 없다. 공정성의 포기하면 불공정이 높아지고 바로 분노와 불만이 넘쳐날 것이다. 그 영원한 숙제를 풀어가는 여정에 공정성에 대한 이해는 더없이 중요하다. 조직에서의 공정성은 주로 네 가지의 개념으로 나누어 이해한다. 다 같이 공정성이라고 부르고 있지만 제각각 성격이 매우 다르다.

1. 절차적 공정성

집단의 의사결정과정에 이해관계자의 의견을 반영하는 것과 그 의견을 반영하는 절차를 만들고, 그 절차를 지키는 것이다. 자신의 의견이 반영되어야 자신의 생명을 지킬 수 있기 때문에 절차적 공정성은 절실한 요구이다. 재판절차를 만들고 지키는 것, 선거 절차를 만들고 지키는 것, 성과 평가, 채용의 절차를 만들고 그것을 지키는 것 등이 이에 해당한다.

이 절차의 핵심 내용은 집단의사결정이다. 이해관계가 있는 사람들이 자신의 의견을 개진하고 그 의견을 반영해 결정하는 일련의 과정이다. 논의가 합리적으로 이루어지도록 하기 위해는 중립자의 논의 진행이 필수적이다. 중립자가 없는 경우 참여자들의 의견 개진이 공정하게 이루어지기 어렵기 때문이다.

여러 명의 이해관계자가 있기 때문에 결정권을 누구에게 줄 것인가 역시 중요한 이슈이다. 재판정에서도 여러 가지의 의사결정 방식을 채택하고 있다.

- 당사자의 의견을 들어본 다음 재판관 한 사람이 결정하는 경우
- 당사자의 의견을 들어본 다음 재판관 여러 사람이 합의해 결정하는 경우
- 당사자의 의견을 들어본 다음 재판관 여러 사람이 다수결로 결정하는 경우
- 당사자의 의견을 들어본 다음 배심원 여러 사람이 합의해 결정하는 경우
- 당사자의 의견을 들어본 다음 배심원 여러 사람이 다수결로 결정하는 경우

조직에서도 다양한 사안에 대해 논의하고 결정한다. 이 과정에 대해 구성원들이 만족하려면, 정당한 절차를 수립하고 그 절차를 잘 지켜야 한다. 퍼실리테이터는 조직에서 생겨나는 불만 사항이 절차적 공정성의 문제가 아닌지 의심해 볼 필요가 있다. 그리고 필요한 경우 구성원들의 참여 속에서 절차를 수립하는 워크숍을 진행해 그 불만을 해결할 수 있다.

2. 분배적 공정성

분배적 공정성에 대해 존 스테이시 아담스$^{John\ Stacey\ Adams}$는 그의 형평성 이론$^{equity\ theory}$을 통해 다음과 같은 방정식을 제시하고 있다.

$$Outcome\ /\ Input = Outcome'\ /\ Input'$$
내가 얻은 것(혜택) / 내가 들인 것(기여) = 남이 얻은 것(혜택) / 남이 들인 것(기여)

분배적 공정성은 내가 들인 것과 내가 얻은 것을 타인과 비교했을 때 생겨나는 감정이다. 타인과 똑같이 들였는데 내가 적게 얻었다고 생각하면 화가 난다. 그리해 일할 맛이 사라진다. 고등학교 다닐 때 나와 비슷한 성적을 내던 친구가 나보다 연봉을 더 많이 받고 있다는 것을 알게 되면 화가 난다. 누군가가 부정한 방법으로 대학에 합격했다는 소식을 들었을 때도 화가 난다. 내가 야근을 많이 했는데, 입사 동기가 먼저 승진했을 때도 화가 난다. 만약 화가 나지 않는다면, 정보를 달리 가지고 있거나 높은 초월성을 지닌 사람이다. 공정성의 민감도에는 사람마다 어느 정도 차이가 있다.

여기서 간과하지 말아야 하는 것은 공정성은 객관이 아니라 주관적인 지각^{perception}이어서 실제 사실과 다를 수 있다는 것이다. 사람은 자기본위 편향, 확증 편향, 선택적 지각, 근본 귀인 오류 등 다양한 편견과 오류를 범하면서 산다. 따라서 내가 들인 것, 내가 얻은 것에 대해 지각상의 오류가 늘 생겨난다. 상대방이 들인 것이나 얻은 것에 대해서도 편향적 지각이 상존한다. 흔히 말하듯 남의 떡이 커보인다.

그러므로 조직에서 실제로 공정하게 분배하더라도 사람들은 불공정하다고 느낄 가능성이 많다. 또한 완전한 공정성은 존재하기 어렵다. 사람마다 하는 일이 다르고, 혜택이 돌아오는 기간도 다르다. 일을 추진하는 과정에서 소위 운이라고 말하는 우연이 침범하기도 한다.

공정성은 짧게 볼 때와 길게 볼 때 달라진다. 서로 일하는 시간과 쉬는 시간이 다른 경우는 흔히 있는 일이다. 한 달 동안 합산하면 같은 시간을 일했을지라도, 누군가가 하루 또는 한 시간으로 기간을 짧게 잘라서 보면 누구는 일하고 있을 때 누구는 쉬고 있는 일이 생겨난다. 짧게 보면 불공정 지옥이다.

측정도 어렵다. 일을 잘한다는 것 달리 말해 어떤 투입을 했는지를 파악하기 위해는 여러 가지를 측정해야 한다. 보고서 작성 개수, 보고서 작성 페이지 수, 보고서 작성 글자 수 등 정량적으로 어디까지 측정해야 할지고 어렵지만, 보고서의 질을 생각해 보면 측정이 녹록하지 않음을 알 수 있다. 논문 심사를 하듯이 보고서마다 평가위원을 두어 점수를 매겨보는 시도를 하거나, 보고서로 인해 나중에 조직에 어떤 효과를 가져왔는지를 측정해야 하는데 기술적으로 어려울뿐더러 비용이 너무 많이 들게 된다.

리더 또는 퍼실리테이터는 공정성의 이러한 특징을 간파하고 있어야 한다. 공정성의 특징을 알고 있을 때 조직에서 발생하는 구성원의 불만이 어떤 메커니즘으로 발생하는지를 파악하기 쉽다. 그리고 그 불만을 해결하기 위해 어떻게 하는 것이 바람직할지 계획하는 데에도 참고하기 좋다. 각자 지각하고 있는 것이 다르기 마련이므로, 서로 지각하고 있는 바를 꺼내어 다 같이 볼 수 있도록 하는 워크숍이 공정성 실현의 중요한 과정이 된다. 인지적 편향을 해소해 주는 것이다.

3. 관계적 공정성

관계적 공정성은 존엄한 인간으로서 대우하는 것이다. 소수자의 존중, 인격적인 대화, 인종, 성별, 나이, 외모 등 선천적인 특징으로 차별하지 않는 측면에서의 공정성이다. 관계적 공정성도 손상된다고 느낄 때 당사자는 화가 날 것이다.

사회적인 약자나 소수자는 그들에게 필요한 요구와 의견이 있고 이를 공정하게 다루는 것을 말하는 것이므로 의견을 다루는 범주에 속한다. 관계적 공정성과 관련해 퍼실리테이터는 적어도 차별성 용어에 대한 높은 민감성을 가져야 한다. 아주 기본적인 예를 몇 개 들어보면 다음과 같은 것들이다.

- 장애우가 아닌 장애인ableism
- 애완동물이 아닌 반려동물posthumanism
- 시집가는 것이 아닌 결혼sexism
- 양성평등이 아닌 성평등sexism
- 체어맨이 아닌 체어퍼슨sexism
- 학부형이 아닌 학부모sexism
- 예쁜이 아닌 우아한lookism
- 부하직원이 아닌 구성원authoritarianism
- 주린이가 아닌 주식 초보ageism
- 조선족이 아닌 중국 동포racism

여기서 특히 퍼실리테이터가 주의해야 하는 용어의 몇 가지 예시를 제공하고 있지만, 관계적 공정성이 단지 이런 말을 주의해서 하는 것에 그치는 것은 아니다. 의사결정과정에서 일방이 상대방에 대해 부당하게 대하지 않고 존중하는 것을 말한다. '발로 써도 이보다는 잘 쓰겠다.'라거나, '이게 10년 차나 된 사람이 해놓은 결과물인가요?'라는 등의 과거에 흔했던 상사의 표현은 바로 이 관계적 공정성을 해친 말들이다. 용어가 중요한 것은 용어 속에 의식하지 못하는 부당한 비하가 담겨 있어서 공정이 실현되기 어렵게 만들 수 있다는 점이다.

공정성은 끊임없이 진화한다. 과거에는 차별적인 발언으로 여겨지지 않던 것들이 오늘날에는 심각한 차별적 표현이 된다. 퍼실리테이터는 이에 대해 지속적인 관심을 가지고 익숙해지는 노력을 기울여야 한다. 이는 앞서 말한 중립의 태도와 밀접하게 관련되어 있다.

4. 정보적 공정성

절차와 분배에 관한 결정에 직접 참여하지 않았다면 어떤 방식으로 그 결정이 이루어지게 되었는지 설명하는 것을 말한다. 그리고 앞으로 어떻게 하기로 결정된 것인지에 관한 정보를 충분히 적기에 알게 되는 것이다. 의견은 감지한 정보로부터 만들어진다. 그러므로 의견을 만드는 자원으로서의 정보를 제때 충분히 공급받고 싶어 한다. 그렇지 못하면 적절하고 유용한 의견을 가질 수 없고, 자신에게 유리한 결정을 내릴 수 없게 되므로 화가 날 것이다.

오늘날 참여의 욕구가 더욱 커지면서 정보적 공정성에 대한 요구가 증가했다고 볼 수 있다. 구성원이 참여해 자신의 의견을 반영하려면 충분한 정보가 있어야 한다. 또 참여해 집단으로 결정할 때뿐만 아니라 단독으로 일할 때도 조직에서 결정된 사안에 대해 결과와 취지를 잘 알고 있어야 유리하다.

갈등 현장에서 당사자들이 균형 있는 정보에 접근할 수 있는 것은 매우 중요할 것이다. 그러므로 퍼실리테이터는 정직을 바탕으로 당사자에게 필요한 정보가 잘 제공되고 있는지를 살펴보아야 한다. 그리고 당사자들이 필요로 하는 정보에 대해 스스럼없이 말할 수 있는 분위기를 만들어 줘야 한다. 정보의 공정한 공유와 교환이 없이 갈등이 해결되기는 어렵다.

공정성 실현 워크숍 사례

직원 10만 명이 넘는 거대 제조기업! 그중 3,000명이 넘는 한 부서에는 급변하는 시장 환경 변화에 맞춰 조직 개편이 필요하다. 과거의 탑다운 결정, 진단—솔루션 컨설팅으로는 실행에서의 커다란 저항이 예상된다. 바텀업과 합의라는 접근 방법이 모색되어야 하는 이유이다.

퍼실리테이션은 이 접근 방법에 적용하는 기술이다. 임원들과 함께 머리를 맞대고 조직 개편안을 도출하는 워크숍을 진행했다. 각 임원의 개인적, 담당 부서의 이해가 엇갈리는 첨예한 갈등의 해결이다. 차례의 워크숍으로 합의된 하나의 조직도를 그려냈다. 더 많은 사람이 이 새로운 접근 방법을 적용해 갈등을 평화롭게 해결할 수 있기를 기대하면서 워크숍 프로세스를 간단하게 소개해 본다.

3차에 걸쳐 워크숍을 진행했고, 각 워크숍별로 다음과 같은 프로세스를 설계해 적용했다.

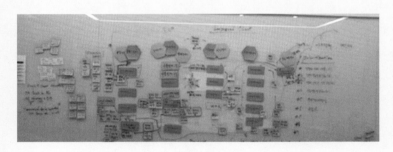

그림 4-6 기록 기술을 통한 의견의 비교와 정리

(1차 워크숍) 8시간

참석 – 부사장, 상무급 임원 8명, 2개 조로 운영
  • 부사장의 취지와 환경 설명

- 1인당 하나의 조직도 초안을 작성
- 개인별 조직도 초안에 대한 설명
- 조별 1~2개의 안으로 압축하기(결과는 2개 조 모두 1개의 안으로 압축)
- 조직도에 인원, 주요 기능 또는 역할, 필요한 경우 주요 결정 권한 명기
     2개 조가 모여 발표와 토론
- 향후 일정 안내 부사장은 순서 1, 6, 7에만 참여

(2차 워크숍) 6시간

참석 – 부사장, 상무급 임원 8명, 1개 조로 운영
- 부사장의 취지와 기대 표명
- 2개 안에 대한 기억의 소환
- 조직 개편 기준(criteria) 도출과 우선순위 설정
- 쟁점 토론(명칭, 역할, 기능, 문제점 등)
- 토론의 결과를 전면작업벽에 정리
- 쟁점과 기준 반영의 최종 검토
- 향후 일정 안내

(부사장은 순서 1에만 참여)

(3차 워크숍) 4시간

참석 – 총 5명, 부사장 1, 상무, 전무급 임원 4, 1개 조로 운영
- 안내와 웜업(이상형 올림픽)
- 3개 안에 대한 기억의 소환
- 조직 개편 기준(criteria) 도출과 공유
- 2차안을 토대로 쟁점 조직별 토론(명칭, 역할, 기능, 문제점 등)
     * 경쟁 가치(예: 프로세스 효율/협업의 어려움, 품질 향상 / 전문 인력 부족 등) 중심

* 지금이 문제라면 대안 탐색 → 추가 대안이 없다면 보완 탐색

- 토론의 결과를 PPT에 정리
- 쟁점과 기준 반영의 최종 검토와 확정
- 향후 일정 안내 부사장 함께 토론

3차 워크숍에서 합의를 이룬 하나의 조직 개편안이 도출되었다. 합의되었다는 것은 숙의가 이루어졌다는 것을 의미한다. 그리고 숙의가 이루어졌다는 것은 생각할 수 있는 모든 대안을 탐색했다는 뜻이다. 모든 대안이 탐색되었다고 느끼고 그중에서 최선의 것을 선택한 것이라면, 후회와 미련이 남지 않는다. 추진력이 높아질 수밖에 없는 이유다.

조직 개편 워크숍은 대표적인 갈등(의견의 불일치) 해결 프로세스다. 조직의 구조가 달라지면서 보다 유리해지는 사람과 불리해지는 사람이 생길 수 있다. 누군가의 손해로 인해 다른 사람이 혜택을 보는 것을 최대한 방지하면서 조직 전체의 효과성을 높이는 대안을 찾아가야 한다. 공정성을 실현하는 과정이다.

어떤 대안도 장점만 가진 경우는 없기 때문에 추구하는 우선 가치를 중심에 두고 토론을 이어가기가 필요하다. 하나의 중요한 가치의 실현으로 다른 가치가 훼손되는 경우 그에 대한 보완 방법을 창의적으로 찾아낼 수 있도록 도와야 한다. 이러한 과정에서 숨은 목소리가 남겨지지 않도록 퍼실리테이터는 크게 신경을 써야 한다. 이 워크숍에서의 어떤 발언도 우리의 논의에 모두 가치 있는 도움이 된다는 확신을 갖게 하는 것이 퍼실리테이터의 중요한 역할이다.

그러한 퍼실리테이터의 역할은 참여자들에게 현재의 입장에서 방어적인 자세를 취하는 것이 최선의 전략이라는 접근 방법을 해제하게 만든다. 그리하여 누구도 지금보다 손해 보지 않으면서 전체 최적화의 대안에 도달하게 해준다.

정보처리이론

인간의 사고 과정과 정신 활동을 정보처리 과정으로 보는 시각이다. 간단히 말하면 감각기관을 통해 들어온 정보를 저장하고 그 저장된 기억을 필요할 때 꺼내서 사용한다는 것이다. 이 정보처리이론이 퍼실리테이터에게 주는 유용함은 퍼실리테이션이 '구성원들의 정보처리를 효율적으로 도와주는 것'이라는 인식을 갖게 해준다는 것이다.

사람들은 소통을 통해 집단으로 일을 할 수 있다. 소통이 협력의 전제조건이다. 그리고 소통의 내용은 정보를 주고받는 것이다. 하지만 정보를 주고받는 과정에서 생략, 추상화, 이해관계 개입, 관점 차이, 오해 등 여러 가지 이유로 다양한 의사소통의 왜곡이 발생한다. 퍼실리테이터는 이 왜곡이 최소화되도록 돕는 사람이다. 감각의 경험을 통해 기억으로 축적한 정보는 두뇌의 타고난 능력의 도움을 받아 조직화된다. 하나는 크다 작다와 같은 범주를 만드는 것이고, 다른 하나는 '시간이 지나가면 배가 고파진다'와 같은 인과를 파악하는 것이다.

개인뿐만 아니라 집단과 조직 역시 정보처리를 한다. 집단은 집단을 둘러싸고 있는 환경의 변화에 적응해야 생존할 수 있다. 집단은 또 개인을 둘러싸고 있는 환경이기도 하면서 동시에 개인이라는 부분이 모여있는 전체이기도 하다. 그러므로 집단의 정보처리는 개인 수준과 집단 수준에서 동시에 작동한다.

개인이 어떤 행동을 할지 의사결정을 하기 위해 의견이 필요하듯이, 집단 역시 집단의 의사결정을 해야 하고 그러려면 집단의 의견이 필요하다. 집단의 의견은 일견 구성원 개개인의 의견의 합이라고 볼 수 있지만, 좀 더 면밀히 살펴보면 단순한 합산 이상의 것이 있다는 것을 알게 된다.

개인의 정신이나 의견이 단지 두뇌의 세포 하나하나에 저장된 전기 또는 화학 신호만은 아닐 것이다. 각 세포에 저장된 정보가 복합적, 종합적으로 처리되어 하나의 의견과 결정을 만들어낸다. 개인의 두뇌가 일을 하는 방식과 비슷하게 집단이나 조직 역시 구성원 각자가 지닌 정보, 지식, 의견을 복합적, 종합적으로 처리해 하나의 의사결정을 만들어낸다.

이 과정에서 개인의 의견과 집단의 의견 사이에 대립과 충돌이 발생할 수 있다. 개인은 개인의 생명을 중심으로 의견을 가지지만, 집단은 집단 구성원 전체의 생명 또는 집단 자체의 생명에 부응하는 의견을 가지려는 경향을 지닌다. 그러므로 개인의 의견과 집단의 의견이 항상 일치할 수는 없다.

이는 한 개인이 머릿속에서 '이것을 살까, 저것을 살까?'의 불일치를 고민해 하나를 결정해가는 것과 비슷하다. 한 사람은 이 의견을 다른 사람을 저 의견을 가지고 맞서는 일이 생긴다. 이 대립을 해결하는 과정을 돕기 위해 코치는 개인에게 질문을 던지고, 퍼실리테이터는 집단에 질문을 던진다.

그리고 개인들이 내놓은 의견은 결정을 위한 잠정적 대안으로 메모지에 적어 벽에 붙여둔다. 이때 벽에 붙여놓은 메모지는 집단의 기억장치가 되어 집단의 의사결정을 돕는다. 기억장치란 곧 정보를 저장하고 필요할 때 꺼내 쓰는 장치를 말한다. 개인이 의사결정을 하려면 몇 가지의 의견 또는 옵션을 두고 그것을 기억할 수 있어야 비교하고 평가해 결론에 도달할 수 있는 것처럼 집단도 집단의 기억장치를 사용해야 더욱 양질의 결정을 내릴 수 있다.

조직을 정보처리 장치로 보고, 조직이 하는 일을 정보처리 과정으로 이해하는 것이 정보처리이론이다. 이 이론은 리더나 퍼실리테이터가 조직의 효율과 효과성을 위해 정보처리를 잘 도와야 한다는 것을 알게 해준다. 무엇을 해야 하는지를 명확하게 알려줌으로써 리더와 퍼실리테이터가 일을 잘할 수 있게 된다.

흔히 쓰는 프레임

이론이 어떤 현상에 대한 인과 관계의 설명이라면, 프레임은 어떤 현상을 쉽게 이해할 수 있도록 대비시켜 놓은 틀이다. 사람이 뒤섞여 있는데, 남/여라는 프레임으로 바라보면 그 점에서 잘 드러난다. 키 큰 사람, 키 작은 사람의 프레임을 제시해 바라보게 할 수도 있다. 프레임은 우리 눈앞에 나타난 산만하고 복잡한 것들을 구분해 볼 수 있도록 경계선을 그어준다.

다음은 워크숍 또는 조직 개발 과정에서 자주 사용하는 몇 가지 프레임들이다. 문제가 되거나 복잡해 보이는 상황이나 현상을 이해하는 데 도움이 되고, 그 이해를 바탕으로 워크숍을 설계하는 데 힌트를 얻거나, 때로는 워크숍의 도구로 직접 사용한다.

토마스 킬만Thomas-Kilmann의 갈등 해결 모형

이 모형은 어떤 조직이나 집단이 갈등을 어떻게 해결해가고 있는지를 알기 쉽게 해준다. 갈등은 의견의 불일치를 말하고, 집단이 일하고 살아가는 데는 갈등이 쉴 틈 없이 발생한다.

이 모형은 그 갈등이 불거지지 않는 것은 '갈등이 없어서가 아니라 당사자가 피하거나, 일방이 수용해 버렸기 때문'이라는 점을 알게 해준다. 그리고 갈등을 해결하는 방법에 있어서 타협을 넘어 협업이 있다는 점도 알게 해준다.

우리가 흔히 협업, 상생, 윈윈이라고 말하는 영역이 이 모형의 우상에 해당한다. 그리고 그 협업은 서로의 주장assertiveness을 높이면서 서로 협력cooperativeness해 갈등을 해결하는 방법이라는 시사점을 말해 주고 있다.

갈등 상황의 당사자는 자기의 주장에 급급한 나머지 동시에 타인의 이익을 고려하는 협력적 대화를 직접 해내기는 참으로 어렵다는 것을 우리는 경험으로 알고 있다. 이를 도울 누군가가 필요하다는 것을 예고하고 있다. 퍼실리테이터는 이 프레임으로 집단의 역동을 이해하고, 참여자들의 주장을 배제하지 않으면서도 서로의 이익을 찾을 수 있는 대안을 찾아가는 과정을 설계하고 지원한다.

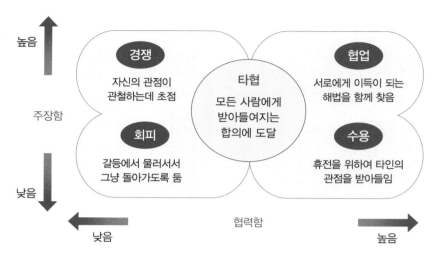

그림 4-7 토마스–킬만의 갈등 모형[13]

MECE 원칙

세상은 전체와 부분으로 구성되어 있다. 한 부분은 또 그 자체가 더 작은 부분의 전체가 된다. 전체 역시 더 큰 전체의 부분으로 구성되어 있다. MECE[14]는 이를 다루는 데 있어 매우 기본적이며 중요한 틀을 제공해준다. 어떤 사안을 다룰 때 전체를 다루고 있는지를 파악하는 데 도움을 준다. Mutually Exclusive상호배제, Collectively Exhaustive전체 포괄의 머릿글자를 딴 약어이다. 부분은 서로 겹치지 않아야 하고, 부분을 합치면 전체가 되어야 한다는 의미이다. 학창 시절 수학 시간에 배웠던 전체집합과 부분집합 이야기다.

자동차를 다루게 되는 경우, 상호배제는 버스, 트럭, 승용차, 택시, 기타로 분류하면 승용차와 택시가 겹치는 집합이 생기는지 살피라는 의미이다. 전체 포괄은 버스, 트럭, 승용차로만 분류하면 승합차 등이 누락되어 자동차 전체를 다루지 못하게 되는 것은 아닌지 살피라는 의미이다.

---

13 참고문헌: Thomas, K. W., & Kilmann, R. H. (1974). Thomas–Kilmann conflict mode instrument. Tuxedo, NY: Xicom, Inc.

14 참고문헌: Minto, B. (1978). The Pyramid Principle: Logic in Writing and Thinking. Penguin.

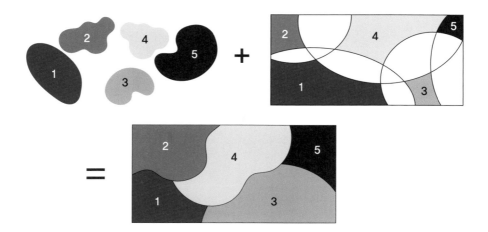

그림 4-8 MECE 그림 설명

퍼실리테이터가 이 프레임을 알고 있으면, 다음과 같은 질문으로 집단의 결론을 보다 온전하게 다다르도록 도와줄 수 있다.

'더 다루어야 하는 점은 무엇이죠?'

'아직 거론하지 않은 부분은 무엇일까요?'

'우리가 분류한 항목들이 서로 겹치는 부분은 없을까요?'

MECE는 매우 훌륭한 프레임이지만, 모든 문제를 MECE의 틀에 넣어 해결하려 해서는 안된다. 도구에 매몰되는 실수를 범하게 된다. 일, 생활, 학습, 놀이는 사람들의 전체 삶을 구성하는 부분집합으로 잘 나누어 놓은 것처럼 보인다.

하지만 생각을 조금 더 파고 들어가 보면, 우리는 일을 하면서 배우고, 놀이 속에서 학습한다. 일이 자신의 삶을 풍요롭게 하는 통합적인 삶을 사는 사람도 있다. 이를 무 자르듯 정확히 구분해야 한다는 도구적 강박은 오히려 아는 것이 독이 되게 작동시키는 것이다.

마케팅 전략 STP 프레임

마케팅의 고전적인 전략 프레임 중에는 STP[15,16]가 있다. 시장세분화[segmentation], 표적시장 선정[targeting], 자리매김[positioning]을 지칭하는 말이다. 여기서 자리매김은 소비자들이 우리 상품은 어떤 자리[position]에 있다고 기억하게 만드는 것을 의미한다. 예를 들면, 갤럭시, 아이폰, 샤오미를 들었을 때 소비자는 각각 상품의 가격, 품질, 용도 등에서 어떤 위치를 떠올리고 그 떠올려진 브랜드 이미지에 따라 일차적인 선택을 시작하기 때문이다. 어떤 마케팅 전략을 수립하는 프로젝트를 맡게 되었다면, 우선 고전적인 STP 프레임을 떠올려 볼 수 있다.

- 시장세분화는 비교 또는 경쟁 대상이라 생각하는 상품
- 표적시장 선정은 세분화한 시장 중에서 우리 상품에 가장 매력적인 시장이 어디인지를 지정하는 것이다.
- 자리매김은 소비자들에게 우리 상품은 우리가 선정한 그 표적에 해당하는 상품이라고 여기도록 시도하는 것이다.

이 프레임을 알고 있는 퍼실리테이터는 이 프레임에 기초해 워크숍을 설계하게 될 것이다.

- 시장을 구분할 수 있는 요소 찾기(예: 가격, 품질, 인구학적 특성, 지역 등)
- 비교 또는 경쟁 대상이라고 생각하는 상품 목록 도출(예: 람보르기니, 벤틀리, 제네시스, 지프, 할리데이시슨, 테슬라)
- 세분화한 시장 영역에 비교 상품 배치하기
- 현재의 위치와 앞으로 지향하는 위치에 관한 논의(SWOT 분석 결과 참조)
- 집중적으로 판매할 영역(위치)의 선정
- 선정한 위치에 어울리는 브랜드 컨셉 명명하기

---

15 참고문헌: Smith, W. R. (1956). Product differentiation and market segmentation as alternative marketing strategies. Journal of marketing, 21(1), 3–8.

16 참고문헌: Kotler, Philip (1997). Marketing Management Analysis, Planning, Implementation, and Control. New Jersey: Prentice Hall International.

- 각인(자리매김) 전략 수립하기
- 마케팅 전략 확정과 축하

이처럼 마케팅 전략을 수립하는 데는 STP라는 학계에서 정립한 이론적 프레임을 적용하는 것이 바람직하다. 여기에 디자인 씽킹 프로세스, 공론화 기법, GE 워크아웃과 같은 기법을 대입하는 것은 매우 어색할 것이다.

마케팅 전략 수립 사례

경북농업기술원이 주최한 2013년의 마케팅 전략 교육은 교육이라는 이름으로 운영되었지만, 퍼실리테이션 기법을 적용해 스스로 마케팅 전략을 만들어 가는 방식으로 설계하고 진행한 워크숍 사례이다. 처음에는 비슷한 품목을 가진 농업인들끼리 공동 마케팅 전략을 수립하는 것을 염두에 두었지만, 참여자들이 지리적으로 떨어져 있어서 공동전략을 실행은 어렵다고 보아 개인별 전략을 수립하는 워크숍으로 방향을 바꾸어 진행했다.

그림 4-9

퍼실리테이터는 주최 측을 통하여 상황을 전달받게 되므로 워크숍 참여자의 실제 생각과 다른 내용을 전달받게 되는 위험성을 가지고 있다. 따라서 워크숍을 시작하기 전에 기대사항을 적어내게 하는 것은 원래 설계한 목적과 프로세스를 그대로 진행해도 좋을지 또는 일부 수정을 해야 하는지를 가늠하게 해준다.

한편 참여자들도 자신의 기대와 타인의 기대가 어떤 공통점과 차이점을 가지는지 알게 됨으로써 자신이 워크숍에 얼마만큼 참여하고 어떤 노력을 기울이는 것이 좋은지를 은근히 점검하게 해주는 효과가 있다.

그림 4-10 농업인의 경험을 그린 리치 픽쳐

자기 경험을 되돌아보게 하는 것은 대부분의 워크숍에서 효과적인 출발의 모멘텀을 가져다준다. 리치 픽쳐(Rich Picture)를 통해 마케팅에 관련된 자신들의 경험을 적어내게 했다. 그림을 그리는 과정에서 참여자들은 자연스럽게 자신들이 경험한 마케팅의 문제점과 배우거나 해결하고 싶은 영역을 발견하게 된다.

그림 4-11 유통과정 그려보기

마케팅 전략을 수립하기 전에 우선 떠올려야 하는 것은 유통경로이다. 자신의 생산품이 소비자에게 어떤 경로를 통해 소비자에게 전달되는지를 알아야 한다. 그룹이 함께 각각 자신들의 경로를 파악해 한 장의 전지 위에 체계도를 그려가는 과정에서 참여자들은 막연하던 경로를 명확하게 머릿속에 다시 그려놓게 된다. 자신과 직접 거래하는 1차 상대만이 머릿속에 자리 잡고 있었지만, 그 상대방을 통해 소비자에게까지 어떻게 다다르는지를 짐작해 표시하는 과정에서 새로운 판로와 마케팅 방법에 대한 새로운 시각을 가지게 된다.

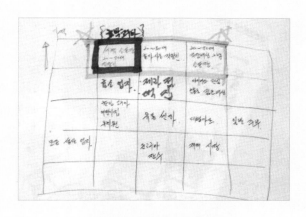

그림 4-12 표적시장 골라보기

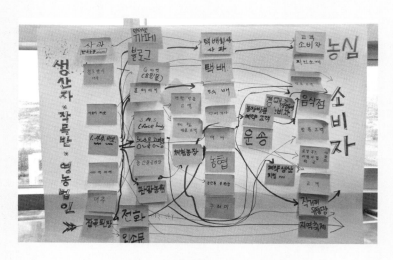

그림 4-13 유통과정을 그려낸 결과물

처음 설계에서는 이 과정을 당연한 내용에 대한 복습 정도로 생각했는데, 팀별로 발표를 듣고 보니 의외로 많은 것을 배웠다는 소감을 피력했다.

"직접 그려보니 유통의 트렌드가 보이는 것 같아요."
"미처 생각하지 못했던 것들을 그려 보니 뚜렷하게 알 수 있게 되었어요."
"다른 사람이 저런 경로를 통해 팔 수 있다는 것에 놀랐어요."

다음 이어진 과정은 STP(Segmentation, Targeting, Positioning)라는 프레임에 기반한 마케팅 전략의 수립이었다. STP 과정을 실제로 워크숍에 적용해 자신만의 전략을 수립하여 가져가는 것이다. 참여자들이 처음 사용해 보는 프레임이어서 전문 컨설턴트처럼 깔끔한 결과물을 만들어 내지는 못할 수 있다. 그러나 전문가들이 진단해 파악할 수 있는 것보다 더 많은 정보가 참여자의 머리와 마음에 자리 잡고 있다. 이 강점을 최대한 살릴 수 있도록 퍼실리테이션 워크숍을 진행한 것이다.

자신의 상품에 대한 가치를 자랑하게 하고, 그것이 고책의 가치로 어떻게 이어지는지를 탐색하게 했고, 그중 두 개의 가치를 골라 5*5의 격자에 배치하도록 했다. 이 과정은 처음에 매우 힘들어했다. 그러나 자신이 상품이 제공하는 가치를 스스로 파악하지 못한다면 마케팅 전략을 수립하는 것 자체가 사상누각이 되므로 이 과정을 인내심을 갖고 헤쳐 나가도록 안내했다.

그림 4-14 동료 생각을 비교하면 표적 잡아보기

두 번째는 소비층을 나누어 보게 했다. 가치 분포를 시도한 다음이었으므로 참여자들이 가격과 대중성이라는 두 개의 축으로 소비자군을 나누어 내는 것은 어렵지 않게 그려냈다. 다만 소비자군을 나누면서 학부모, 수험생의 학부모, 다이어트를 원하는 20~30대 여성 등 구체적인 타깃을 찾아내기 시작했다. 조별로 타기팅을 시도한 결과를 정리하고 다른 조의 결과물과 비교해보는 시간을 갖게 했다. 농업인들은 이제 새로운 방식의 교육이 어떤 것인지 알아차렸으며, 그 과정에서 마케팅 외에 퍼실리테이션에 대한 큰 관심을 보여주시는 분들이 생겨났다.

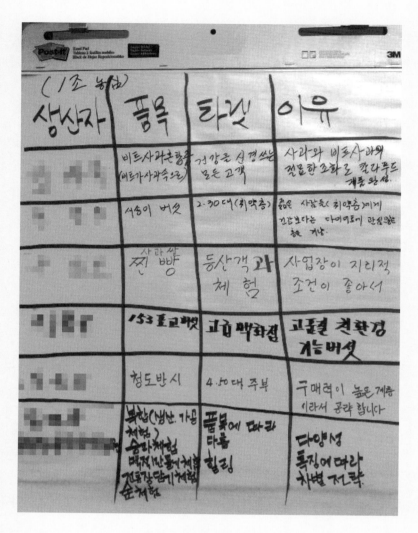

그림 4-15 표적잡기 결과물

다음 과정은 자연스럽게 포지셔닝 즉 자리매김(각인화)를 위한 아이디어를 만들어 내는 순서로 이어졌다.

육감도 확산법을 기반으로 표적시장을 추가해 제품명, 홍보 카피 등을 만들어 보도록 시
도했다. 이 과정에서 각각의 상품에 대해 그룹이 함께 아이디어를 도출하는 시간을 가지
면 더욱 효과적일 텐데 한정된 시간에서 그렇게 시도하기 어려웠고, 하나의 시범 품목을
놓고 그룹이 시도한 후에 각자 자신의 것으로 시도하도록 안내했다.

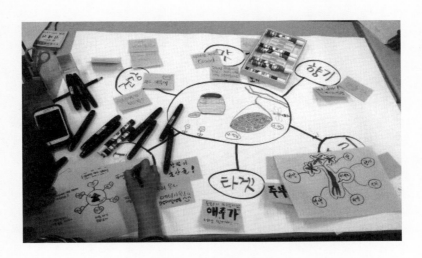

그림 4-16 기발한 상품명을 위한 육감도 확산법 적용

결과물은 위의 서식으로 정리하고 개인의 최종 결과물을 모두 벽에 붙인 후에 갤러리 워
크를 시행했다.

"처음에는 어려웠지만 이제 할 수 있다는 자신감을 얻었어요."
"천만 원짜리 컨설팅을 받은 것 같아요."
"실제로 가서 이대로 할 거예요."
"좋은 아이디어를 많이 얻어가서 좋아요."

마케팅 그루로 불리는 세계적인 경영학자 필립 코틀러 박사의 STP는 마케팅 전략 수립

의 기본 중의 기본으로 알려져 있다. 매우 간단하지만 효과적으로 전략을 수립하는 과정을 제시했기 때문일 것이다. 그러나 그 좋은 시각과 도구가 머릿속에만 머물러 있어서는 안 된다.

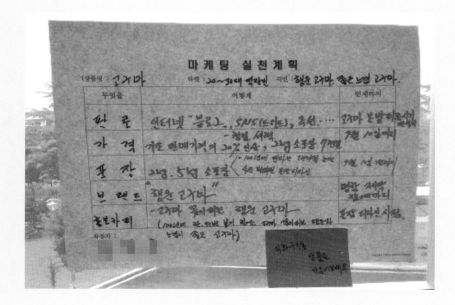

그림 4-17 마케팅 실천 계획

그 프레임을 이용해 실제로 전략을 손에 쥐어야 하는 것이 농업인 기업인의 과제이다. 퍼실리테이션은 '그것이 무엇이다' 혹은 '그렇게 하면 좋다'를 알려주는 데 그치지 않고, 그 좋은 것을 실제로 만들어 내도록 돕는 것이다. 마케팅 실천 계획을 손에 쥐고 흐뭇한 미소를 짓는 참여자를 바라보면 긴 시간 퍼실리테이션을 행한 피로는 말끔하게 사라진다. 퍼실리테이터로서의 보람과 기쁨이다. 그리고 농업인의 마케팅 전략 교육에 퍼실리테이션 기법을 적용하여 실제로 개별 전략을 만들어낸 사례이다.

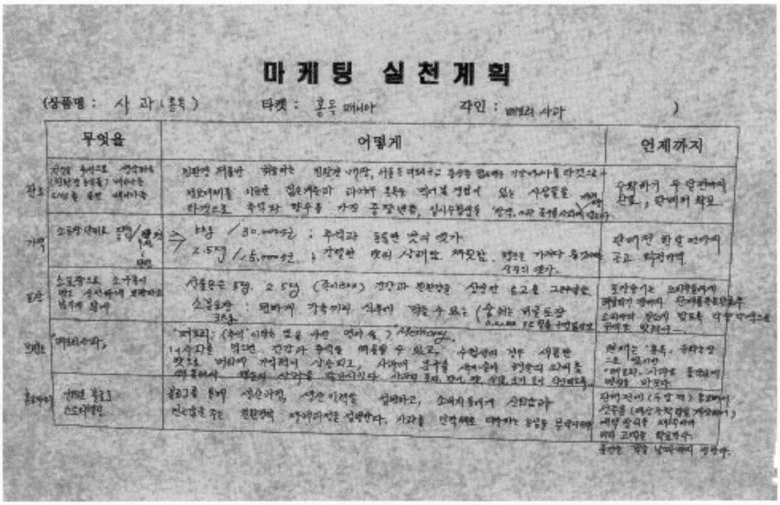

그림 4-18

보스턴 컨설팅 그룹 매트릭스

시장을 점유율과 성장률 두 개의 축으로 나누어 보도록 제시하고 있는 프레임이다. 1963년 보스턴 컨설팅 그룹의 브루스 핸더슨Bruce Henderson이 창안한 틀이다. BCG Matrix라고 불리기도 한다. 한 회사의 여러 가지 상품을 BCG Matrix에 앉혀본 다음 미래의 상품 포트폴리오를 어떻게 가져가는 것이 바람직한지 가늠하는 데 도움이 된다.

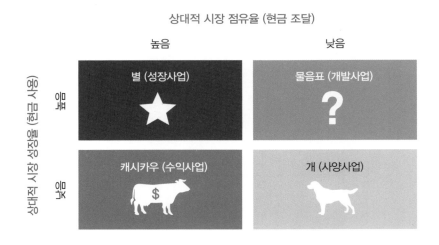

그림 4-19 보스톤 컨설팅 그룹 매트릭스

캐시카우는 현재 수익을 잘 내주고 있는 상품이다. 하지만 성장세가 약하기 때문에 굳이 투자를 더 해야 할 필요는 없다. 이 영역의 상품이 벌어들인 현금으로 별과 물음표에 투자하는 것에 대한 전략적 고려를 해보는 것이 좋다. 개는 성장 전망도 약하고 현금 수익을 올려주는 것은 아니지만, 사회적 기여나 다른 상품과의 시너지 차원에서 유지하고 있는 상품이다. 재무적 측면으로는 사업을 접거나 다른 회사에 넘기는 전략을 검토할 수 있다.

물음표 영역의 상품은 매년 성장세에 있지만 수익은 별로 내지 못하고 있는 경우이다. 대부분의 비즈니스는 여기서 시작한다. 개로 전락할 수도 별을 거쳐 캐시카우로 옮겨갈 수도 있다. 면밀한 분석과 검토가 필요한 영역이다. 별은 조그맣게 시작했지만 성장과 시장지배력을 높이고 있는 영역이다. 성장의 정체기까지 시장점유율을 뺏기지 않는다면 캐시카우가 된다. 경쟁사들의 추격을 저지할 수 있는 차별성과 핵심역량을 공고히 해야 하는 상품이다.

퍼실리테이터는 비즈니스 컨설턴트는 아니므로 각각 영역의 상품에 대해 어떤 전략으로 가져가라는 직접적인 답을 주지는 않는다. 그러나 이러한 프레임워크를 제시하고 각 영역에 대한 배치를 보다 정확하게 할 수 있도록 안내함으로써 전략 수립을 돕는다. 지난 수십 년 동안 모든 데이터를 외부 컨설팅 회사에 제공하고, 외부 컨설팅 회사의 판단에 의존하는 방식이 위험하다는 경험을 많이 해왔다. 퍼실리테이션은 조직을 가장 많이 알고 있는 내부의 구성원이 스스로 판단을 내릴 수 있도록 돕는 방식이다. 그 도움은 퍼실리테이터의 풍부한 이론과 프레임의 제시로 증폭된다.

콜브의 경험학습 사이클

존 듀이John Dewey, 쿠르트 레빈Kurt Lewin, 장 피아제Jean Piaget 등의 영향을 받은 데이비드 콜브David Kolb는 경험학습 모델을 창안해 제시했다. 이 모델은 내가 피터 센게Peter Senge의 학습 조직, 레그 레반스Reg Revans와 마이클 마쿼트Michael J. Marquardt의 액션러닝, 하워드 배로우스Howard Barrows의 문제중심학습을 심층적으로 이해하는 데 큰 도움을 주었다. 또한 워크숍을 설계하거나 교육 프로그램을 설계할 때도 근간을 만들어 주고 있다. 나중에 소개하게 될 FELAR 기법은 경험학습 모델을 그대로 적용한 워크숍 설계이다.

인간은 엄마 자궁에서 수정된 순간부터 경험을 시작하게 된다. 그리고 두뇌가 형성되면서 자기 경험을 관찰하고 그 관찰한 바를 개념화해 기억한다. 상황이 발생하면 그 개념화된 기억은 스스로 어떤 행동을 하는 것이 좋은지를 선택하는 근거가 된다. 이는 온전한 정답이라고 볼 수 없으므로 실험이라고 보는 것이 맞다.

콜브의 모델에 '능동적 실험'이라고 적혀 있는 것이 매우 흥미롭다. 모든 변수를 적용한 완벽한 계획의 실행이 아니라는 인간적 겸손을 담고 있다. 앞서 다루었던 관점주의, 구성주의, 에포케의 철학이 녹아 있는 용어이다. 경험을 통해 있는 그대로 파악하는 것에만 그치지 않고, 스스로의 시각으로 관찰하고 그 관찰한 것을 적극적으로 전환해 새롭고도 실험적인 시도를 하는 인간의 창조성을 담아낸 모델이다.

인간의 행동(실험)은 어떤 결과를 만들고 그 결과를 또 경험하는 반복이 일어난다. 인간은 목적을 가진 존재이므로 자신의 행동(실험)이 기대한 목적을 달성했는지 또는 달성하고 있는지 관찰하게 된다. 그리고 그 효과성에 대해 다시 개념을 잡아 기억해 둘 것이다. 이 경험학습 사이클은 조직에서 일하는 것에 그대로 적용된다. 일터에서의 리더는 퍼실리테이터가 되어 구성원들의 경험에 대해 질문함으로써 성찰적 관찰을 도울 수 있다.

'지난번 프로젝트에서 무슨 일들이 있었나요?'(CE)

'가장 성공적인 것은 무엇이었나요?'(RO)

'우리가 새롭게 알게 된 것은 무엇일까요?'(AC)

'다음에 무엇을 개선해 볼 수 있을까요?'(AE)

국제문화문제연구소ICA의 초점 대화법Focused Conversation Method인 ORID 질문 역시 이 경험학습 모델과 잘 일치하고 있다. 도구와 방법론 편에서 소개하는 FELAR 기법 역시 이 모델에서 영감을 받은 것이다. 콜브 모델이 여러 학습기법 또는 미팅기법에 기본적으로 잘 적용되는 이유는 사람의 행동, 인지, 구성과정을 잘 설명하는 모델이기 때문이다. 유능한 퍼실리테이터는 이 모델을 기반으로 다양한 질문을 도출하고 이를 잘 배치해 문제 상황에 맞는 설계를 스스로 해낼 수 있는 사람이다.

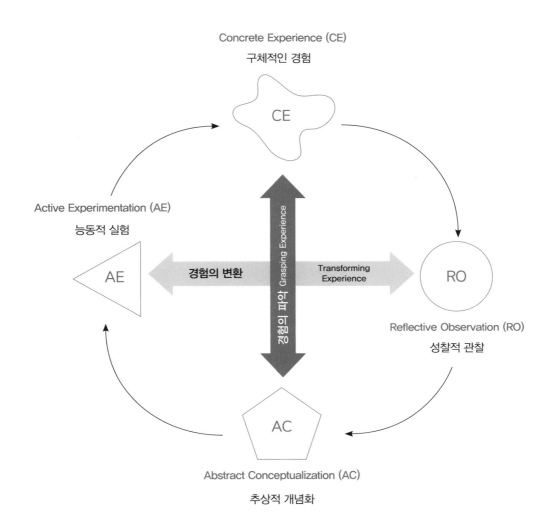

Concrete Experience (CE)

구체적인 경험

CE

Active Experimentation (AE)

능동적 실험

AE

경험의 변환 Grasping Experience

Transforming Experience

경험의 파악

RO

Reflective Observation (RO)

성찰적 관찰

AC

Abstract Conceptualization (AC)

추상적 개념화

그림 4-20 경험학습 사이클

3
—
스킬과 실행력

스킬과 실행력

퍼실리테이션은 개입이다.

묻고, 듣고, 적는 개입이다. 묻고, 듣고, 적으면, '참여자들이 알아서 자신의 힘으로 갈등을 해결하고 현명한 결정에 도달할 것이다.'라는 신념을 바탕에 깔고 지시적 개입이 아니라 조회하는 개입을 한다. 묻고 듣고 적는 것은 누구나 할 수 있는 쉬운 일이지만 그것을 잘하기는 어렵다. 피아노 건반을 손으로 두들기는 일과 같다. 누구나 할 수 있다. 그러나 사람들이 원하는 아름다운 음악을 연주하기는 어렵다.

개입이란 입이든 팔이든 근육을 움직여 타인에게 어떤 작용과 효과를 일으키는 것이다. 어떤 개입은 기대하지 않았던 결과 즉 부정적 결과를 만들어낸다. 개입의 목적을 달성하지 못한다. 문제 해결, 갈등 해결과 같이 기대한 목적을 달성하려면 단지 하는 것이 아니라 해낼 만큼 해내는 능력이 필요하다. 기대한 효과를 내는 능력, 그것이 개입의 스킬이다.

훌륭한 철학과 인간관을 장착하고 있더라도 스킬이 있어야 그것을 구현할 수 있다. 상황을 이해하는 이론과 프레임을 풍부하게 가지고 있더라도 스킬이 있어야 그것을 구현할 수 있다. 공을 잘 받고, 잘 몰고, 패스하고, 제대로 날리는 스킬이 있어야 골을 넣을 수 있다. 이러한 스킬은 근육을 움직이는 행동이기 때문에 머릿속의 생각과 근육의 움직임을 일치시키는 훈련의 과정이 필요하다. 축구를 배우는 것, 피아노를 배우는 것, 자전거를 배우는 것, 태권도를 배우는 것과 비슷하다.

그러므로 이를 실제로 실행해 보지 않으면 늘지 않는다. 얼마만큼 잘하는지 알 수도 없다. 그래서 스킬과 실행력은 따로 둘 수 없다. 퍼실리테이션으로 효과를 보려면 퍼실리테이션을 하는 퍼실리테이터가 스킬 갖추고 있어야 한다. 도구를 적용하는 것만으로 효과를 내기 어렵다.

경영 혹은 리더십도 개입이다. 조직을 바람직한 방향으로 변화하도록 개입하는 것이다. 퍼실리테이션은 리더십의 일부이며, 조직 운영의 한 방식이다. 퍼실리테이션을 거시적으로 집단을 효과적으로 상대하는 모든 방식이라고 본다면, 경영이나 리더십마저 포괄하는 개념이 된다. 어느 것이 더 폭넓은 것이라고 말하기 어렵고, 서로 포함하고 서로 속하는 즉 상호포함의 개념으로 이해할 수 있다. 그러므로 퍼실리테이션 스킬은 매우 광범한 영역을 포괄한다.

> tip

스킬의 정의

미국심리학회의 정의

an ability or proficiency acquired through training and practice. Motor skills are characterized by the ability to perform a complex movement or serial behavior quickly, smoothly, and precisely. Skills in other learned tasks include basic skills, communication skills, and social skills.

훈련이나 실무를 통해 얻게 되는 능력이나 숙련성이다. 운동 스킬은 복잡한 움직임 또는 연속 행동을 빠르고, 부드럽고, 정확하게 수행해내는 능력이라는 특징이 있다. 학습으로 얻어지는 또 다른 스킬에는 기본 스킬(읽기, 쓰기, 셈하기), 소통 스킬, 사회적 스킬 등이 해당된다.

위 정의를 적용해보면, 퍼실리테이션 스킬이란 주어진 시간에 갈등하고 있는 사람들이 합의에 도달할 수 있게 하거나, 유용한 창의적 결과물을 만들어 낼 수 있도록 지원하는 능력이라고 말할 수 있다. 리더 역량의 중요한 요소임에 틀림이 없다. 또한 이러한 능력은 독서와 수강을 넘어 실제로 훈련과 실행을 통해서 터득되는 것이다.

과거에는 굳이 이런 스킬이 없더라도 권한을 가지고 리더가 직접 결정하고 지시하는 역할을 담당하면 그만이었다. 따라서 판단력, 단호함과 같은 비교적 의사결정 역량이 리더십의 중요한 요소로 여겨졌다. 오늘날에도 여전히 이 역량이 필요하다고 할 수 있으나, 이를 남용하게 되면 독재자가 되고 만다. 21세기에 충분한 리더십이 아니다.

퍼실리테이션의 철학, 배경 이론, 스킬을 모두 합한 개념을 '퍼실리테이션 스킬'이라고 부르기도 한다. 퍼실리테이션 스킬을 발휘하려면 철학과 이론이 바탕에 있지 않으면 불가능하다. 올바른 태도와 필요한 지식이 없이 스킬을 구사하기는 어렵다. 상황을 이해할 수 없고, 상황을 모르니 진전을 이룰 질문을 해낼 수도 없다. 그러므로 고도의 스킬을 가진 사람은 눈에 잘 보이지는 않더라도 폭넓은 철학과 이론을 깊이 간직하고 있을 것이다.

그런데 일반적으로 퍼실리테이션 스킬이라고 하면 이 철학과 이론이 먼저 떠오르는 것은 아니므로 이를 소홀히 다루게 된다. 또한 타인이 퍼실리테이션을 하는 모습을 보고 배우는 사람의 눈에도 철학과 이론은 잘 보이지 않는다. 스킬을 발휘하는 사람의 행동(말, 몸짓)만 주로 보이게 된다.

그래서 뭐라고 말하는지 그 말을 유심히 듣고 따라 하기만 하면 퍼실리테이션을 잘할 것이라는 착각에 빠져든다. 하지만 철학과 이론을 바탕에 두지 않으면 스킬만 따로 향상시킬 수 없다. 우리의 행동을 직접 지배하는 것은 근육이지만 그 근육을 지배하는 것은 두뇌의 정보와 지식, 즉 이론이다. 이론은 퍼실리테이션의 전제인 철학과 인간관을 의미한다.

실제로 기대한 결과를 만들어 내는 스킬, 실제로 창의적 신제품을 만들고, 전략을 수립하고, 갈등을 해결하고, 문제를 해결하는 퍼실리테이션 스킬은 방대하고 복잡하다. 한 손에 쉽게 잡히지 않는다. 그리하여 어떻게 훈련하면 좋을지, 어떻게 훈련받으면 좋을지 막막해진다. 창의 개발이든, 전략 수립이든, 갈등 해결이든, 문제 해결이든 결국은 워크숍의 마지막 단계에서 의사결정을 내린다. 그리고 가장 바람직한 것은 이해관계자 또는 의사결정권자가 워크숍에 참여해 합의에 의한 결정을 내리는 것이다. 그리고 이 결정에 도달하기까지의 과정은 정보처리와 정서처리의 과정이다. 이에 맞추어 스킬을 정리하면 좀 더 쉽게 퍼실리테이션 스킬을 손에 넣을 수 있다.

이 책에서는 퍼실리테이션 스킬로서 다음과 같은 6개의 하위 스킬(이클레시, IQLESI)로 제시한다. 10년 동안 이니셔티브 교육을 통해 효과성을 검증받은 인터뷰, 질문, 경청, 기운, 기록, 인터랙션 스킬을 재정리한 것이다.

이클레시^{IQLESI} 퍼실리테이션 스킬

- 면담 스킬: 워크숍의 목적을 정확하게 찾아내고, 그 과정에서 의뢰자와 협력적 관계를 조성하는 스킬이다.
- 질문 스킬: 의사결정에 필요한 정보를 참여자로부터 안전하고 충분하게 꺼낼 수 있도록 조회하는 스킬이다.
- 경청 스킬: 참여자의 언어와 비언어적 표현에 담긴 의미와 의지를 읽어내는 능력이다.
- 기운 스킬: 참여자가 효과적인 결과를 내는 데 필요한 기운을 내고 유지하며 북돋우는 기술이다.
- 기록 스킬: 참여자가 제시한 정보와 의견이 지속적으로 쉽게 다루어지고 진전을 만들어 가도록 보이게 하는 기술이다.
- 교감 스킬: 퍼실리테이터가 발언, 표정, 몸짓 등의 반응으로 참여자에게 안전함과 신뢰를 주는 기술이다.

---

tip

정보처리와 정서처리

집단작업(group work)에 하는 일은 구성원들이 가진 정보를 꺼내고 다루어 필요로 하는 집단의 의사결정(합의)을 만들어 가는 것이다. 그러므로 집단작업 또는 조직에서 하는 일의 핵심은 정보처리가 된다. 퍼실리테이션 스킬은 다름 아닌 이 정보처리를 돕는 스킬이다.

앞서 언급한 것처럼 이러한 정보의 수집과 표출은 감정의 지배를 받는다. 감정은 또한 정보와 지식의 지배를 받는다.

사람들은 회의가 빨리 끝나기를 바라면서 발언을 최대한 삼가하는 경우가 있다. 지루함이라는 감정이 유의미한 정보를 꺼내지 않도록 가로막고 있다. 즉 지루함이라는 정서를 처리해야, 회의의 결론을 내리는 데 유용한 정보를 처리할 수 있게 되는 것이다.

반대로 회의가 척척 진행되고 유의미한 결과를 만들어 가고 있다는 정보를 파악하고 나면 사람들은 흥미롭게 회의에 참여하게 된다. 그리고 회의를 마쳤을 때 '재미있었다.'라고 말한다. 유용할 때 재미를 느낀다.

회의가 유용하게 진행되고 있다는 정보가 구성원의 재미라는 정서를 불러일으킨 것이다. 그러므로 퍼실리테이션 스킬은 정서처리를 돕는 스킬이기도 하다. 이처럼 정보와 정서는 상호 영향을 주고받는다. 퍼실리테이터는 이 양자를 잘 다루어 내는 스킬을 지니고 발휘할 수 있어야 한다. 그리고 궁극에는 정보의 처리를 통하여 결론한답을 낼 수 있어야 한다. 정서처리가 약간 수단성을 지니고 있다는 의미이다. 정서처리가 우선되는 경우는 오락을 목적으로 하는 회의나 워크숍인 경우이다.

tip

IQLESI의 탄생

철학과 이론도 그렇듯이, 퍼실리테이션의 스킬을 모두 나열한다는 것은 불가능하리만큼 다양하다. IQLESI는 학습과 이해의 편의를 돕기 위해 퍼실리테이션 스킬을 일정한 묶음으로 제시한 것이다. 퍼실리테이션은 실무(practice)다. 화가, 연주자, 가수, 의사, 변호사, 개발자와 같이 실제적인 무엇을 해내는 사람이다. 학자도 교수도 논문을 쓰고, 강의해내는 실무자이다. 누구라도 삶의 상당한 영역에서 실무를 하고 있다.

이런 실무자에게는 머릿속에서의 생각만이 아니라 그것을 실제로 실현하는 실무 행위가 있어야 한다. 실무적 구현이 없으면 머릿속의 훌륭한 생각이 실현되지 않으며, 외부 세계에 영향을 미칠 수 없다. 연주자는 관객에게 감동을 주는 영향을 미치려 하고, 의사는 환자에게 치료라는 영향을 주고자 한다. 두 상대방 사이에는 스킬이 끼어 있다. 그런데 이 스킬은 설명하기 참 어렵다. 누군가가 바이올린 연주를 잘한다고 하자. '그는 어떻게 연주를 잘하느냐?'라고 물으면 그것을 설명하기 참 어렵다.

'연주에 필요한 것을 다 잘하니까요.'
'그러니까 그 잘하는 것이 무엇을 잘하는 것인지 궁금해요.'
'손가락과 활을 잘 움직이겠죠.'

여기서 '운지 스킬', '활 쓰기 스킬'로 구분하여 묶어내면 바이올린 연주 스킬의 모호함이 덜해지고 뭔가 좀 더 분명해진다. '비브라토', '스타카토'와 같은 주법으로 분류하는 것도 가능해질 것이다. 하지만 이런 분류나 묶음으로 바이올린 연주법을 모두 설명할 수 없다. 또 분류하는 방법도 얼마든지 달리할 수 있다. 그러므로 이 책에서 제시하고 있는 묶음 또는 분류 체계가 절대적이거나 완벽한 것이라고 받아들이지 않기를 바란다.

필자는 반영 조직과 이니셔티브 교육에서 'QLES(클레스)' 묶음을 기본기(fundamental skills)[17]로 제시한 바 있다. 지난 10년 동안 '이니셔티브' 교육 과정에 채택해 수천 명의 수강생들로부터 긍정적인 평가를 받고, 이를 활용해 스킬을 향상하고 있다. 이 책에서는 앞뒤에 'I' 두 개를 추가해 퍼실리테이션 전체를 포괄하는 'IQLESI(이클레시)' 모형을 제시하고자 한다.

QLES는 Questioning, Listening, Energizing, Scribing의 머리글자를 따서 많든 약어다. 이니셔티브 교육 과정을 개발할 때 퍼실리테이션의 핵심 스킬을 모아 묶어냈다. IQLESI는 QLES에 Interviewing과 Interacting을 추가했다.

---

17 · 퍼실리테이터를 떠나 사람이라면 누구나 기본적으로 갖추고 개발하면 좋을 기술이라는 의미에서 기본기라고 명명했다.

ⓘ 면담 스킬

PODTiP의 확인

퍼실리테이터가 워크숍을 의뢰받으면 반드시 확인해야 하는 5가지의 기본사항이 PODTiP^팟 팁이다. 참여자, 목적, 결과물, 시간, 장소의 줄임말이다. 워크숍의 성패는 워크숍이 시작되기 전에 70%가 결정된다. 그 70%에 해당하는 준비는 면담에서 시작한다.

퍼실리테이션은 보고서를 작성해 정보를 처리하는 방식과는 대비되는 방식으로써 정보처 리에 필요한 사람들이 한자리에 모여 동시다발적으로 정보를 처리하는 회의 방식으로 일할 때 적용하는 방법론이다. 원격이든 대면이든 여럿이 함께 모여 처리하는 것이므로 일반적으 로 회의 또는 워크숍이라고 부른다.

성공적인 퍼실리테이션은 회의 또는 워크숍의 목적을 확인하는 데서 출발한다. 목적이 없 다면 정당한 수단도 없고 성공도 확인할 수 없다. 여기서 목적은 퍼실리테이션의 대상 집단 이 모여서 하기를 원하는 것을 말한다. 퍼실리테이터는 이를 사전에 명확하게 확인해야 한 다. 집단이 원하는 것이 무엇인지를 명확하게 알지 못하면 퍼실리테이션 워크숍을 설계할 수 없고 따라서 원하는 결과를 얻을 수도 없다. 워크숍이 성공한 것인지 실패한 것인지 알 수도 없다.

퍼실리테이션의 대상은 참여자만을 의미하지 않는다. 참여자는 물론이고, 의뢰자, 의뢰자 의 상사, 워크숍에 비용을 지불하는 사람, 워크숍의 결과에 영향을 받는 모든 사람을 지칭한 다. 퍼실리테이터는 이 모든 사람의 목적을 확인하고 정렬 또는 일치시키기 위한 인터뷰를 시행해야 한다.

물론 사람들이 대화하는 매 순간마다 적절한 개입을 해 그들의 대화를 도와 가는 일상의 퍼 실리테이션에서는 굳이 집단의 목적을 확인하는 과정이 필요하지 않을 수 있고, 필요하다고 하더라도 대화의 내용을 통해 추정과 수정을 거듭하면서 대화의 효과성을 높여갈 수 있다.

그러나 의뢰받아 퍼실리테이션을 하거나 조직의 특정한 이슈에 대해 집중적으로 다루기 위한 공식적인 퍼실리테이션에서는 목적을 확인하는 과정이 절대적으로 필요하다. 어디로 가려 하는지를 알아야 그곳에 가는 적절한 방법을 선택할 수 있게 된다.

일반적으로 목적을 확인하는 단계는 실제 워크숍이 진행되기 훨씬 전에 이루어진다. 그래야 목적에 따른 워크숍을 설계하고 이를 위한 준비를 철저하게 할 수 있다. 성공적인 워크숍을 이루어내기 위해 퍼실리테이터는 사전 인터뷰를 크게 다음 4단계로 나누어 진행하는 것이 일반적이다. 물론 필요에 따라 이 단계는 줄어들 수도 좀 더 늘어날 수도 있다.

단계	소통 수단	주요 내용	비고
1차 접촉			
2차 접촉			
세부 협의			
최종 확인			

표 4-2 고객과의 만남과 커뮤니케이션의 종류

먼저 고객으로부터 문의가 온다.(1차 접촉)

'몇 년째 새로운 히트 상품을 내놓지 못하고 있는데 혹시 그런 일도 퍼실리테이션으로 할 수 있나요?'

'네, 물론입니다.'

'혹시 어떻게 하는 것인지 알 수 있는 자료를 좀 보내 주실 수 있나요?'

여기서 첫 번째 인터뷰의 어려움을 마주한다. 어떻게 하는 것인지를 알 수 있으려면 한 권으로도 부족하다. 요약할 수 있지만 요약하면 추상적으로 표현되어 이해하기 쉽지 않다.

'개략적인 내용을 보내드리겠습니다. 다만 문서만으로는 자세한 방법과 궁금함을 해결하기 어려울 수 있으니, 대면 또는 원격으로 미팅하면 좋을 것 같습니다.'

'네, 그렇게 하는 것이 좋겠네요.'

'네, 그럼 제가 먼저 미팅이 가능한 일정을 이메일로 보내드려 보겠습니다.'

단계	소통 수단	주요 내용	비고
1차 접촉		• 워크숍 주제 • 개략적인 워크숍 개최 시기 • 개략적인 참여자 수 • 후속 면담(미팅) 일정과 장소(대면/비대면) • 후속 커뮤니케이션 매체	
2차 접촉			
세부 협의			
최종 확인			

표 4-3 1차 접촉에서 확인할 사항

워크숍 세부 사항 확인을 위한 미팅을 잡았다.(2차 접촉)

1차에서 2차까지 미팅을 잡고, 자료를 교환하는 등의 작은 접촉이 있겠으나 여기서는 생략했다.

2차 미팅에서는 구체적인 워크숍 설계를 위한 모든 정보를 확인해야 한다. 그 세부 정보는 PODTiP(팟팁)이라고 이름 지을 수 있다.

- Participants(참여자)
- Objective(워크숍의 목적)
- Deliverable(워크숍을 마쳤을 때 남겨 다음 실행을 위해 전달할 것)
- Time(시기와 시간)
- Place(장소와 테이블 배치)

1. 참여자

참여자^{Participants}에 관하여 중요한 정보는 인원과 인구학적 구성이다. 인원과 인구학적 구성을 선택하는 기준은 워크숍의 목적에 달려있다. 워크숍의 잠정적인 목적이 히트상품 개발이므로 히트상품 개발에 관련 정보와 지식을 가진 사람들이 참여해야 한다. 또한 이에 따라 이해가 엇갈리는 사람들이 있다면 이들도 참여의 범위에 넣어야 한다. 이해관계가 있는 사람들은 신상품의 개발, 출시, 판매 과정에서 긍정적, 부정적 영향을 끼칠 수 있다. 그러므로 제품을 개발해 출시 전에 그들로부터 정보와 의견을 듣는 것이 좋다.

워크숍의 5대 역할

- 스폰서: 워크숍의 비용을 지불하는 사람(일반적으로 개최 결정권자 또는 조직의 대표)
- 담당자: 워크숍의 행정 지원을 수행하는 사람
- 참여자: 워크숍에서 의견을 내고 결과를 도출하는 사람, 정보 보유자, 이해관계자
- 퍼실리테이터: 워크숍의 목적을 잘 달성할 수 있도록 퍼실리테이션의 스킬을 발휘하는 사람
- 운영자: 퍼실리테이터를 도와 프로젝트를 관리하고 현장 운영을 수행하는 사람

퍼실리테이터는 인터뷰 과정에서 위 5대 역할자를 머릿속에 그리면서 그들이 누구인지 명확히 한다. 워크숍이 마무리될 때까지 이들이 어떤 영향을 끼치게 될 것인지 예상하고 가능한 대응을 해나가야 하기 때문이다. 이 워크숍에서 스폰서는 제품 개발에 책임이 있는 박 상무이며, 담당자는 개발팀의 김 책임으로 확인되었다. 참여자는 생산부서, 영업부서, 마케팅부서, 개발부서, 소비자패널, 디자인팀에서 20명이 참여하는 것이 좋겠다는 합의를 이루었다. 박 상무는 워크숍 내내 참여할 의사를 가지고 있으나, 참여자들이 자유롭게 의견을 내는 데 거리낌이 있을 수 있으니 오후부터 참여하기로 했다.

2. 목적

여기서 말하는 목적Objective은 워크숍 자체의 목적이지 워크숍을 통하여 얻으려는 기대효과로서의 목적이 아니다. 주어진 워크숍 시간 안에 달성되는 목적을 말한다. 아마도 히트상품 개발은 목적이 아닐 것이다. 워크숍에서 개발하는 것은 아닐 가능성이 높기 때문이다. 여기서 혼동하는 사람들이 많다. 워크숍에서 이루어내고자 하는 것은 새로운 히트상품이 아니라 '히트상품의 컨셉'이다. 물론 개발 과정 전체를 퍼실리테이션 방식으로 진행하고자 할 수도 있다. 만약 그렇다면, 양산 체제에 들어가는 과정까지 전체 개발 프로젝트를 퍼실리테이션하는 상황이므로 히트상품 개발을 목적으로 삼는 것이 맞다. 인터뷰는 이처럼 무엇을 하려고 하는 것인지를 서로 확인하는 과정이다. 무엇이 확인되어야 어떻게 하는지를 찾을 수 있기 때문이다. 여기서 어떻게는 워크숍의 설계가 된다.

자주 등장하는 목적의 예시

- 조직 정체성 확립, 비전 만들기, 미션 만들기, 핵심 가치 만들기, 핵심 가치 내재화

- 전략 수립, 정책 수립(출산, 일자리, 통일, 복지 등), 브랜드 전략 수립, 마케팅 전략 수립, 연간 업무 계획 수립, 송년회 계획 수립, 기념일 계획 수립, 주민 의견 수렴

- 창의 개발, 법안 초안 작성, 신사업 발굴, 신제품 컨셉 개발, 신제품 개발, 서비스 디자인, 인테리어 컨셉 개발, 작명, 연구 설계, 사무실 설계, 마을 규약 만들기, 청소년 헌장 수립

- 문제 해결, 불량 발생 문제 해결, 서비스 지연 문제 해결, 업무 프로세스 개선

- 프로젝트 추진, 프로젝트 개발, 프로젝트 수행, 프로젝트 추진 상황 점검, 프로젝트 추진계획 수립

- 제도 만들기, 성과 평가제도 수립, 성과 평가지표 개발, 인사제도 개선, 위임전결규정 개선

- 갈등 해결, 주민-기업 갈등 해결, 원주민-이주민 갈등 해결, 부서 간 갈등(사일로 현상) 해결, 조직 구조 개편안 만들기, 업무분장, 예산안 심의, 법안 심의, 공모작 선정, 포상

대상자 선정

- 조직 문화 진단, 조직 문화 융합, 조직 문화 개선, 조직 개발, 공동체 개발

표준의 병리

퍼실리테이션을 어떤 기법의 적용으로 주로 접한 사람은 '퍼실리테이션'하면 어떤 기법을 떠올린다. 브레인스토밍, GE 워크아웃, 월드카페, 오픈 스페이스 테그놀로지, 액션러닝, 컨센서스 워크숍(CWM), DVDM, 디자인 씽킹, PBL, 농어촌 현장포럼 등이 그 예 중 일부이다.

그러나 이러한 기법은 기성복과 같이 일반적으로 사용할 수는 있지만, 어떤 특정 상황에 최적화되어 있는 것은 아니다. 직접 설계할 수 없을 때 참고해 사용할 수 있는 표준안 중의 하나다. 어떤 일이든 표준과 지침이 필요하지만, 그 표준과 지침은 현장을 그대로 반영하지 못하는 어려움이 있다. 물질이 아닌 사람의 경우에 특히 그렇다.

유능한 퍼실리테이터는 어떤 기법을 맹목적, 기계적으로 적용하지 않는다. 필요에 따라 변형하고, 결합해 사용할 수 있어야 한다. 그리고 기존의 기법과 완전히 다른 설계를 통해 지금 해결하고자 하는 상황을 가장 바람직하게 개선하는 새로운 프로세스를 설계할 수 있어야 한다. 기계적 적용은 퍼실리테이션을 촉진시키는 것이 아니라 구성원을 그저 괴롭게 만들 수 있다.

어떤 조직이 성과를 내는 과정은 복잡하다. 광범한 의미에서 조직의 성과를 내는 것을 최상위 목적으로 삼는 리더가 일정 시간 동안 진행하게 될 워크숍의 목적을 특정해 표현하는 일은 까다롭다. 목적$^{goal, aim, purpose, objective, priority, target, vision}$이라는 용어도 조직에 따라 서로 다른 수준으로 사용된다. 비전, 목적, 지표, 목표, 전략과제 등 목적이라는 말로 대체해서 쓸 수 있는 말이다. 각각 위계를 이루고 있지만, 통일된 위계의 정리 없이 혼용해 사용하고 있는 편

이다. 그러므로 단지 '목적'이라고만 대화하면 올바른 소통을 하지 못할 수도 있다. 상대방이 말한 '목적'의 수준과 내가 말한 '목적'의 수준이 차이 날 수 있다. 같은 목적이라는 말을 사용하지만 서로 다른 것을 지칭하게 된다.

따라서 퍼실리테이터가 전문성을 갖고 이 과정을 도울 수 있어야 한다. 스폰서와 퍼실리테이터가 적합한 목적을 정하지 못한 채 워크숍을 수행하게 되면 이에 참여한 구성원들은 타당해 보이지 않는 워크숍을 경험한다. 그리고 참여 과정에서 흥미를 잃고 몰입하지 못하는 결과를 만들어 낸다.

의뢰자와의 대화를 통해 목적을 확인할 때는 다음 세 가지 사항을 유의하는 것이 좋다.

· 스폰서가 희망하는 것(목적)이 무엇인지를 확인하는 것
· 상위목적(기대효과)과 하위목적(상위목적에 대한 수단)이 합리적으로 연결되어 있는지를 확인하는 것
· 워크숍의 목적이 기대한 워크숍 시간에 실현할 수 있는 것인지를 확인하는 것

워크숍의 목적이 확인되었다면, 이 목적을 달성하기 위한 참여자, 워크숍 시간, 워크숍이 끝났을 때 남겨야 하는 결과물, 워크숍 장소에 관한 확인을 해야 한다.

3. 결과물

목적은 추상적인 개념인 데다가, 목적-수단의 위계가 여러 층위로 얽혀 있어서 혼란을 준다. 퍼실리테이션 전문가들조차 목적을 명확히 하는 데 어려움을 겪는다. 이 어려움을 극복할 수 있도록 보완해 주는 것이 결과물Deliverable이다. 결과물이란 워크숍이 끝났을 때 남기고자 하는 것을 말한다. 그리고 이 결과물은 누군가에게 전달하는 후속 조치를 동반하기 때문에 서구에서는 Deliverable이라고 부른다. 결과물은 유형과 무형을 가리지 않는다.

노노 갈등이 있는 한 회사와 전화로 2차 면접을 했다. 고객(HR 상무)은 워크숍을 의뢰하게 된 배경에 대하여 상세하게 설명해 주었다. 이어서 나는 PODTiP을 확인하기 위한 질문을 했다.

'이번 워크숍으로 이루었으면 하는 것이 무엇이세요?'

'노노 간 갈등이 있으니, 노조 간 그리고 비조합원 간에 화합이 이루어졌으면 좋겠어요.'

......

'네, 갈등은 대부분 오해에서 비롯된 것이니 서로 솔직한 대화를 나눌 수 있도록 하는 워크숍을 진행하면 서로 갈등할 이유가 없었다는 것을 알게 될 것 같습니다.'

'근데 오해가 아니라 실제로 나쁜 마음이 확인되면 어쩌죠?'

'아마도 진짜 나쁜 마음이라면, 스스로 반성하게 될 겁니다. 그 나쁜 마음을 먹은 것이 타인에 대한 오해에서 비롯된 것임을 알게 될 겁니다.'

'HR에 먼저 말하지 않고, 서로 단체로 행동해야만 무언가 얻을 수 있다는 전제로
움직이는 것을 보면 HR에 대한 불신도 있는 것 같은데 그것은 어떻게 해결할 수 있나요?'

'HR에 묻지 않는 이유를 물어보면 해결될 것 같습니다. 이것도 HR에 대한 오해인 거잖아요.'

......

'그럼 워크숍에서 얻고자 하는 것을 바꾸겠습니다. 회사에 원하는 것이 있다면, "먼저 HR에 말하면 된다."라는 인식을 갖게 하는 것으로요.'

'네, 좋습니다. 그럼 그 '인식 변화'를 결과물로 가져가 보겠습니다.'

결과물이 목적에 비해서는 보다 구체적인 개념이지만 여전히 개념이기 때문에 소통의 당사자 간에 온전한 소통을 이루기가 어렵다. 퍼실리테이터는 이러한 어려움을 이해하고 인터뷰 과정에서 다양한 스킬을 발휘하여 극복해 가야 한다. 우선 결과물이라는 것은 내용과 형식이 있다는 점을 기억하는 것이 좋다. 퍼실리테이터는 2차 면접에서 이를 명확히 해야 한다. 예를 들어, 비전 만들기를 목적이라고 확인하고 결과물의 내용과 형식을 확인하지 않은 채 여기서 인터뷰를 멈추게 되면 나중에 커다란 낭패를 볼 수 있다.

'비전 만들기'라는 뚜렷한 목적이 확인된 것처럼 보이지만 실은 불명확한 것이 아직 많다. 먼저 고객이 생각하는 비전이 무엇을 말하는지 확인해야 한다. 같은 회사에서 같은 비전이라는 말을 사용하고 있지만, 그 내용과 형식이 매우 다르게 나타나 있다. 퍼실리테이터는 인터뷰 과정에서 이를 반드시 확인해야 한다.

미션을 비전이라고도 말하고, 전략을 비전이라고 말하기도 한다. 목표를 비전이라고 표현하는 경우도 흔하다. 또 비전은 어떤 조직의 비전일 수도, 어떤 사업이나 제품의 비전일 수도 있다. 비전의 의미 또는 내용이 제각각이다. 형식면에서 비전은 그림일 수도, 동영상일 수도, 텍스트일 수도 있다. 또는 둘 이상의 조합일 수도 있다. 텍스트이더라도 길이를 10글자 정도로 생각할 수도 있고, 30글자 정도로 생각할 수도 있다. 구호나 슬로건을 염두에 두면서 비전을 만들어 달라고 말하기도 한다.

퍼실리테이터가 조직 개발 전문가로서 일반적으로 통용되는 혹은 학계에서 정의하고 있는 비전이 무엇인지는 정확하게 알고 있어야 한다. 그러나 고객이 말하는 비전이 반드시 그것과 일치한다는 보장은 없다. 인터뷰 과정에서 고객이 머릿속에서 구상하고 있는 것이 무엇이고, 또 그것이 가장 바람직한지에 대하여 퍼실리테이터(이때 퍼실리테이터의 역할은 조직 개발 컨설턴트)가 전문성을 가지고 대화하고 조율할 수 있어야 한다.

4. 시간

처음에는 2일 정도의 시간^{Time}을 예상하고 있었으나, 5개의 신제품 안을 만들기로 한 점, 참여자들이 2일 연속으로 시간을 내기 어려운 점 등을 고려해, 5시간씩 5회에 걸쳐 진행하는 것으로 합의했다. 개최 일자는 퍼실리테이터의 일정과 회사의 사정을 고려해 추후 맞춰가기로 했다. 그리고 회차 간의 간격은 분위기의 유지, 새로운 생각의 정리 등을 고려해 1주에서 2주 사이로 정하기로 했다.

5. 장소

장소^{Place}는 담당업무로부터 일시적으로 피할 수 있도록 회사를 벗어나기로 했다. 다만, 다섯 차례에 걸쳐 워크숍 장소로의 이동이 필요하므로 회사에서 멀리 떨어진 시내의 한 호텔을 선정했다. 효과적인 워크숍 개최를 위해서는 벽, 화이트보드, 차트 등이 매우 중요하므로 이를 충족하는 곳인지를 면접 후에 확인하기로 했다. 워크숍 개최를 위한 사전 인터뷰를 마치고 퍼실리테이터는 다음과 같이 인터뷰 결과를 정리한 워크숍 계획서를 견적서와 함께 이메일로 보내주었다.

목적	새로운 히트상품 컨셉 개발
결과물	제품 컨셉보드 5개(차트)
시간	5시간 * 5회
인원	20명(마케팅, 생산, 영업, 소비자 각각 5명)
장소	OO호텔 장미홀

표 4-4 워크숍 인터뷰 결과 예시 1

비전 만들기를 목적으로 한 워크숍의 2차 면접 결과의 예시는 다음과 같다.

목적	비전 만들기
결과물	비전 선언문(20자 내외)
시간	15시간
인원	75명(전직원)
장소	OO호텔 에머랄드홀

목적	조직 개편안 확정
결과물	조직도(부서 명칭과 인원, 정보 흐름)
시간	4시간 * 3회
인원	24명(각 부서별 2명)
장소	역삼동 쿠퍼숲

표 4-5 워크숍 인터뷰 결과 예시 2

상황의 해석

고객은 퍼실리테이션 프로젝트를 통하여 얻고자 하는 효과가 있다. 그리고 그 효과를 내는 데 있어 기존의 방식(지시, 티칭, 코칭, 제도 개선 등)으로는 한계가 있다고 느끼고 있는 상황일 것이다. 그러므로 퍼실리테이터는 그동안 어떤 기대효과를 위해 어떤 개입을 했는지를 확인해 보아야 한다. 예를 들면 구성원들의 직무몰입$^{work\ engagement}$을 향상하기 위해 어떤 조치를 취해 왔을 것이다. 추정되는 개입의 종류에는 다음과 같은 것들이 있을 것이다.

- 훈계와 질책
- 지시와 통제
- 코칭과 멘토링
- 교육 훈련(주입형)
- 성과 평가 시스템의 개선

이 모든 개입은 일정한 효과를 거두었을 것이다. 현재 조직이 생존하고 있다면 생존하고 있는 만큼 잘하고 있다는 증거이다. 그러므로 위의 개입 방식이 잘못된 것이라고만 볼 일은 아니다. 효과를 거두고 있음에도 불구하고 더 나은 효과를 위해 새로운 방식을 찾아보게 된다.

상황이 바뀌어 지금까지의 방식이 이제는 효과를 거두지 못하게 되었을 수도 있다. 어떤 경우이든 기대하는 만큼 효과가 나지는 않는 상황에서 의뢰하게 된다. 인간의 욕망은 무한하기 때문에 기대하는 수준의 향상도 새로운 방법을 찾는 것도 끊임없이 지속된다. 자녀가 공부하지 않을 때 회초리를 들었던 일은 과거에 매우 효과가 높은 개입 방법이었다. 지금 그렇게 하면 효과가 없을뿐더러 그 부모는 감옥에 갈 수 있다. 퍼실리테이터는 면담하는 과정에서 고객이 사용한 개입의 방법이 주로 무엇이었으며, 그 방법을 더 이상 사용하지 않고 다른 방법을 찾게 된 상황과 동기에 대하여 물어보아야 한다.

앞서 설명한 팟팁^{PODTiP}에서 목적을 확인한 것은 고객의 기대와 열망을 확인한 것이다. 퍼실리테이터가 효과적인 설계를 한다는 것은 그 목적을 달성하는 방법을 찾는 것을 말한다. 지금까지 사용한 방법에 대해 물어보고 확인함으로써 그 방법이 어떤 점에서 효과를 발휘하지 못했는지를 추정하고, 그것을 대체할 수 있는 방법을 찾아 워크숍 프로세스에 반영해야 한다.

이러한 상황을 보다 잘 해석하는 데는 앞서 말한 철학과 이론이 바탕이 된다.

- 직무몰입이 떨어집니다.
- 이직률이 높아졌습니다.
- 리더에 대한 불신이 큽니다.
- 창의력이 부족합니다.
- 협업이 잘 되지 않습니다.
- 도전정신이 부족합니다.
- 서베이에서 열의^{engagement} 항목이 낮게 나왔습니다.

대부분의 조직에서 의뢰자가 일반적으로 호소하는 조직의 아쉬움이다.

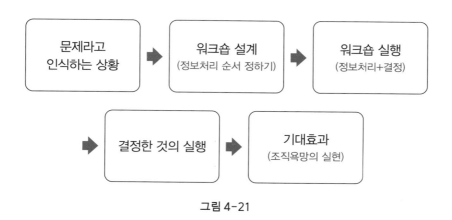

그림 4-21

예를 들어 열의^{engagement18}를 높이려 한다면 무엇이 구성원의 열의를 높이게 하는지 알아야 한다.

___

18 조직 심리나 경영학계에서는 열의라고 번역하고, commitment를 몰입이라고 번역한다. engagement의 실제 개념은 자신의 직무에 얼마나 연결되고 동일시하고 푹 빠져있느냐에 대한 것이고, commitment의 개념은 왜 조직에서 떠나지 않고 여전히 매달려 있느냐에 대한 것이다.

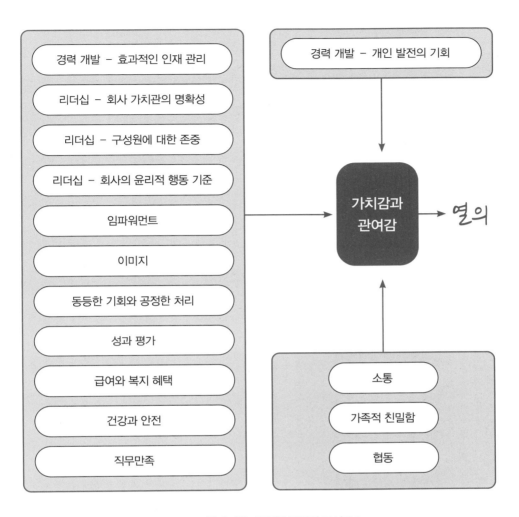

그림 4-22 구성원 열의의 구성요소

　구성원의 열의는 매우 다양한 원인 변수를 가지고 있다. 조직에 따라 특히 문제가 되는 경우(안전을 크게 위협받음)가 있을 수 있겠지만, 어느 하나를 끌어 올린다고 해서 몰입이 따라서 올라가기 어려운 구조이다. 그러므로 고객에게 이와 같은 상황을 잘 설명하고, 고객의 여러 사정을 들었을 때, 무엇을 먼저 시도하는 것이 좋을지에 대하여 제안하고 합의를 이룬 다음 워크숍을 설계하는 순서를 밟게 된다.

　'말씀을 듣고 보니 성과 평가에 대한 불신이 큰 것 같습니다.'

'리더십에 대한 불신과 그로 인한 임파워먼트의 부족도 큰 원인이 되고 있지만, 우선 가시적인 결과를 낼 수 있는 성과 평가의 개선을 먼저 시도하는 것이 필요해 보입니다.'

'구성원의 의견을 반영해 성과 평가 방법이 개선되고 나면, 임파워먼트에 관련된 프로젝트를 이어가는 것이 필요해 보입니다. 임파워먼트는 리더십 역량을 길어야 하는 부분을 포함하고 있어서 좀 더 장기적인 접근이 필요합니다.'

이처럼 면접을 통해 1단계 '문제라고 인식하는 상황'에 대한 이해과 분석을 마친 후에 2단계인 설계로 넘어가게 된다.

숨겨진 메시지

조직 문화를 개선하거나 조직 개발을 시도하는 조직은 현재 조직의 수준에 만족하지 않고 있는 조직이다. 잘 나가는 조직을 더 잘 나가게 만들기 위한 경우도 있지만, 대부분의 경우에는 조직의 이슈가 상당히 악화된 상황에서 의뢰한다. 조직의 상황이 악화되다 보니 사람들은 서로에 대한 부정과 불신이 커지게 된다. 이 상황이 조금 더 악화되면 많은 구성원 사이에 구제 불능의 시각이 형성된다.

'요즘 것들'

'꼰대'

'중요 정보를 안 준다'

'나도 안 준다.'

상대방이 그렇게 되어 먹어서 구제 방법이 없다는 좌절, 패배주의, 냉소가 팽배해진다. 나는 선량한 사람인데, 일이 잘 안 돌아가는 것을 보니 문제는 상대방에게 있고, 그 상대방은 자신이 문제가 있다는 것조차 모르는 구제 불능자 같다. 이런 상황이 되면 워크숍을 의뢰하는 리더나 담당자들도 부정적 인간관에 매몰되어 있기 쉽다. 그리하여 조직을 개선하기 위한 개입의 방법으로 치료적 통제적 접근을 염두에 두는 일이 생겨난다.

구성원들이 정상이 아닌 환자들이니 '고쳐내야 한다'는 접근이다. 이쯤 되면 구성원들은 상대방을 환자로 보게 된다.

'우리 리더 좀 치료해 주세요.'

'MZ세대 좀 치료해 주세요.'

정상이 아니니 고쳐야 한다는 마음이 짙게 깔린다. 여기서의 인간관은 환자나 구제 대상이 된다. 21세기이지만 계몽이 정당해 보인다. 고객 지향적인 퍼실리테이터가 '고객은 항상 옳다.'라는 고객중심성을 떠올리면서, 이 시각에 동조하여 '그렇게 해야죠.'라고 대응할 수 있다. 그는 그때부터 퍼실리테이터가 아니라 테러피스트^{therapist} 또는 고장 수리자의 길을 걷게 된다. 치료를 통해 실제로 좋은 효과를 거둔다면 그 방법도 훌륭한 것이다. 또한 실제로 치료가 필요한 상황도 있을 것이다.

그러나 많은 경우 내가 경험한 것은 위의 예처럼 부정적인 상황에서조차 구성원이나 리더들은 여전히 긍정성을 내면에 보유하고 있다는 것이었다. 그리 생각해야 퍼실리테이션의 접근 방법이 정당해진다. 고객이 옳은 이유는 조직을 보다 효과적인 조직으로 만들려는 의지가 있기 때문이다. 이 의지를 실현시켜 주는 퍼실리테이터가 고객중심적인 전문가이다.

의뢰자 또는 고객이 위와 같이 부정적인 상황 인식을 기초에 두고 치료적 통제적 개입 전략을 기대하면서 상담을 요청해 오는 경우, 퍼실리테이터는 목적과 방법을 분리하여 대화를 나누어야 한다.

고객은 어떤 어려움을 겪고 있고, 그것을 해결하려는 문제를 인식한 사람이다. 그러므로 그가 '어떤 문제를 해결하고 싶다.'라거나, '어떤 결과를 얻고 싶다.'는 의지와 욕망으로써의 목적은 고객의 몫이다. 의뢰한 사람도 조직 안에서 발생하는 문제를 어떤 방법을 사용해 지속적으로 해결해 왔던 사람이다. 그러므로 이번 문제에 대해도 모종의 방법이 머릿속에 떠오르게 된다. 그리고 그 방법으로 해주면 좋겠다는 제안을 퍼실리테이터에게 요청할 수 있다. 이때 퍼실리테이터는 이 방법의 제안을 정신 차리고 받아들여야 한다.

'고객이 의뢰하는 것이 진짜 퍼실리테이션인가?'

'혹시 다른 방법으로 해달라는 의지가 숨어있는 것은 아닌가?'

퍼실리테이터가 전문가라면 고객이 기대하는 목적을 달성하는 좋은 방법을 제시할 수 있어야 한다. 적어도 고객이 생각하고 있는 방법보다 더 효과적인 방법을 알고 있어야 한다. 그렇게 하려면 퍼실리테이터는 지속적으로 학습하고 경험을 축적해 나가야 한다.

퍼실리테이터인 자연인이 퍼실리테이션뿐만 아니라, 카운셀링, 트레이닝, 코칭, 컨설팅, 훈계, 조작, 설득 등 다양한 역량을 지니고 있을 수 있다. 그리고 필요에 따라서 그런 역량을 발휘하여 기대하는 효과를 얻을 수 있다. 퍼실리테이션이 만병통치약일 수는 없다.

그러나 퍼실리테이션을 한다고 하면서 퍼실리테이터의 중립성이라는 핵심을 잃은 행동을 하는 것은 바람직하지 않다. 개념과 실제 사이에 혼란을 만들어낸다. 중립을 핵심으로 하지 않고 메시지를 전달하는 것이 필요하다고 생각하면, 훈계, 지시, 설교, 설득과 같은 그에 합당한 좋은 방법을 사용하는 것이 좋다.

훈계, 지시, 설교, 설득의 방법이 효과가 없으리라 생각한다면, 어째서 중립을 기반으로 한 퍼실리테이션이 더 효과적인지에 대하여 고객과 퍼실리테이터 사이에 합리적인 정당화가 먼저 필요하다. 정당한 이해가 없이 진행하는 경우, 고객과 퍼실리테이터 모두에게 독이 되는 결과를 가져올 것이다. 퍼실리테이터는 고객의 요청 속에 숨어 있는 진짜 메시지가 무엇인지 포착하고 드러내어 방법의 정당성에 대해 합의해내는 것이 워크숍 성공의 첫발이다.

면담 스킬은 이런 숨어 있는 이슈를 잘 다루어내는 능력이다. 앞서 다룬 철학과 인간관, 이론과 프레임이 퍼실리테이터의 면접 질문과 잘 결합할 때 실현된다.

	현상	리더의 1차 인식	리더의 2차 인식	개입 방법
자연스러운 악순환	구성원의 부정적인 행동	구성원에 대한 부정적 태도	치료와 통제의 강화	계몽, 훈계, 징벌
사려 깊은 선순환	구성원의 부정적인 행동	집단의 부정적 역동 발생	역동의 진단과 개입	퍼실리테이션

표 4-6 개입의 악순화과 선순환

❓ 질문 스킬

자신의 생각을 들여다보면 끊임없이 스스로 질문을 던지고 대답하는 사고의 과정을 발견하게 된다.

'저것은 뭐지?'

'그 말이 맞나?'

'무엇을 먹지?'

'누굴 만나지?'

퍼실리테이터의 질문은 집단이 생각할 수 있도록 집단에 대하여 던지는 질문을 말한다. 면담을 통하여 워크숍의 목적과 결과물 등 팟팁^{PODTiP}을 확정했다면, 그것을 기반으로 퍼실리테이터는 워크숍을 설계한다. 그리고 그 목적을 달성하기 위해 워크숍을 실제로 개최한다. 그리고 퍼실리테이터는 질문을 통해 참여자들이 문제 해결, 의사결정, 갈등 해결을 해낼 수 있도록 질문한다.

만약 업무 프로세스의 개선방안을 찾는 워크숍을 개최한다면 다음과 같은 굵직한 질문이 골격을 이룰 것이다.

- 참여자로부터 정보를 꺼내놓게 하기 위해 질문한다.
  '우리가 담당하고 있는 업무들은 무엇인가요?'
  '서로 업무상에서 겪고 있는 어려움은 무엇인가요?'
- 정보를 잘 정리할 수 있도록 질문한다.
  '어떤 업무가 먼저고 어떤 업무가 나중에 이루어지나요?'
  '업무에 따라 어려움을 배치해봅시다.' - 평서문인 질문
- 보다 깊이 탐색할 수 있도록 질문한다.
  '그 어려움은 어디서 오는 건가요?'
  '어려움을 해결하는 방법은 무엇인가요?'
  '그 방법을 사용하지 않았던 이유는 무엇인가요?'
  '그 이유를 극복하는 방법은 무엇인가요?'

- 개선방안을 평가하기 위해 질문한다.

    '우리에게 가장 유리한 방법은 무엇인가요?'

    '개선에 필요한 자원을 어떻게 확보할 수 있나요?'

- 실제로 실행할 것을 결정하기 위해 질문한다.

    '제시된 방법 중 실제로 행할 것은 무엇인가요?'

    '이것으로 충분한가요?

우리의 삶이 질문의 연속인 것처럼 워크숍의 진행도 질문의 연속이다. 어떤 질문을 품고 살아가느냐에 따라 인생이 달라지듯이, 어떤 질문을 던지느냐에 따라 워크숍의 품질도 달라진다. 자신의 이론과 의견으로 지시와 주장을 주로 해본 경험이 많은 사람, 특히 선생님, 강사, 컨설턴트, 리더들은 질문하기를 어려워한다. 이를 극복하는 것이 퍼실리테이터로 성장하는 길이다. 또한 집단이 표면적이고 일차적인 사고에 머무르지 않고, 보다 깊은 숙고의 경험을 할 수 있도록 질문하는 것이 필요하다.

질문 다시 보기

퍼실리테이터는 참여자로부터 정보를 꺼내고, 듣고, 기록하고, 기운을 유지하며, 그 과정에서 참여자와 끊임없이 교감한다. 이 IQLESI 스킬의 최종 목적은 현명한 결정을 돕는 것이다. 현명한 결정을 도우려면 결정에 필요한 정보가 필요하다. 스킬이 부족한 퍼실리테이터나 리더는 필요한 정보를 충분히 꺼내고 다루지 못한다.

우선 정보를 꺼내야 다룰 수 있고, 다루어야 결론에 도달할 수 있다. 퍼실리테이션을 조금이라도 배운 사람이라면 질문의 중요성을 절감한다. 훈계, 조언, 지시, 설득, 당부 등 자신의 의지를 담은 발언을 하지 않고 중립을 지키면서 개입할 수 있는 방법이라고는 침묵과 질문밖에 없음을 깨닫게 된다.

질문이 중요하다는 것을 안다고 해서 바로 질문이 잘 되는 것은 아니다. 철학과 이론이 견고해야 좋은 질문이 만들어진다. 질문 역량을 늘리면서 질문이 잘 나오지 않을 때는 철학과 이론을 되돌아보는 것이 크게 도움 될 것이다. 그럼에도 불구하고 실제로 질문을 하는 것은 질문하는 행동이다. 철학과 이론이 있어도 행동을 해내지 못하면 무용지물이다. 질문의 효용과 본질을 잘 이해하는 것은 좋은 질문 스킬을 확보하는 반석이 된다. 몇 가지 측면에서 질문을 다시 살펴본다.

질문은 경청의 수단이다

정보를 구한다는 것은 경청의 의지를 가졌다는 것을 의미한다. 경청의 본질은 정보를 구하는 것이다. 흔히 범하는 개입의 실수는 상대방의 말을 듣는 데 목적을 두는 것이 아니라, 자신의 말로 설득하는데 목적을 두는 것이다. 자기 말로 설득하기 전에 상대방의 말을 잠깐 듣는 상황이 선행되므로 이를 두고 자신은 경청하고 있다고 착각을 일으키게 된다.

퍼실리테이터는 참여자에게 질문을 던지고 이에 응하여 참여자가 발언할 때 매우 주의 깊게 들어야 한다. 그리고 가능한 한 그 내용을 왜곡하지 않고 기록해야 한다. 그래야 다른 참여자들이 그 내용을 이해하고 기억하면서 논의를 이어 가는 데 도움을 주기 때문이다. 집단이 개인의 역량을 뛰어넘을 수 있는 핵심적인 메커니즘이 바로 이 부분이다. 질문-경청-기록-공유로 이어지는 과정을 통해 사고가 확장되고 창의와 합의가 이루어진다.

전문가, 권력자, 권위자, 경험자로서의 대부분의 리더들이 회의를 주재할 때 범하는 실수는 자신들의 우수성을 말하고 설득하는 일에 집중한 나머지 구성원들의 가능성을 탐색하지 못하는 것이다. 경험이 풍부한 리더들이 참여자들의 발언을 한두 마디 들어보면 대부분 자신의 생각에 미치지 못하다는 생각이 든다.

그리하여 경청을 포기하고 자신의 의견을 역설하는 설득의 모드로 쉽게 전환해 버린다. 그리고 자신들의 우수한 견해를 주입하고 싶어진다. 심지어 구성원들이 리더 자신의 생각과 의견을 잘 이해하는 것이 소통이라고 생각한다. 이는 구성원들의 생각과 커다란 차이가 있다. 구성원은 그것을 주로 불통이라고 여긴다. 이 차이로 인해 리더는 추가적인 답답함을 느끼고 더 강한 설득의 방법을 구사한다. 결국 강한 설득은 설교가 되고 악순환을 만든다.

우선 참여자들의 초기 발언은 아직 다듬어지지 않는 경우가 많다. 따라서 초기의 발언에 실망해 그들의 추가 발언을 가로막게 되면 뒤에 이어질 수 있는 정리된 생각을 들을 가능성을 잃어버리게 된다. 정리된 생각이 개진되지 못한 상황에서 그들의 이야기를 더 듣는 것은 매우 유용하다. 다른 참여자와의 생각을 결합하고 발전시키면서 원래는 없었지만 새로운 좋은 아이디어가 만들어질 수 있다. 리더 또는 퍼실리테이터의 기다리는 역량과 인간에 대한 긍정적 관점이 요구되는 지점이다. 또 다른 경청의 좋은 점은 동기부여의 관점이다. 리더가 자신의 우수성과 옳음을 설득하고 강조하는 것보다는 구성원의 생각과 의견에 관심을 기울일 때 그들은 더 생각하고, 자신의 일에 흥미와 열의를 가지게 된다.

의문문이어도 모두 질문은 아니다

밤늦게까지 컴퓨터 앞에 앉아 게임을 하는 자녀에게 던진 '지금 몇 신 줄 아니?'라는 물음은 의문문을 사용하고 있지만 질문은 아니다. 지금이 몇 시인데 여태까지 게임을 하고 있느냐는 핀잔의 메시지를 던지는 것일 수 있다. 상대방으로부터 정보를 구하기보다는 나의 의견을 상대에게 어필하는 수단으로 좀 더 자극적인 표현 방식을 사용한 것뿐이다. 그러므로 질문의 효과가 나타나기는 어렵다.

'이 게임에서 가장 잘나가는 프로게이머가 누군 줄 아니?'라는 질문은 진짜 질문일 가능성이 높다. 효과적인 질문의 비결 하나는 상대방이 말하고 싶어 하는 것에 관해 물어보는 것이다. 알고 있는 정보를 탐색해 자신이 유능한 사람임을 증명할 기회를 제공하는 것이다.

　'어떤 점이 가장 어려운가요?'

　'요즘 새롭게 시도하고 있는 것이 무엇인가요?'

　'제가 도와주었으면 하는 것이 있으세요?'

　'가장 성공적이었던 기억을 말씀해 주세요.'

　'그때 이야기 들려주세요.'

　'이제 서로를 알아가는 시간입니다. 취미부터 이야기해보면 좋겠습니다.'

　'어떤 의견이든 좋습니다. 마음껏 적어주세요.'

　'가장 성공적이었던 기억을 말씀해 주세요.'는 문법적으로는 의문문마저 아니다. 그러나 이 문장은 상대방의 응답을 기대하고 들으려는 마음이 담겨 있음이 느껴진다. 정보를 구하고 있고, 그 정보를 잘 들으려는 목적을 지녔으니 형식은 질문이 아니지만 실질은 좋은 질문이라고 볼 수 있다.

　폐쇄형 질문이니 개방형 질문이니 구분하는 것도 질문의 효과성에 대해 살피자는 것에 근본 목적이 있다. '제가 도와주었으면 하는 것이 있으세요?'라는 질문은 형식으로는 폐쇄형 질문에 해당한다. 그러나 이 질문에 대해 응답자가 도움이 필요한 내용을 충분히 말하게 되었다면 효과적인 질문이었다고 할 수 있다.

질문은 행동을 자극한다

　리더에게 이미 빤히 보이는 답이 있는데, 이를 직접 역설하거나 설득하거나 제시하지 않고 구성원에게 질문을 던지라고 하는 것은 매우 비효율적인 방법으로 보여진다. 이는 구성원을 움직이게 하는 것이 리더의 본래 모습이라는 점을 감안하면 여러 가지 측면에서 다시 들여다 볼 필요가 있다.

　구성원을 움직이게 한다는 것은 다른 말로 동기부여라고 한다. 때로는 단호하고 명료한 리더의 지시 또는 질책이 구성원을 긍정적으로 움직이게 한다. 구성원이 답을 모르는 경우, 급박하게 결정을 내려야 하는 경우, 구성원이 책임을 회피하는 경우, 리더의 권위를 구성원이 수용하는 경우 등이 그렇다. 그러나 이 방식이 더 이상 작동하지 않는 경우가 점점 늘어나고 있다.

'왜 이 일은 하는가?'

'어떤 성장을 이루고 싶은가?'

'어떻게 하면 좀 더 시너지를 낼 수 있을까?'

'새롭게 감지한 변화가 무엇인가?'

'최선을 방해하는 것은 무엇인가?'

'우리에게 무엇이 필요한가?'

사람들은 늘 최선을 다한다. 자신이 찾아낸 방법 중에서 최선의 선택을 하는 것이다. 바라보는 사람이 자신의 방식으로 일하지 않는 타인을 볼 때 타인은 최선을 다하지 않는 것으로 착각을 일으킬 뿐이다. 퍼실리테이터인 리더는 구성원이 아직 탐색해 보지 않는 방법을 찾아낼 수 있도록 질문으로 돕는 사람이다. 그것이 더 구성원을 행동하게 한다.

구성원들이 여럿인 경우에는 협력적인 방법은 찾는 데에도 유리하다. 시너지의 가능성이 더해진다. 구성원들이 새로운 방법을 발견하고 그것이 지금의 것보다 더 효과적이라는 것을 알게 되면 그들은 그 일을 하기 위해 스스로 행동하기 시작한다.

아직 착수하지 않는다면 다른 최선이 있거나, 그것이 최선인지 아직 확인하지 못했기 때문이다. 퍼실리테이터는 이때 그 의문을 해결할 추가적인 질문을 던지면 된다.

'어떤 우려가 있나요?'

'무엇이 더 필요한가요?'

다시 한 번, 좋은 질문은 진짜로 물어보는 것이다

퍼실리테이션은 내가 일을 하는 것이 아니라 타인 또는 대상 집단이 일을 잘할 수 있도록 개입하는 것이다. 그러므로 주도성은 상대에게 있고, 퍼실리테이터는 그 주인공을 돕는 서번트의 역할을 수행한다. 내 의견을 설득하여 상대가 일하게 하는 것이 아니라 상대가 최선의 발견을 해나가도록 돕는다. 이 도움의 과정에서 질문은 강력하게 작동한다. 그리고 그 질문은 경청의 수단이다.

그러므로 듣기 위해 질문하는 것 즉 진짜로 물어보는 것이 최선의 질문이 되는 것이다. 심판을 위한 질문이 아닌 듣기 위한 질문이라는 마음이 질문을 받는 사람에게 전달되었을 때 비로소 말하는 사람의 심리적 안전감이 형성되고, 발언의 진실성이 커진다.

한편 퍼실리테이터의 경청은 참여자 상호 경청의 매개자로서의 경청이다. 일을 하는 것은 참여자며 그들이 일하는 과정은 정보처리이므로 서로에게서 표출된 정보가 서로에게 잘 전달되어 정보처리가 이루어질 수 있도록 하는 과정에서 퍼실리테이터의 질문과 경청이 중간 매개의 역할을 수행하는 것이다.

발언의 공포 – 심리적 안전감

간단한 질문 하나를 중심으로 한 조직의 임원들을 위한 심리적 안전감에 대해 숙의해 볼 수 있도록 이끌었던 사례이다.

한 회사의 대표와 임원 7명이 한자리에 앉았다. 그 조직은 심리적 안전감의 중요성을 알고 있었고, 대표와 임원 모두 조직의 심리적 안전감을 높이려는 열망을 가지고 있다. 그리고 임원진들이 정기적으로 독서 모임 등을 가지면서 조직 문화의 향상에 큰 관심과 노력을 기울이고 있다. 길을 제대로 가고 있는 것인지 확인하고 좀 더 깊은 대화를 나누고 싶다는 요청을 받고 임원 회의에 참여했다.

나는 인사를 나눈 후 다음과 같은 질문을 던졌다.

'지금 이 자리에 계신 누구라도 조직에 중요하다고 생각하는 것 중에서 아직 말하지 않은 것이 있나요?'
'아니요.'
'아니요.'
'아니요.'
'아니요.'

'예'

사람들은 놀랐다. 그리고 궁금했다.

'오! 정말 심리적 안전감이 높은 조직이군요. 대표님을 눈앞에 두고 이런 부정적인 말을 꺼낼 수 있다는 것은 심리적 안전감이 있다는 방증이겠네요.'
'"아니요."라는 대답이 반드시 우리 조직의 심리적 안전감이 높다는 증명이라고 말할 수도 없고, "예."라는 대답이 꼭 낮다는 증명이기도 어려운 것 같습니다.'

'아니요.'라는 대답은 서슴없이 어떤 말이든 다 하고 있다는 의미가 되기도 하지만, 말하지 못한 것이 있는데 그렇다고 말할 수 없어서 '아니요.'라고 대답했을 수 있을 것이다.

'예, 아니요라는 판정을 떠나서 우리는 심리적 안전감이 무엇이고, 어떻게 작동하며, 어떤 유용함이 있는지를 깊숙이 들여다본 것 같습니다.'
'이제 그 못하신 말씀이 무엇인지 꺼내 봐주시죠.'

리더와 심리적 안전감

조직을 보면 볼수록 구성원의 심리적 안전감(psychological safety)이 얼마나 중요한지를 거듭 실감한다. 『Becoming a Leader』 등 30여 권의 리더십 책을 저술한 리더십의 구루, 워렌 베니스(Warren Bennis)는 이미 오래전에 리더의 역할을 '솔직한 문화(Culture of Candor)를 만드는 것'이라고 정의한 바 있다. 오늘날 에이미 에드먼슨(Amy Edmondson) 교수가 역설하고 있는 심리적 안전감과 상통하는 말이다.

솔직한 문화를 만드는 것은 구성원의 자질이 아니다. 리더의 인(어짊)과 겸양하는 태도이다. 솔직함은 리더가 모든 것을 알고 있다는 교만을 덜어낸 때에 나타나는 자연스러운 귀결이다. 이미 공맹 시절에 내놓았던 해법이다. 어진 리더는 구성원이 실수하거나 실패해도 이에 대해 관대한 태도를 보인다. 잘 한 것을 잘 했다고 하는 것은 리더의 어려운 행동이 아니다. 잘 못한 것으로 보이는 일을 저질렀을 때, 이를 어떻게 대하느냐가 리더의 어려운 지점이다. 인은 이때 베푸는 것이다. 이 어짊은 구성원들로 하여금 잘못한 일마저 솔직하게 말할 수 있도록 해준다.

어진 리더의 순기능을 알면서도 여전히 남아있는 리더의 두려움은

1. 구성원들이 잘못에 대한 두려움이 없어지게 되어 일을 제대로 하려는 마음이 안 생기면 어쩌나 하는 것과
2. 겸손함 뒤에 쏟아질, 과도해 보이는 요구사항
3. 그리고 리더의 잘못에 대한 비판이다.

위 세 가지 두려움 모두 리더의 입장에서는 정당하다.

그러므로 이 정당하며 부정적으로 보이는 결과를 막기 위해 미리 억누르다 보니 조직은 솔직함보다는 적당한 침묵의 편리함을 문화로 누적한다. 그래도 좋다면, 침묵하는 조직으로 계속 가면 된다.

침묵하는 조직으로 그냥 두는 것이 바람직하지 않다면 다시 위로 거슬러 올라가서 리더의 인과 겸양을 돌아보아야 한다. 그리고 마지막 목소리의 처리방안을 숙련해야 한다.

1. 1번의 두려움을 극복하고 인과 겸양을 실천하려면

잘못에 대한 처벌이 없는 경우에 사람들이 일을 제대로 하지 않을 것이라는 전제(리더의 신념)에 대해 한 번 더 생각해 보아야 한다. 사람은 누구나 성취를 통해 자부심과 행복감을 느낀다(축구하면서 골을 넣으면 좋아한다). 성취를 잘할 수 있는 방법을 제대로 찾아갈 수 있는 환경에 놓여 있다면 누구라고 열심히 그 길을 찾아가는 데 매진할 것이다.

성취를 잘할 수 있는 방법을 제대로 찾아가는 조직을 피터 센게가 학습 조직이라고 일컬었다. 제대로 학습(원하는 결과를 내는 최선의 방법을 찾는 것)하는 데 솔직하게 자신의 의견(목소리)을 낼 수 없다면 진정한 학습이 아닐 것이다.

성취를 해낼 수 있는 제대로 된 방법을 찾아가는 데 솔직해질 수 있도록 만드는 일에는 리더, 고참, 꼰대의 방해가 침투한다.

'그게 아니고' '내가 해봐서 아는데 말이야.'

인과 겸양을 잃었을 때 나오고 마는 발언이다. 어진 리더는 그 대신 '좀 더 설명해 주시겠어요?' '그렇게 하면 어떤 점이 좋아지는 거죠?'라고 물을 것이다.

2. 과도한 요구사항에 대한 두려움은

실은 요구사항을 처리해야 한다는 부담감에서 오는 두려움이다. 당장 모든 요구사항을 다 들어줄 수 없을 것이라는 예상이 발언조차 가로막는 리더의 행동을 유발한다. 리더가 구성원들에게 다 같이 해결해 보자고 제안하면 된다. 모든 기대사항을 다 꺼내 놓고, 리더십에 관한 것이라면 '내가 지속적으로 개선해 나가겠다.'고 말하면 된다.

조직의 시스템에 관한 것이라면 구성원과 함께 지혜를 모아서 개선된 시스템을 만들어 가면 된다. 개선하려고 했으나, 개선이 어렵다는 것을 알게 되면 그 목소리는 사라질 것이다. 과도한 것은 과도했다는 반성을 할 것이고, 실현되는 것은 실현되는 성취감을 맛보게 될 것이다.

어느 경우도 나쁠 것이 없다. 다루는 과정에 시간, 인력, 예산 등의 자원이 투입되어야 한다. 이 비용이 아깝다고 생각한다면 이 과정을 하지 않고 지내도 좋다. 비용에 비해 효과가 더 높으리라 추정될 때 하면 된다. 이때 리더의 주된 질문은 '우리가 원하는 것들을 어떻게 하면 실제로 얻을 수 있을까요?'이다.

3. 리더의 잘못에 대한 비판을 듣고 싶지 않을 것이다.

리더는 구성원 누구보다도 높은 책임감으로 일한다. 무언가 잘못한다는 비판을 해오면 우선 억울한 마음이 들게 된다. 책임감 있게 최선을 다하고 있는데 왜 자신들의 잘못은 생각하지 않고 리더에게 모든 잘못을 돌리려 하는지에 대해 항변하고 싶어진다. 책임감이 항상 좋은 결과를 내는 것은 아니다. 그리고 조직 모두가 100% 만족할 만한 결과는 항상 없다. 견딜 만한 수준에서 구성원들이 견디고 있는 것이다.

구성원의 요구는 엄마 품과 천국의 수준이다. 그러므로 리더의 역량으로 도달할 수 없다. 여기에 겸양이 자리 잡고 있다. 구성원의 기대 대비 잘못하는 것은 당연하다. 끊임없이 개선해 갈 뿐이다. 그 개선을 위해 목소리가 필요하고, 목소리를 공정하게 다루어가는 과정이 필요하다. 그리고 구성원들과 함께 나름의 최선이라고 생각하는 방법을 찾아 시도하고 다시 바라볼 뿐이다.

'여러분의 또 다른 욕망이 무엇인가요?' '우리가 어떻게 실현해 볼까요?' '제가 더 잘하면 좋은 것이 무엇일까요?'

문제는 결코 해결되지 않는다. 다른 차원의 문제로 삼을 뿐이다. 리더가 일견 무능한 것은 당연하다. 리더는 두려움을 벗고, 자신이 틀릴 수 있다는 당연한 자각에서 시작하면 된다.

질문 깊이 보기

현명한 결정을 안내하는 퍼실리테이터는 결정에 필요한 충분한 정보, 명확한 정보가 필요하다. 그리고 워크숍에서 결정한 것을 실행했을 때 원래 얻고자 하는 것을 얻을 수 있는지에 대한 논리적 검증을 도와야 한다. 이 점에서 퍼실리테이터의 질문은 정보성과 논리성의 향상에 주의 깊은 초점을 맞추고 있어야 한다.

정보성의 향상

세상을 사는 지혜 중에 역지사지만한 것이 없다. 균형 있는 정보를 가지고 현명한 판단을 내리는 데 필요한 과정이다. 항상 듣고 누구나 아는 개념이지만 이를 실제로 실천하기는 어렵다. 나는 나의 생명을 유지하는 일에 먼저 마음을 써야 하기 때문이다. 그리고 그 일을 한시도 게을리할 수 없다.

부분 최적화가 전체 최적화가 되는 것이 아니든 개인의 의견은 때로는 기회주의나 이기주의에 머무르면서 전체 최적화를 이루지 못해 결국 자신에게도 손해로 돌아오는 경험을 많이 하게 된다. 조직에서는 업무분장, 부서 이기주의의 형태로 주로 나타난다.

이때 이를 해결하기 위해 역지사지하라는 행동 원칙을 강조하지만 실제로 만족스럽게 실현되기는 어렵다. 개인을 우선할 수밖에 없는 본성을 거스르지 않으면서 역지사지를 실천할 수 있도록 돕기 위해 퍼실리테이터의 중립과 질문이 필요하다.

한 사람의 중립자에게 질문하는 역할을 부여함으로써 다양한 관점을 테이블에 초대해 역지사지를 실현하도록 돕는 것이다. 구성원들이 각자의 이해관계가 담긴 자신의 발언을 소홀히 하지 않으면서도 타인의 이해관계를 생각할 수 있는 것이 퍼실리테이션 워크숍이 바람직한 결과를 만드는 주요 메커니즘이다.

원통을 위에서 원으로 보고 있는 사람과 옆에서 사각형으로 보고 있는 사람이 만나 서로의 얘기를 하게 하고 그것이 합쳐졌을 때 원통이었음을 발견하도록 돕는 것이다.

'선생님의 생각은 무엇인가요? 어떤 점에서 그렇게 생각하시나요?'

'다른 선생님은 어떤 생각이신가요? 어떤 점에서 그렇죠?'

'또 달리 보는 분이 계시는가요? 선생님은 어떤 측면을 말씀하시는 건가요?'

워크숍은 집단의 일이다. 개개인은 각자의 경험, 지식, 이해관계를 가지고 있다. 퍼실리테이터는 질문을 통해 이를 꺼내놓게 하고, 잘 듣고, 잘 기록해간다. 질문, 경청, 기록의 과정을 통해 참여자들은 더 구체적이고, 더 많고, 더 균형 있는 정보를 만나고 이를 기반으로 보다 현명한 결정에 다다르게 된다. 그 출발이 퍼실리테이터의 질문이다.

논리성의 향상

의견은 어떤 목적을 이루려는 수단을 제시하는 것이다. 대개 인간에게는 행복이라는 지고의 목적end state이 있다.[19] 지고의 목적 아래의 모든 인간 행위는 그 목적을 실현하기 위한 수단으로 작동한다. 그리고 그 수단은 층층의 위계를 지닌다. 하나의 경로를 예로 들면 다음과 같다.

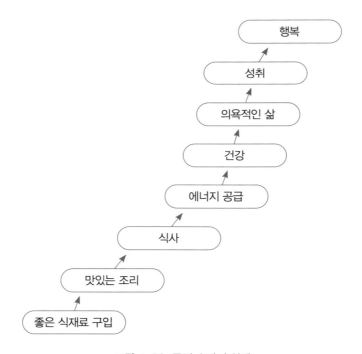

그림 4-23 목적 수단의 위계

---

19 행복이 지고의 목적이 아닌 사람도 있으나, 일반적으로 인간이 추구하는 마지막 단계에는 행복이 놓이는 경우가 대부분이다. 행복 직전의 성취는 생명이 충족되고 있다고 느껴지는 성취일 것이고, 이는 욕망의 실현과 연결된다.

이 표가 보여주듯이 삶은 행복을 향해 연결되어 있다. 그리고 그 아래에 있는 것은 행복이라는 목적의 수단으로써 기능한다. 그리고 행복을 추구하는 인간은 유용한 수단을 발견하여 그것을 의견으로 삼는다. 어떤 의견은 실제로 목적을 달성하는데 적절하지 않은 수단을 염두에 두고 있다. 진짜로 목적에 부합하는 수단으로써 수단성이 옳아야 목적을 달성할 수 있다.

'좋은 식재료를 써야지.'

'좋은 식재료를 쓰면 맛있는 음식이 된다는 것은 옳다.'

'조리를 맛있게 해야 식사를 거르지 않지.'

'맛있는 음식을 하면 식사는 더 잘한다는 것은 옳다.'

'식사를 꼬박꼬박해야지.'

'식사를 거르지 않고 꼬박꼬박하면 에너지 공급에 원활하다는 것은 옳다.'

'에너지가 있어야 의욕이 생기지.'

'의욕이라는 심리적 요인이 적절한 에너지(영양) 공급에 달려있다는 것은 옳다.'

'의욕이 있어야 많은 일을 하지.'

'의욕이 높을 때 일을 많이 하게 된다는 옳다.'

이처럼 우리의 인식체계는 목적과 수단 또는 결과와 원인의 위계로 연달아 구성되어 있다. 그리고 소통을 한다는 것은 바로 이 인식의 체계를 교환하는 것이다. 그런데 대부분의 소통이 이 체계 중에서 일부만을 다루게 되기 때문에 이 전체 구조를 파악하기 어렵다.

리더는 이 전체 구조를 파악할 수 있도록 도와주는 역할을 하는 것이 필요하다. 위와 같이 그려주거나, 일부 구조만을 이야기할 때, 그 전과 후의 구조를 물어봄으로써 가능하다.

각각의 의견은 그래야 행복이라는 목적을 달성한다는 숨겨진 전제를 깔고 있다. 그리하여 의견은 항상 수단의 성격을 지닌다.

생명 유지는 지고의 목적이면서 동시에 수단처럼 느껴지기도 한다. 앞서 말한 것처럼 모든 의견의 정당성이 생명의 유지를 향하고 있다. 그러나 '살아서 무엇하냐?' 또는 '왜 사느냐?'라는 물음은 생명 유지의 차원을 넘는 생명의 고양에 대한 또 하나의 목적의식을 품고 있다는 것을 알 수 있다. 생명 유지와 생명 고양을 합해서 생명 충족이라 말할 수 있다.

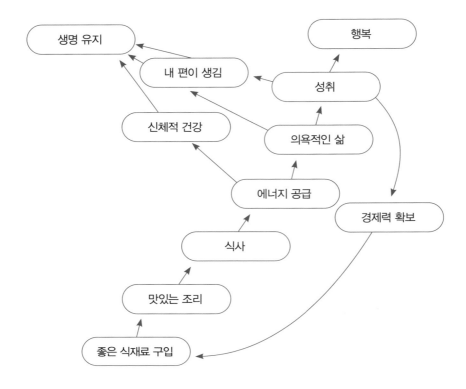

그림 4-24 목적 수단의 위계와 순환성

행복은 생명의 유지뿐만 아니라, 생명의 고양이 함께 실현되는 생명 충족의 감정일 것이다. 빵이 있어야 살지만, 빵만으로 살 수 없다는 말과 같은 맥락이다.

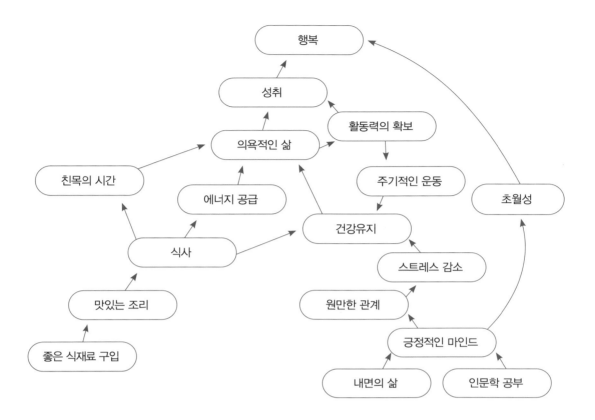

그림 4-25 다중적 목적 수단의 위계와 순환성

조직 속에서의 의견

무리를 지어 살면서 조직의 발전이라는 목적에는 구성원 모두 일치할 수 있지만, 그것을 달성하는 수단이나 방법에서는 의견이 갈리게 된다. '총론은 동의하지만 각론에서는 대립한다.'는 말이나 '악마는 디테일에 있다.'는 말이 이를 대변하고 있다. 조직의 목적이 개인의 목적과 일치하려면, 조직의 목적 달성이 개인의 생명 유지에 도움이 되어야 한다. 그렇지 않다면 개인의 목적과 조직의 목적이 일치하지 않는다. 조직의 근본적인 문제라고 일컬어지는 개인 목적과 조직 목적의 불일치는 실은 본질적이지 않다. 개인이 자신의 생명 유지를 보다 효과적으로 실현하기 위해 조직을 만들었을 것이기 때문에 두 개의 목적은 근원에서 일치한다.

이미 만들어진 조직에 개인이 구성원으로 참여하는 경우에도, 조직의 목적이 선언되어 있고 그것을 확인한 후 참여한 것이라면 두 목적은 일치한다. 그럼에도 불구하고 불일치한다고 일컬어지는 이유는 단기적으로 불일치하거나 목적을 실현하는 수단에서 이견이 생기는 불일치를 발견하기 때문이다. 이를 해결하는 것이 리더십이고 퍼실리테이션이다.

조직에서 새로운 프로젝트를 추진하려는 움직임이 있다고 하자. 환경의 변화에 맞추어 조직이 보다 높은 생명력을 유지하고 조직의 생명을 고양하기 위해 새로운 프로젝트가 도움이 될 수 있다. 그리고 조직의 생명이 잘 유지되고 향상되는 것은 구성원에게도 도움 되는 일일 것이다. 그러나 단기적으로 일이 많아져서 힘이 들 수 있다. 또 조만간 퇴직을 앞둔 사람에게 조직의 유지는 큰 의미가 되지 않는다.

또 사람이 훌륭하면 주변의 지지가 많아져서 삶이 풍요로워진다. 지지가 많다는 것은 어려운 상황에서 도움을 얻기 쉽다는 것이며 이는 생명 유지에 도움이 된다. 조직도 비슷하다. 조직의 새로운 프로젝트가 조직 외부로부터 지지받을 때 그 조직은 발전한다. 그리고 조직의 발전은 개인의 발전으로 이어질 가능성이 높다. 이 경우에 조직의 발전이 조직 내의 어떤 특정 집단이나 개인의 도움으로만 이어진다면, 다른 구성원에게는 조직의 목적과 개인의 목적이 일치하지 않는다는 경험을 하게 될 것이다.

그러므로 조직은 조직 발전의 혜택이 구성원에게 공정하게 분배되도록 끊임없는 노력을 기울여야 한다. 이 노력은 역시 구성원의 의견을 듣고 반영하는 것이다. 구성원의 의견으로 조직을 움직여 나감으로써 개인의 목적과 조직의 목적을 온전하게 일치시킬 수 있다.

개인 목적에 위계가 있는 것처럼 조직의 목적에도 위계가 있다. 퍼실리테이터는 질문을 통해 이런 체계도가 그려지도록 돕는다.

'우리의 가장 큰 목적은 무엇인가요?'

'그 목적이 추구하는 것은 무엇일까요?'

'무엇을 하면 그 목적을 실현할 수 있나요?'

'또 무엇이 필요할까요?'

논리적 구조를 만들어 가는 가장 기본이 되는 두 개의 질문이 있다.

- 결과 또는 목적을 물을 때 – 무엇이 좋아지나요?
- 원인 또는 수단을 물을 때 – 무엇이 필요한가요?

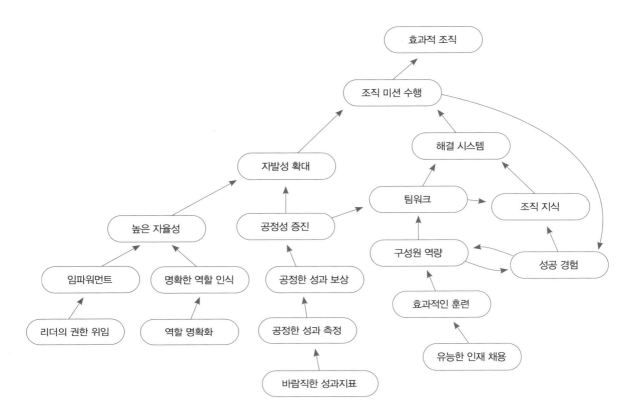

그림 4-26 조직에서의 목적과 수단 위계

질문에 대한 대답을 벽면에 적고 원인과 결과, 수단과 목적을 연결할 수 있도록 지원하면 참여자들은 위와 같은 그림을 만나게 된다. 그 과정에서 자신이 가지고 있던 멘탈 모델의 논리성이 향상된다. 그리고 다른 참여자의 시각을 만나게 됨으로써 생각을 보완하는 경험을 하게 된다.

모두가 동의하는 그림을 그려냈을 때 조직 또는 집단이 원하는 목적이 무엇이고 그것을 위해 무엇을 먼저 시작하면 좋을지가 뚜렷해진다. 그 일을 수행할 동기가 높아진다.

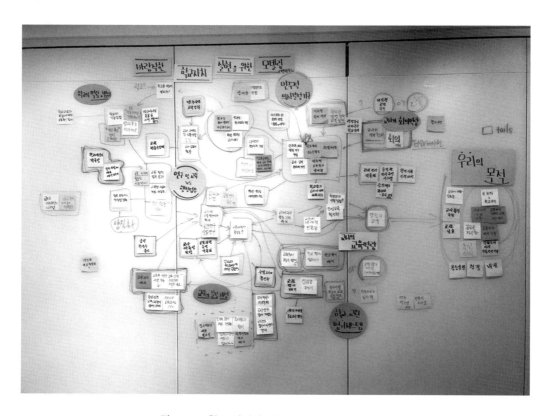

그림 4-27 학교 자치의 인과 관계를 모델링한 결과물

해법성의 향상

조직 내의 언어에는 불평, 불만이 많다. 원망과 남 탓도 많다. 이를 얼핏 보면 구성원의 부족하고 한심한 모습을 증명하고 있는 듯하다. 그렇다면 불평, 불만이 많은 구성원을 한심하다며 바라보는 것은 또 어떤가? 잘못된 것에 대해 불평하는 것은 불평이라 안 되고, 불평이 많다며 한심하다고 불평하는 것은 괜찮은 것인가? 둘 다 잘 해보고자 하기 때문이다. 즉, 불평도 저항도 긍정성이 그 안에 내포되어 있음을 발견한다.

사람들이 긍정적인 해법을 찾아가기 전에 먼저 드러내 보이는 것은 불평, 원망과 같은 부정적인 모습이다. 이를 한심하게 보고 부정적으로 보게 되면 훈계, 정신 교육, 치료적 접근을 하게 된다. 또는 강한 규칙을 만들어 행동 하나하나를 통제하는 관리방식을 선택하게 된다.

인간의 긍정적인 면을 볼 줄 아는 퍼실리테이터의 방법은 다르다. 질문으로 구성원 또는 참여자에게 내재된 긍정성을 끌어내 준다.

'리더가 문제예요.'

'조직 문화가 문제예요.'

'MZ세대가 문제예요.'

'영업부서가 문제예요.'

'기술부서가 문제예요.'

'정부 정책이 문제예요.'

'사람들이 자기밖에 몰라서 문제예요.'

모두 불평불만으로 들리는 발언들이다. 불만이 생기는 것은 바람직한 기대치가 있기 때문이다. 더 좋아지고 싶다는 욕망은 인간으로서나 조직의 구성원으로서 긍정적인 측면이다.

'리더의 어떤 점을 말씀하시나요? 어떻게 하면 그 점을 바꿔 갈 수 있을까요?'

…

'사람들이 자기밖에 모른다고 느낄 때는 언제인가요? 그때 우리가 해볼 수 있는 것
은 무엇일까요?'

불만이나 불평의 내용을 구체화하고 그 불편을 해결하는 방법이 무엇인지를 찾아가는 질문을 던지면 좋다. 만약 '리더를 바꿔야죠.'와 같은 실현하기 어려워 보이는 대답이 돌아오는 경우에도 당황할 필요가 없다. 이 의견 역시 동등하게 귀중한 의견이다.

'어떻게 하면 리더를 바꿀 수 있을까요?'

'알아서 나가야죠.'

'알아서 나가게 하는 데 있어 우리가 해볼 수 있는 것은 무엇일까요?'

'…'

사람들은 회의가 불만일 때 회의를 없애는 방법을 찾고, 저성과자가 있을 때 저성과자를 내보내는 방법을 찾고, 다른 부서와 대화가 잘 안 되면 대화하지 않는 방법을 우선 떠올린다. 이 우선 떠올린 방법이 기대하는 효과를 낼 것이라면 그렇게 하는 것이 맞다. 그러나 대부분의 경우에 제거하는 것으로 효과를 내지 못한다. 일하는 방법을 개선하는 것에서 해법이 나

오는 경우가 더 많다. 퍼실리테이터는 참여자들이 최선이라고 여기는 방법에 다다르도록 해법성을 높이는 질문을 던지는 사람이다.

질문 프레임 활용하기

질문을 잘하려면, 철학과 이론의 바탕이 견고해야 하는 것은 맞다. 하지만 철학과 이론은 공부해야 하는 양이 방대하고, 어느 정도 공부를 했다고 하더라도 실제로 현장에서 어떤 상황에 어떤 질문을 해야 하는지가 막막하게 느껴진다. 이때 사용할 수 있는 것이 질문 프레임이다. 이 질문 프레임은 흔히 도구라고 부르기도 한다. 이런 점에서 프레임 도구는 곧 질문이기도 하다.

철학과 인간관의 측면에서 퍼실리테이터는 아래와 같은 질문을 늘 마음에 품고 필요한 경우 이에 관한 답을 줄 수 있는 철학자들을 만나면 좋을 것이다.

- 질문이 무엇인가?
- 질문이 사람 또는 집단에 정말 도움이 되는 것인가?
- 사람들은 정말 답을 가지고 있는가?
- 인간은 협력하는 존재인가?

퍼실리테이터 역시 한 인간으로서 자신의 옳음 축적해 꼰대가 되어가는 경향을 지내게 된다. 이 꼰대화 경향이라는 강력한 힘을 거스르려면 위 질문에 대한 답을 찾아가는 철학의 시간이 필요하다. 그리하여 퍼실리테이션을 한다고 해놓고 실은 유도, 조작, 강요를 해가는 변질을 막아내는 지혜를 길러가야 한다.

이론은 상황을 해석하는 눈이다. 많은 이론을 공부한 사람이라면 회의에서 벌어지고 있는 다양한 상황을 보다 명확하게 해석할 수 있게 된다. 참여자들이 침묵할 때, 참여자들의 의견이 피상적일 때, 해법을 잘 찾아내지 못하고 있을 때, 빨리 끝내달라고 할 때, 결정한 것이 번복될 때, 결정은 했으나 실행이 되지 않을 때 등 회의나 워크숍과 관련해 벌어지는 상황은 천차만별이다.

- 참여자가 바라보는 상황은 어떤 상황인가?

- 지금 참여자들이 회의에서 겪고 있는 상황은 무엇인가?
- 어떤 질문이 효과적인가?
- 자신이 낸 아이디어에 책임감을 느끼는가?

이처럼 근본적인 철학적 이론적 질문을 스스로에게 던짐으로써 퍼실리테이터의 질문 스킬은 향상된다. 이는 장기적으로 퍼실리테이터에게 꼭 필요한 습관이다.

질문 프레임은 좀 더 단기적이고 직접 사용할 수 있는 방법으로, 몇 개의 질문을 묶어 기억하고 이를 워크숍에 적용하는 방법이다.

- 특정한 상황에서 사용할 수 있는 질문의 묶음은 무엇인가?
- 이 상황을 개선할 가장 핵심이 되는 질문 몇 가지는 무엇일까?
- 어떤 상황에서 어떤 질문 프레임을 사용하는 것이 좋을까?
- 질문 프레임에 있는 질문 외에 또 어떤 질문을 사용해야 할까?

상황에 잘 들어맞는 좋은 질문을 하기 위해서는 위의 질문에 대해 퍼실리테이터가 충분한 답을 가지고 있어야 한다. 누구도 당장 충분한 답을 가지고 있지 못한 상황에서는 어떻게 해야 할까? 이때는 전문가가 만들어 놓은 질문 프레임을 사용하는 것이 효율적이다.

분석형 질문 프레임

(이분 질문)

인간의 합리성은 어떤 것과 그 외의 것을 구분하는 데서 비롯된다. 즉, 세상을 기본적으로 둘로 나누어 보는 것이다. 어렸을 때부터 흔히 사용하던 프레임이다. 실은 위 SWOT 프레임 역시 이 이분 질문 두 개를 묶어 놓은 것에 불과하다.

- 그 일의 좋은 점(장점)은 무엇인가요?
- 그 일의 안 좋은 점(단점)은 무엇인가요?

- 우리에게 필요한 것은 무엇인가요?
- 그들에게 필요한 것은 무엇인가요?

- 우리가 시도할 것은 무엇인가요?
- 우리가 하지 말아야 할 것은 무엇인가요?

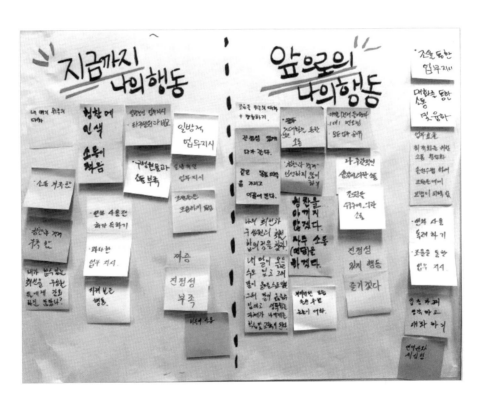

그림 4-28

이분 질문의 적용 사례(역장 분석)

역장 분석은 어떤 목적을 달성하는 데 있어 긍정적인 힘(도와주는 힘)과 부정적인 힘(방해하는 힘)이 어떤 것들이 있으며 그것들의 상대적인 크기는 어떤지를 알 수 있게 해주는 도구이다. 미국 MIT 대학교 쿠르트 레빈 교수가 처음 고안한 이 틀은 사회과학, 사회심리학, 조직 개발, 변화 관리 등에 지대한 공헌을 했다.

유명한 많은 도구가 그렇듯이 이 도구도 매우 간단해서 사용하기 쉬우면서도 강력하다는 장점을 가지고 있다. 시각화를 통해 한눈에 알아볼 수 있도록 표현하면 목적을 달성을 위해 무엇을 해야 하는지 쉽게 알 수 있는 점이 특징이다. 일반적으로 화살표로 표시되는 힘의 크기를 도트 스티커의 양으로 시각화한 것이 위 그림에서 보여주는 사례의 특징이다. 위 사례를 중심으로 사용 방법을 설명하겠다.

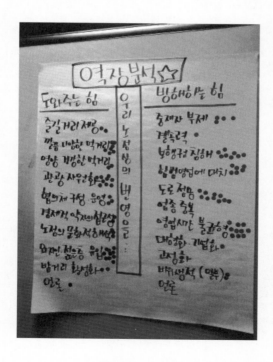

그림 4-29 역장분석

1. 상황

노점상들은 현재 도로를 불법으로 점용하고 있어 민원을 야기하고 있으며 시에서는 이 불법적인 상황을 해결하기 위해 철거를 통보했지만 노점상의 생계 대책이 없는 상황에서 집단 반발의 우려도 함께 있으므로 가능한 한 상생의 길을 모색해 보기로 하고 노점상으로 하여금 상생 발전할 수 있는 아이디어를 건의하도록 하고 있다.

2. 워크숍 참여 인원

18명

3. 소요 시간

1시간 정도

4. 진행 절차

- 차트를 그린다. 추진하고자 하는 목적이 무엇인지 알아보기 쉽게 차트에 적어 놓는다.
- 도움 되게 하는 힘은 어떤 것들이 있을까요? 질문한다.
- 포스트잇에 적어내게 한다.
- 방해하는 힘에는 어떤 것이 있을까요? 질문한다.
- 포스트잇에 적어내게 한다.
- 적어낸 포스트잇을 잘 보이도록 전면에 붙인다.
- 아이디어가 충분히 나왔다고 여겨지면 분류와 정리 작업을 한다.
- 가장 적합하다고 생각하는 아이디어 10개씩 고른다.
- 차트에 옮겨 적는다.
- 어느 것이 가장 영향력이 크다고 생각하는지 참여자들에게 투표하게 한다.(multi-voting 방법 참조)
- 결과를 공유하고 시사점에 관해 이야기를 나눈다.

5. 주의사항

이 방법으로 시행한 역장 분석의 결과는 참여자들의 직관에 의존하고 있기 때문에 엄밀한 분석 결과와 다를 수 있음을 인식해야 한다. 실행안 또는 추진계획을 만들 때 이 분석의 결과가 반영되도록 기회를 제공한다.

- 그 일의 좋은 점은 무엇인가요?
- 그 일의 안 좋은 점은 무엇인가요?

- 판단을 내리기 어려운 것은 무엇인가요?
- 우리에게 필요한 것은 무엇인가요?
- 그들에게 필요한 것은 무엇인가요?
- 어느 쪽도 필요 없는 것은 무엇인가요?

- 우리가 시도할 것은 무엇인가요?
- 우리가 하지 말아야 할 것은 무엇인가요?
- 이미 시도한 것은 무엇인가요?

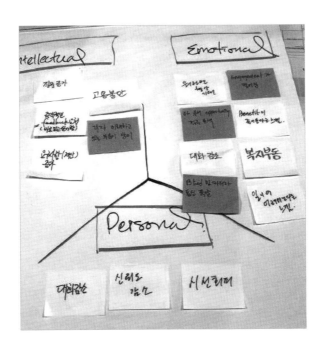

그림 4-30

경제학에서 다루는 재화의 유형은 SWOT, Boston Matrix와 함께 가장 유명한 사분 프레임의 하나이다. 이는 경합성 유무와 배제성의 유무라는 이분적 지표를 교차해 배치한 프레임이다. 이 프레임도 실제를 사용할 때는 각 사분면에 대한 질문을 던지고 그에 대한 답을 찾게된다.

- 우리가 알고 있는 재화 중에서 내가 소비하면 타인이 동시에 소비할 수 없는 것(배제성)은 무엇인가요?
- 우리가 알고 있는 재화 중에서 내가 소비하더라도 타인 역시 동시에 소비할 수 있는 것(비배제성)에는 무엇이 있나요?
- 우리가 알고 있는 재화 중에서 내가 소비할 때 재화의 양이 줄어드는 것(경합성)에는 무엇이 있나요?
- 우리가 알고 있는 재화 중에서 내가 소비하더라도 재화의 양이 줄어들지 않는 것(경합성)은 무엇인가요?

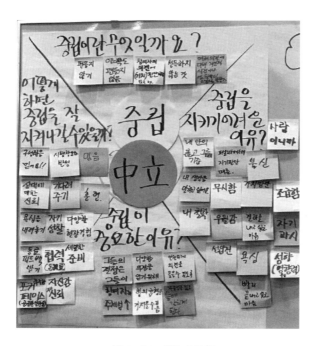

그림 4-31 재화의 유형

자유토론에서의 질문

자유토론은 퍼실리테이터서 구조화되지 않은 질문을 즉흥적으로 이어가면서 참여자들이 결론에 합의할 수 있도록 돕는 방법이다. 즉흥적이지만 당시의 논점을 간파하고 논의에 진전을 이루어가는 질문을 던져야 하므로 고도의 지식, 순발력, 교감 스킬을 보유해야 가능하다.

이런 점에서 자유토론의 진행은 퍼실리테이션 회의의 백미이다. 논의의 진행 과정을 구조화해 마치 공장에서 원하는 제품이 마지막에 일관되게 산출되도록 진행하는 회의도 가능하다. 그러나 이러한 방식은 조금만 상황이 바뀌어도 기대한 결과를 만들 수 없게 된다. 잘 설계된 표준형 회의를 기계적으로 적용하는 경우가 이에 해당한다.

앞서 열거했던 강점 탐색AI, Appreciated Inquiry, 디자인 씽킹Design Thinking, 명목집단법NGT, Nominal Group Technology, 오픈스페이스기법OST, Open Space Technology, 워크아웃Work-Out, 월드카페World Cafe와 같은 기법은 일정한 표준형 설계를 포함하고 있다. 어떤 경우에는 매끄러운 회의가 이어지면서 원하던 결과물이 잘 만들어진다. 때로는 왜 이런 회의를 하는가 싶은 회의감이 밀려온다. 같은 기법을 적용하더라도 큰 차이가 생기는 것이다.

여기에는 퍼실리테이터의 질문 역량이 크게 작동한다. 아무리 좋은 피아노라고 하더라도 연주자에 따라 음악이 크게 달라지는 것과 같다. 최고의 연주자는 무엇이 다를까? 같은 악보를 놓고 치더라도 건반을 누르는 세기의 조절, 한 음과 다음 음 사이의 미묘한 간격의 차이가 최고의 연주를 만들어 내는 것이다. 연주자가 악보에 갇혀 있지만 그 안에서의 자유를 발휘하면서 최고의 연주가 만들어지는 것이다. 그리고 그 음악에 청중은 감동한다.

위의 기법은 타인이 작곡해 놓은 악보와 같은 것이다. 준수해야 하는 명령이 있지만, 그 명령을 지키는 것이 목적이 아니다. 그 음악을 작곡한 본연의 목적인 청중을 감동시키는 목적을 알아채고 그것을 재현하는 것이다. 그러므로 기법을 따라가되 기법의 행간에 놓인 자유를 실현해야 한다. 그것이 자유토론이다.

회의는 구성원이 가지고 있는 진리를 확인하고 동원해 집단의 진리에 도달하기 위한 모임이다. 틀에 박힌 경직된 회의에서 진리는 잘 작동하지 않는다. 구성원들은 이미 자신들이 축적한 정보와 지식을 사용하는 동시에, 회의 과정에서 제기되는 의견과 정보를 또한 쉴 새 없이 수집해 사용한다. 이 과정은 기성의 기법이 온전하게 예상해 설계에 반영해 놓을 수 없다. 연주자처럼 퍼실리테이터가 현장에서 강약과 호흡을 조절해야 한다. 그것이 자유토론이다.

정보와 의견은 물질과 다르다. 공장에서 처리하는 물질은 객관적이고 개량적이고 균질성을 지니고 있지만, 사람의 두뇌 작용의 결과인 의견은 시시각각 변화무쌍한 특징을 가지고 있다. 그러므로 변화무쌍한 의견의 변화를 다루는 데는 그 변화를 담는 느슨한 구조가 필요한 것이다.

자유토론은 다중의 열린 대화에 의한 합의 결정을 말한다. 회의의 진행 순서와 사용하는 도구로 구조화하지 않고 자유로운 의견 개진, 경합, 진전을 통해 결론에 도달하게 하는 방식이다. 주로 사용하는 질문은 다음과 같은 것들이다.

'이것부터 다루어 보겠습니다. 누가 먼저 말씀해 주시겠습니까?'

'선생님은 어떤 의견이신가요?'

'두 분 의견의 공통점은 무엇인가요?'

'몇 가지 점에서 의견 차이가 있는 것 같습니다. 어떻게 하면 좋을까요?'

'어느 것이 더 좋은가요? 왜 그렇죠?'

'선뜻 동의가 되지 않는다면, 어떤 점이 걱정되는 걸까요?'

'둘 다 마음에 들지 않는다면 어떤 대안이 가능할까요?'

'지금까지 논의한 대안을 능가하는 또 다른 대안은 아직 없는 것 같습니다. 어떻게 할까요?'

자유토론은 워크숍 프로세스 전체에 적용해 진행할 수도 있고, 각 기법의 세부 논의 과정에 적용할 수도 있다. 자유토론이 조금도 없는 회의는 없다. 지나치게 설계된 회의 구조에 얽매이고 있는 것은 아닌지, 반대로 구조가 없이 회의가 산으로 가도록 방치하고 있는 것은 아닌지 퍼실리테이터는 항상 살펴야 한다. 자유토론을 잘 이끄는 능력을 바탕에 깔고 있을 때 도구와 기법의 사용이 자연스러워진다.

쿠의 인생 질문

내가 오랜 워크숍 경험을 통해 얻은 최고의 인생 질문은 다음 5가지이다. 실제로 워크숍에서 가장 골격이 되는 질문으로 사용하고 있다.

- 문제를 정의할 때 – 무슨 일이 있었나요?
- 무엇을 하자고 할 때 – 그렇게 하면 무엇이 좋아지나요?
- 무엇을 말자고 할 때 – 그렇게 한다면 무엇이 걱정되나요?
- 난감한 상황일 때 – 그 문제를 해결하는 방법이 뭘까요?
- 결론을 확인할 때 – 이것으로 충분한가요?

질문 스킬을 향상하는 방법

세상은 지금까지 알고 있던 것을 버릴 줄 아는 폐기학습unlearning 능력을 요구한다. 이 역시 일찍이 피터 드러커나 앨빈 토플러와 같은 대가들이 강조해왔다. 쉽게 말하면 꼰대로부터 벗어나라는 의미이다. 다음은 폐기학습을 실천하는 방법이다.

- 자신의 생각을 관철하려는 의지를 버린다.
- 타인의 질문 예시를 따라 한다.
- 질문 프레임을 따라 한다.
- 닫힌 질문을 하는 자기를 인식한다.
- 내가 모르는 것 중 상대가 알고 있는 것이 있다는 엄연한 진실을 상기한다.
- 학술적 결과물로써의 이론을 공부한다.
- 인간의 존엄성을 깨닫는다.
- 진짜로 물어본다.

좋은 질문의 황금률은 진짜로 물어보는 것이다. 질문은 정보를 구하는 행위다. 대부분 질문이 잘 작동하지 않는 경우는 질문하지 않고 의문문을 사용한 것뿐인 경우이다. 형식적으로는 의문문을 사용했으니 질문할 것처럼 보이지만, 실은 훈계, 조언, 지시, 설득, 당부를 한 경우이다. '몇 시인데 지금 온 거야?' 진짜로 몇 시인지를 물어보는 것이 아니라 늦게 온 것을 책망하고 있다. 질문을 빙자한 의문문이다.

사람은 생각하고 결정하고 실행한다. 집단도 생각하고 결정하고 실행한다. 이때 개인과 집단이 다른 것은 커뮤니케이션을 통해 사람과 사람 사이의 생각을 이어갈 수 있어야 집단이 효과적으로 사고할 수 있게 된다는 것이다. 그러므로 개인이 조용히 혼자 생각하는 것에 머물러서는 집단이 일을 할 수 없다. 정보를 가진 것은 개인이며 이를 밖으로 꺼내 놓는 행위가 있어야 비로소 이를 집단이 다룰 수 있는 상태가 된다.

이를 달리 표현하면 정보원(사람) 안에 존재하고 있던 정보를 처리가 가능한 정보 자원(표현된 정보)으로 발굴하는 것이라고 할 수 있다. 이 변환을 시도하는 가장 주요한 방법이 질문이다. 질문은 정보를 구하는 행위이다.

사람들은 공연히 자신이 가진 정보를 표현하지 않는다. 그럴만한 동기가 있어야 표출한다. 그 동기를 부여하는 퍼실리테이터의 개입이 질문이다. 그러므로 발언할 동기가 생기는 질문이 효과적인 질문이며, 말하기 싫어지도록 시도한 질문은 실패한 질문이 된다.

동기의 일반적인 키워드는 이득이다. 자신의 발언이 가져올 결과가 자신이 원하는 것과 일치할 경우에 발언하게 된다는 의미이다. 원하는 것, 이득은 생명과 연결되어 있다는 점을 앞서 살펴본 바 있다. 그러므로 좋은 질문은 발언자가 이득을 추구하는 과정을 돕는 것이어야 한다. 상대방의 생명을 지켜주고 고양하는 일이다.

진짜로 물어보는 것은 이 이득 추구의 가장 훌륭한 시도이다. 진짜로 물어본다는 것은 그 사람에게 답이 있다고 생각하는 것이다. 그가 답을 가진 훌륭한 사람이라는 존중과 인정이 담겨 있는 것이다. 질문은 상대방을 인정하는 가장 현명한 방법이다.

- 어떤 것을 기대하시나요? – 목적하는 인간(어떤 기대이든 정당하다는 존중)
- 어떤 시도를 해보셨나요? – 긍정하는 인간(당신이 시도한 것의 선의에 대한 인정)
- 가장 성공적이었던 기억을 말씀해 주세요. – 자랑하는 인간(성공한 것에 대한 인정)
- 그것이 좋은 점은 무엇인가요? – 이기적인 인간(자기만을 위한 의견이었더라도 존중)
- 가장 인상적인 것은 무엇인가요? – 주도적인 인간(당신에게 인상적인 것은 우리에게도 중요하다는 존중)
- 오늘 새롭게 알게 된 것은 무엇인가요? 학습하는 인간(지적인 사람이라는 인정)

상대에 대한 존중과 인정이라는 인간관이나 철학이 있어야 좋은 질문이 만들어짐을 잘 보여주는 예시이다.

꼰대 벗어나기

앞서 이야기했듯이 꼰대란 옳다고 생각하는 것을 오랫동안 성실하게 축적해 그 옳음을 책임감 있게 실현하려는 사람이다. 사람들은 옳다고 생각하는 것과 그르다고 생각하는 것 중에서 항상 옳은 쪽을 받아들인다. 실은 옳은 것인지 아닌지는 확실치 않지만, 옳다고 생각하는 것을 받아들였기 때문에 그 옳음에 기반해 행동한다. 사람들은 오랫동안 그렇게 살아왔기 때문에 머릿속에는 옳다고 생각하는 것들로 가득 차 있다. 그리고 옳은 것은 실현하는 데 옳다는 의미이기 때문에 자신의 생각 속에 옳음을 책임감 있게 실현한다.

그 실현을 마주하는 상대방은 그가 꼰대처럼 느껴진다. 꼰대에서 벗어나는 방법은 질문하는 것이다. 질문을 통해 기존의 가지 신념을 옳지 않을 수 있는 증거를 찾아보는 것이다. 이 점에 있어서는 나이와 세대를 달리하지 않는다. 누구라도 자신의 옳음에 갇혀 있다면 꼰대가 된다. 열린 마음이란 바로, 자신이 옳다고 생각한 것을 틀릴 수 있다는 것에 열어두는 것을 말한다.

📙 경청 스킬

경청은 타인의 말을 귀기울여 듣는 것이다. 자신의 생각과 같은 말을 듣는 것은 쉽다. 어렵지만 제대로 된 경청이란 자신이 옳다고 생각하는 것과 다르게 주장하는 것에 대해 받아들이는 것이다. 받아들인다는 것은 자신이 믿고 있던 것을 수정하는 것이다. 자신의 것을 버리고 타인의 것으로 대체하는 것이다. 자신의 믿음을 버리는 죽음을 맛보고 타인의 믿음을 살리는 살신성인의 실천이다. 그래서 어렵다.

영화 〈두 신부〉에서 '타협이 아니라 변화다.'라고 주장하는 대사가 나온다. 한 보수적인 교황이 다른 추기경(차기 교황)과의 대화를 통해서 자신이 가지고 있던 신념을 버려가는 내면의 갈등을 그려낸 부분이다. 다른 진보적인 추기경 역시 교황과의 대화를 통해 자기 신념의 폐기를 경험한다. 그리고 이 과정이 '타협'이 아닌 '변화'임을 주장한다.

타협은 자신의 신념을 버리지 않았지만 현실적인 상황에 대응하기 위해 대립하던 신념에 거짓으로 동의하는 것이다. 변화는 자신이 옳다고 받아들였던 하나의 신념을 버리고 대립하던 신념으로 대체하여 받아들이는 것이다. 옳다고 받아들였던 어떤 신념에 변화가 생긴 것이다. 이는 학습이며, 재탄생이며, 살신성인이며, 진정한 경청이다.

경청에는 수준이 있다.

- 발언자의 소리를 듣는 것(물리적 경청)
- 발언자의 의미를 듣는 것(정보적 경청)
- 발언자의 처지를 듣는 것(능동적 경청)
- 발언자의 심정을 듣는 것(공감적 경청)
- 발언자의 신념을 받아들이는 것(학습적 경청)

퍼실리테이터는 이 다섯 가지의 경청 수준을 염두에 두면서 어떤 경청을 시도하고 어떤 경청을 도울지를 판단해 가면 좋다. 또 한 가지 염두에 두어야 할 것은 퍼실리테이터의 경청은 당사자 경청과 다르다는 점이다. 퍼실리테이터는 참여자의 발언에 경청하고, 그 경청의 결과를 다른 참여자 역시 잘 들을 수 있도록 돕는 역할을 한다. 기록하거나 발언을 반복해준다.

나아가 참여자 스스로 자신과의 대화를 이어갈 수 있도록 상황을 파악하고 위에서 배운 질문 스킬을 적절하게 사용하게 된다. 당사자(참여자)들이 대화에 몰입해 있는 경우 퍼실리테이터는 다음 네 가지 종류의 듣기를 수행한다.

- 발언 듣기: 참여자가 발언하고 있는 내용에 포함된 사실, 요구, 진리, 전제를 파악하는 것
- 상황 듣기: 구성원들이 발언하고 있는 전체의 모습에 나타나고 있는 경향, 분위기, 에너지 등을 알아보는 것
- 진도 듣기: 계획한 시간에 계획한 목적을 이루기에 적절한 속도와 결과물을 내고 있는지를 파악하는 것
- 낌새 듣기: 발언하고 있지는 않지만 표정, 자세 등에서 보이는 신호를 감지하는 것

이와 같은 종합적인 듣기를 통해 패배주의, 냉소주의, 비난하기, 회피적 태도, 공격적 발언, 진행 방해 등과 같은 워크숍에 부정적인 기류를 신속하게 파악할 수 있다. 이런 부정적인 기류가 있을 때, 퍼실리테이터는 '구성원들은 항상 최선을 다하고 있다.'거나, '모든 의견은 동등하게 귀중하다.'라는 관점을 더욱 공고하게 견지하는 것이 중요하다. 그렇지 않으면 이런 부정적인 기류는 퍼실리테이터로 하여금 조작, 정신 교육, 훈계적 접근으로 변질되도록 하는 강력한 힘으로 작동한다.

듣기와 보기

듣는 것은 물리적으로 청각 신호를 받아들이는 것이고, 보는 것은 물리적으로 시각 신호를 받아들이는 것이다. 두 가지가 서로 다른 감각 경로를 통해 들어오지만 지각과 해석의 단계에서는 어떤 의미로 받아들여지고 처리된다. 끝없는 의미체계, 신념체계를 수정해가는 것을 의미한다. 이 과정을 합쳐서 경청이라는 하나의 개념으로 사용한다. 그리고 그 처리의 결과는 결국 연속되는 결정에 사용한다. 추정해보면 보는 것에는 별로 걸림이 없어서 애써 노력하지 않아도 머릿속으로 쏙쏙 잘 들어온다. 아마도 시각 정보에는 경쟁자의 이익, 해석, 의미(옳고 그름, 유용성)가 직접 담겨 있지 않을 때문일 것이다.

반대로 듣는 것은 많이 거슬린다. 말은 사람에게서 나온 것이어서 상대방은 잠재적 경쟁자이며 사람의 주관적 해석을 담고 있으므로 진위를 판단하려는 충동이 작동한다. 그래서 애써 들으려고 노력해야 한다. 자비가 필요하다.

듣는다는 것은 배운다는 것

듣는다는 것의 가장 높은 경지는 상대방으로부터 배우는 것이다. 들어주는 것이 아니다. 니체가 관찰했듯이, 누구라도 상대방과 같은 자리에 동시에 서 있지 못한다. 그래서 그의 도움 없이 그의 관점에서 그가 보는 것을 온전히 볼 수 없다. 그러므로 상대방이 보는 것을 알려면, 그리하여 자신이 보지 못하는 것을 보충하려면 그가 말하는 것을 배우듯이 들어야 한다.

경청이 배움의 길임에도 불구하고 실제 삶에서 실현해내는 것은 어렵다. 배우기보다는 가르치는 시도가 앞선다. 대화 당사자 두 사람 모두 자신의 관점을 전달하기 바쁘다. 그러므로 듣는 것을 대화 당사자에게 맡겨두면 대체로 듣기보다는 말하기에 급급하다. 말하는 것의 내용은 상대를 가르치거나 자신을 뽐내는 것으로 채워진다.

그래서 당사자들 사이의 대화는 진전을 이루기 어렵다. 부부, 부모와 자식, 동료와 동료, 리더와 멤버 사이의 대화가 속 시원하지 못한 상태로 계속 반복된다. 퍼실리테이터는 참여자가 자신의 지식과 자랑을 충분히 말하는 동시에 다른 참여자의 지식과 자랑도 열린 마음으로 듣고 배울 수 있도록 돕는 사람이다.

'우리 모두 공유하면 좋은 지혜를 하나씩 적어주세요.'

'그동안 행한 일 중에서 가장 자랑스러웠던 것은 무엇인가요?'

두 당사자의 대화도 진전을 이루기 어렵지만, 여러 당사자의 대화는 더욱 그렇다. 사람들이 회의를 싫어하게 된 이유다. 진전이 없는 회의를 싫어하는 것이다. 이 문제를 해결하는 방법이 제삼자로서 퍼실리테이터를 두는 것이다. 대화의 내용 당사자가 아니라 대화의 진행에 집중하는 퍼실리테이터는 대화 당사자 간의 발언과 의견을 중립적으로 경청하기에 좋다. 자신의 견해와 다르더라도 직접 방어하거나 자신의 의견을 관철할 절실함이 없다. 퍼실리테이터는 당사자로서 자신의 옳음이나 이익을 주장해 얻어낼 목표를 두고 있지 않다. 참여자들이 서로 잘 말하고 또한 그들이 듣도록 도우면 그만이다. 듣는다는 것은 지금까지 가지고 있던 신념을 바꿀 새로운 증거를 찾는 일이다.

A가 자신의 신념을 바탕으로 다음과 같이 주장한다.

'사람들에게 잘해 주면 다른 사람들이 널 이용해 먹으니 잘해줄 필요가 없어.'

역시 자신의 신념을 바탕으로 다음과 같이 주장한다.

'심지어 내게 잘 못 대하는 사람에게도 내가 먼저 잘 대해 줘야 상대방도 나에게 잘 대해 주게 될 거라고 생각해.'

두 사람의 주장은 서로 대립적으로 보이지만, 둘 다 일말의 진리를 품고 있다. 당사자끼리의 대화에서는 처음 주장한 자신의 신념을 지키는 일에 충실하게 된다. 삶의 경험에서 성실하게 터득한 지혜이기 때문에 상대방에게 잘 전달하고 상대방도 자신과 같은 생각을 품고 살아가기를 기대한다. 진리의 추구자이며, 진리의 전파자인 것이다. 상대방도 마찬가지다. 둘다 진리를 추구하는 바람직한 태도를 지녔고, 둘 다 진리는 전파하려는 책임감 있는 행동을 하는 것이지만, 결과는 불통과 진전없는 대화로 끝난다.

퍼실리테이터는 이 사이에 끼어든다.

'잘 대한다는 것은 어떤 의미일까요?'

'이용해 먹는다는 것은 어떤 의미일까요?'

'사람들은 자신을 잘 대해 주는 것을 좋아하면서도 왜 그걸 이용해 먹는 방향으로 악용하게 될까요?'

'나는 악용하지 않는데, 타인은 악용하는 것으로 추정하는 이유는 무엇일까요?'

'나조차 악용한 경험이 있다면 이유는 무엇이었나요?'

'우리가 새롭게 알게 된 것은 무엇인가요?'

여기서 새롭게 알게 된 것이란 바로 신념이 바뀌게 된 것을 의미한다. 퍼실리테이터는 질문을 던지고 참여자는 답변한다. 퍼실리테이터는 들은 것을 적는다 또는 참여자가 직접 답변을 적어내도록 한다. 그리고 다른 참여자들은 그 답변의 결과를 귀로 듣고 눈으로 본다.

이 과정에서 참여자의 경청이 자연스럽게 일어난다. 자신의 견해와 대립하는 주장에 당장 방어하지 않아도 된다. 자신의 발언마저 적혀있는 것 보면서 다시 생각해 볼 기회를 갖는다. 귀담아들을 가치가 있는지 가늠한다. 귀담아듣는다는 것은 바로 옳다고 받아들일 만한 것이라고 여기는 것이다.

그래서 경청은 본질적으로 학습이다. 퍼실리테이터는 워크숍 현장을 상호학습의 현장으로 보고 참여자 사이의 대화를 이끌어 간다. 서로 충분히 서로에 대해 학습하고 나면 현명한 하나의 결론에 도달할 것을 예상한다.

A와 B는 서로 양립할 수 없는 반대 주장을 하는 것처럼 보이지만, 퍼실리테이터의 도움으

로 대화를 하고 나면 양립과 통합이 일어난다.

'내가 잘해준 것을 이용해 먹는 것으로 보이는 상황이 생겼을 때, 정말 그런 것인지 직접 확인해 보는 절차가 필요하겠네요.'

'서로 넘겨짚어서 생겨나는 오해를 바로바로 풀어가는 것이 좋은 관계를 유지하는 비결이라고 할 수 있겠네요.'

요즘 들어 업무분장에 관한 문의를 많이 듣게 된다. 달라진 시대의 반영이기도 하다. 예전에 업무분장은 부서장이 결재하면 그만이었다. 이제는 구성원의 개성, 역량, 요구를 모두 담아내야 한다. 업무분장은 전형적인 갈등 해결의 과업이다. 그리고 그 원만한 해결 과정에서 경청이 자리 잡고 있다.

조직에서 업무분장은 흔히 내가 잘해 주려는 마음이 타인에게 이용당하지 않으려는 마음에 압도당한다. 그리하여 서로 회피하고 적대적인 관계와 문화를 만들어 버린다.

'내가 어려운 업무를 맡아서 했더니 동료들은 내가 하는 것이 당연한 것으로 생각해버리더라. 그래서 올해는 그 업무를 내가 절대로 맡지 않기로 했다.'

현장에서 흔히 듣는 말이다.

'쿠~, 근데, 업무분장도 참여식으로 퍼실리테이션 할 수 있어요?'

'그럼요, 여럿이 모여 어떤 결정을 내리는 것이니 딱 퍼실리테이션 대상이네요.'

서로의 이해관계가 다르고, 개인과 팀의 목적이 불일치하는 상태에서 결정해야 한다. 전통적으로 리더의 권한으로 불일치를 해소해왔다. 그러나 그것으로는 한계를 느끼는 시대가 된 것이다. 여기서도 권력자의 시대에서 퍼실리테이터의 시대로 이행하고 있는 것이다.

네 가지 포착

퍼실리테이터의 경청 스킬은 일반적인 대화에서의 개인적인 경청 스킬을 모두 포함한다. 차이점은 집단기록장치(group memory)를 사용하고, 자신의 주장 없이 참여자 전체의 의견을 듣는 데에만 주로 집중한다는 점이다. 퍼실리테이터는 논의 내용에 대해 자신의 주장을 펼치는 것을 금지한다. 따라서 경청하는 역할에만 집중할 수 있는 장점이 있다.

이러한 역할의 분리가 퍼실리테이션에 의한 그룹워크를 효과적으로 만드는 근원이 된다. 진행자가 의견을 내게 되면 다른 참여자들은 진행자와도 맞서서 자신의 진리 주장을 펼쳐야 한다. 이때 진행자는 일반적으로 권위자 또는 권력자인 경우가 많기 때문에 참여자들은 자신의 주장을 펼치는 데 한계를 느끼면서 좌절하게 된다. 회의에서 사람들이 잘 발언하지 않는 매우 보편적인 이유이다.

질문은 경청의 수단이다. 질문의 중요성을 말하지만, 그 목적은 경청에 있음도 함께 알아야 한다. 질문을 제대로 하지 못하면 좋은 정보를 들을 수 없다. 아울러 좋은 정보를 말해도 그것을 포착하는 경청이 없으면 역시 정보가 공중으로 사라지고 만다. 그리고 정보를 포착하는 경청을 하는 이유는 그것을 잘 다루는 처리를 하고, 또 그 처리를 하는 이유는 현명한 의사결정을 하기 위해서라는 맥락을 늘 품고 있어야 한다.

경청을 통해 포착해야 하는 것은 사실, 요구, 진리, 전제, 네 가지이다. 퍼실리테이터의 경청은 참여자 당사자끼리만 대화했을 잘 드러나지 않던 것까지 듣는 것이다. 처음에는 사실 포착도 잘 안되고 참여자들이 발언한 내용조차 잊어버리고 마는 실수를 범한다.

경험을 쌓으면서 스킬을 높여갈수록 보다 숨겨진 것들을 경청할 수 있다. 다소 또는 심각하게 경쟁적일 수 있는 참여자들이 쉽게 놓치기 쉬운 것을 퍼실리테이터는 붙잡아 듣는다. 그리고 다른 참여자들이 모두 볼 수 있도록 차트나 벽에 적어둔다. 정보처리의 효율을 창출하는 것이다.

사실 포착

그룹워크는 현명한 결정을 만들어 가는 과정이다. 현명한 결정은 사실에 기반하여 참여자의 요구와 목적을 충족시키는 결정을 말한다. 그러므로 퍼실리테이터는 그룹워크에서 참여자들이 논의해 가는 과정이 사실에 근거해 진행되도록 책임을 다해야 한다.

일반적으로 참여자의 발언에는 사실과 해석 두 가지가 혼재되어 있다. '4월 20일에 도착했는데, 그건 너무 늦게 도착한 거 아니에요?'라는 주장에는 사실과 해석이 섞여 있다. 여기서 '4월 20일에 도착한 것'은 사실이고, '너무 늦게 도착'한 것은 발언자의 해석이다. 다만, 여기서도 사실과 해석인지를 명확하게 확인하려면 이를 입증할 수 있는 증거가 필요하다.

도착 접수증에 기재된 날짜를 통해 사실 여부를 확인할 수 있다. 도착하기로 약정한 날이 4월 10일이었다는 기록이 있다면, 발언자의 '늦게 도착'했다는 해석도 사실로서의 지위를 얻게 된다. 다만 '너무'라는 부분은 아직 주관적 해석으로 남는다. 사실이든 해석이든, 객관이든 주관이든 참여자들이 받아들일 만한 것이냐의 여부가 중요하다. 온전한 진리가 무엇인지 확정할 수 없는 상황에서 어떤 결정을 내려야 한다면 결정 권한을 가진 사람들이 받아들일 만한 정도의 사실에 기반을 둔 결정이냐 아니냐의 문제가 된다.

퍼실리테이터는 참여자 전원이 받아들일 수 있는 결론에 도달하도록 안내하고 지원하고 돕는 사람이다. 그것을 위해 퍼실리테이터는 참여자의 진술(발언 또는 적어낸 내용)이 사실인지, 해석인지를 먼저 가려서 볼 수 있어야 한다.

위에서 말한 '4월 20일 도착'이라는 내용이 확인이 불필요할 정도로 명백한 상황인지, 아니면, 증거 확인을 해보아야 함에도 불구하고 참여자들이 미처 알아차리지 못하고 있는 상황인지에 대한 파악이 필요한 것이다. 진술이 사실이라면 그에 대한 갈등이 없이 잘 받아들여질 것이다. 만약 해석이라면 사람마다 달리 해석할 여지가 높다. 그래서 그 갈등(의견의 불일치)을 확인하고 해결하는 프로세스를 두어야 한다는 예상과 대비를 해야 한다.

'공항을 유치해야 합니다.'

이 주장을 하는 사람은 여러 가지 사실을 근거해 나름의 해석을 한 상황일 것이다. 그러나 다른 사람들은 서로 다른 사실에 기반해 다른 의견을 가지거나, 같은 사실에 근거했어도 다른 해석을 하고 있을 가능성이 높다. 퍼실리테이터는 다음과 같은 질문으로 주장에 근거하고 있는 사실을 찾아 듣는 노력을 해야 한다. 퍼실리테이터가 듣는 것은 곧 같은 자리에 있는 참여자 모두가 듣는 것으로 이어진다.

'공항을 유치하면 어떤 이로움이 있다고 보시나요?'

'공항의 유치로 인해 발생하는 해로움은 무엇일까요?'

주장만 있고 사실이 아직 드러나지 않은 상황에서 주장끼리의 대립에 머무르는 경우가 많다. 이로움이든 해로움이든 주장하는 사람들이 근거하고 있는 사실을 드러낼 수 있도록 질문을 통해 돕는다. 그리고 그 주장하는 사람의 머릿속에 있는 사실이라고 믿고 있는 것을 들을 수 있도록 질문하는 스킬이 도움이 된다. 이런 점에서 질문 스킬은 경청 스킬에 포함된다.

요구 포착

나도 요구할 것이 많은데, 타인의 요구를 들어주는 일은 실로 어렵다. 이 역시 당사자 간의 소통이 어려운 이유이다. 부부, 리더-멤버, 부모-자식, 부서 간에 일어나는 상대방에 대한 요구는 일을 해가는 데 있어 필수이다. 한편 이 과정은 요구의 실현이라는 만족을 만드는 웰빙 프로세스이기도 하다.

경청은 요구를 거부하지 않고 포착하는 일이다. 당사자 간에는 마치 파이 게임으로 보이는 대립적 구도의 역학 때문에 요구를 들어주는 경청이 어렵다. 내 것을 포기해야 하는 것이 아닌가 하는 두려움 때문에 자신의 요구를 주장하기에 급급하다. 그러므로 중립적 태도를 가진 퍼실리테이터가 경청의 역할을 도맡아 하면 대화가 훨씬 효율적으로 이루어진다.

'무엇을 얻고 싶으신가요?'

'오늘 무엇을 다루면 좋을까요?'

'겪고 있는 어려움은 무엇인가요?'

'개선하고 싶지만 혼자 하기에 어렵게 느껴지는 것이 무엇이었습니까?'

'언제까지 해드리면 가장 좋을까요?'

'그 일을 잘하려면 어떤 정보가 필요하신가요?'

당사자가 상대방으로부터 직접 요구를 들으려면 상대방이 너무 과도한 요구를 할 것 같아 두려움이 앞선다. 이를 예방하려고 들으려는 척하면서도 상대방 요구의 표출을 내심 저지하려는 마음이 있다. 그러나 요구를 듣는 일을 게을리하면 불만이 자라나게 된다. 먼저 듣고, 그것을 실현할 방법을 함께 찾아가는 것이 퍼실리테이션 방식이다.

실현하는 방법이 없거나, 실현하는 데 너무 많은 자원이 들어서 실현 가능성이 없다는 것을 알게 되면 사람들은 그 요구를 기꺼이 철회한다. 되지 않는 일을 굳이 할 필요가 없다는 것 확인했기 때문이다. 그러므로 요구를 먼저 듣는 것부터 미리 겁을 내며 회피할 필요는 없다.

퍼실리테이터가 과도한 듯 표출된 요구를 다루어 내는 역량이 부족하다고 느낄 때도 요구 표출을 저지하는 전략을 사용하게 된다. 요구 표출을 저지하고 듣지 않는 전략이 지속 가능하다면 그리 해도 좋다. 주로 독재자들이 사용하는 방법이다. 권력을 이용해 요구의 표출 자체를 막아버린다. 독재의 수단을 사용하는 것이 여의치 않다면, 듣고, 들은 바를 잘 처리하는 역량을 길러가는 것이 더 바람직하다.

경청의 가장 큰 걸림돌 역시 참여자에 대한 부정적 인간관이다. '구성원이란 너무 무리한 요구를 해대는 자기밖에 모르는 이기주의자'라는 인간관을 가지고 있으면, 진심으로 묻지도 못하고, 발언을 진심으로 듣기도 어렵다.

'구성원은 자신의 힘으로 현명한 결정을 할 수 있다'고 보는 긍정적 인간관을 가지고 있으면 듣는 일이 쉬워진다. 이 신념이 확고하다면 저절로 경청 스킬이 실현된다. 퍼실리테이션의 개념을 모르고 따로 훈련받지 않았던 훌륭한 옛 리더들의 바탕에는 긍정적 인간관이 장착되어 있었기 때문일 것이다. 옛과 다르게 한 가지 추가할 일은 듣고 바로 점착 메모지, 보드 또는 차트에 적어두는 것이다. 적어두면 한 번 들은 것을 오래 지속할 수 있어서 더 효과적이다.

진리 포착

'Everyone holds a piece of the truth.'
'누구라도 일말의 진리는 있다.'

마하트마 간디Mahatma Gandhi의 말이다. 현실을 살아가는 우리는 올바른 현실을 알고 그에 맞추어 살고 싶어 한다는 점에서 옳음을 가지고 있다는 점을 포착한 말이다. 그러는 우리는 현실을 온전하게 보기 어려운 한계가 있기 때문에 진리하고 생각하고 주장하지만 실은 진리가 아닌 것이 있다. 전반적으로 거짓인 가운데 아주 조금의 참만을 내포하고 있는 경우도 있을 것이다. 그 반대도 마찬가지다.

　퍼실리테이터는 이러한 인간의 근본적인 한계를 극복하면서 하나의 잠정적 결론 즉 한답에 도달하도록 돕는 사람이다. 누구라도 진리를 말하는 부분이 있다고 생각할 때 경청의 이유가 생긴다. 그리고 일견 거짓 같아 보이는 진술이라고 하더라도 우선 들은 다음 그 진위를 참여자들과 함께 밝혀 가도록 안내하는 것이 퍼실리테이터의 역할이다.

당사자 대화의 일반적인 패턴

A: '어제 먹은 파스타, 참 맛있었어.'(어떤 의견을 낸다.)

B: '그래? 난 그저 그랬어.'(자기의 다른 의견을 말한다.)

A: '식감도 좋고, 플레이팅도 멋지고, 나는 정말 맛있었는데.'(자신의 의견을 옹호한다.)

B: '그 정도는 흔히 맛볼 수 있는 수준 아니야?'(자신의 의견을 옹호한다.)

퍼실리테이터는 이와 같은 대화를 보다 효과적으로 이어갈 수 있도록 도울 수 있다.

A가 맛있었다고 말한 데는 그만한 이유가 있을 것이다

　'A께서는 "참 맛있었다."고 말씀하셨는데, 혹시 어떤 맛을 느꼈는지 기억을 좀 되살려 주실 수 있나요?'

　'B께서는 "그저 그랬다."고 하셨는데, 어떤 아쉬움 있으셨어요?'

　맛있었다는 주장에는 주장하는 사람의 관점에서 맛있는 점이 실제로 있었을 것이다. 그만큼의 진리가 담겨 있는 것이다. 반면, 그 정도의 진리를 맛있다는 전반적인 진리라고 말할 수 없다는 것도 역시 맞는 주장이다. 맛이 있다. 맛이 없다. 둘 다 일말의 진리가 있는 것이다.

100은 100이어야 100이다. 99는 100이 아니다. 물론 1도 100이 아니다.

따라서 99와 1 둘 다 100이 아니다.

99는 100의 일부이다. 그러므로 100스럽다. 1도 100을 구성하는 일부이다.

그러므로 1 역시 100스럽다. 99와 1 둘 다 100스럽다.
그리하여 편의상 '100이다'라고 표현할 수 있다.

'어떤 점에서 99가 100이라고 생각하시나요?'

'어떤 점에서 1이 100이라고 생각하시나요?'

온전한 빨강, 온전한 파랑은 현실 세계에 존재하지 않는다. 온전히 맛있는 것도, 온전히 맛없는 것도 존재하지 않는다. 온전함과 그렇지 못함에 대해 너무 자세히 말하려다 보면 시간이 너무 많이 걸리는 비효율이 생기기 때문에 매우 생략해 소통한다. 이 소통의 효율을 높이려는 시도가 소통을 방해하는 역설이 숨어있는 것이다.

퍼실리테이터는 99를 100이라고 말하는 사람에게 99만큼의 100스러움이 있다는 의미라는 점을 먼저 알아들어야 한다. 그리고 다른 참여자들도 그 점을 간파할 수 있도록 질문과 기록으로 돕는다. 1을 100이라고 말할 때도 마찬가지다. 1만큼의 100스러움이 있는 것이다.

전제 포착

소통의 효율은 전제의 생략으로도 실현된다. 하나의 의견에 생략된 전제는 무수히 많다. 전제가 생략되어 있음에도 불구하고 우리가 소통을 할 수 있는 것은 그 생략된 전제를 상대방도 알고 있을 것이라는 전제 때문이다.

'너 사과 먹을래?'

생략된 전제

- 사과가 무엇인지 알고 있다.

- 사과가 먹을 수 있는 사과이다.

- 사과를 먹고 싶어 할 수 있다.

- 물어보는 것이 실례가 아닐 것이다.

- 사과를 먹지 못할 만큼 배가 꽉 차 있지 않다.

-   사과를 먹지 못할 구강의 문제를 가지고 있지 않다.

-   사과를 공짜로 먹게 한다.

-   일정한 금액을 지불할 용의가 있을 것이다.

-   사과의 오염 여부를 까다롭게 따지지 않을 것이다.

    …

사과를 먹을 것이냐를 물으면서 위의 전제를 모두 확인해 가면서 소통하지는 않는다. 그렇다 확인된 것도 아니다. 당연히 그럴 것이라고 받아들이고 확인을 생략하고 있다. 퍼실리테이터는 이 생략된 전제 중 확인이 필요한 것을 포착하는 능력을 가지고 있어야 한다. 너무 지나치게 확인하면 효율을 해치게 된다. 당연한 것으로 받아들여 지나치게 되면 오해가 발생해 나중에 불거지게 된다.

세상은 당연한 것투성이이면서 동시에 당연한 것은 없다. 당연한 것투성이 속에서 당연하지 않은 것을 찾아 확인하는 질문을 던져야 한다. 그러려면 발언하지는 않았지만 발언한 의견에 깔려 있는 전제를 들어야 한다.

'회의를 없애야 합니다.'

생략된 전제

-   회의는 유용하지 않다.
-   회의하지 않아도 소통을 할 수 있는 방법이 있다.
-   회의는 잘 될 수 없다.
-   회의에서 자신의 이해관계를 다룰 수 없다.
-   일방적인 회의를 개선하는 방법이 없다.
-   회의에서 결정된 것을 번복할 수밖에 없다.

이 생략된 전제들은 사실이 아닌 것들이 많다. 퍼실리테이터는 어떤 주장에 대해 숨어있는 전제를 탐색하는 질문을 던지고 당연하다고 생각했던 것을 재확인하도록 돕는 사람이다.

'회의에서 경험했던 불편한 점을 무엇이었나요?'

'회의를 개최한 본래의 목적은 무엇인가요?'

숨겨진 전제를 잘 경청할 수 있다면 그 전제를 탐색할 수 있는 질문을 던질 수 있다. 그 전제를 탐색하고 나면 원래의 주장과 다른 결론에 도달할 수 있다.

'회의 방법을 바꾸면 유용한 회의가 되겠네요.'

'회의 자체 문제가 아니라 회의를 잘못 진행한 것이 문제였네요.'

민주주의의 공정, 소통의 전제는 효과적인 회의이다. 회의가 모두의 실현을 보장해 주는 것은 아니지만, 회의 없이는 실현하는 것은 불가능하다.

🅴 기운 스킬

사람의 정신적 에너지는 일을 하게 하는 근원이 된다. 소극적이고 부정적인 에너지에서 적극적이고 긍정적인 에너지로 전환할 수 있는 것은 퍼실리테이터의 중요한 능력이 된다. 심리학에서는 사람의 감정 상태를 일반적으로 능동성과 수동성, 긍정성과 부정성의 두 가지 축으로 나눈다. 이를 참조해 몇 가지의 감정 상태를 나열해 보면 다음과 같다.

- 부정적인 기운 – 불안, 침울, 좌절감, 무력감
- 중립적인 기운 – 차분
- 바람직한 기운 – 각성, 흥미로움, 열의, 몰입^{flow}

퍼실리테이터가 상대하는 사람들의 정서와 감정이 늘 바람직한 상태에 있는 것은 아니다. 퍼실리테이터는 이를 재빠르고 정확하게 감지해 바람직한 상태로의 전환을 할 책임이 있다. 우선은 참여자의 감정 상태에 관심을 가져야 한다. 자동차를 운전할 때 주변의 교통 상황을 주의 깊게 감지하는 것처럼 참여자와 참여자를 둘러싼 여러 가지 상태와 낌새(vibe)를 살펴보고 감지해야 한다. 그러고는 참여자가 바람직한 감정 상태에 다다를 수 있는 가능한 조치를 취하게 된다.

참여자가 회의나 워크숍에 적극적이고 능동적으로 참여하고 싶어지도록 만들고, 이를 유지하는 데는 수많은 개입이 필요하다. 그리고 사람들은 삶의 경험을 통해서 이를 본능적, 직관적으로 알고 시도한다.

또한 기운은 전염성이 있어서 한 사람이 침울한 상태에 있으면 다른 사람에게로 침울한 상태가 쉽게 전이된다. 긍정적인 기운도 마찬가지이다. 따라서 퍼실리테이터는 참여자 개개인의 감정 상태와 기운에 세심한 주의를 기울여야 한다.

정보의 문지기, 정서

사람은 말하고 싶은 의욕이 생겨야 말하게 된다. 말속에 담긴 정보를 처리해 현명한 결정을 하고 싶어 한다면 우선 말이 있어야 한다. 말이 나오기 전에 말할 기분이 생기지 않으면 아예 정보를 꺼낼 수조차 없게 되는 것이다. 과거의 리더는 공포심을 조성해 말을 하게 하는 방법을 사용하기도 했다. 공포심은 부정적인 감정이지만, 역시 사람들은 살아남아야 하기 때문에 말을 하게 된다. 같은 말, 정보를 다루는 것이라면 기분이 좋은 가운데 시도하는 것이 더 좋을 것이다. 조직 구성원의 웰빙을 실현하면서도 현명한 결정을 내리게 되는 것이다.

기운 내기는 정서처리의 다른 표현이다. 정보를 다루고자 하는 의욕을 내고, 동기를 전환하는 스킬을 말한다. 질문이라는 행동 차제가 답변하겠다는 의욕을 만들기도 한다. 또 누군가가 잘 들어주면 말하고 싶은 동기가 생겨난다. 기록을 통해 자신의 발언이 적히고, 논리적 전후 관계를 파악할 수 있으면 참여의 에너지는 더 높아진다. 또한 뒤에서 다루게 되는 교감하는 스킬이 잘 발휘되었을 때도 참여자의 기운은 긍정적으로 형성된다. 이처럼 정보과 정서는 매우 밀접하게 연결되어 있어서 따로 분리하기 어려운 면이 있다.

하지만 인간의 정신 활동을 효과적으로 다루려면 성리학에서 리와 기를 나누듯, 정보(이성)와 정서(감성)를 나누어 보는 유용함이 있다. 정서를 정보의 문지기라고 보는 시각이다. 둘이 얽히고설켜 있지만, 두뇌 속에 들어있는 정보를 꺼내고 말고를 통제하는 수문장이 정서라고 보면 좀 더 쉽게 이해가 된다. 다만, 퍼실리테이터는 참여자에게 긍정적인 정서가 생기도록 하는 정보를 제공해 줌으로써 참여자의 정서를 다루어 낼 수 있다.

사람들이 두뇌 속에 저장하고 있는 정보와 신념은 자신들의 생명이라는 이해관계에 직결되어 있다. 감정 역시 자신의 생명을 지키기 위해 작동하는 메커니즘이다. 생명에 유리한 환경이 조성되어야 긍정적이고 호의적인 정서가 형성될 것이다. 그때 사람들은 자신에게 호의적인 사람에게는 자신의 정보를 꺼내놓는 것이 유리하다는 안도를 하게 될 것이다.

- 당신은 효과성을 추구하는 사람이다.
- 당신은 더 나은 방향으로의 변화를 좋아한다.
- 당신의 말에는 옳음이 담겨 있다.

- 당신은 합리적인 사람이다.
- 당신의 행동에는 정당한 이유가 있다.
- 당신의 이익 추구는 조직의 이익 추구와 협력적으로 연결되어 있다.

퍼실리테이터가 이러한 인간관을 가졌을 때 참여자는 그에게 우호적이라는 정보와 느낌을 제공할 것이다. 또한 참여자는 자신을 유능하고, 선의가 있고, 책임감을 가진 사람이라고 인정받는 느낌이 들게 될 것이다. 퍼실리테이터가 회의나 워크숍을 이끌면 잘 되는 이유가 여기에 있다. 그러므로 퍼실리테이터의 유능함의 핵심은 참여자를 인정하는 능력에서 출발한다고 볼 수 있다. 그다음은 그렇게 해서 꺼내진 정보를 잘 처리하는 능력이 된다.

5가지의 기운 내기 요소

그 수많은 시도를 여기서 다 나열하기는 어렵다. 그러나 다음 다섯 가지의 분류는 참여의 에너지를 형성하는 데 좋은 체크포인트가 될 것이다. 다음의 다섯 가지는 워크숍의 기운을 유지하는 데 퍼실리테이터가 고려해야 하는 기본적인 요소들이다. 그 요소를 참고해 회의의 기운이 왜 생기고 사라지는지를 살펴보면 유용하다.

가치의 제공 – 결정권 부여 – 효과적 진행 – 쾌적한 환경 – 유머와 놀이

가치의 제공

사람마다 기대와 목적이 있고, 이를 달성하려고 시도한다. 앞서 이러한 기대와 목적의식은 생명과 연결되어 있음을 설명했다. 목적의 달성은 매우 중요하므로 그 목적을 잘 달성하려는 효과성도 추구한다. 그러므로 어떤 회의나 워크숍이 자신에게 어떻게 가치 있는지를 계산한다. '이 회의가 나에게 도움 되는 것이 뭐지?$^{What's\ in\ it\ for\ me?}$'라는 질문을 끊임없이 던진다. 따라서 퍼실리테이터는 회의가 참여자에게 어떤 가치를 제공하고 있는지를 충실하게 고려해야 한다. 그렇게 했을 때 회의의 분위기가 살아난다.

불량품이 계속 생겨나고 있고, 이를 개선하려는 기대^{목적의식}가 있는 참여자는 참여하고 있는 워크숍이 이 문제를 해결하는 데 도움이 되겠다고 생각할 때 그 워크숍에 적극적으로 참여하고 자신의 에너지를 쏟아낼 것이다. 가치의 제공은 워크숍이 진행되는 동안이 아닌 사전 단계에서 결정된다. 워크숍을 기획하고 설계할 때 스폰서와 협의해 참여자에게 유의미한 워크숍 목적을 설정하는 것이 출발이다.

결정권 부여

수직적 조직 문화가 지배적인 우리나라에서 회의에 참여한 사람들에게 기운이 약한 것은

당연하다. 수직적이라는 의미는 결정권이 상층부에 몰려 있고, 위로부터 아래로 의사의 지배를 받고 있다는 의미이다. 자신의 의견에 따라 일을 할 수 없고, 회의에서 자신의 의견을 말하기조차 어려운 상황에서 기운 내기란 쉽지 않다.

퍼실리테이터는 참여자에게 부여할 수 있는 결정 권한이 무엇이 있는지를 고려해 회의에 담아내야 한다. 리더가 퍼실리테이터라면 스스로 가진 권한의 일부는 부여하면 된다. 리더가 스폰서인 경우 퍼실리테이터와 이 점을 미리 상의해 정해야 한다.

회의에서의 결정권은 일반적으로 다음 네 가지로 나누어 생각해 볼 수 있다.

- 최종 확정 – 회의에서 결정한 내용이 타인에 의해 변경되지 않고 시행되는 것
- 단일 안 결정 – 수많은 대안 중에서 최종 확정을 요청하는 하나의 대안을 결정하는 것
- 복수 안 결정 – 수많은 대안 중에서 최종 확정을 요청하는 몇 가지의 대안(보통 3~5개)을 결정하는 것
- 제공 자료 결정 – 브레인스토밍 또는 자료 조사를 통해 의사결정에 필요한 자료를 모아 제시하는 것(최종 결정과는 거리가 멀어서 무엇인가 결정했다는 느낌이 들지 않는다.)

네 가지 모두 결정을 포함하고 있다. 최종 확정의 경우에 참여의 에너지가 높을 것이다. 실질적인 권한이 자신들에 부여되었다고 느끼면서 자신에 대한 존재감이 높고, 결정에는 리스크가 따르기 때문에 리스크를 줄이기 위한 노력의 강도 역시 높아지게 된다. 결정권 부여 역시 워크숍이 진행되는 동안이 아닌 사전 단계에서 이루어진다. 결정의 범위가 다를 때 생겨나는 참여 기운의 차이를 이해하고, 스폰서와의 면담에서 적절한 범위를 선정해야 한다.

효과적 진행

워크숍의 어떤 세션이 의미 없다고 느껴질 때 사람들은 기운을 잃게 된다. 그러므로 미리 워크숍의 절차를 잘 설계해야 하고, 현장에서의 참여자의 반응을 고려해 적절한 수정과 의미

부여를 시도해야 높은 에너지를 유지할 수 있다. 설문조사에 응할 때, 어떤 설문 항목이 잘못 작성되었다고 느껴지면 그때부터 설문에 응답하지 싫어지는 것과 매우 유사하다.

워크숍 전체가 참여자 개개인 또는 조직의 목적 달성에 어떤 도움(가치)을 제공하느냐가 중요한 것처럼, 워크숍을 진행하는 과정 하나하나가 워크숍 전체 목적에 어떤 가치를 제공하느냐, 즉 얼마나 효과적으로 진행되고 있느냐가 중요하다. 효과적으로 진행한다는 것은 워크숍의 목적을 달성하고 있는 것과 달성하는 과정의 속도가 참여자에게 만족스러운 것 두 가지를 말한다.

워크숍에 참여한 사람들이 원래 달성하기로 한 목적을 향해 가지 않고 다른 목적을 향해 간다면 실망하고 기운이 빠질 것이다. 업무 프로세스를 개선하자고 회의를 소집한 후, 누가 어떤 잘못을 하고 있는지 책망하는 이야기만 지속한다면 이는 효과적인 진행이라 할 수 없고, 참여자들의 열기는 찾아보기 어려울 것이다.

업무 프로세스를 개선하는 방향으로 맞게 가고 있다고 하더라도, 도무지 이렇게 해서는 개선안을 찾을 수 없게 보인다면 참여자는 역시 실망한다. 일정한 시간 안에 개선이 가능하겠다는 생각이 들 만큼의 진전을 이루어내는 것이 필요하다. 회의에서 참여자들의 열의가 부족하고 기운이 빠져있는 모습을 보인다면 그들의 나쁜 태도 때문이 아니라 회의 진행자가 효과적인 진행을 하고 있지 못하기 때문이다.

쾌적한 환경

정신 활동은 육체적 상태에 크게 영향을 받는다. 조명, 음향과 음악, 향기, 색상, 의자와 테이블, 음료와 다과, 문구, 청소 등 물리적인 회의 환경을 잘 조성해 주는 것은 상쾌하고 바람직한 기운을 만들고 유지하는데 절대적이다.

회의장의 물리적 환경은 그 자체가 신체적 상태에 직접 영향을 준다. 신체적 상태는 참여자들의 정신 활동 능력에 영향을 준다. 한편, 준비 상태를 보고 참여자들은 자신들이 존중받고 있는지를 가늠한다. 존중과 지지받고 있다는 느낌이 들 때 정신적 만족감을 얻으면서 회의에 집중함으로써 보답하려 할 것이다.

이처럼 쾌적한 환경은 회의를 성공적으로 이끄는 보이지 않은 중요한 요소가 된다. 그러므로 퍼실리테이터는 조명부터 청소까지 환경적 요소의 준비에 관한 책임 의식을 가져야 한다. 쾌적성을 높이는 데는 비용을 수반하게 되므로 이 점을 미리 스폰서 또는 담당자와 상의할 수 있어야 한다. 앉아 있는 사람들의 마주 보는 간격이 1.5m 정도일 때 대화하기 편해진다.

유머와 놀이

엄숙한 분위기와 공식적인 의례는 때로는 필요하지만, 경직된 분위기를 만들고 사람들의 창의성을 방해하기도 한다. 보다 창의적이고 유연한 분위기를 조성하기 위해 회의를 주재하는 퍼실리테이터가 유머를 구사하면 좋다. 발언에 편안한 분위기를 만들어주고 적극적인 참여 의지를 높여준다. 평소의 생각을 뛰어넘는 특이한 아이디어를 구하는 워크숍이라면 유머 있는 진행은 더욱 필요할 것이다.

퍼실리테이터가 즉흥적인 유머를 발휘하기 어렵다면, 다른 사람들이 만들어 놓은 게임 또는 아이스 브레이커를 활용하면 도움이 된다. 이는 관련 도서나 인터넷 또는 교육훈련을 통해 쉽게 익힐 수 있다.

S 기록 스킬

퍼실리테이션에서의 기록 스킬이람 참여자들이 발언하고, 쓰고, 그려낸 것을 기록 매체에 보관해 즉각적으로 다시 볼 수 있도록 지원하는 능력을 말한다. 머릿속에서 암묵적으로 일어나는 생각을 명시적으로 보이도록 한다. 또한 휘발해 버리는 발언의 내용을 명시화는 인간의 단기기억 능력의 한계를 극복하게 해준다. 그 결과, 개인과 집단의 정보처리 역량을 향상시킨다.

회의가 진행되는 동안 서로 발언한 내용이나 그려낸 생각을 다 같이 볼 수 있도록 기록해 두면 자신의 생각과 의견에만 매몰되지 않고 다른 사람의 의견을 볼 수 있어 경청에 도움을 준다. 자신의 생각 역시 객관화해 볼 수 있도록 돕는다. 그리하여 더 치밀한 맥락을 파악하고 논리적 사고와 시스템 사고를 증진한다. 이는 현명한 의사결정에 이르게 하는 중요한 과정이 된다.

왜 기록하는가?

기록하는 이유는 다시 보기 위해서다. 보관 또는 보존처럼 보이지만 다시 보게 하려는 것이 본질적인 기록의 목적이다. 발언으로 만들어진 소리는 청취자에게 한 번 들려주고 사라진다. 그 이후는 청취자의 기억력에 의존해야 한다. 그러나 인간의 기억은 대부분 짧은 시간 동안만 가능하다. 들은 것의 대부분은 기억에서 사라진다. 그러므로 점착 메모지, 모형색지, 사무용지, 전지, 화이트보드, 차트 등의 기록 매체를 이용해 정보를 저장한다. 다시 보기 위해 저장한다.

특별한 경우에는 전자 칠판과 같은 장비를 활용할 수 있다. 또한 원격으로 회의나 워크숍을 진행하는 경우에는 Allo, BeeCanvas, Jamboard, Marimba, Miro, Mural 등의 온라인 화이트보드 협업툴을 사용하기도 한다. 전자기기이든, 온라인 보드이든, 전통적인 매체이든 정보를 처리하고 이를 위해 다시 볼 수 있도록 한다는 본질은 똑같다. 정보를 효율적으로 처리하려면 참여자들이 개진한 의견을 오래 기억하고 있어야 유리하다. 기록하지 않고 발언만을 통하여 정보처리를 하는 데는 많은 한계가 있다. 이러한 한계를 극복하고 보다 효율적으로 정보를 처리할 수 있도록 돕는 것이 기록이다.

퍼실리테이션이라 하면 누군가가 서 있고, 마커펜을 잡고 있는 모습이 연상된다. 퍼실리테이터는 바로 기록하는 사람이기도 하기 때문이다. 퍼실리테이터가 기록하면서 잊지 말아야 하는 것은 '다시 보기 위한 것'이라는 기록의 본질이다. 기록을 했지만 다시 볼 수 없는 형식으로 기록했다면 퍼실리테이션하기 어렵게 만든다. 참여자들이 다시 볼 수 없으니 정보처리의 촉진을 할 수 없게 되는 것이다. 보는 것은 시각이고, 다시 볼 수 있으려면 물리적으로 시각의 감지 능력을 충족시켜야 한다. 퍼실리테이터는 이를 안내할 책임이 있다.

실시간 집단 기록

퍼실리테이션에서 말하는 기록은 회의가 진행되는 동안 즉각적으로 이루어지는 집단기억용 기록을 말한다. 즉각적이면 집단용이다. 실시간으로 참여자의 발언 내용을 모든 회의 참여자 사람이 볼 수 있는 방식으로 기록하는 것이다. 그리하여 회의 도중 어느 때라도 필요하다고 느끼는 참여자가 쉽게 다시 볼 수 있는 상태로 기록해 두는 것을 말한다.

이런 점에서 참여자 개인의 노트에 기록하는 것과 회의록을 작성하는 것과는 구분된다. 회의가 끝난 후 나중에 다시 보기 위해 기록하는 개인 노트나 회의록 중요성을 부인하는 것은 아니다. 그 역시 중요한 장기적 보조기억장치이다. 실시간 집단 기록은 회의 참여자 모두의 보조기억장치를 만들어 내는 것이다. 인간의 가장 원초적인 소통의 수단은 몸짓, 표정, 발언 이다. 그리고 몸짓, 표정, 발언은 즉각적인 소통에 필수적이다. 이런 의사소통을 위한 표현은 상대에 전달되어 해석된다. 그리고 두뇌의 한자리에 일시적으로 저장된다. 문제는 이 신호 와 정보를 사람은 금방 잊어버린다는 것이다. 회의가 비효율적으로 흐르게 되는 커다란 원인 이다.

인간의 단기기억은 매우 짧다. 수초 또는 길어야 일 분 정도의 시간 동안만 기억할 수 있고 쉽사리 사라져 버린다. 그러므로 사람들이 제시한 정보 또는 의견을 처리해 발전시키는 데 어려움을 겪는다. 여기에 기록의 필요성이 있다.

사람들이 말하는 내용을 일목요연하게 적어 가면서 논의해 간다면 그렇지 않은 경우에 비 해 훨씬 높은 효율을 내게 된다. 사람들의 몸짓, 표정, 발언을 기록으로 모두 담아낼 수는 없 지만, 중요한 내용을 적절한 구조로 배치해 적어 두면, 사람들은 그 기록을 힐끗힐끗 또는 주 의 깊게 보면서 지나간 논의 내용을 상기하며 정보를 처리한다. 따라서 했던 말을 반복하는 일이 줄고, 이미 다룬 내용에 생각을 추가하고 발전시키기 쉽게 된다.

또 다른 좋은 점은 참여자의 발언이 차트나 보드에 적히게 되면 자신의 발언이 타인에게 들려지고 있다고 느끼게 된다. 그러므로 자신의 발언이 가치 있다는 인식을 하게 되고, 존중 받는다는 느낌이 들게 된다. 이는 정서적으로 기운 나게 하는 일이다.

회의 중 진행되는 내용을 기록하는 것이 이러한 유용성을 가지는 데도 불구하고 실제 회의 에서 이를 활용하지 않고 있는 것은 안타까운 일이다. 국무회의, 국회상임위원회 회의, 임원 회의 등에서 집단기억장치를 활발하게 사용하는 날이 하루빨리 오면 좋겠다. 필자가 비전으로 삼고 있는 것이기도 하다.

집단기억장치를 사용하지 않는 데는 다음과 같은 이유가 있다. 경험과 인식이 없다. 회의를 하면서 회의 도중 발언하는 내용을 사람들이 다 알아볼 수 있도록 누군가가 기록하는 모습을 본 적이 거의 없다. 그런 경험이 없으므로 그렇게 해야 한다는 인식도 하지 못하고 있다. 물론 학교에서도 이를 가르치지 않는다. 선생님이나 교수에게도 이러한 경험과 인식이 거의 없다.

(저급해 보인다) 기록하는 회의의 경험을 가졌다고 하더라도 실제로 그렇게 하기에 저급해 보여서 주저한다. 어디서 비롯되었는 지는 명확하지 않지만, 점잖고 근엄하게 앉아 말로 하는 것이 고급스러워 보인다. 움직이거나 서서 노동하고 있는 모습은 저급하고 천박하다는 인식이 있다. 그러므로 기록하는 사람이 유능한 사람이라는 인식을 바꿔 갈 필요가 있다. 조직의 리더나 퍼실리테이션을 하는 사람이 먼저 시작하면 좋을 것이다.

(시설 장비가 부실하다) 아름다운 대리석으로 장식한 벽에 대고 회의 내용을 기록해 갈 수는 없다. 가운데가 크게 뚫려 있는 타원형 임원 회의실에서 기록하면 회의하기란 참으로 어렵다. 책상 위에 전지를 올려놓고 적는 것보다는 이젤 위의 차트에 대고 적는 것이 용이하다. 점착 메모지를 사용하면 아이디어를 정리하고 조직화하는 데 효율적이다. 화이트보드에서는 기록된 의견을 수정하는 것이 편리하다. 정보를 기록하고 이를 정리하고 체계화하는 데 필요한 시설과 장비가 회의 친화적이지 않는 경우가 많다. 심지어 연수원의 회의실마저 그렇다.

(기록 기술이 없다) 참여자의 발언을 손상하지 않고 기록하려면, 그대로 적기, 바꿔 적기, 요약하기, 연결하기, 체계화하기 등의 기술을 실시간으로 발휘해야 한다. 이것이 가능해지려면 오랜 시간의 훈련과 실습이 필요하다. 기록의 중요성에 대한 인식이 부족한 데다 실제로 이를 시도할 기회가 거의 없어 기록 기술을 축적하지 못하고 있다.

정곡을 찌르는 질문도 중요하다. 질문에 대한 참여자의 대답을 잘 듣는 것도 중요하다. 그리고 들은 내용을 적어둠으로써 현명한 결정에 다다르는 여정을 돕는 것도 퍼실리테이터의 중요한 일이며 스킬이다.

집단기억장치

회의실에서 벽은 기억장치가 된다. 천정이나 바닥에 비해 벽이 가장 보기 편하기 때문에 벽을 기억장치로 삼는 것이 가장 유리하다. 그리고 벽은 '집단의' 기억장치group memory가 된다.

일반적인 회의에서 사람들은 주로 개인의 기억을 관리한다. 노트를 들고 다니며 그곳에 자신에게 필요한 것을 기록한다. 다른 사람은 그곳에 무엇이 적혀있는지 알지 못한다. 공유의 필요성 또한 느끼지 않는다. 따라서 개인마다 가지고 있는 개인 기억장치는 보유하고 있는 개인을 도울 뿐이다. 집단으로 모여 있지만, 집단의 사고를 돕는 것이 아니라 주로 개개인의 개별 사고를 돕는 것에 그치고 만다.

회의나 워크숍은 '집단의' 업무이다. 집단이 집단 업무에서 어떤 논의를 진전시키고 의사 결정을 내리려면, 그 결정을 위해 검토해 온 것들을 집단이 온전하게 기억하는 것이 필요하다. 사람의 단기 기억은 매우 짧아서 전화번호처럼 일반적으로 7개 정도의 숫자를 넘어가면 암기해 사용하기 어려울 정도다. 게다가 한 번 외웠더라도 수초가 지나면 바로 잊어버리고 만다. 어딘가에 기록해 두는 것이 필요한 이유다.

그림 4-32 2010년 IAF 콘퍼런스의 비전 만들기 세션 – 기록 기술의 활용

그림 4-33 역량 모델링 워크숍에서의 벽의 활용

이는 회의를 할 때도 마찬가지이다. 사람들이 저마다 훌륭한 주장을 하고 여러 가지 데이터를 거론하지만, 이를 어딘가에 적어두지 않으면 금세 잊어버리고 회의의 효율은 크게 떨어지고 만다.

또한 논의가 최종 단계에 다다르고 어떤 결정사항이 정리되었을 때 역시 그것을 서로에게 잘 보이는 곳에 적어 놓는 것이 필요하다. 그래야 무엇을 결정하는지 명확하게 알 수 있다. 그렇게 해야 어떤 결정을 하는지에 대한 불안감이 줄어들고 자신의 선택에 대해 확신을 가질 수 있다. 이를 적어두는 데에도 벽이 가장 바람직하다. 벽이라는 집단기억장치는 그래서 집단의사결정collective decision making에서 필수적이라 할 수 있다. '그동안 결정을 위해 논의해 온 바를 그 집단 전체가 같은 내용으로 공유할 수 있도록 하는 것' 그것이 집단기억의 기능이다.

그림 4-34 차트나 이동식 보드는 소그룹에 가까이 가져다 놓을 수 있는 장점이 있다.

집단기억은 집단기억장치벽, 차트, 화이트보드 등를 통해서 효과적으로 존재한다. 이 집단기억의 중요성을 모르는 경우, 많은 회의에서 회의실의 벽은 장식품 걸어 놓는 데 주로 활용한다. 일정한 분위기를 형성해 주는 좋은 점이 있지만, 집단기억장치로 활용하는 것이 회의를 효율을 높이는 커다란 요인이 된다는 것을 간과해서는 안 된다.

집단이 논의하는 사항을 벽에 잘 적어가면 단순히 논의 내용을 객관적으로 보존하는 것을 넘어서 논의를 진전시키는 데도 도움을 준다. 사람들은 '기억하고 있는 것을 통해서 새로운 아이디어를 만들어 낼 수 있음'을 생각하면 이는 당연한 일이다. 회의를 많이 하고 있는데 소통이 잘 되지 않고 있다고 느낀다면 벽을 생각해 볼 일이다. 벽은 퍼실리테이터의 매우 강력한 도구이다. 회의를 잘하려 한다면 벽을 사용하는 것이 거의 필수이다. 벽 있는 회의가 벽 없는 조직 즉 소통하는 조직을 만들어 줄 것이다.

기록의 기본 원칙

참여자들의 귀중한 발언을 기록해 다시 볼 수 있도록 하려면 다음의 원칙을 지키면 좋다.

1. 가독성의 원칙

글씨의 크기

76mm X 76mm 규격의 점착 메모지에 30글자 정도의 내용을 빼곡하게 적어서 붙여놓으면 다시 읽기 어렵다. 글씨가 너무 작기 때문이다. 물론 다가가서 읽으면 읽을 수 있다. 다가가서 읽고 또 다른 사람도 다가가서 읽는 수고를 해야 한다면 회의는 촉진되지 못하고 있는 것이다. 앉은 자리에서 누구나 쉽게 읽을 수 있어야 정보처리가 촉진된다. 일반적으로 꽉 채워 쓴 열 글자 정도가 적당하다.

회의와 조직의 중심 과정이 정보처리이고 퍼실리테이션은 바로 이 정보처리의 효율을 높이는 것이다. 이 점에서 글씨의 크기는 지극히 지엽적인 이슈처럼 보이지만 매우 결정적인 이슈이다.

그림 4-35 글씨의 굵기와 크기 모두 중요하다

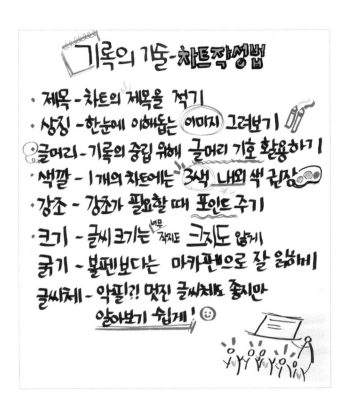

그림 4-36 모범적인 차트 예시(케이가 작성한 차트)

글씨의 굵기

글씨의 크기를 신경 쓰지만 글씨의 굵기를 신경 쓰지 않으면 여전히 다시 보기 어려운 기록을 하고 만다. 워크숍 현장에서 범하는 흔한 실수는 워크숍의 필기구로 볼펜, 플러스펜, 네임펜, 사인펜 정도의 굵기를 가진 펜을 준비해 놓는 것이다.

이 정도 굵기의 펜으로 기록하게 되면 조금만 멀리 떨어져서 보아도 글자를 읽을 수 없다. 이보다 더 굵은 매직펜, 마커펜의 사용을 권장한다. 4~8명 정도의 소그룹으로 워크숍을 진행하는 경우에는 네임펜 정도의 굵기로도 판독이 가능하지만, 여전히 신경 써서 보아야 읽을 수 있다.

별로 신경 쓰지 않아도 글자가 다가와서 읽혀주는 정도의 뚜렷하고 큰 글씨가 필요하다.

정보처리의 효율을 높여주기 때문이다. 현명한 결정을 이끄는 중요한 요인이 의외의 구석에 숨어 있는 것이다.

글씨의 색깔

지극한 당연하지만 중요하다. 의외로 많이 실수하기 때문이다. 노란색, 주황색, 연녹색과 같은 눈에 잘 띄지 않은 색깔의 펜으로 본문을 작성하지 않는 것이 정석이다.

2. 구체성의 원칙

사람들은 말할 때는 구체적인 경험을 직접 이야기하다가도, 적어내라고 하면 매우 추상적인 표현으로 적어낸다. 요약하거나 상징화된 표현을 적는다. 경험에 비추어 이유를 추정해 보면 대체로 두 가지로 정리가 가능하다. 하나는 구체적으로 자세히 적다 보면 그중 일부가 틀릴 수도 있다는 걱정이 마음속에 깃들어 있는 것 같다. 둘째는 부정적인 내용을 구체적으로 쓰면 어떤 특정인에 대한 비난은 공격이 될 수 있다는 걱정도 무의식 속에서 작동하는 것으로 추정된다.

말할 때는 '팀장이 정말 매번 무리한 요구를 해서 미치겠어요.'라고 하지만, 적어내라고 하면 '소통' '팀장' 또는 '리더십'과 같이 매우 생략적이고 추상화된 표현을 하고 만다. 이런 표현은 조금만 시간이 지나면 맥락을 잃고 논의 현장의 생생한 의미를 전달하지 못한다.

'10글자 정도로 적어주세요.'라고 요청하는 것이 좋다.

'우리 조직이 좀 더 좋아지기 위해 무엇이 필요하다고 생각하시나요?'

이처럼 묻고, 점착 메모지에 의견을 적어내라고 요청하면 흔히 등장하는 표현이 있다.

'소통'

'존중'

'배려'

'리더십'

옳은 말이지만 정보성이 부족한 표현이다. 퍼실리테이터는 질문을 통해 이를 구체화해 갈 수 있다.

'소통을 어떻게 하면 더 좋아질 것이라 생각하시나요?'

'최선'

'두 글자' 답변이 꼬리를 물고 이어질 수 있다. 이때는 질문과 함께 기록하는 스킬을 동시에 동원해야 한다.

'점착 메모지에 적으실 때는 10글자 정도로 적어주세요.'하고 반복적으로 요청하는 것이다.

'크게 적어주시고, 10글자를 넘으면 메모지를 2장 쓰셔도 좋습니다.'

'부서 간의 소통 부재'

'적절한 시간에 정보를 주지 않음'

'이미 업무가 많은데 팀장님이 추가 업무를 계속 던져줌'

퍼실리테이터의 요청에 따라 점착 메모지에의 기록이 위와 같이 개선될 수 있다. 간혹 퍼실리테이션해도 소용없더라는 호소를 듣는 경우가 있다. 누군가가 '두 글자' 현상을 인지하지 못하고, 다루지도 못하는 퍼실리테이션을 했다면 소용이 없었을 가능성이 크다. 내용의 구체성에 관한 내용은 질문하는 기술의 정보성의 향상 항목을 함께 참고하면 좋다.

3. 변형금지의 원칙

표현의 추상화는 참여자가 직접 적어낼 때 주로 일어나지만, 퍼실리테이터가 받아적는 경우에도 흔히 일어나는 편이다. 게다가 퍼실리테이터의 해석까지 보태어져 왜곡이 일어나기도 한다. 이는 중립성이라는 퍼실리테이션의 원칙을 중대하게 위반하는 것이 될 수 있다. 알게 모르게 참여자들의 결론을 유도하는 효과를 만들 수 있게 된다.

추상화는 '거시기'로도 통하는 고맥락 사회라는 한국의 문화적 특징이 발현되는 것이라고 볼 수도 있다. 또 인간이 지니고 있는 고도의 추상 능력 또는 일반화 능력의 발휘라고 볼 수도 있다.

'사람들이 크게 소리를 질렀다.'

참여자가 이와 같이 발언했을 때, 퍼실리테이터는 다음과 같이 받아적을 수 있다.

'사람들이 과격한 표현을 했다.'

퍼실리테이터의 해석이 담긴 변형이다.

'사람들이 크게 소리를 지름' 정도로 말한 대로 원표현을 유지하는 것이 바람직하다. '소리를 지른 것'과 '과격한 표현을 한 것'은 서로 일치하지 않으며 본의의 왜곡이 발생할 위험이 있다. 심지어는 아래와 같은 수준으로 발언을 변형해 기록하는 경우도 있다. 매우 주의해야 하는 지점이다.

'자기주장을 함'

다른 예를 하나 더 들면, '구성원들이 일에 집중하지 않아요.'라고 말한 내용을 '구성원들의 문제'라고 적는 경우이다. 구성원들의 문제라는 점을 맞지만 원래 발언에 포함되어 있던 정보를 상당 부분 제거한 결과를 만들었다. 논의를 후퇴시킨 꼴이다.

4. 묶음의 원칙

참여자들이 의견이 하나 둘씩 늘어나고 일정한 숫자를 넘어서게 되면 정보를 한눈에 파악하기 어렵게 된다. 즉 정보처리의 효율이 낮아진다. 그러므로 이때는 흩어진 정보를 관련 있는 것끼리 묶어주는 것이 필요하다.

묶음의 가장 대표적인 방식 하나는 유사한 것끼리 묶는 것이다. 다른 하나는 원인(수단)과 결과(목적)의 흐름에 따라 묶는 것이다. 유사성을 묶을 때는 일직선을 긋거나, 동그라미, 네모를 사용해 묶어낼 수 있다. 인과 관계나 시차가 있는 데이터들 사이에는 화살표를 그려 묶어내면 좋다.

이렇게 간단한 선 긋기 작업을 통해 참여자들이 보드나 차트에 적혀 있는 정보를 손쉽게 파악할 수 있도록 돕는 것이 중요한 퍼실리테이터의 스킬이다. 여기서 참여자들의 사고의 진전과 집단 지성이 만들어진다.

날아다니는 아이디어

발언자가 공식적으로 제출한 아이디어가 아니고, 제출해야 한다고 생각지도 못한 아이디어인데, 자기도 모르게 한 발언한 것을 말한다. 사람들은 아이디어를 내라고 요청받으면 훌륭한 아이디어를 내야 한다고 생각한다. 그리해 머릿속에서 떠오른 생각을 훌륭한지 아닌지 자가 검열을 한다.

이러한 메커니즘은 실제로 훌륭할 수 있는 새로운 아이디어의 개진을 방해한다. 그러므로 퍼실리테이터는 공식적인 아이디어를 제출하는 분위기가 아닌 자연스럽게 대화를 즐기도록 하는 세션을 시도할 수 있다. 이때 대화를 하는 도중 자기도 모르게 좋은 아이디어를 스치듯 말할 수 있다. 정작 본인이나 그 아이디어를 들은 사람을 그것이 좋은 아이디어인지 당장 알아챌 수 없다.

그러므로 그런 아이디어는 누구도 포착하지 못한 채 허공으로 사라져 간다. 퍼실리테이터는 이를 포착할 수 있어야 한다. 대화 도중에 표현되는 새로운 이야기와 아이디어를 부지런히 점착 메모지에 적어두는 것이 필요하다. 참여자들이 나중에 그 아이디어를 보면 '우리가 이런 아이디어도 냈어요?'하며 놀라게 된다.

한 마을의 비전 만들기를 '별명 짓기'로 시도한 적이 있다. 농촌 마을에서 비전이라는 어려운 용어를 사용하는 것보다는 별명이라는 친숙하고 정감 있는 표현이 더 바람직하다고 생각했다. 평균 연령이 75세 정도 되는 어르신들로부터 참신하고 창의적인 별명을 도출해내기는 여간 어려운 일이 아니다. 그러나 적절한 질문과 '날아다니는 아이디어(flying Idea)'의 포착으로 그 어려움을 극복할 수 있다.

'마을 별명을 무엇으로 하면 좋을까요?'

주민들은 대부분 '오이마을, 딸기마을, 야채마을, 하우스촌'과 같은 일차적인 아이디어를 내놓았다. 퍼실리테이터는 실망하지 않고 다시 물었다.

그림 4-37 '옛맛향 마을'의 탄생

'여기 오이는 어떤 점이 다른가요?'

'여기 딸기는 어떤 점이 다른가요?'

'여기 야채는 어떤 점이 다른가요?'

'오이가 아삭하지.'

'딸기가 달지.'

'야채가 싱싱하지.'

별로 진전이 없었지만 계속 물었다.

'어떻게 아삭해요?'

'단맛이 어떻게 달라요?'

'여기 야채가 특별히 좋은 점이 있어요?'

문득 이렇게 대답하셨다.

'아 그럼! 여기 야채는 옛날 맛과 향이 그대로 나지.'

얼른 받아 적었다.

'옛날 맛과 향이 나는 마을'

줄여서 '옛맛향 마을'이 되었다. 날아다니는 아이디어를 포착해 잡아낸 결과물이다. 참여자에게 직접 써서 정식으로 제출하라고 할 때는 잘 나오기 어려운 아이디어이다. 퍼실리테이터가 자연스럽게 질문하고 경청과 기록을 통해 암묵적인 생각을 가시화한 진전이다.

❙ 교감 스킬

질문, 경청, 기운, 기록 스킬은 탄수화물, 지방, 단백질 등 3대 필수 영양소와 같다. 그래서 퍼실리테이션의 기본 기술이라 부른다. 사람이 필수 영양소로만 살 수 없듯이 워크숍 퍼실리테이션도 무기질이나 비타민과 같은 미량의 영양소가 필요하다. 퍼실리테이션의 생명력을 불러일으키는 데 절대적인 요소로 작동한다. 이 양념 같은 개입 테크닉이 교감 스킬이다. 이 스킬은 겉으로 잘 드러나지 않고 전수하기도 힘들어서 특별한 주의를 기울여야 눈에 띈다. 그리고 무용하듯 몸에 배도록 꾸준히 연마하지 않으면 좀처럼 발휘하기 어려운 기술이다.

우리가 잘 아는 『정의란 무엇인가』, 『공정하다는 착각』의 저자 마이클 샌델Michael Sandel 교수는 강의를 잘하기로 유명하다. 대부분의 사람들은 그의 강의가 훌륭한 것이 그의 통찰력과 풍부한 지식 때문이라고 생각할 것이다. 그러나 그를 유심히 다시 보면 눈에 잘 띄지 않았던 엄청난 교감의 스킬을 발휘하고 있다는 것을 알게 된다. 콘텐츠만으로 훌륭한 효과를 내기 어렵다. 그것이 잘 교환되고 처리되도록 하는 교감 스킬이 소통을 실현하는 커다란 한 축이 된다.

이 스킬 역시 잘 발휘하려면 인간에 대한 깊은 신뢰와 존중하는 마음이 필요하다. 그리고 실제 상황에서 오랫동안 훈련을 쌓아가야 한다. 교감 스킬의 몇 가지만 예를 들면 다음과 같다. 여기 제시한 스킬을 충분히 연습하면 워크숍의 분위기를 활기차고 협력적으로 바꾸어 내는 데 큰 도움이 될 것이다.

따라 말하기

내모: 우리나라의 좋은 점을 무엇이라고 생각하세요?
참여자: 김치와 불고기를 먹을 수 있다는 거요.
내모: 김치와 불고기를 먹을 수 있다는 것을 좋게 보시는군요.
참여자: 네.

이때 사용한 교감 스킬은 발언자의 어휘를 거울처럼 그대로 따라 말했다고 해서 따라 말하기mirroring라고 부른다. 따라 말하기는 매우 단순하고 쉽게 해낼 수 있는 스킬이다. 기본적으로 퍼실리테이터가 참여자의 발언을 정확하게 들었다는 것을 확인해 주는 효과가 있다. 그리고 참여자의 발언을 왜곡하지 않고 말한 대로 들었다는 것을 확인시켜준다. 또한 자신의 발언을 변경하지 않고 정확하게 들은 것은 자신을 존중하고 있기 때문이라고 무의식적으로 생각하게 해준다.

바꿔 말하기

내모: 우리나라의 좋은 점을 무엇이라고 생각하세요?

참여자: 김치와 불고기를 먹을 수 있다는 거요.

내모: 아~ 우리나라 고유의 먹거리를 중요하게 보시는군요.

참여자: 맞아요.

이번에는 발언자의 어휘를 그대로 따라 하기보다는 고유의 먹거리라는 말로 바꾸어 표현했다고 해서 바꿔 말하기paraphrasing라고 부른다. 따라 말하기는 발언자의 발언을 정확하게 듣고 있다는 것을 확인시켜 주는 점이 좋고, 바꿔 말하기는 발언자 주장의 이면에 있는 전제와 가정을 탐색할 수 있다는 점에서 유용하다.

발언자가 암시하고 있던 속마음까지 알아주고 있다는 놀라움과 감사한 마음을 자아낼 수 있다. 그러나 퍼실리테이터가 잘못 짚을 경우 '그런 뜻으로 말한 것은 아니고요.'와 같은 실망을 안겨줄 수 있는 위험이 있다.

알아채기

내모: 우리나라의 좋은 점을 무엇이라고 생각하세요?

참여자: 왜 좋은 것을 찾으라고 하세요?

내모: 아~ 좋은 것을 말하는 것이 불편하신가 보군요.

참여자: 네.

내모: 혹시 어떤 점이 불편하게 생각되었는지 여쭤봐도 될까요?

참여자: 제대로 되는 일이 하나도 없는데, 좋은 점을 말하라고 하는 것은 강요로 느껴집니다.

내모: 선생님의 입장에서 강요하는 것으로 느껴질 수 있었겠네요. 그랬다면 제 잘못입니다. 죄송합니다. 어떤 점을 먼저 다루었으면 좋겠는지요?

참여자: 현재 상황을 먼저 말해 봐야 한다고 생각합니다.

내모: 그 점을 걱정하고 계셨군요. 다른 분들의 생각은 어떠신가요?

이때 사용한 기술은 알아채기acknowledging다.

질문에 대답하기 불편해하는 감정을 짐작하고 '불편'이라는 말을 꺼내 제시한다. 참여자의 실제 감정과 일치하는지를 확인한 다음의 그의 감정이 정당함을 인정하고 받아들이는 스킬이다. 사람들은 스스로 느끼고 있는 감점을 다른 사람이 알아채고 그 정당함을 인정받고 싶어 하는 마음이 있다. 퍼실리테이터는 알아채기 스킬을 통해 이 욕구를 충족시켜 주는 것이다.

내모: 오늘 특히 이 이슈를 다루는 데 흥미를 많이 느끼시는 것 같습니다?

참여자: 네, 재미있어요.

내모: 뭔가 어렵게 느끼시는 것처럼 보이시네요.

참여자: 제가 잠깐 따라가지 못한 부분이 있는 것 같아요.

내모: 이 분야에 전문지식을 많이 갖고 계시네요.

참여자: 네, 전에 이 업무를 다뤄 본 적이 있습니다.

참여자의 행동을 통해 드러나는 여러 특징을 주의 깊게 살펴 그가 공감이나 인정받았으면 하는 점을 포착해 진술하는 스킬이다. 참여자에 대한 관심과 존중이 있어야 이런 포착이 자연스러워진다.

균형잡기

내모: 지금까지는 프로젝트의 어려움을 주로 말씀해 주신 것 같습니다. 이제 프로젝트의 가능성에 대한 점을 다루어 보면 좋겠습니다. 누가 먼저 말씀해 주시겠습니까?

내모: 우리가 남성의 관점을 쭉 말해 온 것 같습니다. 이제는 여성의 관점도 필요하네요.

무엇이 있을까요?

내모: 우리가 관계의 감성적 요소를 주로 이야기 나누었습니다. 또 다른 측면은 무엇이 있을까요?

장점/단점, 과거/미래, 회사/고객, 생산/연구, 영업/기술, 리더/멤버, 부분/전체 등 서로 대립하는 관점을 균형 있게 다룰 때 현명한 결정을 내리기 쉽다. 참여자들이 논의하다 보면 한쪽 방향으로 편중되는 현상이 일어나기 마련이다. 퍼실리테이터는 이런 현상을 감지해 균형을 잡아주는 스킬balancing을 발휘한다.

공감하기

발언자의 입장에서 그가 말하려는 것을 듣고, 그렇게 들었다는 것을 발언자가 느끼도록 하는 스킬이다. 타인이 자신과 다른 의견을 말할 때 흔히 드는 생각은 상대방 의견의 잘못된 부분을 찾아 반박하려는 것이다. 퍼실리테이터는 중립자로서 한 사람 한 사람의 의견이 모두 그 사람의 입장에서 정당함을 지녔다는 가정을 두고 있다. 그리고 그렇게 듣지 않으면 갈등을 해결할 실마리를 찾지 못한다는 점을 알고 실천한다. 이러한 퍼실리테이터의 태도가 행동으로 보여지는 모습 중의 하나가 공감하기empathizing다.

발언자가 어떤 상황에 대해 느꼈던 감정을 표현한다면 퍼실리테이터는 그 감정에 대한 정당성에 공감해 주는 것이 회의 촉진에 도움이 된다.

참여자: 고객이 이번에도 말도 안 되는 거짓말을 하더라고요. 엄청 화가 났죠.

내모: 네, 전에도 그랬는데 이번에 또 거짓말을 한 것이네요.

내모: 저라도 그런 상황이라면 엄청 화가 났을 것 같아요.

내모: 그래서 선생님께서 취하신 행동이 무엇인가요?

참여자: 소리를 질렀어요.

내모: 정말 참아내기 어려운 사정이셨군요.

연결하기

때로는 참여자의 발언이 주제를 벗어난 엉뚱한 말로 들릴 때가 있다. 이때 다른 참여자들은 마음속에서 불편함을 느끼기 쉽다. 효율적인 진행을 위해 '주제에 벗어난 이야기는 삼가해 주시면 감사하겠습니다.'라고 말하고 싶어진다. 그러나 이런 방식의 제지가 회의 분위기를 유지하는 데 악영향을 끼칠 수 있다. 표현 자체로는 생뚱맞아 보였지만 발언자가 주제에 벗어나지 않은 말했을 가능성이 있다.

내모: 그 말씀을 우리 주제와 연결^{linking}하면 어떤 의미가 되죠?

내모: 오늘 주제와 관련해 선생님의 말씀을 연결해 주시면 감사하겠습니다.

유효화하기

워크숍을 진행하다 보면 약간 '뜨악'하는 상황이 발생하기도 한다. 이때 사람들은 '선생님, 여기서 그러시면 안 됩니다.'라고 반응하기 쉽다. 그렇게 해서 상황이 개선되고 시도했던 문제 해결이 잘 이루어진다면 그렇게 하면 된다. 그러나 그런 반응은 상대로 하여금 인정받지 못한다는 생각이 들게 만든다. 항변하고 반발하면서 상황이 더 거칠어질 수 있다.

유효화하기^{validating}는 충족 이유율에 따르는 스킬이다. 어떤 일이 일어났다면 그 일이 일어날 충분한 이유가 있었던 것이다. '뜨악'하는 발언을 한 사람에게도 충분한 사연이 있다. 마찬가지로 참여자의 어떤 발언도 그 발언을 할 만한 충분한 이유가 있었을 것이다.

내모: 선생님의 상황에서 그렇게 말할 수 있을 것 같습니다.

내모: 그 말씀에는 어떤 배경이 있을 것 같습니다. 좀 더 말씀해 주세요.

COEX에서 한 조직의 전체 구성원 70명을 대상으로 퍼실리테이션 교육을 하고 있을 때였다. 수업이 한창 무르익어 가고 있었는데, 출입문에서 소란한 소리가 들려왔다. 50대로 보이는 초대받지 않은 한 여성이 막무가내로 수업을 듣겠다는 것이었다. 회사의 입장에서는 직원도 아닌 사람이 느닷없이 강의를 듣겠다고 들어서려 하니 어처구니가 없는 상황이었다. 들어간다, 안 된다. 하면서 약간의 실랑이가 벌어진 것이었다. 상황이 조금씩 악화되는 상황이어서 퍼실리테이터가 개입했다.

내모: 선생님 무슨 일이신가요?

초대받지 않은 사람 : 제가 강의를 듣겠다는데 자꾸 못 듣게 합니다. 꼭 들었으면 좋겠습니다.

(발언을 듣고 보니 정상인의 범주에서 약간 벗어난 느낌이 들었다.)

내모: 네, 무언가 배운다는 것은 매우 훌륭한 일이라고 생각합니다. 이쪽에 의자를 마련해드릴 테니 앉아 들어보시기를 바랍니다.

초대받지 않은 사람 : 네, 감사합니다.

내모: 네, 거기에 앉아서 들이시면 됩니다. 들어보시고 정말 도움이 된다고 생각하시면 계속 들으셔도 좋고요. 아니다 싶으시면 살짝 나가셔도 좋습니다.

(10분쯤 지났을까 싶었을 때, 한 번 살펴보았는데, 사라지고 자리에 없었다.)

여기서 '무언가 배운다는 것은 매우 훌륭한 일이라고 생각합니다.'라는 표현이 유효화하기에 해당한다. 하나의 스킬을 알고 틈틈이 사용하다 보면, 매우 극단적인 문제 상황마저도 해결의 실마리를 찾아갈 수 있게 된다.

의도적 침묵

한 번은 300여 명이 모인 강당에서 조직 문화에 관한 2시간 특강을 한 적이 있었다. 특강을 마치고, 청중에게 질문을 요청했다.

강사: 어떤 질문이든 좋습니다. 질문해 주시면 최선을 다해 답변드리겠습니다.

(5초 정도의 침묵이 흘렀다. 특강의 사회를 보던 담당 팀장께서 당황하셨다.)

사회: 아, 질문이 없는 것 같습니다. 그럼 이것으로 오늘 특강을 모두 마치겠습니다.

사회: 아까 질문이 없어서 강사님 당황하셨죠? 우리 직원들이 질문을 잘 하지 않아서요.

(나에게 미안하다는 듯 상황에 대한 해명을 해주셨다.)

실은 좀 더 기다렸으면 질문이 나왔을 상황이었다. 내가 강의를 정말 잘못한 경우가 아니라면 사람들은 질문을 한다. 좋은 강의를 한다는 것은 사람들이 일반적으로 옳다고 생각하는 신념들에 대해 모종의 파괴를 시도하는 것이다. 그 파괴가 더 좋은 또는 더 옳은 신념으로의 변화이다.

그 결과, 청중이 가지고 있던 기존 신념 체계의 한구석이 어긋나게 되고 그 어긋남이 다른 연관된 신념들과 어떻게 정렬해 합리성을 높여야 하는지를 고심하게 된다. 이에 관해 정리를 위한 질문을 던지게 되는 것이다. 이때 어떻게 질문하는 것이 최선일지 마음을 정리할 시간이 필요하다.

어떤 사람이 먼저 질문하는지 눈치도 보아야 하며, 내가 말한 질문이 이상하게 느껴지지 않을까 하는 불안한 마음도 가라앉혀야 한다. 강사가 진짜로 질문을 받으려는 지도 살핀다. 따라서 퍼실리테이터는 발언하기 전에 마음의 정리를 할 시간을 줘야 한다. 질문을 던진 후 의도적 침묵intentional silence이 필요하다. 30초 정도를 기다리기도 한다. 이후 봇물 터지는 질문이 쏟아지기도 한다.

워크숍에서 어떤 아이디어를 내달라거나, 어떤 그림을 그려보라고 하거나, 어떤 내용을 정리하라는 등 행동을 요청할 때 참여자들은 잠깐의 주저함과 침묵이 있다. 어떤 것이 최선인지를 잠깐 생각해 보는 시간이므로 퍼실리테이터가 너무 성급하게 이를 방해해서는 안 된다. 의도적으로 기다림으로써 매우 소극적이지만 강력한 촉진을 하게 되는 것이다.

추적하기

회의를 진행하다 보면, 회의 내용이 너무 한쪽으로 치우치거나, 주제를 벗어나 산으로 가는 경우가 있다. 반면, 한자리에서 이런저런 이야기를 섞어가며 다양한 주제를 다루는 일이 생기기도 한다. 이 세 가지 경우 모두 회의가 효율적으로 진행되고 있다고 보기 어렵다.

첫 번째는 균형잡기 스킬로, 두 번째는 연결하기 스킬로 효과적인 회의를 돕는다. 세 번째는 추적하기tracking 스킬을 사용할 수 있다. 이 상황은 여러 개의 노래를 한꺼번에 부르고 있다고 보면 이해가 쉽다. 아무리 아름다운 곡도 3곡을 동시에 부른다면 소음처럼 들리게 될 것이다. 만약 어떤 회의가 이처럼 한꺼번에 여러 주제를 논의하고 있다면, 퍼실리테이터는 이를 감지하고 추적하기 스킬을 발휘하는 것이 필요하다.

퍼실리테이터는 어떤 논의가 중첩되고 있는지를 유심히 추적한다. 그리고 각각의 논의 주제에 대해 이름을 붙여준다.

내모: 우리가 지금 하는 논의에는 예산, 취향, 일정 등의 주제가 섞여 있는 것 같습니다.

내모: 세 가지를 완전하게 떼어 놓을 수는 없지만, 이를 좀 더 쉽게 논의하기 위해 일정을 먼저 논의하고, 취향을 다룬 다음, 예산으로 이어가면 좋을 것 같습니다.

내모: 자, 그럼 일정부터 먼저 논의해 볼까요? 일정에 관해 어디까지 이야기를 나누었죠?

잡아두기

활발하게 회의가 진행될 때, 이따금 2명 이상이 동시에 발언하게 되는 경우가 있다. 이때 발휘할 수 있는 간단한 스킬이 잡아두기stacking다.

먼저 내모facilitator는 2명 이상이 거의 동시에 발언하고자 했다는 것을 알아차렸다는 신호를 발언 희망자에게 보낸다. 손가락으로 지적해도 좋고, 눈빛을 마주치거나 고개를 끄덕이는 것으로 표시할 수도 있다.

그다음 "먼저 왼쪽부터 오른쪽 순서대로 말씀을 듣겠습니다."라고 말하여 발언 희망자를 안심시킨다. 먼저 조금이라도 발언을 먼저 한 사람이 누군지 알아차렸다면 그 사람을 먼저 발언토록 하는 것이 좋다.

1. 동시에 또는 짧은 시차를 두고 발언을 희망하는 사람이 두 명 이상인 상황을 감지한다.

2. 발언 희망자와 눈을 마주치거나 지적하여 희망 의사를 확인했음을 확인시켜 준다.

3. 비교적 먼저 발언 의사를 표현했다고 생각하는 사람부터 발언 순서를 정해준다.
("분홍색 셔츠를 입으신 선생님 말씀을 먼저 듣고 (지적하며) 다음, 그다음 선생님 말씀을 듣겠습니다.")

4. 첫 번째 희망자의 발언을 듣는다.

5. 정한 순서대로 발언을 듣는다.

발언 순서를 잊은 경우에는 참여자에게 물어보면 친절히 알려준다.

이와 같은 교감 기술은 회의나 워크숍 장면에서 오가는 다양한 상황과 정서를 즉각적으로 처리해 참여의 에너지를 유지하고, 필요한 정보가 잘 다루어질 수 있도록 하는 데 커다란 기능을 수행한다.

4
—
도구와 방법론

집을 짓든, 피아노를 치든, 태권도를 하든, 자동차를 타든 잘하려면 좋은 도구가 필요하다. 퍼실리테이션도 마찬가지다. 앞서 철학과 인간관, 이론과 프레임, 스킬과 실행력의 중요성을 설명했다. 어느 하나 빼놓을 수 없는 중요한 것들이다. 도구와 방법론 역시 마찬가지다.

사람들은 쉽게 도구의 유혹에 빠진다. 철학, 이론, 스킬은 무형의 것이어서 우선 눈에 들어오지 않는다. 좋은 연장 없이 좋은 결과물을 만들어 내기 어렵다. 여기서는 도구와 방법론을 다룬다. 퍼실리테이션에 사용되는 수천 개에 달하는 도구를 여기서 모두 소개할 수는 없다. 기존의 책에서 다루지 않은 것을 중심으로 유용한 것들을 모아 보았다.

도구의 본질과 속성을 먼저 살피고, 구체적인 도구의 사용법을 소개한 다음, 보다 복잡한 방법론과 PASAQADE 모델을 설명한다. 이어 퍼실리테이션에서 가장 고수의 영역인 맞춤 설계를 위한 내용을 담았다.

도구의 기능과 속성

1. 도구는 효율이다

망치가 있어야 못을 쉽게 박을 수 있다. 밥을 맨손으로 먹기보다는 숟가락을 사용하는 것이 효율적이다. 회의할 때는 얼마나 도구를 잘 사용하고 있을까? 회의가 못마땅하게 느껴질 때, 회의 도구를 잘 사용하고 있는지를 들여다볼 일이다.

    업무수행의 효율을 높이려는 사람이라면 도구가 필요하다. 요리를 맨손으로 하지 않고, 집을 지을 때도 다양한 도구와 장비를 사용한다. 도구와 장비를 종합해 일정한 작업 순서를 정하면 공법이 된다. 집을 짓고 다리를 놓을 때 도구, 장비, 공법이 있듯이 퍼실리테이션 워크숍에도 도구, 기법, 방법론이 있다.

    집을 지을 때는 재료라는 손에 잡히는 물질을 사용하는 반면, 워크숍에서는 정보라는 손에 잡히지 않는 무형의 자원을 사용한다는 점에 차이가 있다. 따라서 정보를 다루는 도구와 기법은 정보를 기록하고 보여주는 물리적인 도구를 사용하기도 하고, 체계적이고 깊이 사고할 수 있도록 도와주는 개념적인 도구를 사용하기도 한다. 전자를 경성 도구$^{hard\ tool}$, 후자를 연성 도구$^{soft\ tool}$라고 부를 수 있다.

> **tip**
>
> ### 퍼실리테이션 방법론의 예시
>
> 강점 탐색(AI, Appreciated Inquiry), 디자인 씽킹(Design Thinking), 명목집단법(NGT, Nominal Group Technology), 미래 탐색(Future Search), 식스 시그마(Six Sigma), 애자일 (Agile), 연성체계 방법론(SSM, Soft System Methodology), 오픈스페이스기법(OST, Open Space Technology), 워크아웃(Work-Out), 월드카페(World Cafe), 집단역동면접(GDI, Group Dynamics Interview), 참여의 기술(ToP, Technology of Participation), 피시볼 토의 (Fishbowl Discussion)

도구와 기법이라는 말은 흔히 혼용해서 사용하기 때문에 그 개념을 뚜렷하게 구분하기가 어렵다. 도구는 작고 간단한 것, 기법은 길고 복잡한 것이라고 우선 구분해도 좋다. 집을 지을 때, 도구와 장비를 사용하고, 특정한 공법을 사용해 짓는다는 것을 떠올리면 이해에 도움이 될 것이다.

좀 더 정교하게 구분해 본다면, 기법^{Method}은 문제 해결 또는 정보처리를 효과적으로 할 수 있도록 도구^{질문}들의 순서를 체계적으로 배열한 것이라는 의미를 내포한다. 도구^{Tool}는 문제 해결 또는 정보처리에 적용되는 개념적 틀(예: SWOT, Fishbone) 자체를 지칭하는 말로 사용된다.

기법은 도구나 질문을 여러 개 연결하는 절차적 부분을 포함하고 있어, 처음에 무엇을 하고 나중에 무엇을 함으로써 문제가 해결된다는 식의 작업을 제시하고 있다. 도구는 사고를 분석적이고 체계적으로 할 수 있도록 돕는 인지적 경계선과 연결선을 제시한 것이라고 볼 수 있다. 그러나 실무에서는 정확한 구분 없이 서로 대체하는 용어로 사용되고 있다. 예를 들면 SWOT나 브레인스토밍을 기법이라고 말하기도 하고 도구라고 말하기도 한다.

회의나 워크숍에서도 도구를 사용하면 효율을 크게 향상할 수 있다. 그러나 안타깝게도 회의장에서 도구를 사용하는 정도는 매우 빈약하다. 도구를 사용해 본 경험이 부족해 익숙하지 않은 것이 우선 큰 이유이다. 그렇기에 도구를 사용해야 한다는 인식이 부족한 상태며, 도구를 사용하는 것이 오히려 수준이 낮은 방법이라고 생각하는 고정관념이 남아 있기도 하다.

국무회의에서 장관들이 그리고 대기업의 사장단 회의에서 사장들이 점착 메모지를 사용하는 모습을 상상하기란 어렵다. 왠지 그런 방식은 지위가 낮은 실무자들이 하는 일처럼 보인다. 아마도 TV나 사진에서 매우 엄숙하고 경직적인 모습의 이미지로 훈련된 이유가 클 것이다.

출산율, 안전불감증, 청년실업, 복지 정책, 경제 정책 등을 입안하고 논의할 때 도구를 사용해 회의 하면 훨씬 효과적일 것이다. 국무회의, 부처간 정책 협의, 국회 상임위원회 등에 도입될 날을 기대해 본다. TV 토론에 사회자가 내모^{facilitation}를 도입한다면 훨씬 효과적일 것이다.

90년대 초반에 컴퓨터로 일하고 있었는데 마을 이장님이 지나는 말로 이렇게 말씀하셨다.

'구 주사는 맨날 일은 안하고 컴퓨터만 하네.'

컴퓨터라는 도구를 사용해 일을 훨씬 효율적으로 하고 있었음에도 일하고 있는 어떤 고정된 모습 이외의 것을 일로 받아들이기 어려웠던 것이다. 회의실에서 상사가 말하고 나머지 참석자는 열심히 받아적은 회의 모습은 회의의 전형적인 모습이지만, 21세기의 관점에서 회의를 잘하는 모습은 아니다. 회의를 잘 하는 모습은 참여자들이 서로 활발하게 발언을 이어가는 모습니다. 더욱 문제가 되는 것은 그와 같은 상층부의 회의 모습이 널리 알려지므로 해서 그것이 모범적인 것처럼 인식되고 비효율이 확대 재생산되고 있다는 점이다.

어쩌면 회의 문화를 바꾸고 조직 문화를 더 빠르게 바꾸려면 우리에게 고정관념을 만들어주고 있는 방송의 회의 장면을 먼저 바꾸어야 하지 않나 하는 생각마저 든다. 방송이 큰 홍보 역할을 하고 있으니까 말이다.

경직된 분위기의 회의가 회의의 효율성을 내고 있는지를 생각해 보면 우리가 얼마나 많은 낭비를 하고 있는지 알 수 있다. 한 사람이 말하고 나머지는 받아적는 방식은 회의에서 창의적이고 현명한 결정을 이루어내는 것은 어렵다. 인간의 수많은 영역에서 도구와 장비를 도입했고, 그 도구와 장비의 대부분은 손끝과 맞닿아 있다. 리더들의 손 끝에 다양한 퍼실리테이션 도구가 맞닿을 때 회의의 효율이 높아지고 생산적인 결과물을 만들어 낼 것이다.

경성 도구

경성 도구는 우리가 생활 속에서 흔히 알고 경험한 도구들이다. 망치, 톱, 칼, 가위, 스패터, 드라이버 등 목공소(워크숍)나 카센터(워크숍)에서 흔히 접한 것들이다. 학교에도 있고, 주방에도 있고, 사무실에도 경성 도구 도구들로 가득하다.

퍼실리테이션 워크숍에서는 이처럼 생활에서 사용하던 도구를 필요에 따라 항상 가져다 쓸 수 있다. 그중에서 몇 가지는 망치나 칼처럼 자주 사용한다. 점착 메모지, 마커펜, 플립차트, 접착테이프, 전지, 도트 스티커 등이다.

경성 도구 중에 덩치가 큰 것을 장비라고 부르고 더 크고 복잡한 것을 장치나 시설이라고 부른다. 랩톱, 컴퓨터, 프로젝터, 자동차, 굴삭기, 공장 등 모두 어떤 일(목적)을 보다 효율적으로 처리하기 위해 인간이 만든 도구이다.

어떻게 접근할까?

집을 지으려면 망치, 톱과 같은 도구가 필요하다. 못을 잘 박을 수 있도록 망치를 내려치는 스킬도 필요하다. 나무를 다듬는 데는 칼, 도끼, 톱, 대패 사용과 다양한 기법이 적용될 수 있다. 더 큰 틀에서 살펴보면 집을 조립식 패널로 지을지, 2X4 목조 주택으로 지을지, 콘크리트 철골 구조로 지을지와 같은 공법의 선택이 있다. 회의 역시 이 수준에서의 선택을 고려해야 한다. 바로 방법론이다.

집을 짓는다는 목적을 실현해가는 접근 방법의 수준에서 어떤 방법을 사용하는 것이 좋은지에 대해 정리하는 것을 방법론이라 할 수 있다. 방법론이라는 용어 역시 기법, 방법, 도구라는 말과 혼용하여 쓸 수 있다. 이를 엄격하게 경계선을 그으면서 사용할 필요는 없지만, 워크숍의 기획 단계에서 전체 수준과 부분 수준에서의 방법적 선택이 따로 있다는 점을 염두에 두는 것은 필요하다.

학계에서 연구 방법론을 말할 때는 '연구의 목적을 달성하기 위해 어떻게 연구할 것인가?' 라는 물음에 대한 대답을 찾는다. 서베이 조사와 같은 정량적 연구 방법론, 면접과 같은 정성적 연구 방법론, 함께 살면서 관찰하는 문화인류학적 방법론과 같은 용어를 사용한다.

퍼실리테이션은 문제 해결(귀결은 의사결정)이라는 목적을 위해 '어떤 방식으로 접근해 가는 것이 바람직할 것인가?'에 대한 대답을 먼저 찾아야 한다.

- 긍정 탐색 방법론
- 디자인 씽킹 방법론
- 액션러닝 방법론
- 연성체계 방법론
- 문제중심학습 방법론
- 애자일 방법론
- OST 방법론
- PASAQADE 방법론

위에 제시한 방법론들은 큰 틀에서 문제를 풀기 위해 또는 집단의 욕망을 충족하기 위해 어떤 방식으로 접근하는 것이 바람직한지에 대해 제시하고 있는 설명이다. 대부분 표준 프로세스를 제시하고 있어서 도구 또는 기법으로 불리기도 한다. 그러나 이러한 방법론들의 본래 취지는 반드시 제시한 프로세스를 기계적으로 적용하라는 것이 아니다. 실은 그렇게 하면 실패한다고 경고하고 있다.

그러므로 어느 하나의 방법론을 고집할 일이 아니다. 자신에게 익숙하고 이해되는 방법론을 추구하되 경직적, 교조적으로 사용하지 말고 유연한 변경을 시도해야 한다. 시험지는 결과이다. 처음에 욕망한 목적이 실현되었다면 도구, 기법, 방법론의 변경은 정당하다. 아무리 매뉴얼대로 지켜서 적용했더라도 결과가 나빴다면 정당하지 않다. 어떤 방법론도 완벽할 수 없고, 다루는 문제와 상황은 매우 다양하다. 하나의 방법론을 고집하는 것이 오히려 퍼실리테이션을 방해하는 일이다.

2. 도구는 질문이다

앞서 이론과 프레임에서 질문과의 연관성을 설명한 바 있다. 그리고 프레임은 흔히 도구 (예: SWOT 도구)라고 부르기도 한다. 그런 점에서 프레임 도구 또는 개념 도구는 질문의 묶음이다. 도구를 통해서 정보를 구하고자 하는 것이니 질문의 목적과 같다는 점에서 도구가 질문인 것은 매우 자연스럽다.

친화도법^{affinity map}이라는 도구가 있다고 치자. 친화도법은 혼재된 아이디어를 알아보기 쉽도록 비슷한 것끼리 묶어서 정리하는 방법이다. 인류의 역사는 이런 분류와 함께 해왔다고 해도 과언이 아니다. 분류는 동물과 식물을 구분하듯이 유사성과 이질성의 경계선을 긋는 작업이다. 이 도구^{기법}에는 질문이 담겨 있다.

'서로 비슷한 아이디어는 어느 것인가요?'

'서로 다른 종류의 아이디어는 어느 것인가요?'

'여기에 더 가까운가요, 저기에 더 가까운가요?'

'이 묶음의 이름을 무엇이라고 붙이면 좋을까요?'

친화도법을 알고 나면 위의 네 가지 기본 질문을 자연스럽게 알게 된다. 친화도법을 배운다는 것은 실은 위의 질문을 배우는 것과 같다.

전통적인 워크숍인 자동차 정비공장이나 목공소에 가보면 다양한 도구가 눈에 들어온다. 모두 정비 기사나 목수의 업무 효율을 높여주는 것들이다. 그 공장이나 목공소를 인수했다고 해서 내가 바로 정비를 해내고 가구를 제작할 수 있는 것은 아니다. 철학과 이론 그리고 스킬이 있어야 가능하다. 도구를 포함한 4대 영역을 모두 갖추지 않으면 목적으로 삼은 성과를 낼 수 없다.

퍼실리테이션을 처음 배울 때는 도구에 의존한다. 상황에 맞게 자유자재로 질문을 던지는 것이 익숙하지 않기 때문이다. 도구는 상황을 미리 예상해 중요 질문 몇 가지를 묶어 놓은 것이나 다름없다. 앞서 질문 스킬 편에서 다루었던 질문 프레임과 유사하다. 질문 프레임도 도구라는 말로 대체해 사용할 수 있다.

워크숍의 목적을 달성하는 데 있어 높은 효율을 가져다주는 수단성을 지니고 있기 때문에 도구라고 부른다. 그런데, 워크숍의 본질은 정보처리이고 처리하기 위한 정보를 꺼내려면 질문이 필요하다. 질문이 정보처리를 위한 핵심적인 인간 행동의 측면을 바라본 것이라면, 도구는 회의 전체의 목적 달성에 있어서의 효율성 측면을 바라본 것이다.

회의나 워크숍을 성공으로 이끄는 것은 정교한 질문이다. 그러나 그 정교한 질문을 하루아침에 익힐 수 없으므로 우선 도구를 쓰는 쉬운 방법으로 접근하게 된다. 훌륭한 퍼실리테이터로 성장하려면 도구 적용에만 머물러서는 안 된다. 도구가 질문의 묶음인 점을 간파하고 질문을 개발해 가는 노력을 기울이는 것이 좋다. 그렇게 하면 자신만의 훌륭한 질문의 묶음이 만들어지고 그것이 곧 도구의 발명으로 이어진다. 회의에 적용할 수 있는 도구 역시 공장이나 목공소처럼 헤아릴 수 없을 만큼 많다. 그러므로 이러한 도구는 별도의 책을 구입하거나 인터넷을 검색해 하나둘씩 익혀가야 한다.

그리고 스스로 쉽게 사용하기 어려울 때는 역량을 갖춘 사람으로부터 도구 사용법을 전수받는 것이 필요하다. 그렇게 여러 개를 익혀가다 보면 어떤 도구든 가져다 쓸 수 있을 만큼 익숙해진다. 이때 향상된 것은 철학, 이론, 스킬이다. 숙련된 목수라면 새롭게 개발된 도구를 쓸 때도 스스로 그 사용법을 쉽게 익힐 것이다.

도구만 모아 발간해도 수십 권의 책을 내야 할 것이다. 아이스 브레이킹 도구만 하더라도 여러 권의 훌륭한 책들이 이미 시중에 나와 있다. 그러므로 중복을 피하고자 이 책에서는 이미 출간된 책에서 다룬 것은 목록 정도로 정리하고, 자세한 설명은 쿠가 개발한 도구를 중심으로 실었다.

도구 이름	Purpose	Acclima-tize	Surface	Arrange	Quest	Assess	Decide	Execute
생각 적기		○	○					
리치 픽처		○	○					
브레인 스토밍			○					
브레인 라이팅			○					
스캠퍼			○		○			
육감도 확산법			○					
6가지 사고모자 기법			○	○	○	○	○	
MECE				○	○			
ERRC			○	○	○			
로직트리				○	○			
연관도				○	○			
절차도				○	○			
친화도				○	○			
5 why			○		○			
AOG			○	○	○	○	○	
다중투표						○	○	
주먹오						○	○	
성과노력 대비표						○	○	
의사결정표						○	○	
짝 비교						○	○	
동의단계자						○	○	
RACI 차트								○

3W								○
무작위단어법			○					
SWOT			○	○	○			
TOWS			○	○	○			
Pros and Cons			○	○	○			
피쉬본			○	○	○			
사분면 차트			○	○	○	○		
T 차트			○	○				
인터뷰	○		○					
역장분석								
질문 주사위		○	○					
공감 온도계		○	○					
히스토리 스캔		○	○					
신호등 토론					○	○	○	
PEST/PESTLE			○	○				
포지셔닝 맵			○	○	○			
4P			○	○	○			
35vote						○	○	
pair talk		○	○					
3자 토크		○	○					
만다라트			○	○				
게시물 5종 세트	○	○						
자유토론			○		○	○	○	

표 4-7 주요 도구 목록

쉽게 쓰는 쿠의 도구

1. DVDM 기법

DVDM 기법은 필자가 수년간 퍼실리테이션을 수행한 경험을 바탕으로 2010년에 직접 개발한 도구이다. 4개의 질문으로 구성된 간단한 묶음이지만 매우 강력한 도구의 힘을 발휘한다. DVDM 기법은 정의^{Definition}, 가치^{Value}, 난관^{Difficulty}, 해법^{Method}의 영문 머릿자를 따온 것이다. 질문법은 4~10인의 소그룹에서 수행하는 것이 가장 바람직하며, 이 질문법을 활용한 워크숍을 DVDM 워크숍이라 부른다. 10인보다 많은 인원이 같은 주제를 다룰 경우에는 그룹을 나누어서 진행하고 워크숍 말미에 원더링 플립차트 기법을 적용하고 상호보완의 기회를 제공하면 매우 효과적이다.

도구 개요

1. 퍼실리테이션 유형: 멘탈 모델의 공유
2. 적정인원: 4~10명(퍼실리테이터의 역량에 따라 100명 이상의 대규모 그룹에서도 응용 가능)
3. 운영시간: 1~8시간(주제의 난이도, 복잡성, 참여 인원의 규모에 따라 달라질 수 있음)
4. 사용 도구: 차트, 마커펜(필요하다면 점착 메모지까지)
5. 난이도: 초 · 중급
6. 프로세스: DVDM(아래 설명 참조)

일반적으로 퍼실리테이션에서 질문의 순서가 중요한 것처럼 이 질문법에서도 정의-가치-난관-해법을 순차적으로 다룰 때 더 효과적인 결과를 얻을 수 있다.

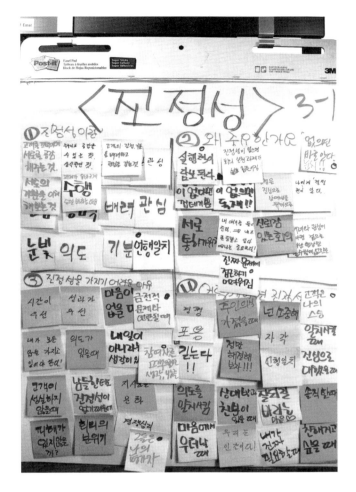

그림 4-38 진정성을 주제로 DVDM을 실시한 결과물

정의 질문

정의 질문^{Definition}은 주제 또는 이슈가 되고 있는 개념을 명확히 하기 위해 묻는 질문이다.

'사랑이란 무엇인가요?'

'조직 문화란 무엇인가요?'

'청년 실업이란 무엇인가요?'

'안전불감증이란 무엇인가요?'

이 정의에 관한 질문은 주제로 삼고 있는 '사랑'에 대해 서로 인식하고 있는 공통점과 차이점을 보여주는 기능을 한다. 이 과정에서 일반적으로 발견되는 놀라운 점은 참여자들이 하나의 개념에 대해 생각보다 훨씬 폭넓은 의견을 가지고 있다는 것이다.

서로 개념에 대한 격차가 심한 상황에서 이에 대한 확인과 공유를 하지 않고 주제를 다루게 되면, 한자리에 있어도 서로 다른 주제를 다룬 것과 마찬가지가 된다. 긴 시간 동안 행한 워크숍이 무의미해지는 이유가 여기에 도사리고 있다. 질문은 이러한 참여자 간의 인식 격차를 미리 확인하고 공유한 가운데 후속 논의를 할 수 있도록 도와준다. 다양하게 표출된 개념 정의에 대해 합의를 이루고 다음 순서를 진행할 것인지, 정의에 대한 합의는 이루지 않고 서로의 차이와 다양성을 확인하고 공유만 한 상태에서 후속 논의를 진행할 것인지는 선택적이다. 주어진 시간이 충분하고, 워크숍이 학습보다는 문제 해결에 초점이 맞추어져 있을 때는 정의에 대한 합의를 이룬 후 후속 순서를 진행하는 것이 좋다.

가치 질문

가치 질문Value은 주제 또는 이슈가 되고 있는 개념이 어떤 의미, 가치, 중요성을 지니는지를 확인하고 공감하기 위해 묻는 질문이다.

'사랑이 중요한 이유는 무엇인가요?' 또는 '사랑은 어떤 가치를 지니고 있나요?'

'조직 문화가 왜 중요한가요?'

'청년 실업을 줄이려는 이유는 무엇인가요?'

'안전불감증을 다루는 중요한 이유는 무엇인가요?

이 질문은 주제로 삼고 있는 '사랑'이 가지는 의미와 중요성을 탐색해 '사랑'이라는 주제를 다루는 워크숍이 왜, 얼마나 중요한지를 확인하고 공유하게 한다. 주제와 관련해 참여자 각자 경험하고 있는 환경이 다르고 그래서 서로 다른 문맥에서 느끼는 중요성을 비교하고 확인함으로써 주제에 대한 이해의 폭을 넓히고 관점을 확장하는 효과를 가져온다.

질문은 주제가 다루는 개념의 후행변수를 탐색하는 효과를 가져오는 셈이 된다. 현실에서 주제인 '사랑'이 어떻게 작동하고 어떤 효과를 내고 있으며, 사람마다 어떤 효과를 기대하고 있는지를 알아가는 시간을 제공해 준다. 이렇게 가치와 효과에 대해 질문하게 되면 자연스럽게 참여자의 참여 의지를 높이기도 한다.

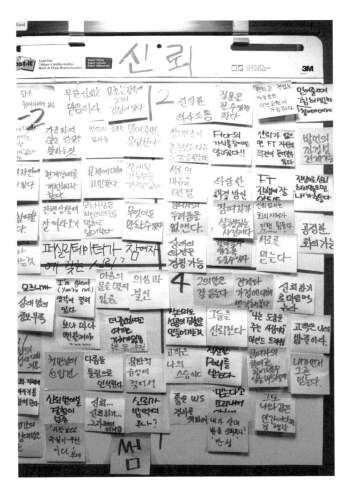

그림 4-39 신뢰를 주제로 DVDM을 실시한 결과물

난관 질문

난관 질문^{Difficulty}은 주제 또는 이슈가 되고 있는 개념을 실현하는 데 겪는 어려움이 무엇인지를 알아보기 위한 질문이다.

'사랑'을 (잘) 하기 어려운 이유는 무엇인가요?'
'조직 문화를 개선하기 어려운 점은 무엇인가요?'
'청년 실업은 왜 줄이기 어려운가요?'
'안전불감증을 줄이기 어려운 이유는 무엇인가요?'

이 질문은 주제로 삼고 있는 '사랑'이 중요함을 알지만, 막상 그것을 행하기가 쉽지 않은데 그 쉽지 않은 이유를 찾아가는 과정이다. 이 질문 또한 참여자 각자가 겪고 있는 상황과 맥락에서 경험하고 있는 어려움을 탐색하고 이를 상호 확인할 수 있도록 도와준다.

이러한 과정은 참여자들이 자신의 상황과 비교하면서 사고를 확장할 수 있도록 돕고, 상대방의 처지와 상황에 대한 이해의 폭을 넓힐 수 있도록 도와주기도 한다. 또한 서로의 의견을 비교하고 결합하는 과정에서 근본적인 원인을 찾을 수 있도록 지원하게 된다.

두 번째 D 질문은 주제가 다루는 개념의 선행변수를 탐색하는 효과를 가져온다고 볼 수 있다. '사랑'하려 하지만 그 '사랑'의 실천이 어렵고 기대하는 결과가 나오지 못하게 하는 원인에 대한 탐색을 돕는다. 누구라도 '사랑'을 하면 좋지만 이를 가로막는 심리적, 인지적 제약을 탐색해 뒤에 이어지는 M 질문에서 해답을 찾기 쉽도록 연결해 주는 기능을 하게 된다.

해법 질문

해법 질문^{Method}은 마지막으로 주제 또는 이슈가 되고 있는 개념을 실현하고 개선하는 데 필요한 방법 또는 해법이 무엇인지를 알아보기 위한 질문이다.

'어떻게 하면 '사랑'을 (잘) 할 수 있을까요?'

'어떻게 하면 좋은 조직 문화를 가질 수 있을까요?'

'청년 실업을 줄이는 방법은 무엇인가요?'

'안전불감증을 줄이는 데 좋은 방법은 무엇인가요?'

이 질문은 주제로 삼고 있는 '사랑'에 대해 정의를 확인하고, 그 중요성과 실행의 어려움을 탐색한 결과 이를 개선하는 데 필요한 방법과 수단을 찾아 정리하는 마지막 단계의 과정이다. 이 단계에 나오는 아이디어들은 개인 차원의 방법, 조직 차원의 방법, 단기적인 처방, 장기적인 처방 등이 다양하게 혼재해 도출되기 마련이다.

따라서 도출된 아이디어를 적절히 분류하고 우선순위와 기한, 책임자를 정해 실천하는 것이 중요하다. 그리고 해법 질문에 대한 응답이 앞서 시도한 정의, 가치, 난관 질문의 응답과 적절하게 매칭되고 정렬될 수 있는지를 확인해 DVDM 전체의 통일성과 통합을 시도하는 것도 중요하다.

이 질문법은 간단한 네 개의 질문을 사용하지만, 본질을 꿰뚫는 치밀함을 가지고 있어 매우 강력한 결과를 만들어 낸다. 이 네 개의 질문을 골격으로 하여 1일의 워크숍을 기획할 수도 있으며, 짧게는 1~2시간의 세션을 통해 주제를 다룰 수도 있다. DVDM 워크숍으로 다루기 좋은 주제로서 소통, 조직 활성화, 디지털 트랜스포메이션, 리더십, 화합, 상생, 신뢰, 사랑, 결속, 애사심, 소속감, 업무분장, 혁신, 워라밸, 동기부여, 애자일, 성과 관리 등을 들 수 있다.

2. FELAR 기법

FELAR은 문제 해결을 손쉽게 할 수 있도록 주요 아젠다 5개를 배치한 것이다. 경험학습이론과 쿠의 오랜 워크숍 경험을 바탕으로 설계한 것이다. 퍼실리테이션을 조금이라도 아시는 분은 누구나 쉽게 사용할 수 있다.

도구 개요

1. 퍼실리테이션 유형: 문제 해결
2. 적정인원: 4~10명(퍼실리테이터의 역량에 따라 100명 이상의 대규모 그룹에서도 응용 가능)

3. 운영시간: 40~120분(문제 난이도, 복잡성, 참여 인원의 규모에 따라 달라질 수 있음)

4. 사용 도구: 차트, 마커펜, (필요하다면 점착 메모지까지)

5. 난이도: 초 · 중급

6. 프로세스: FELAR(아래 설명 참조)

그림 4-40 FELAR 기법을 적용해 워크숍을 진행하고 있는 모습

사용 방법

순서에 따라 워크숍을 진행하면 된다.

퍼실리테이터가 5단계인 FELAR 순서에 따라 질문하고 참여자들의 생각을 잘 들어 받아 적으면서 다루고자 하는 문제의 해결책을 찾아가는 방법이다. 단계에 들어가기 전에 다루고자 하는 주제나 이슈를 먼저 지정하는 것이 필요하다. (예: 직원들의 잦은 지각, 고객의 불만 접수 증가, 야근 증가, 업무 불균형, 분기 실적 저조, 주 52시간 근무 등) 구조화된 문제의 정의 절차를 가지면 더 바람직하지만 위 예시 정도의 논의 주제를 잡는 것만으로도 충분하다.(유능한 퍼실리테이터라면 경험 나눔(E) 과정 속에서 문제의 핵심에 도달해 문제 인식을 새롭게 할 수 있다.)

다루는 문제와 관련된 여러 가지 사실, 수치 등을 묻고 이를 차트에 정리하는 단계이다.

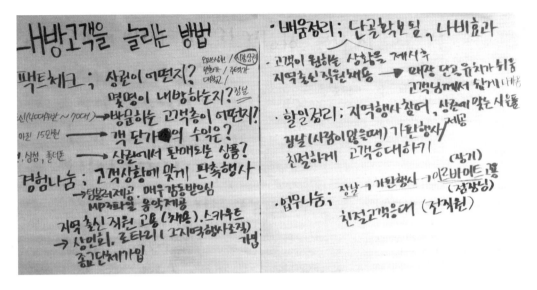

그림 4-41 FELAR을 적용한 간단한 실습 결과

이 단계에서는 객관적이고 정량적인 사실을 파악하는 것이다. 이때 주의할 점은 주관적인 의견이나 주장을 말하는 참여자가 있는 경우, 정중하게 다음 단계에서 말해 달라고 요청하는 것이다. 퍼실리테이터는 중요하고 필요하다고 생각하는 수치와 자료들이 모두 파악될 수 있도록 집중하는 것이 좋다.

주요 질문

- ~은 몇 명인가요?
- ~은 몇 번인가요?
- ~가 얼마나 되나요?
- ~이 어디인가요?

참여자들이 다양한 팩트를 제시하겠지만, 그렇지 못한 경우 퍼실리테이터가 맥락에 맞는 관련 정보를 꺼낼 수 있는 질문을 던지는 것이 중요하다.

T단계-경험 나눔

팩트를 말하고 차트에 정리하고 나면, 자연스럽게 관련된 이야기가 등장하기 시작한다. 퍼실리테이터는 이런 자연스러운 흐름을 끊지 않고 기록하되 중요한 팩트 성격의 발언이 나오면 F단계의 기록란에 기록하는 것을 잊지 않아야 한다. 이 단계에서는 참여자들끼리 사랑방 대화하듯이 즐겁게 이야기를 나누는 분위기를 만들고 퍼실리테이터는 참여자들의 이야기에 주의를 기울이면서 중요한 내용들을 차트에 기록한다.

주요 질문

- 무슨 일이 있었나요?
- 그래서요?
- 좀 더 말씀해 주시겠어요?

L단계-배움 정리

사람들은 말하면서 또 타인의 말을 들으면서 자연스럽게 배움을 얻게 된다. 이 단계에서는 배운 것들에 대해 이야기하고 퍼실리테이터는 정리를 도와주는 단계이다. 사람들은 경험담을 들으면서 스스로 학습하는 기본적인 본성을 가지고 있으므로 F단계를 잘 진행했다면 L단계는 저절로 일어나게 된다.

주요 질문

- 어떤 생각이 드셨나요?
- 무엇을 알게 되었나요?
- 무엇이 가장 인상적이세요?

- 그것이 주는 시사점은 무엇일까요?

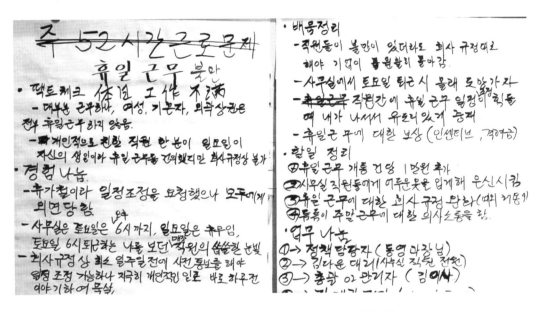

그림 4-42 사람들은 대화 속에서 상호이해와 배움을 얻는다.

A단계–할 일 정리

배움이 일어나면 사람들은 그 배움에 근거해 어떤 행동을 하고 싶은 의지를 가지게 된다. 퍼실리테이터는 이 의지를 확인하는 질문을 던지고 그 의견들은 정리한다. 이 과정을 통해 참여자들은 개선을 위한 다음 단계가 무엇인지를 확인하게 되고 그 일에 대한 책임감을 만들어 낸다.

주요 질문

- 무엇을 하면 좋을까요?
- 어떻게 해결할 수 있나요?

- 우리에게 필요한 것이 무엇인가요?
- 그것을 어떻게 하죠?

그림 4-43 FELAR 기법을 적용한 워크숍 장면

R단계-업무 나눔

정리한 할 일들이 실제로 실현되려면 누가 언제까지 할 것인지를 명확하게 하는 것이 필요하다. 마지막 단계에서는 이러한 역할 분담과 마감 기한을 정하는 단계이다. 일반적인 상황이라면 이 단계에서 자신의 일이 늘어날까 봐 참여자들이 회피하려는 경향이 나타난다. 누가 무슨 일을 하는지 서로 쉽게 비교할 수 있고, 그래서 공정하고 능력에 맞게 합리적으로 배분되는 과정을 경험하면서 사람들의 저항감은 책임감과 의욕으로 전환된다. 그리고 문제 해결 과정에서 각자 적절한 역할을 선택하며 자신이 맡은 역할에 대해 자부심을 갖게 된다.

주요 질문
- 이 일은 누가 해보시겠습니까?

-   가장 잘할 수 있는 사람이 누구인가요?
-   언제까지 하는 것이 가장 좋을까요?

차트와 마커펜만 있으면 누구나 쉽게 진행할 수 있는 워크숍 프로세스이다. 사무실에서 일어나고 있는 크고 작은 문제를 FELAR 프로세스에 맞춰 시도해 보고 좋은 결과를 많이 얻어낼 것이다.

3. 촉진수직대화 FAVERD

위계가 강한 조직, 권위적인 문화를 가진 조직, 대화가 경직된 조직의 경우에는 수직적 대화의 단절이 심각해진다. 단절의 심각성을 알고 개선해 보려고 하지만 좀처럼 개선되지 않는다. 이런 조직에서는 두 개의 계층 간 대화는 어느 정도 이루어지지만, 3개의 계층이 한자리에 모이면 극도로 의사소통이 제한된다. 계층을 건너뛰어 대화해 본 경험이 많지 않을뿐더러, 대체로 상의하달의 경험만 많이 누적되어 있기 때문에 3계층이 한자리에서 대화하는 상황에 대한 공포심이 높은 편이다.

특히 오늘날 한국사회에서 수평 조직을 많이 꿈꾸지만 현실에서 실제로 실현되지 않고 있는 것은 이 같은 3계층 이상의 직접 대화를 경험해 본 적이 없기 때문이다. FAVERD를 통해 계층 간의 대화에서 일어나는 역동과 현상을 직접 경험하는 것이 필요하다.

퍼실리테이터의 진행으로 원활한 대화가 일어나는 것을 경험했을 때, 비로소 구성원들은 리더는 수평의 의지를 실천적으로 확인하게 된다. 그리고 리더들도 구성원들이 훌륭한 생각을 가지고 있음을 직접 확인하게 되면서 정신 교육적 접근 방법이 옳다는 고정관념을 깰 수 있게 된다.

도구 개요

1. 퍼실리테이션 유형: 멘탈 모델의 공유
2. 적정인원: 20~50명(조직 위계상 3계층 이상 참여, 5~6명씩 소그룹 편성)
3. 운영시간: 2~4시간(문제 난이도, 복잡성, 참여 인원의 규모에 따라 달라질 수 있음)

4. 사용 도구: 차트, 마커펜, 넓은 화이트보드, 점착 메모지

5. 난이도: 중·고급

6. 프로세스: 아래 설명 참조

수평문화와 소통문화를 강조하면서 계층 간의 대화를 하지 않는 것은 모순이다. 다계층의 대화를 시도해 보지만 위와 같은 이유로 실패하는 경우가 많다. 상층부의 의지로 억지로 이런 대화의 장을 마련하는 경우, 대화가 잘 되지 않는 어색한 분위기를 예방하고자 발언자를 미리 짜놓거나, 시나리오를 미리 만들어 대화가 이루어지는 것처럼 포장하기도 한다. 소통이라 말하기 어렵다.

MZ와의 소통 이슈, 조직의 전략 방향 설정, 인사나 성과 평가와 같은 공정성 이슈 등 조직을 가로막고 있는 이슈들이 많이 있다. 이 같은 이슈에 대해 조직 내 저경력자와 고경력자 간의 마음과 상황을 서로 이해하고 소통하는 데는 직접 대화가 가장 효과적이다.

그러나 실제로 이런 자리를 마련하는 경우 그다지 효과를 내지 못하는 경우가 많다. 직접 대화가 나쁜 것이어서가 아니라 직접 대화를 진행하는 스킬과 도구가 부족하기 때문이다. FAVERD 도구와 숙련된 퍼실리테이터가 함께하면 고질적인 조직 내 수직적 소통의 문제를 해결할 수 있다.

퍼실리테이터가 해야 하는 가장 중요한 일은 발언의 공포와 성역의 제거이다. 하급자는 직근 상급자의 허락 없이 차상위자에게 의견을 직접 전달하는 것에 대해 부담을 가진다. 또한 이 같은 대화를 수십 명이서 하는 중·대규모에서는 실수한 발언을 되돌릴 수 없다는 공포감도 커진다. 이런 공포감은 발언을 어렵게 만든다. 실제로 기업에 사장과의 대화 등 직접 대화를 위한 시도를 하지만, 구성원들이 마음껏 말하지 못하는 경험을 많이 한다. 그래서 무용론이 커지거나, 미리 시나리오를 짜고 하는 형식적, 전시적 소통으로 이어지고 만다. 수직대화를 성공적으로 이끌려면 다음과 같은 절차에 따르는 것이 좋다.

1. 퍼실리테이터의 진행 원칙 선언 (3')

'물어보는 데 제한이 없습니다. 궁금한 것은 무엇이든 물어주시면 됩니다.'

'사람을 특정해 물어주셔도 좋고, 아니어도 괜찮습니다.'

'답변하시는 분도 답변하셔도 좋고, 하지 않으셔도 좋습니다.'

'누가 질문했는지를 추적하지 않습니다.'

'오늘 페이버드^{FAVERD}는 질문 자유의 원칙, 답변 자유의 원칙, 질문자 추적 금지의 원칙이 3가지 원칙을 지키는 방식입니다. 이 원칙이 잘 지켜지도록 제가 최대한 지원하겠습니다.'

2. 최고위자의 모두 발언 (5')

참여자들은 오늘 발언의 수위를 어디까지 하는 것이 좋을지 상황을 보고 판단한다. 그리고 그 판단에 가장 높은 영향을 끼치는 것은 참석자 중에서 가장 지위가 높은 사람이다. 그러므로 최고위자가 성역이 없이 허심탄회한 자리를 만들려고 한다는 진심의 전달하는 것 역시 매우 중요하다.

이 점에 대해 최고위자, 담당자, 퍼실리테이터 사이에 사전에 약속해두는 것이 좋다.

'저나 회사에 대해 평소 궁금했던 것을 모두 물어주시면 좋겠습니다.'

'서로 궁금한 것을 무엇이든 물어볼 수 있는 상호학습의 장이 되기를 희망합니다.'

'저도 여러분에게 많이 물어보겠습니다.'

3. 전체 참여자의 질문 (20')

질문자가 누구인지 드러나는 것을 두려워할 수 있으므로 점착 메모지를 사용하는 것이 좋다. 점착 메모지에 궁금한 사항(질문)을 적어 테이블마다 모아둔다. 테이블마다 한 사람이 적어낸 질문 메모지를 모아 전면 또는 측면의 화이트보드에 붙여 둔다. 온라인과 병행할 수 있는 사정이라면 이 과정에서 Slido, Mentimeter와 같은 온라인 설문도구를 사용하는 것도 편리하다. 또한 발언자의 익명성도 더 확실하게 보장할 수 있는 장점이 있다.

4. 질문 내용의 정리 (20')

화이트보드에 적혀 있는 메모지(질문)를 유사한 것끼리 친화도법을 사용해 묶는다. 필요한 경우 묶음의 이름을 붙여본다. 이 과정은 전체 참여자 또는 테이블마다 1~2명씩 나와서 직접 분류하도록 하는 것이 좋다.

5. 질문 돌아보기와 답변 (30')

질문의 분류를 마쳤으면 참여자 전체가 질문을 돌아보도록 한다. 돌아보면서 누구라도 답변할 수 있는 내용이 있다면 답변을 점착 메모지에 적어서 붙이도록 한다.

6. 질문에 대한 추가 답변

답변이 되었지만 미진하거나, 아직 답변되지 않은 것 중에서 중요한 사안에 대해 답변하는 시간을 가진다. 2, 3, 4번 순서는 쓰기를 통한 조용한 소통이었다면 이제는 발언을 통한 좀 더 열린 대화를 시도한다.

점착 메모지라는 작은 공간에 표현하기 어려웠던 다양한 이야기를 대화를 통해 주고받을 수 있도록 하는 시간이다. 퍼실리테이터의 질문과 교감 스킬을 발휘해 참여자들이 두려움을 느끼지 않으면서 질문과 답변을 해갈 수 있도록 지원해야 한다.

7. 대립하는 멘탈 모델에 대한 토론

퍼실리테이터는 대화 속에서 발견되는 경쟁 가치를 포착해야 한다. 일치하는 부분과 대립하는 부분을 구분해 내는 능력도 필요하다. 직접 파악해낼 수도 있지만 참여자에게 물어보고 확인하는 것이 더 좋은 방법이다.

'회사나 구성원이나 구성원의 웰빙이 중요하다는 점에는 모두 견해를 같이하는 것 같습니다.'

'저경력자는 칼퇴가 웰빙의 실현이라고 보지만, 고경력자는 업무 상황에 따라 유연한 근무로도 웰빙이 가능하다고 보고 있는 것 같습니다.'

'고경력자는 칼퇴를 하는 경우 무엇이 가장 안 좋은 점인지를 말씀해 주시고, 저경력자 쪽에서는 유연하게 근무를 했을 때 생기는 안 좋은 점을 역시 말씀해 주시면 좋겠네요.'

8. 양해한 것들의 정리

마지막으로 대화를 통해 몰랐던 것 중에서 이번에 알게 된 것을 적어내도록 하고 이를 공유하는 시간을 가진다. 한 번의 페이버드로 모든 이슈가 짠 하고 해결되지 않을 수 있다.

합의된 영역, 진전을 이룬 영역, 아직 대립하고 있는 영역을 잘 구분하는 것이 필요하다. 그리고 후속 조치를 어떻게 하면 좋을지도 즉석에서 논의해 정하고 마무리한다.

필요하다면 페이버드에 참여한 소감, 느꼈던 한계와 좋았던 점을 말하도록 하여 후속 페이버드에 반영하면 좋다. 회를 거듭할수록 수직대화는 무르익어 갈 것이다.

노동과 급여처럼 대부분의 가치는 다른 가치로 대체할 수 있다. 교환 비율이 있을 뿐이다. 대화의 처음은 대립하는 가치를 드러내는 것이지만, 나중에는 이 교환의 비율에 관한 이야기로 남게 된다. 세상 누구도 똑같은 종류의 가치를 똑같이 보유하거나 추구하고 있지 않다. 그러므로 갈등하고 대립하는 것은 당연하다. 대화를 통해 가치를 변경하거나 교환의 비율을 선택하면 합의는 실현된다.

4. 육감도 확산법

자유로운 의견을 개진하는 문화를 체험해 본 경험이 매우 적은 한국 문화에서 때로는 전통적인 방식의 브레인스토밍이 제대로 작동하지 않는 경우가 있다. 자유연상법 중의 하나인 브레인스토밍은 자유분방한 사고를 전제로 하고 있기 때문에 퍼실리테이터가 자유로운 분위기를 조성하는 노력을 기울인다 하더라도 참여자의 선경험, 조직 문화, 연령, 직업, 팀 구성 등 여러 가지 요인에 따라 실제로 자유분방한 생각을 이어가기 어려운 경우가 종종 있다.

육감도 확산법은 이러한 자유연상법이 가지는 약점을 보완해 참신한 아이디어를 창출할 수 있도록 도와준다. 약간의 강제 연상 효과를 부가해 아이디어의 발산을 촉진하는 도구이다. 육감도는 하나의 주제어를 중심으로 인간의 오감(미각, 시각, 청각, 후각, 촉각)에 육감(직관적 정신 작용)을 더해 주제어와 강제로 결합 연상토록 함으로써 새로운 아이디어를 창출해낼 수 있도록 고안한 도구이다.

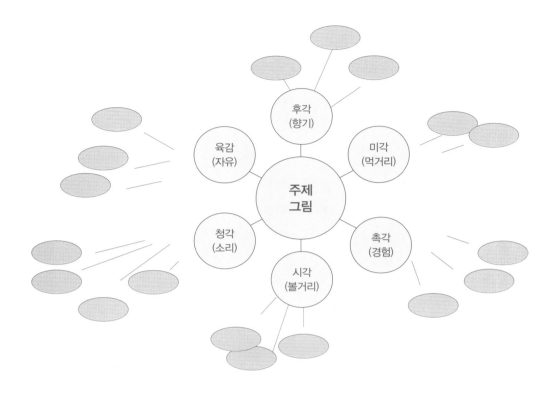

그림 4-44 육감도 확산법의 개념도

도구 개요

1. 퍼실리테이션 유형: 아이디어 창출

2. 적정인원: 제한 없음(4~8명씩 소그룹 편성)

3. 운영시간: 40분~2시간(목표 아이디어의 수, 참여 인원의 규모에 따라 달라질 수 있음)

4. 사용 도구: 전지(또는 넓은 화이트보드), 마커펜, 점착 메모지

5. 난이도: 초 · 중급

6. 프로세스: 아래 설명 참조

① 아이디어를 창출하고자 하는 주제를 정한다.(예: 30주년 기념 행사 아이템)

② 전지 가운데에 주제를 그림으로 표현한다.

③ 육감을 날개를 그리거나 써넣는다.

④ 6개의 날개 감각을 중심으로 떠오르는 아이디어를 점착 메모지에 적어 붙인다.

(처음에는 목적으로 삼았던 아이디어가 아닌 오감의 설명에 가까운 내용을 적어내는 경향이 있다.

이때 퍼실리테이터는 어느 정도 그 경향을 허용해 주는 것이 좋다.)

⑤ 주제에 보다 직접적으로 연결되는 아이디어를 낸다.

⑥ 육감을 상관없이 주제에 어울리는 아이디어를 낸다. 10분 정도의 시간이 흐르면 참여자들의 머릿속에 주제에 해당하는 장면(예: 30주년 행사 장면)이 그려지기 시작하면서 다양한 아이디어들이 나오기 시작한다. 이때는 오히려 육감이라는 카테고리가 방해를 줄수 있으므로 이 항목에 얽매이지 않도록 퍼실리테이터가 안내하는 것이 필요하다.

---

tip

육감도 확산법의 응용 사례

자주 경험하는 퍼실리테이션의 오류 중 하나는 도구를 사용할 때 도구에 사람을 맞추는 것이다. 퍼실리테이션은 사람들이 일하는 것을 돕는 것이지 참여자들이 퍼실리테이션 회의를 돕는 것이 아니다. 도구 또한 마찬가지이다. 도구의 한 가지 사용법에 얽매여 참여자들이 불편해하는 방식으로 도구에 꿰어 맞추는 식의 도구 사용은 퍼실리테이션이라고 할 수 없다. 참여자들의 본래 목적(예: 참신한 아이디어의 발굴)을 쉽게 달성할 수 있도록 도구를 사용자에게 맞춰 응용하는 것이 중요하다. 육감도 확산법은 본디 오감+육감을 날개로 달아 아이디어의 연상을 돕는 도구이지만, 주제어가 육감에 어울리지 않을 때는 위와 같이 응용해 제시해 주는 것이 좋다.

그림 4-45 응용한 육감도 확산법에 의한 결과물

순천시에서 열린 '순천인 공감축제 200인 원탁회의'에서 필자는 순천시의 공감 제안을 위한 아이디어 발굴에 적합한 위의 응용 안을 제시했으며, 20개의 분임 테이블마다 주제어에 맞게 다시 한번 응용해 사용할 수 있도록 안내했다. 이때 응용 날개는 순천의 특징과 이미지를 담는 것이면 좋겠다는 기준을 제시해 주었다. 이에 한 그룹에서는 '인생 3모작을 준비하는 순천'이라는 주제어에 교육, 맛색, 생태, 인심, 사통팔달, 전통문화라는 응용 날개를 달았으며, 이로부터 많은 참신한 아이디어를 발굴해냈다.

아래는 다른 그룹에서 사용한 육감도 확산법의 결과물이다. 이날 순천인 공감축제는 높은 수준의 참여 열기 속에서 풍성한 아이디어를 쏟아내는 성과를 거두었다.

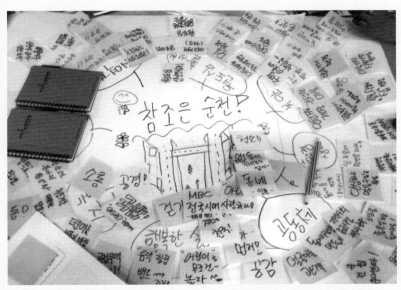

그림 4-46 또 다른 분임에서의 결과물

5. MTB 기법

구조는 그 자체로 역동을 만든다. 물질에서 작동하는 만유인력, 전자기력도 있지만, 정신에서 작동하는 심리적 역동이 있다. 잘 생기거나, 아름다운 이성이 가까이 있으면 어떤 힘이 작동하기 시작한다. 유명인을 만나거나, 회사의 고위직에 있는 사람을 만났을 때도 어떤 긴장이 조성된다.

조직에는 위계 구조가 있다. 수평적 조직을 지향하는 조직에서조차 위계는 존재한다. 그리고 그 위계에 따라 정보의 양, 정보의 내용, 의사결정 권한 등에서 차이가 발생한다. 이러한 정보와 권한의 차이가 지속적으로 유지되는 것이 구조이다. 그러므로 이 구조는 일정한 역동을 만들고 그 역동 속에서 사람들은 일정한 패턴으로 행동하게 된다.

또한 그 역동 속에 있으면서 감지하는 정서와 정보가 고착된 관점, 즉 고정관념으로 발전하기도 한다. 이는 누가 그렇게 하라고 해서 생겨난 것이 아니다. 그리고 그 속에 속한 사람들이 나쁜 사람이어서 그런 것도 아니다. 구조가 만들어낸 불가피한 산물이다.

자연적으로 발생하는 일이라고 하여 이를 그대로 두면 점점 부정적인 측면이 자라난다. 부서 이기주의, 부서 간 갈등, 계층 간 갈등, 방어적 태도 등이 부정적 영향의 대표적인 예이다. 몸을 더 깨끗이 하기 위해 매일 샤워를 하거나 주말에 목욕탕을 가듯이, 이따금 조직에 누적된 불통의 때를 벗겨내는 것이 좋다. MTB는 이때 사용하기 좋은 도구이다.

도구 개요

1. 퍼실리테이션 유형: 이해의 증진, 갈등 해결
2. 적정인원: 15~30명(그룹의 종류와 퍼실리테이터의 역량에 따라 100명 이상의 대규모도 가능)
3. 운영시간: 90~180분(문제 난이도, 복잡성, 참여 인원의 규모에 따라 달라질 수 있음)
4. 사용 도구: MTB 차트(화이트보드), 마커펜, 점착 메모지
5. 난이도: 중 · 고급
6. 프로세스: 계층, 부서별 그룹 나누기 → 그룹별 스몰토크 → 기대 말하기 → 기대 읽기 → 후속 토론 → 배운 점 정리하기

MTB는 Middle, Top, Bottom의 약어이다. 계층 간 역동을 연구한 논문을 참고해 개발한 것이어서 MTB라는 이름을 붙였다. 본질은 구조의 역동을 이해하고 역지사지를 돕는 도구이므로, 부서 간, 이해집단 간 워크숍에 적용해도 좋은 효과를 낸다. 예를 들면, 세대 간의 갈등, 부서 간의 갈등에 응용할 수 있다.

1. MTB 차트 그리기

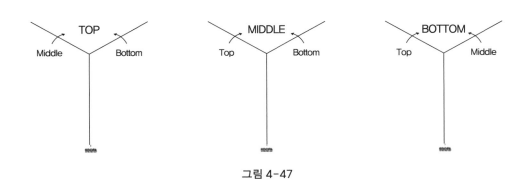

그림 4-47

워크숍을 진행하기 전에 위와 같은 차트를 미리 작성해 둔다. 온라인에서 워크숍을 하는 경우에도 마찬가지로 그려 놓는다.

2. 그룹 나누기

참여자들을 Middle, Top, Bottom으로 나누어 테이블에 배치한다. 한 테이블의 인원은 5명~10명 정도가 적당하다. 따라서 일반적으로는 15명 내지 30명의 워크숍에 적당하다.

세대 간의 이슈를 다룰 때는 6개(20대, 30대 초반, 30대 후반, 40대, 50대, 60대 이상)의 그룹으로 나눌 수 있다. 남/여, 영업/기술과 같이 2개의 그룹으로 나누어 진행하는 응용도 가능하다.

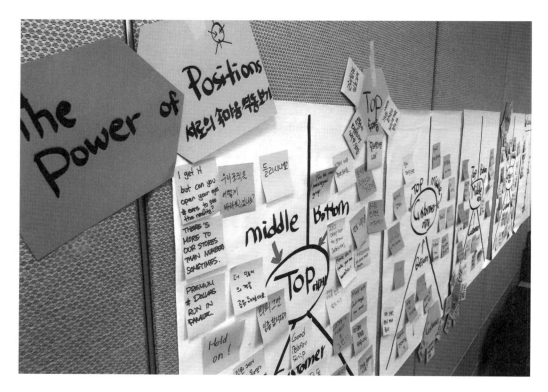

그림 4-48 4개 그룹으로 나누어 진행한 예시

　　그룹을 나눌 때 실제 현실의 그룹 역할로 편성하는 것이 기본이다. 그러나 계층별로 워크
숍이나 교육하는 경우 전 계층의 인원이 골고루 참석하지 못하는 경우가 대부분이기 때문에
이런 경우에는 역할을 부여해 역할 연기 방식으로 진행한다. 역할을 연기하는 경우에도 효과
가 크게 다르지 않다. 실제로 역할을 바꾸어 봄으로써 보다 깊이 느끼고 깨닫는 경우도 흔히
있다.

3. 그룹별 스몰토크

　　갑자기 역할에 맞추어 의견을 내라고 요청하면 막막해할 수 있다. 역할별로 어떤 생각을
하게 될지 경험을 중심으로 10분 정도의 대화시간을 제공한다. 퍼실리테이터는 '이야기 나눈

내용에만 한정하지 않고 평소 생각을 자유롭게 꺼내 주세요.'라고 요청한다.

4. 기대 말하기

이 워크숍의 핵심은 어떤 역할자가 다른 역할자에게 기대를 말하는 것이다. 인간은 욕망하는 존재이고, 항상 타자에 대해 어떤 기대를 한다. 이 기대는 서로 역방향인 경우가 많아서 관계의 어려움을 낳는다. 이 역방향의 기대 표출에 시차를 두어 직접 대립을 피할 수 있도록 하는 점이 프로세스의 키다. 자신에게 타인들이 말한 기대는 맨 나중에 보게 하고, 타인에 대한 기대만을 마음껏 써내도록 하는 것이다. 차트 하나에 15분 정도의 시간을 주어 진행하면 적절하다.

'이제 모두 일어나셔서 다른 테이블로 이동하시기를 바랍니다.'

'Middle은 Top으로, Top은 Bottom으로, Bottom을 Middle로 이동해 주세요.'

'상대 역할에 대해 평소 기대한 바를 솔직하게 점착 메모지에 적어서 차트에 붙여주시길 바랍니다.' (차트가 가득 메워졌다면)

'이제 다음 테이블로 이동해 주세요.'

'Bottom은 Top으로, Middle은 Bottom으로, Top은 Middle로 이동해 주시면 됩니다.'

5. 기대 읽기

원래 자신의 테이블로 돌아오면 다른 역할자들이 자신에게 전해준 기대를 마주하게 된다. 동시적으로 대면해 서로의 기대를 주고받는 것이 아니기 때문에 조금은 냉정하고, 비 방어적인 태도로 타자의 기대를 공감하며 읽어낼 수 있다. 자신이 타자에게 말할 때 절실하고 진심이었던 만큼 자신들에게 전해놓은 기대들도 절실하고 진실된 것임을 느끼게 된다.

자신들의 차트를 개인적으로 읽어보고 나면 자연스럽게 이러쿵저러쿵 이야기들을 나누게 된다. 다소 방어적인 발언들이 나온다거나, 킥킥거리는 분위기가 생기더라도 퍼실리테이터가 이를 애써 제지하거나 진지하고 엄숙한 분위기로 교정하려 들 필요는 없다. 자신의 성찰과 대화를 통해서 스스로 가졌던 신념이 변화하는 것이 중요하다.

그림 4-49

6. 후속 토론

테이블을 돌아가면서 자유롭게 대화하도록 안내한다. 중심 테이블은 앉아 있고, 다른 역할자들은 그 테이블을 에워싸는 형태로 서 있는다. 시간이 조금만 흐르면 서로 대화가 이어지기 시작한다. 퍼실리테이터는 교류하는 스킬을 발휘해 대화를 돕는다. 한 테이블에서 대화(분위기에 따라 10~15분)를 마치면 다른 테이블로 이동한다. 앞선 테이블과 마찬가지로 운영한다.

7. 배운 점 정리하기

참여자들은 서로에게 진심이 있고, 서로 정당했다는 깨달음을 얻는 편이다. MTB를 하기 전에는 나는 옳고 타자는 틀렸다는 생각 속에서 부당하다고 여기는 타자의 행동으로부터 괴로움을 겪었다면, 이제는 자신이 잘못 생각한 부분이 있었다는 점을 성찰하는 편이다.

워크숍을 진행하면서 느낀 점과 배운 점(새로 알게 된 점)을 적어 보게 하여 생각의 정리를 도와준다. 시간과 분위기가 허락한다면 2~3명의 자발적인 참여자를 초대해서 느낀 점을 발표할 수 있도록 기회를 준다.

6. 집단역동면접

집단역동면접^{GDI, Group Dynamics Interview}은 정성 조사 도구이다. 퍼실리테이션을 통해 중소규모 집단의 역동적인 상호작용을 야기시키는 것이 핵심이다. 집단 상호작용 속에서 조직에 내재된 숨은 이슈를 표출하고, 이를 해석함으로써 조직 문화 진단 방법이다.

집단을 대상으로 조사한다는 점에서 FGD^{표적집단토론, Focus Group Discussion}, FGI^{표적집단면접법, Focus Group Interview}와 유사하다. FGI는 면접에 참여하는 사람이 주로 면접자와 상호작용하면서 면접자의 질문에 대답하는 방식이지만, GDI는 퍼실리테이터인 면접자가 참여자 간의 대화를 불러일으킴으로써 참여자 간의 대화와 역동 속에서 조직의 이슈가 드러나게 하는 방식이다. 다양한 도구를 접목하여 집단의 대화를 유도하고, 그 과정에서 조직의 숨은 신념을 포착한다는 점에서 FGD와 다르다.

질문을 던지므로 면접의 요소가 있지만, 응답을 퍼실리테이터에 직접 하기보다 참여자 상호 간에 주고받게 하는 것이므로 관찰에 가깝다. 면접자는 집단의 역동을 일으키는 퍼실리테이션 역량을 보유해야 하며, 대화가 오가는 과정에서 적절한 질문을 던져 숨어 있는 이슈가 드러나도록 하는 질문 역량을 필요로 한다. 또한 대화를 듣고 관찰함으로써 조직의 이슈, 조직이 보유하고 있는 공유된 신념이 무엇인지 포착하는 역량을 지녀야 한다.

그림 4-50 GDI에 적용한 연관도 결과물

도구 개요

1. 퍼실리테이션 유형: 정성 진단

2. 적정인원: 5~30명(5~6명 소그룹 배치)

3. 운영시간: 2~4시간(문제의 복잡성, 참여 인원의 규모에 따라 달라질 수 있음)

4. 사용 도구: 화이트보드, 마커펜, 점착 메모지, 연성도구(리치 픽쳐, 말풍선, 연관도, 역장분석, 내가 사장이라면, 이러면 안 되는데, 역사 회고 등)

5. 난이도: 중·고급

6. 프로세스: 사전 인터뷰 → GDI 설계 → GDI 실행(세부 도구에 따라 다양) → 결과 정리 → 고객과 토론

진행 절차

사전 인터뷰

- 책임자와 담당자가 인식하고 있는 조직의 이슈들이 무엇인지 확인한다.
- 프로젝트를 통해서 고객이 얻고자 하는 것이 무엇인지를 명확히 한다.
- 프로젝트의 범위와 마감일을 확인한다.
- 이전에 시도했거나, 이후에 시도할 유사한 프로젝트에 대해 파악한다.
- 참여 가능한 인원과 시간, 일정 등을 확인하고 조율한다.

설계

- 협의한 시간과 인원에 따라 프로세스를 설계한다.
- 리치 픽쳐, 말풍선, 연관도, 역장분석 등 드러난 이슈와 시간에 어울리는 도구를 선택한다.
- 주요 질문을 준비한다.

주요 질문

- 어떤 경험을 하고 있나요? (조직에서 경험한 것 중 그리고 싶은 것을 그려보세요.)

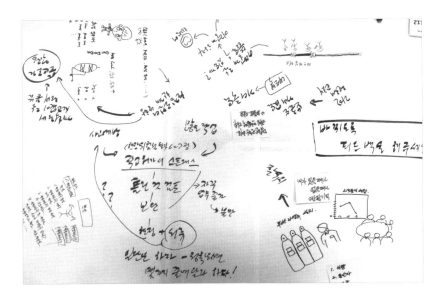

그림 4-51 리치 픽쳐를 적용한 GDI 결과물

- 가장 어려운 일은 무엇인가?
- 가장 즐겁고 보람 있던 순간은 언제였나요?
- 가장 개선하고 싶은 것은 무엇인가요?
- 조직에서 주로 듣는 말은 무엇인가요? 필요한 문구, 장소, 좌석 배치를 고려한다.

GDI 실행

- 설계한 절차와 도구를 활용해 워크숍을 진행한다.
- 세션에서 도출된 결과물(예: 리치 픽쳐)을 놓고 서로 대화하도록 안내한다.
- 발언의 내용 중 의미 있는 것들을 퍼실리테이터가 기록한다.
- 불명확한 내용에 대해 보완하는 질문을 던진다. (적절한 질문을 던지기 위해서는 퍼실리테이터의 조직에 대한 다양한 이론적 이해가 필요하다.)

결과 정리

- 워크숍 과정에서 산출된 결과물은 모두 촬영한다.

- 참여자들이 발언한 내용 중에서 유의미한 것은 발언 그대로 기록을 남긴다.
- 참여자들의 그림, 발언, 써낸 것에서 퍼실리테이터가 해석한 바를 정리한다. (보다 정확한 해석을 위해서는 해석자의 조직에 대한 다양한 이론적 이해가 필요하다.)
- 도출된(해석한) 내용은 신념, 태도, 행동, 개선 요구(기대사항-걸림돌 제거) 등으로 구분해 정리한다.
- 개선 요구는 사람에 대한 것과 제도에 관한 것으로 구분한다.
- 공정성(절차, 분배, 관계, 정보), 업무 프로세스, 역량, 업무(난이도, 양, 적합도)의 측면을 파악한다.

고객과 토론

- 정리된 결과를 바탕으로 고객에게 발표하고 해석한 바를 제시한다.
- 해석한 바에 대해 고객의 의견을 청취하고 토론한다.
- 우선해서 실행해야 하는 다음 절차를 제안한다.
- 유용성, 실행 가능성 등에 관해 고객과 논의한다.
- 다음 절차에 관해 확정된 내용을 확인한다.

그림 4-52 고객과 함께하는 GDI 결과 해석 장면

GDI 기법은 조직 문화는 복잡성^{complexity}이라는 존재론적 인식에 근거를 둔다. 또한 구성원 행동의 근저에서 그것을 불러일으키는 신념, 가치관이 깊이 자리 잡고 있고, 그 신념과 가치관은 과거의 경험을 통해 형성된다는 점에 기초를 둔다.

설문 조사 기법은 조사자가 예상한 사안에 대한 답을 얻을 수 있고, 객관적인 숫자로 집계할 수 있는 장점이 있다. GDI는 조사자가 예상하지 못한 숨어있던 이슈를 찾아내고, 어떤 신념이 어떤 맥락에서 생겨난 것인지를 입체적으로 파악할 수 있는 장점이 있다.

도구의 법칙

'도구가 망치밖에 없는 사람은 모든 것이 못인 양 취급하는 유혹에 빠져든다.' 도구에 빠져드는 우리의 인지적 편향을 경고한 에이브러햄 매슬로^{Abraham Maslow}의 유명한 말이다. 표준의 역설이기도 하다. 표준이 없으면 불편하며 표준을 만들어 달라고 한다. 표준을 만들어 사용하도록 하면 표준 때문에 창의적으로 일하기 어렵다고 말한다.

방향성도 마찬가지다. 조직이 일정한 방향을 제시해 주지 않으면 구성원들은 어디로 가야 할지 모른다면 불편을 호소한다. 방향을 제시하고 나면 다른 방향으로 갈 수 없는 거냐며 불평한다. 상황에 맞게 질문하고, 잘 듣고, 적어가면서 합의에 도달하도록 돕는 것이 퍼실리테이션이라고 말하면 모두 막막해한다. 그리하여 어떤 도구나 기법을 알려주면 어떤 도구를 알려주면 그대로만 하려 든다. 그대로 하려는 것은 매우 성실하다는 측면에서 권장할 만한 태도이다. 그러나 그 성실함은 또 역설을 맞이한다.

'그렇게 해도 안 되던데요?'하며 도구의 불완전성을 지적한다. 도구가 불완전하다. 망치 하나로 집을 지을 수는 없다. 톱도, 칼도, 줄자도 있어야 한다. 또한 칼을 칼로만 쓸 필요도 없다. 브레인스토밍이라는 도구를 알려준다는 것은 브레인스토밍의 어떤 하나의 일반적인 사용법을 알려주는 것이다.

- 자유분방
- 비판 금지
- 양의 추구
- 결합 편승

위 네 가지의 원칙을 지키면서 참여자들이 가급적 많은 아이디어를 내도록 하는 방법이다.

아이디어를 낼 때 항상 브레인스토밍 도구를 써야 하는 것도 아니고, 분위기가 반드시 자유분방해야만 하는 것도 아니다. 참신한 아이디어가 나오는 목적이 달성되는 방법이라면 얼마든지 도구의 변형과 응용이 가능하다. 도구에 빠지지 말아야 하는 이유이다.

도구에 빠지지 말라는 것이 도구를 사용하지 말라는 것은 결코 아니다. 목수가 도구 없이 집을 지은 것은 바보 같은 일이다. 오늘날 컴퓨터를 사용하지 않고 업무를 보겠다는 것도 바보 같은 일이다. 업무의 효율을 높이는 도구를 사용하지 않을 이유가 없다. 그러나 도구의 사용이 업무의 효율을 높이고 있는지를 계속해서 살펴서 사용해야 한다.

'아이에게 망치를 주면 모든 것을 두들겨댄다.'
Give a boy a hammer and everything he meets has to be pounded – Abraham Kaplan

때로는 점착 메모지도 망치처럼 사용된다. 워크숍에 가보면 테이블 위에 놓인 점착 메모지를 보면서 손사래를 치는 참여자가 있다. 참여자가 점착 메모지를 못마땅하게 생각하는 것은 점착 메모지가 자신에게 도움을 주지 못했기 때문이다. 이전의 누군가가 점착 메모지를 사용하면서 상황에 맞지 않게 억지로 사용한 결과일 것이다. 점착 메모지를 참여자의 정보처리나 문제 해결에 도움이 되는 방식으로 사용했다면 이를 싫어할 이유가 없다. '이놈 참 훌륭하지!'하며 반길 것이다.

유행처럼 등장하는 많은 경영기법이나 워크숍 방법론들이 도구의 법칙에 빠지고 있는 것은 아닌지, 내가 그 법칙을 실현하고 있는 것은 아닌지 항상 정신 차려야 한다. 퍼실리테이션에 사용하는 작은 개별 도구뿐만 아니라 퍼실리테이션이라는 방법 역시 하나의 도구이다. 그러므로 퍼실리테이션을 만병통치약이라고 생각하면서 들고 다니는 위험도 항상 염두에 두어야 한다.

'아직 효과를 내고 있는가?'
'더 좋은 효과를 내는 것은 무엇일까?'
마음에 담아두어야 하는 질문이다.

5
—
방법론과 설계

다양한 방법론의 비교

이 책에서는 퍼실리테이션을 손에 쉽게 넣을 수 있도록 철학과 인간관, 이론과 프레임, 스킬과 실행력, 도구와 방법론이라는 4가지의 영역으로 나누어 설명하고 있다. 그리고 여기에서 제시하고 있는 유명 방법론의 요약은 이 네 가지 영역의 맥락에서 개념을 비교해 보도록 하는데 목적을 두었다.

유명한 방법론들은 모두 우수성을 가지고 있어 조직에서 도입해 적용하면 좋은 효과를 얻을 수 있다. 그러나 방법론만을 도입하는 경우 실패로 돌아간다. 전 세계의 조직들이 기법과 방법론만을 도입해 시간과 에너지를 낭비한 경험을 너무나 많이 가지고 있다.

여기서 설명하는 각 방법론은 매우 간략하게 생략한 설명이다. 간략하지만 여기에 담아두는 것은 이러한 방법론들이 퍼실리테이터의 철학, 이론, 스킬에 바탕을 두어 적용되어야 하는 것이라는 점을 강조하기 위해서다.

문제 해결 방법론이든, 조직 개발 방법론이든 퍼실리테이션과 함께 결합해 도입해야 성공할 수 있다.

1. 문제 해결 방법론

문제 해결 방법론은 가장 넓은 범위의 개념이다. 인간은 욕망을 지니고 있고, 이 욕망에 미치지 못한 모든 것이 실은 문제이다. 인간의 욕망은 무한하므로 우리는 무한의 문제를 안고 산다. 그리고 그 무한의 욕망을 충족할 능력도 자원도 항상 부족하다.

그러므로 다음과 같은 말이 설득력이 있다. '우리는 결코 문제를 해결할 수 없다. 하나를 해결하고 나면 그 다음 차원의 문제를 또 선택할 뿐이다.'

문제는 인류 또는 생명과 늘 함께해왔기 때문에 문제를 해결하는 방법도 오래전부터 발전해 왔다. 그리고 그 기본틀을 학자들은 잘 정리해 놓았다.

문제 해결의 5단계

1. 문제를 정의한다
2. 문제를 분석한다.
3. 가능한 대안을 도출한다.
4. 대안을 평가한다.
5. 해결책은 선택한다.

이 문제 해결 방법론은 정확하지만 좀 더 구체적인 설명이 필요하다. 해결하고자 하는 문제의 특징에 따라 어떻게 바꾸어 적용해야 할지에 대한 설명은 아직 부족하다.

그럼에도 불구하고 문제 해결에 어떻게 접근해야 하는지에 대한 가장 일반적인 골격을 제시해 주고 있다. 그리고 퍼실리테이션을 조금이라도 아는 사람이라면 워크숍 프로세스와 매우 유사하다는 점도 간파했을 것이다. 워크숍을 하는 이유가 문제를 해결하고자 하는 것이었고, 그것이 일반적인 문제 해결 워크숍과 일치할 수밖에 없는 일이다.

그렇다면 누구나 쉽게 알 수 있는 이런 문제 해결 절차를 놔두고 복잡한 다른 방법을 제시하는 것일까? 그것은 문제가 다양하고 각각의 문제 유형에 따라 좀 더 특별한 방법이 더 잘 작동하기 때문이다. 그리하여 좀 더 구체적인 유형에 따른 구체적인 방법을 제시하게 된 것이다.

다음에 제시하고 있는 방법론은 모두 문제 해결 방법론이라는 광의의 범주에 넣을 수 있다. 그러나 전통적인 문제 해결 방법론과 대립적인 개념으로 파악하기도 한다. 자율이라는 말은 통제와 대립하는 말이지만, 결국은 자율을 줌으로써 목적 달성을 통제하기 위한 것이기 때문에 통제 안에 포함된다는 보는 시각과 유사하다.

2. 긍정 탐색 방법론

긍정 탐색 방법론은 긍정심리학의 발전과 더불어 문제를 부정적 개념으로 파악하기보다는 최상의 상태를 추구한다는 긍정적인 마인드로 접근하는 방식이다. '문제를 욕구 불만족 상태'라고 바라보았을 때, 사람들은 머릿속에 부정적인 생각을 떠올린다. 그러한 부정적 감정과 생각은 일을 최선으로 이끌지 못한다는 반성에서 탄생했다.

긍정 탐색 방법론의 기본 프로세스는 다음과 같다. 가장 바탕에 깔려 있는 세계관은 강점과 긍정을 강조하는 긍정 편향이다. 일부러 긍정적인 면만을 보는 것이다. 여기서 탐색^{inquiry}은 퍼실리테이터의 질문과 같다. 다만 극도로 긍정적인 면을 강조해 묻는다는 점이 다르다. 긍정적인 것을 조회했을 때 긍정적인 기분과 결과가 만들어진다는 점에 중점을 두고 있다.

긍정 탐색은 기본 프로세스를 다음과 같이 제시하고 있다. 모두 'D' 자로 시작하는 단어를 선택해 4D 모델이라고 부른다.

1. 발견하다^{Discover}

조직의 강점, 잘한 점과 같은 긍정성을 조회^{inquiry}해 발견하는 단계이다. '우리가 이룬 가장 큰 성취는 무엇이었나요?'

2. 꿈을 꾸다^{Dream}

노력해서 얻게 될 긍정적인 미래의 모습을 그려 보는 단계이다. '우리가 꿈꾸는 가장 멋진 미래는 무엇인가요?'

3. 계획하다^{Design}

꿈을 실현하는 방향으로 나가게 하는 최선의 방법을 찾는 단계이다. '그 꿈을 이룰 수 있는 가장 효과적인 계획^{전략}은 무엇일까요?'

4. 실행하다^{Destiny}

계획한 바를 최선의 방법을 찾아 실행에 옮기는 단계이다. '어떤 방법이 전략을 가장 잘 실현할 수 있을까요?'

여기서는 대표적인 질문을 하나씩 달아 놓았지만, 실전 워크숍에서는 더 많고 풍부한 긍정질문으로 탐색한다. 전통적인 문제 해결의 틀에서 크게 벗어나지 않았지만, 문제에 대한 부정적 접근에서 긍정으로 전환한 것은 근본적인 차이점이다. 긍정성이 사람의 마음과 행동을 일으키는 근원적인 에너지라는 인식이 깔려 있다.

3. 디자인 씽킹 방법론

디자인 씽킹의 개념을 세상에 꺼내 놓은 사람은 놀랍게도 행정학 교과서에 나오는 노벨상 수상자 허버트 사이먼이다. 그는 1969년에 저술한 인공과학^{The Sciences of the Artificial}이라는 저서에서 인간의 욕구, 욕망을 인위적으로 실현하는 과정을 디자인으로 파악하고 디자인의 원칙을 제시했다. 이는 여러 학계의 공헌이 보태져 오늘날 디자인 씽킹의 방법론으로 발전했다.

사이먼 역시 인간이 욕망을 가진 목적적 존재임을 놓치지 않았다. 그리고 인간이 복잡한 환경과 상호작용하면서 복잡한 사고를 하고 복잡한 문제에 봉착하고 있다는 점을 착안한다. 그것이 바로 사악한 난제^{wicked problem 또는 ill-defined problem}이다. 자연을 상대하는 인간의 작업이 인공이고 이는 복잡성을 띠고 있으므로 이를 전제로 문제를 풀어가야 하는 것이다.

그리고 이 문제를 풀어가는 방법은 연역도 귀납도 아닌 철학자 찰스 퍼스^{Charles Peirce}가 명명한 가추법^{abduction}을 주로 사용한다. 우리가 알아내고자 하는 어떤 특이한 현상에 대해 그것을 설명할 수 있는 가설을 창출해내고 이 가설을 증명함으로써 원리는 만들어 내는 방법이다. 이러한 방법은 디자인 씽킹의 일반 프로세스에 녹여져 있다.

1. 공감하다

사용자의 욕구를 탐색하는 단계이다. 운전석을 설계한다면 운전석에서 실제로 운전하면서 운전자의 욕구를 다각도로 알아내는 단계이다. 실제 사용자의 욕구와 동떨어진 욕구를 파악해서는 안 되고 최대한 일치시킨다는 점에서 공감Empathize이라는 용어를 선택했다.

2. 정의하다

공감하기 단계에서 파악한 욕구를 바탕으로 문제를 정의하는 단계이다. '대기열이 긴 것'을 문제라고 말할 수도 있지만, '대기 중에 느끼는 지루함'이 문제라고 정의Define할 수도 있다. 문제를 어떻게 정의하느냐에 따라 해법은 완전히 달라진다.

3. 표출하다Ideate

문제가 정의되면 그 바탕에 깔려 있던 전제들을 탐색하고 다양한 전제에 따른 해결 아이디어를 창출하는 단계이다. 또 해결책에 깔려 있는 전제도 의심하고 도전해보아야 한다. 이 단계에서 브레인스토밍과 같은 도구를 사용해 박스에서 벗어난 아이디어가 창출되도록 퍼실리테이터가 역할을 해줘야 한다.

4. 시도하다Prototype

그럴듯한 아이디어를 선택해 빠르게 시험 모형을 제작해 보는 단계이다. 실제로 제작해봄으로써 해결책이라고 추론한 것이 제대로 작동하는지를 파악해 보려는 것이다. 가추법이 강하게 작용하는 단계이다. 일반적으로 종이 모형을 제작하지만 여건에 따라 다양한 방식의 시험 모형을 제작해 보는 것이 바람직하다.

5. 검증하다Test

프로토타입의 제작과 거의 동시에 이루어지는 단계이다. 제작 과정에서도 검증이 이루어지고, 시험 모형을 시범 운용을 해보는 과정에서도 검증이 이루어진다.

상상으로만 문제를 해결하는 것보다는 실제로 실행해 볼 때 가장 문제를 잘 파악하고 해결할 수 있다.

디자인 씽킹은 인간이 자연을 다루는 데 있어 최선의 인공물을 만들어 내려는 방법론적 시도이다. 그리고 거기에는 인류와 늘 함께해오던 머리 쓰는 방식 혹은 발견적 방법^{heuristic}이 채택되어 있다. 정해진 답이 미리 있는 것이 아니라 시도와 함께 만들어 가는 방식이다. 이런 점에서 앞서 언급한 구성주의와 한답이라는 개념도 이러한 맥락과 연결된다.

4. 액션러닝 방법론

문제 해결은 일이지만, 해결을 해나가는 과정에서 머리를 쓰는 것은 학습이다. 이 점을 강조한 문제 해결 방법론이 레그 레반스$^{Reg\ Revans}$가 창시한 액션러닝$^{action\ learning}$이다. 액션러닝은 문제 해결의 과정을 학습이라는 관점으로 바라보자는 시도이다. 그리고 학습의 중심에서 집단과 질문이 자리 잡고 있다.

즉, 문제를 개별적으로 해결하는 것보다는 여러 사람의 집단 지성을 활용하는 것이 좋다는 인식이다. 그리고 학습의 중요한 메커니즘으로써 질문을 강조한다. 액션러닝은 셋 어드바이이저 또는 러닝 코치라고 불리는 사람이 이끄는 데, 그들의 중심 역할은 질문을 통해 문제를 해결해 가도록 돕는 퍼실리테이터이다.

학습이라는 용어가 붙어 있어서 직접 일을 하는 것이 아니라 일을 잘하기 위한 훈련의 과정으로 오해하고 있는 경우가 많다. 그러나 액션러닝은 진짜 문제를 해결하는 과정이다. 그 과정은 질문과 성찰이라는 학습이 필연적이므로 액션러닝이라는 명칭을 사용하게 된 것이다.

액션러닝의 일반적인 프로세스는 다음과 같다.

1. 중요하고, 심각하고, 일반적으로 복잡한 실제 문제를 대상으로 삼는다.

   (예: 회의 시작이 항상 늦어지는 문제, 유튜브 구독자가 늘지 않는 문제, MZ세대와의 소통 문제 등)

   디자인 씽킹의 사악한 난제와 맥을 같이 한다.

2. 다양성을 지닌 문제 해결팀 또는 세트를 구성한다.

세트 안에서 서로 상호보완과 지적 시너지가 생겨날 수 있어야 한다. 비전문가의 색다른 시각, 문화와 부서가 다른 사람들의 관점, 위계가 작동하지 않는 수평성 등으로 고려하여 구성한다.

3. 호기심, 조회, 성찰을 촉진하는 과정을 운영한다.(Learning = Programmed Knowledge[20] + Questioning + Reflection)

이 과정에서 참여자들이 평소에 미처 생각하지 못했던 것들을 찾아낼 수 있도록 호기심을 유지하고 퍼실리테이터가 적절한 질문을 던지는 것이 중요하다.

4. 대화한 것은 실천하고 궁극적으로 해법을 찾아간다.

시도해 보았을 때 아는 것과 모르는 것이 분명해진다. 논의 과정에서 찾아낸 해법을 적용하고 부족한 부분을 보완한다.

5. 학습에 진심이다.

고정관념, 과거의 신념에 머무르지 않고 새로운 발견을 자신의 지식 또는 팀의 지식으로 바꾸어 가는 진정한 학습을 실현한다. 모든 회의와 워크숍이 학습 과정이지만, 액션러닝은 특히 질문과 학습을 강조하고 있는 방법론이다. 문제를 실제로 해결할 때까지 끈질기게 학습하는 과정이고, 일반적으로 수개월에 걸친 과제를 선정해서 진행함으로써 학습 조직 문화를 형성하는 데에 더없이 좋은 방법이다.

또한 학습을 일터에서 벗어나 연수원에서 따로 수행하는 것이 아니라, 실제로 하고 있는 일에서 봉착하고 있는 문제를 해결하면서 동시에 새로운 지식을 얻어간다는 점에서 이 방법론의 탁월성이 있다.

5. 문제중심학습 방법론

문제중심학습^{PBL, Problem-Based Learning}은 단서가 되는 자료를 토대로 시작하되, 답이 정해지지 않은 문제를 풀어가는 경험을 통해 학생들이 주제에 대해 학습하도록 하는 학생 중심의 교수

---

20 Programmed Knowledge는 이미 만들어져서 사용할 수 있는 지식을 의미한다.

법이다. 여기서도 디자인 씽킹, 액션러닝과 같은 사악한 난제를 다루는 공통점이 발견된다.

환경에서 나타나는 이슈들은 대부분 손쉽게 풀 수 없는 것들이고, 이런 복잡한 문제의 해결 방법론이 다양하게 모색되어진 결과일 것이다. 액션러닝과 매우 유사하지만 이 방법론은 일보다는 학습에 좀 더 중심이 옮겨져 있다.

해법이 정해진 문제는 해법대로 적용하면 그만이다. 그러나 코로나19와 같이 해법이 정해지지 않은 문제는 학습의 과정을 통해 해법을 개발해야 한다. PBL 역시 이처럼 해법이 정해지지 않은 문제를 푸는 방법이다. 새로운 지식의 획득, 향상된 집단의 협력, 소통과 같은 문제 해결에 필요한 다양한 내용을 포함한다.

제임스 앤더슨James E. Anderson 교수가 창안해 캐나다의 맥마스터McMaster 의과대학에서 처음 도입한 것 알려진 문제 해결중심 방법론의 일반적인 프로세스는 다음과 같다.

1. 사례에 대해 토론하고, 모든 사람이 문제를 이해하도록 한다.

   'COVID-19'으로 명명되기 전에 특이한 감염 사례에 대해 참여자들이 함께 이해를 높이는 과정이 그 예이다.

2. 사례에 비추어 대답해야 하는 질문이 무엇인지 확인한다.

   진단 방법, 감염 원인, 치료법, 백신 등에 관해 질문을 만들어 내는 과정이다. 어떤 문제에 부딪혔을 때 이를 풀어내기 위한 질문을 암묵적으로 머릿속에 떠올리는 것은 인간의 본연의 특징이다. 이 인간의 본연의 특징을 명시적으로 꺼내보는 것기록 스킬의 적용이 집단이 문제를 풀어가는 데 도움이 된다.

3. 집단이 이미 알고 있는 것과 잠재적 해법에 대해 브레인스토밍을 행한다.

   액션러닝에서 programed knowledge를 사용하는 것과 같은 맥락이다. 이미 가진 지식을 최대한 동원한 후에야 아직 모르고 있는 것을 알 수 있다.

   진단 키트나 백신을 개발하는 제약회사라면 COVID-19과 관련해 기존의 지식과 기술로 해결하지 못하고 있는 지점이 어디인지 치열하게 알아보았을 것이다.

4. 브레인스토밍 세션의 결과를 분석하고 구조화한다.

   모르는 지식을 보다 명확하게 파악하기 위해 필요한 과정이다.

5. 여전히 부족한 지식에 대해 학습 목표를 설정한다.

누가 무엇을 언제까지 알아볼 것인지를 확인하는 학습업무분장의 과정이다.

6. 개인 또는 소그룹으로 개별 연구를 진행한다.

필요한 지식을 얻기 위해 논문, 도서 등을 읽고, 실무를 수행해보거나 수강한다.

7. 발견한 것을 토론한다.

새로운 지식이 구축되는 단계이다. COVID-19의 사례라면, 진단 기술, 백신의 제조 기술 등이 결과로 만들어졌을 것이다. 문제중심학습은 상황과 사건이라는 보다 추상적인 대상을 중심으로 학습해 간다. 이와 유사한 과제중심학습project-based learning은 실제로 어떤 인공물artefact을 만들어낸다는 점에서 다르다. 이 점은 디자인 씽킹과 닮아 있는 점이다.

코로나 19의 상황과 연결해 문제중심학습의 프로세스를 간단하게 설명해 보았다. 일과 학습이 매우 밀접하게 연결되어 있다는 것을 알 수 있다. 이 방법론이 의과대학의 교수학습법으로 개발되고 적용된 것이지만, 일반 회사의 문제 해결에 적용해도 전혀 손색이 없을 것이다.

효과적으로 작동하고 있는 조직이라면, 기존에 일하는 방식이 이 장에서 나열하고 있는 어떤 방법론과 크게 동떨어져 있지 않을 것이다. 약간 소홀한 부분이 발견된다면 이런 방법론에서 참고해 개선하면 그만이다.

6. OST 방법론

조직 개발 컨설턴트인 해리슨 오웬Harrison Owen이 창안한 가장 자유로운 형태의 방법론이다. 2,000명 이상의 대규모 워크숍에 적용하기 좋은 장점이 있다. 우리가 엑스포, 백화점, 재래시장에서 점포나 부스를 자유롭게 드나들면서 쇼핑 또는 관람하는 것과 같이 참여자들이 소주제를 좇아 자유롭게 이동하면서 컨센서스를 이루어가는 방법론이다.

이런 자유로운 방식은 많은 사람에게 위험과 두려움을 느끼게 한다. '워크숍 종료 후에 기대한 결과가 만들어지지 않으면 어떻게 하지?' 그리하여 여러 가지 통제 장치를 프로세스에 담아두려는 시도를 하게 된다. 그리고 그 통제 장치는 오히려 참여자의 편안한 사고를 구속하게 되어 빈약한 결론을 만들고 마는 악순환의 고리를 만들어낸다. 이를 깨뜨리는 매우 자유로운 형식의 그룹워크 방법론이 열린공간기술^{OST, Open Space Technology}이다. 열린공간기술을 이해하는 데는 OST가 주창하고 있는 4개의 원칙과 하나의 법칙을 알아보는 것이 좋다.

- Whoever comes are the right people.(누가 오더라도 그는 옳다.)
- Whenever it starts is the right time.(언제 시작하더라도 그것이 옳은 때이다.)
- When it's over it's over.(끝났을 때 끝난 것이다.)
- Whatever happens is the only thing that could have.(어떤 일이 일어났다면, 그 일 밖에 일어날 수 없었다.)

- There is one "Law", the "Law of two feet"(지킬 것은 하나다. 바로 '두 발의 법칙')

지나치게 무엇을 통제하려 하지 않고 그대로 두었을 때, 필요한 것들이 일어나고, 마쳐지는 것이라는 인간에 대한 깊은 신뢰를 바탕에 두고 있다. 마지막 '두 발의 법칙'은 어떤 세션에 참여한다면 양다리를 거치는 태도가 아닌 그 세션에 푹 빠져 보자는 것이다. 만약 두 발을 담고 있기 어렵다면 다른 세션에 가거나 휴식을 취하면 된다는 법칙이다.

OST의 일반적인 프로세스는 다음과 같다.

1. 참여가 가장 중요하다고 생각하는 모든 이슈를 꺼낸다.
2. 이슈를 개인별로 발표한다.
3. 이슈를 다룰 장소를 선정한다.(예: 현관 모퉁이, 경영관 302호)
4. 참여자들이 원하는 주제에 따라 논의 장소로 이동해 논의한다.(두 발의 법칙에 따른다.)
5. 저녁이 되면 전체가 모여 '무슨 일이 있었는지?' 참여자의 소감을 듣는다. 어떤 결론에 도달하고 종료한 그룹이 있다면 이를 소개하고 축하한다.
6. 아침이 되면 짤막하게 공지사항을 전달한다. 특정인의 연설을 배제한다.
7. 며칠간 지속하는 경우 3, 4, 5, 6을 반복한다.
8. 진지하게 마친다. 가능한 한 동심원으로 둘러앉아 후속 조치, 관찰한 내용 등을 알린다.

몇몇 참여자들로부터 제안, 소감을 청취한다. 지루해하는 발간과 발표에 집착할 필요는 없다. 시간을 절약하는 방법으로 실시간 기록자를 두거나 요약정리를 해 워크숍 내용을 발간할 수 있다.

이 방법론 역시 복잡하고 다양하고 긴급한 이슈를 다룰 때 유리하다. 2016년 경주 지진이 일어났을 때, OST 워크숍을 제안해 시행하면 정말 좋겠다고 생각했다. 지진과 관련된 피해자, 연구자, 사업자, 활동가, 관공서 등이 한자리에 모여 어떻게 복구하는 것이 좋을지를 논의하면 매우 효과적인 해결책을 각자가 찾아갈 수 있었을 것이다. 참여에 대한 거부감이 높을 때, 참여 인원이 많을 때, 이슈가 복잡하고 다양할 때 적용하거나 참고할 점이 많은 방법론이다.

7. 연성체계방법론

연성체계방법론^{SSM, Soft Systems Methodology}은 영국 랑카스터^{Lancaster} 대학의 피터 체크랜드^{Peter Checkland} 교수가 30년간 현장에서의 액션 리서치 방법을 적용해 발전시킨 정성적인 문제 해결 방법론이다. 연성체계방법론이 대상으로 삼는 문제 상황의 크기는 '고객 수가 감소하고 있는 현상'과 같은 어떤 특정 문제에서부터 한 프로젝트, 한 부서 또는 조직 전체와 같이 다양하다.

정성적인 접근 방법을 적용하고 있기 때문에 계량화하기 어려운 복잡한 상황, 모호한 상황의 문제 해결에서 강력하게 작동한다. 전후가 애매하고, 인과 관계가 명확하지 않고, 근본 원인이 무엇인지 잘 파악되지 않는 상황에서 문제를 표면화하고 해결할 수 있는 훌륭한 방법론이다.

조직 문화의 대가인 MIT의 에드사 샤인^{Edgar Schein} 교수는 조직 문화를 설문 조사와 같은 정량적 방법으로 파악하고 개선하려는 시도에 대해 매우 회의적이었다. 복잡성과 애매성을 지닌 조직 문화를 다루어 가는 데 있어 미리 정한 설문으로 파악하는 데는 한계가 있음을 지적한 것이다. 이러한 한계를 극복하면서 복잡하고 모호한 문제를 드러내고 해결 방안을 찾아가는 방법을 다음과 같이 7단계로 제시하고 있다.

1. Enter situation considered problematical(문제라고 생각하는 상황 속으로 들어간다.)

2. Express the problem situation(문제 상황을 표현한다.)

3. Formulate root definitions of relevant systems of purposeful activity(목적하는 행위를 시스템으로 표현하는 근본 정의를 만든다.)

4. Build conceptual models of the systems named in the root definitions(근본 정의에 나타낸 시스템의 개념 모형을 작성한다.)

5. Compare models with real world situations(현실 세계와 모델의 비교한다.)

6. Define possible changes which are both possible and feasible(가능하고 실현할 수 있는 변화를 정의한다.)

7. Take action to improve the problem situation(문제 상황을 개선할 행위를 취한다.)

다음 그림은 SSM의 7단계를 그림으로 표현한 것이다. 중간에 수평선이 그어져 있는데, 선 위는 실제 우리가 살아가고 있는 경험 세계이고, 선 아래는 그 경험 세계에 대해 문제 해결자가 추상적으로 파악하고 있는 개념 세계임을 나타내고 있다.

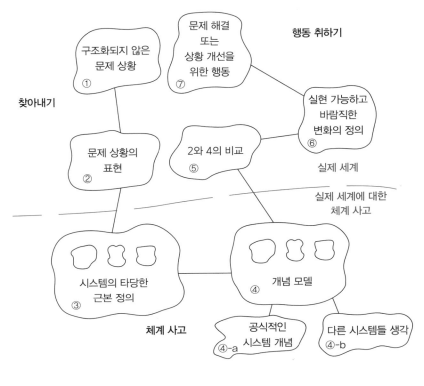

찾아내기

구조화되지 않은
문제 상황
①

문제 해결
또는
상황 개선을
위한 행동
⑦

행동 취하기

실현 가능하고
바람직한
변화의 정의
⑥

문제 상황의
표현
②

2와 4의 비교
⑤

실제 세계

실제 세계에 대한
체계 사고

시스템의 타당한
근본 정의
③

개념 모델
④

체계 사고

공식적인
시스템 개념
④-a

다른 시스템들 생각
④-b

그림 4-53

1. Enter situation considered problematical (문제라고 생각하는 상황 속으로 들어간다.)

주요 이해관계자들로부터 문제라고 느끼는 것에 대해 이야기를 듣고, 해결하고자 하는 것이 무엇인지를 공유하는 과정이다. 이때 관련된 정보, 관점, 해결하고자 하는 문제의 범위 등을 이야기 나눈다. 조직 개발 담당자 또는 리더에게 들려오는 여러 가지 목소리에 귀를 기울이는 것이 이 단계라고 할 수 있다. MZ세대의 칼퇴가 문제라거나, 리더들의 권위적이고 답정너 같은 태도가 문제라는 목소리들이 들리기 시작한다.

이때 조직 문화 담당자는 현재 조직의 이슈 또는 문제가 무엇이라고 특정하기 어려운 상태에 놓여있다. 좀 더 파악하고 알아보아야 하는데, 누구도 이 상황을 온전하게 파악할 수 없다는 인간의 인지적 한계를 받아들여야 한다. 그러므로 그룹워크를 통해 모호한 문제 상황을 표면화하고 명시화하는 일이 필요해진다.

이 상황을 설문 조사에 의해 파악한들 제대로 된 원인을 파악하기 어렵다. 조직마다 업종이 다르고, 처한 환경이 다르면, 현재의 조직 문화가 다르고, 리더십, 구성원의 역량이 모두 다르다. 과거에 연구되고 조직의 일면을 측정하는 설문 조사에 크게 의존하는 것의 위험성이 여기에 있다.

구체적인 방법으로는 블라인드 검토, 구성원 목소리함 꺼내기, 주니어 보드 인터뷰, CEO 면담, 컨설턴트와의 상담, 이직률, 사내 설문 결과 검토, 사내의 두드러진 사건 검토 등이 있다.

2. Express the problem situation (문제 상황을 표현한다.)

퍼실리테이터는 아래 그림과 같은 리치 픽쳐$^{Rich\ Picture}$를 통해 문제 상황을 표현하도록 안내한다. 글이나 말로만 표현하는 것보다 그림과 부호를 사용해 그려내도록 함으로써 복잡한 문제 상황의 숨겨진 이슈를 꺼낼 수 있도록 도와준다.

퍼실리테이터는 참여자들이 문제 상황을 쉽게 표현해낼 수 있도록 안내하는 교감 스킬을 발휘한다.

두 번째 단계에서 문제를 정의하지 않는 것이 흥미롭다. 단지 문제 상황을 표현하도록 제시하고 있다. 참여자들이 각자 불편하게 여기거나 개선하면 좋겠다고 생각하는 것들은 꺼내 놓도록 요청하는 것뿐이다.

이렇게 꺼내놓았을 때, 문제가 자연스럽게 드러날 것이라는 인식이 바탕에 깔려 있다. 문제는 원래 있는 것이 아니라, 관찰자가 문제라고 인식하는 것이 문제$^{observer\ dependency}$라는 인식도 바탕에 있다. 그러므로 그림을 통해 구성원들이 그려낸 결과를 보면서 어떤 것을 문제 삼을지 정해가는 방식을 취한다.

그림을 그리고 나면, 참여자들에게 이슈 목록을 적어내 보도록 한다. 자기 또는 다른 사람들이 그린 그림을 보면서 어떤 것을 다루어야 할 것 같다는 생각을 명시적으로 표현하도록 시도하는 것이다. 옳고 그른 생각은 없다. 무엇을 그린 것도 참여자의 선택이고, 그린 것을 통해 무엇이 이슈이다라고 파악한 것도 참여자의 선택이다.

여기서 바로 문제를 정의하고 그 문제를 해결하는 대안을 찾도록 직접 연결하지 않는 것도 연성체계방법론의 큰 특징이며 장점이다. 슬쩍 인간의 욕망을 자극한다. 문제가 욕망과 현실의 격차이므로, 문제 해결을 위해서는 다시 한번 욕망을 확인해야 할 필요가 있다. 구체적인 방법으로는 리치 픽쳐, 이슈 목록 적어내기, 내가 사장이라면, 팔풍선, 역장분석, 집단역동면접[GDI] 등이 있다.

3. Formulate root definitions of relevant systems of purposeful activity
(목적하는 행위를 시스템으로 타당하게 표현하는 근본 정의를 만든다.)

어떤 문제, 프로젝트, 부서, 조직 등 문제 해결의 대상으로 삼은 것을 정의해보는 단계이다. 어떤 것도 미리 정해진 것은 없다. 경직되고 고정되어 있는 시스템이 아니라 관찰자가 정의하기에 달려 있다고 보는 관찰자 의존성을 방법론적으로 구현하는 단계이다. 연성체계라고 이름을 붙인 이유가 여기에 있다. 그리고 여기서 다루는 모든 종류의 문제 해결 대상은 모두 시스템이라고 파악한다. 세계의 모든 것은 상호작용하는 전체와 부분으로 구성되어 있다는 시스템이론에 기초한다.

그림 4-54 리치 픽쳐(Rich Picture)의 다양한 사례

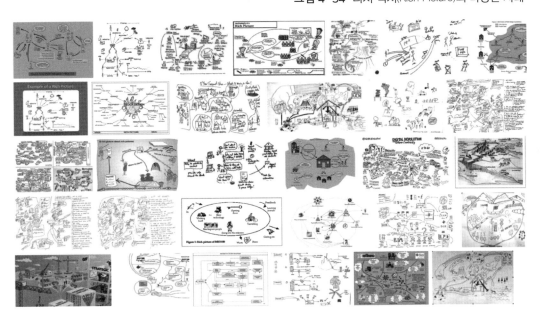

구성원들이 추구하는 것이 무엇인지를 확인하는 과정이다. PQR과 CATWOE 도구를 적용해 이 과정을 쉽게 돕는다. 문제는 사람이 목적하는 바가 있고, 그 목적하는 바를 잘 달성하지 못하는 것을 말하므로 목적하는 바를 먼저 정의해야 문제를 명확하게 할 수 있는 점을 반영한 방법론이다.

앞서 수단과 목적의 위계를 설명했다.(페이지 확인) PQR 역시 수단과 목적의 위계를 쉽게 표현하도록 돕는 도구이다. 체크랜드는 여기서 PQR이라는 글자가 지니는 의미는 특별히 없다고 설명했다.

do P(what), by Q(how), in order to help achieve R(why)

우리가 문제 삼고 있는 시스템은 'R을 이루어내기 위해 Q을 통해 P하는 것'이라는 구조로 정의를 내려보는 것이다. 다음과 같이 예를 들 수 있다. 'KOOFA 시스템은 과거의 경험에서 비롯된 인간과 회의에 대한 부정적인 시각이 존재함에도 불구하고 그룹이 가진 숨은 위대함을 발현하기 위해[R] 탁월한 퍼실리테이션 역량과 조직 개발 지식으로[Q] 그룹 구성원이 가진 욕망과 정보를 가장 효과적으로 처리해 현명한 결정의 창출[P]을 돕는다.'

이 시스템의 근본 정의를 CATWOE 모델로 분석하면 다음과 같다.
- 고객[Customer] – 현명한 결정을 원하는 그룹
- 행위자[Actors] – 퍼실리테이터, 조직 개발 컨설턴트
- 변환 과정[Transformation Process] – 욕망, 정보 → 현명한 의사결정
- 세계관[Weltanschauung, world view] – 긍정적 인간, 구성주의
- 소유자[Owner] – 회사
- 환경의 제약[Environmental constraints] – 부정적 인간관, 부정적 회의관

밥솥을 제조하는 회사가 새로운 모델을 개발하고 싶을 때 밥솥이 무엇인지 정의를 내려보는 데에도 응용할 수 있다. '밥의 소비가 줄어가는 환경에서 밥을 좋아하는 사람들을 위해 쌀을 가장 맛이 좋은 상태의 밥으로 전환해 그 맛을 최대한 오래 유지시키는 시스템이다.' 이

과정에서 가장 중요한 것은 변환 과정을 명확하게 정의하는 것이다. 이 변환 과정이 대상으로 삼는 시스템의 존재 이유가 된다. 이 변환이 가치를 창출하면 그 시스템은 번성하고, 가치를 창출하지 못하면 그 시스템은 소멸하게 된다. 그러므로 구성원과 함께 이 변환 과정이 무엇인지를 명확하게 찾아 정의를 내려 봄으로써 구성원들이 무엇을 잘해야 하는지가 뚜렷해진다. 그리고 이 명료성은 구성원에게 정체성을 부여하고 방향성을 제시해준다.

한편 이 변환 과정을 무엇이라고 보느냐는 원래 정해져 있는 것이 아니라 바라보는 사람이 자신의 욕망을 반영해 규정하는 것이라는 점을 주목해야 한다. 구성원들이 규정하고 뚜렷하게 알게 된 존재 이유로부터 다시 영향을 받게 되는 것이다. 영화관의 전환 과정을 '보지 못한 영화를 볼 수 있게 하는 것'이라고 정의할 수 있다. 또 '일상의 피로를 해소하는 곳'이라고 정의할 수 있다. '동네 사람들을 만나게 하는 곳'이라고 정의할 수도 있다. 영화관이라는 시스템은 관찰자에 의해 다른 것으로 규정되는 것이다.

퍼실리테이터는 이런 다양한 시각이 동원되도록 질문을 던지고, 당시의 상황에서 한 시스템이 가장 높은 가치를 창출하고 싶은 것이 무엇인지를 구성원들이 선택하도록 돕는 역할을 한다.

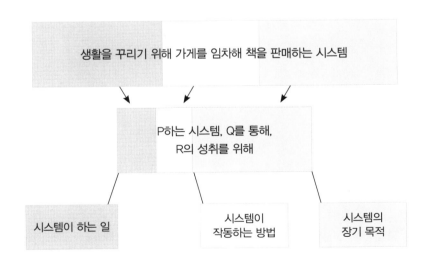

그림 4-55 서점의 근본 정의 예시

4. Build conceptual models of the systems named in the root definitions

(근본 정의에 나타낸 시스템의 개념 모형을 작성한다.)

우리가 다루는 문제 상황은 사람의 행위^Human Activity로 연결된 시스템으로 바라볼 수 있다. 그러므로 바람직한 시스템이란 바로 바람직한 사람들의 하위 행위로 연결된 것이 된다. 퍼실리테이터는 이를 모델링할 수 있도록 도와준다.

이 모델링 과정이 참여자들에게 낯설고 가장 어려워하는 부분이어서 훈련받은 유능한 퍼실리테이터의 지원이 필요하다. 평소에 논리 모형을 많이 만들어 본 사람이라면 쉽게 할 수 있다.

이 모델을 작성하는 데 있어서 가장 중요한 것은 인과 관계나 시간적 전후 관계를 표현하되 사람의 행위로 표현해야 한다는 것이다. 이는 조직이나 문제를 사람의 행위 관점에서 바라보기 때문이다. 사람의 행위가 아니라면 사람이 개선할 것도 없다. 지구 온난화를 인간 행위의 결과라고 바라보는 시각과 일치한다.

그림 4-56 모델링을 마치고 난 결과를 소개하는 법

HAS 모델 예시

- 워크숍 성공사례를 만든다.
- 퍼실리테이터의 역량을 향상한다.
- 관련 지식을 학습한다.
- 조직 개발의 성공 요인을 분석한다.
- 고객에게 쿠퍼의 역량을 알린다.
- 고객에게 그룹의 긍정성을 알린다.
- 그룹의 숨은 위대함을 발현한다.
- 모든 의견의 가치 있는 반영을 돕는다.
- 인간과 집단의 본성과 작동 원리를 학습한다.
- 퍼실리테이션 스킬을 연마한다.
- 고객과 협력적 관계를 형성한다.

밥솥은 순수한 사람의 조직은 아니지만 인간과 사물이 협업하는 하나의 사회기술시스템 socio-technological system 이다. 시스템의 이해를 돕기 위해 밥솥이 하는 일을 HAS로 의인화해서 모델링을 하면 다음과 같다.

- 맛있는 밥
- 쌀을 안친다.
- 물을 조절한다.
- 밥 짓는 방법을 선택한다.
- 가열한다.
- 온도를 조절한다.
- 압력을 조절한다.
- 시간을 조절한다.
- 완료 신호를 보낸다.
- 유지를 위한 온도를 조절한다.

- 유지를 위한 압력을 조절한다. 유지를 위한 습도를 조절한다.

밥솥의 모델링은 하는 과정에서 밥을 다 지은 후에 습도 조절이 밥맛 유지에 필요하다는 아이디어가 생겨날 수 있다. 최상의 밥맛 유지라는 가치를 창출하기 위해 필요한 것을 찾으면서 등장하게 된 아이디어이다.

5. Compare models with real world situations (현실 세계와 모델의 비교한다.)

근본 정의와 HAS 모델은 구성원 또는 참여자의 희망을 담은 바람직한 미래의 모습을 그린 모델이다. 문제 상황은 그에 미치지 못하고 있는 현재 상황이므로 이 둘을 비교함으로써 문제 상황을 개선할 수 있는 실마리를 찾을 수 있다. 비교 차트를 통해 참여자들이 모델과 현실의 격차를 확인할 수 있도록 도와 준다.

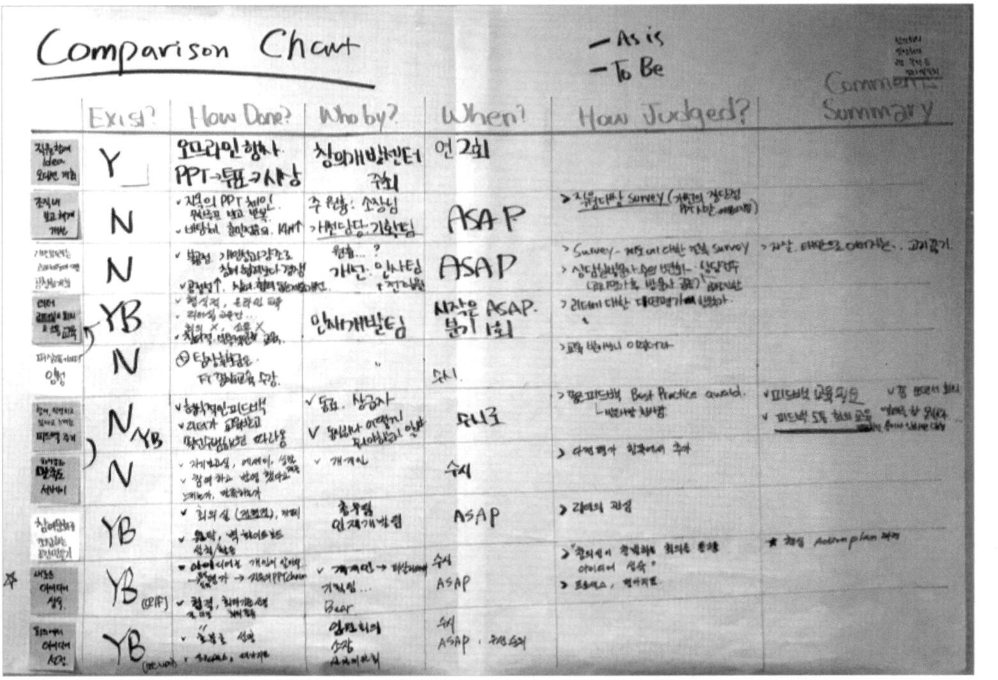

그림 4-57 교육 과정에서 만든 실제 비교 차트의 모습

맨 왼쪽에는 HAS 모델에 나타난 각 항목을 배열한다. 두 번째 열은 그 인간 행위가 존재하는지 아닌지를 파악하는 질문이다. Yes, No, Yes But 세 가지로 대답한다. Yes라는 답을 얻었다면 현재 잘 작동하고 있으니 개선할 여지가 없다. No 또는 Yes But이라면 3열에 어떻게 하면 좋을지를 적어 놓는다.

4번째에는 누가, 5번째에는 언제까지 하면 좋을지를 적는다. 그리고 6번째 열에는 새로운 시도가 잘 되고 있는지에 대한 평가 기준을 적도록 안내한다. 마지막 7번째 열에는 추가할 코멘트나 각 행을 다루면서 이야기 나누었던 내용을 요약해 적는다. 액션플랜을 작성하는 과정이다.

위 밥솥의 예에서는 습도 조절 장치를 밥솥에 추가할지 말지에 대한 논의를 하게 될 것이다. 쿠퍼의 경우에 '고객에게 쿠퍼의 역량을 알린다.'의 행위가 부족하다고 생각하면 이를 실현하기 위한 마케팅 전략과 실천에 대한 논의가 이어질 것이다.

6. Define possible changes which are both possible and feasible

(가능하고 실현할 수 있는 변화를 정의한다.)

모든 격차를 해소하면 좋지만, 자원, 능력, 의지의 한계로 인해 실현 가능한 것만을 찾는 것이 현실 세계의 문제를 해결하는 바람직한 방법입니다. 실제로 실현하고자 하는 액션 아이템을 추려내는 과정이다. 비교 차트에서 발견한 해결 방법들에 대해 냉정하게 평가함으로써 성공 가능성을 높일 수 있다.

문화적 측면, 기술적 측면을 함께 고려하고 구성원들의 자발성과 구성원들에게 돌아가는 혜택을 확인할 수 있도록 도와야 한다. 그러므로 무리하게 격차를 한꺼번에 해소하려는 것은 독이 될 수 있다. 구성원들이 문제를 하나씩 해결해 가면서 보람, 즐거움, 혜택을 함께 누릴 수 있는 대안을 발굴하고 선택하는 것이 필요하다.

앞서 진행한 과정은 구성원들로 하여금 스스로 시스템을 정의하게 하고 그 과정에서 전체 시스템을 볼 수 있도록 하는 효과를 냈을 것이다. 그러므로 개선을 위한 어떤 행위의 정당성이 참여자 자신에게 느껴진 만큼 실현의 의지도 높아진다. 그 의지가 자연스럽게 실현될 수 있도록 참여자의 선택에 맡겨두는 것이 퍼실리테이터의 중립을 통해 일을 이루어가는 길이다.

쿠퍼에서 진행하고 있는 '철학 세미나'의 경우, '인간과 집단의 본성과 작동 원리를 학습한다.'라는 항목과 연결된다. 철학 세미나 자체가 직접적인 수익모델이 되고 있지는 않지만, '워크숍 성공사례를 만든다.'라는 항목의 원인이 되는 것으로 판단한다면 이를 지속하거나 확대하는 실천 계획을 만들게 될 것이다.

7. Take action to improve the problem situation (문제 상황을 개선할 행위를 취한다.)

이 단계는 워크숍^{결정}과 실무^{실행}의 경계선에 있다. 결정한 것을 실행으로 전환 단계이다. 평가가 완료되면 실제로 추진할 행동 목록을 정리한다. 그리고 그것을 추진하기 위해 필요한 실천 계획을 수립한다. 이 실천 계획은 워크숍 이후에 실무에 돌아가서 세울 수도 있고, 워크숍 프로세스에 직접 포함해 수립할 수도 있다.

이때는 사용하는 도구로는 Who, What, When이 포함된 3W 차트를 활용하거나, Responsible^{담당자}, Accountable^{책임자}, Consulted^{자문자}, Informed^{정보제공자}의 지정이 담긴 RACI 차트를 활용할 수 있다. 또는 회사에서 평소 사용해 오던 양식을 활용해도 좋다.

실천 계획이 차질 없이 실현되려면 필요한 경우 제도화와 자원의 투입이 필요하다. 또한 추진력을 유지하도록 하는 리더의 임파워링 리더십이 요구된다. 퍼실리테이터는 이 점까지 염두에 두고 전체 프로젝트의 진행 과정을 관리해야 한다. 이때 퍼실리테이터의 역할은 프로젝트 매니저를 포함하게 된다. 반대로 퍼실리테이션 역량을 갖춘 프로젝트 매니저라면 퍼실리테이터의 역할까지 함께해갈 수 있다. 프로젝트가 작고 역량을 모두 갖추고 있다면 이처럼 두 개의 역할을 겸임해 진행해도 좋다. 반대라면 분리해 협업하는 방식을 추진해야 한다.

SSM은 서베이 결과 점수가 낮게 나온 항목에 대해 개선방안을 도출하면 된다는 기계적인 해법이 아니다. 문제를 관찰하고, 욕망을 제시하고, 그것을 모형화해 문제의 해법을 과정에서 발견해 갈 수 있도록 돕는 방법론이다.

체클랜드 교수는 문제가 고정적으로 정해진 것이 아니고, 해법 역시 고정된 것이 아니라는 점에서 연성^{soft}체계 방법론이라고 명명했다고 말했다. 이는 우리에게 문제 해결의 접근을 어떻게 하는 것이 바람직한지에 대한 시사점을 제공한다. VUCA 세상을 살고 있는 우리에게 더욱 그렇다.

지면의 한계상 여기서는 기법의 특징을 간략히 소개하는데 중심을 두었다. 더 공부하고 싶다면 별도의 단행본을 구해 참고해 보기를 권장한다. 여기 수록한 유명한 방법론은 수많은 학자와 실무자들이 정립해 놓은 유용한 것들이다. 세계적으로 유명해질 만큼 좋은 방법론임에도 불구하고 많은 방법론이 도입과 적용에 실패를 거듭하고 있는 점은 매우 주목할 일이다.

운전자 없이 자동차를 도입한들 자동차를 제대로 활용할 수 없다. 오히려 사고를 내어 문제를 악화시킬 수 있다. 누군가가 자동차를 멋지게 몰고 갈 때, 우선 눈에 띄는 것은 자동차 뿐이다. 운전자의 안전 운전 철학, 교통 법규, 교통 표지판, 시동, 정지, 코너링 등에 관한 지식, 운전대를 조작하고, 주변을 돌아보는 스킬이 함께 있다는 점은 잘 눈에 띄지 않는다.

좋은 경영기법, 조직 개발 방법론, 워크숍 테크닉을 성공적으로 도입하는 데에는 철학, 이론, 스킬, 도구를 고루 갖춘 퍼실리테이터를 필요로 한다. 지금 없다면 꾸준히 길러야 한다. 모든 리더가 퍼실리테이터가 되는 것을 목표로 삼아야 한다.

여기에 소개하고 있는 7개의 방법론은 모두 이슈의 복잡성을 염두에 두고 있다. 복잡성을 띠고 있지 않은 문제의 해결은 우리의 조상과 선배들이 이미 지식과 매뉴얼로 해결 방법을 구축해 놓았다. 이는 누구나 쉽게 적용하면 해결할 수 있는 것들이다. 하지만 복잡한 이슈는 복잡성의 종류도 너무 많을뿐더러, 문제를 해결하는 과정에서 문제를 다시 정의해 가야 하는 특성마저 지니고 있다. 따라서 해법을 미리 매뉴얼로 만들어 놓을 수 없고 방법론을 익히는 것이 필요하다.

그때그때 머리를 맞대고 방법론의 일반적인 절차를 염두에 두면서 해법을 찾아가야 하는 상황이다. 그러므로 느슨하게 제시하고 있는 위의 방법론을 참고하면서 스스로 문제를 해결해 갈 수 있는 역량은 조직을 보유해야 하는 시대를 살고 있다. 그것이 가능해지는 첫걸음은 도구를 넘어 방법론은 다룰 줄 아는 퍼실리테이터의 육성이다.

PASAQADE 방법론

파사케이드PASAQADE는 워크숍의 일반 순서를 쿠가 정리한 것이다. 어떤 순서로 회의를 진행하고 설계하는 것이 좋은지에 대한 기본 골격이다. 따라서 PASAQADE의 순서에 따라 설계해 진행하면 효과적인 워크숍을 개최할 수 있다.

 사람마다 체격이나 체형이 다르므로 옷을 만들 때는 각자의 몸과 취향에 맞는 옷을 맞추어 입는 것이 가장 바람직하다. 그러나 맞춤옷은 맞춤 기술을 가진 사람만이 만들 수 있다. 회의 또는 워크숍 역시 회의의 목적에 맞는 최선의 회의 방식을 설계하는 것이 바람직하지만, 이를 제대로 해내는 역량을 가진 사람이 많지 않은 문제를 가지고 있다. 몸에 정확히 맞는 옷은 아니지만 모든 옷에 공통으로 포함되는 요소가 있듯이 회의 역시 그런 면을 포함하고 있다. 재킷을 예로 들면, 색, 라펠, 어깨선, 소매산, 소매, 앞길, 뒷길, 소매 단추, 주머니 등이 있다. 파사케이드는 이처럼 회의의 가장 기본이 되는 흐름을 묶어 놓은 것이다. 이 틀을 기반으로 회의에 따라 조금씩 응용해 사용하면 크게 무리 없는 회의를 설계할 수 있다.

워크숍 설계의 일반 모델 – PASAQADE

1. Purpose   워크숍의 목적 정하기
2. Acclimatize   분위기 조성하기
3. Surface   의견을 꺼내 놓기
4. Arrange   의견을 정렬하기
5. Quest   다양하게 따져보기
6. Assess   결정을 위해 평가하기
7. Decide   실행안을 선택하기
8. Execute   실행계획 세우기

1. 목적

회의를 잘 진행하기 위해 가장 처음 확인해야 하는 것은 목적^{Purpose}이다. 목적에 따라 참여자, 회의 시간, 회의 장소, 회의 순서, 사용 도구, 퍼실리테이터 등이 결정된다. 목적은 두 가지 요소를 포함한다. 하나는 목적 범위이다. 비전 만들기, 전략 수립하기, 신제품 개발하기, 업무 분장하기, 성과 목표 정하기 등이 회의 목적의 범위에 해당한다.

다른 하나는 목적 수준이다. 비전을 만드는 경우, 비전이 얼마나 구성원의 마음속에 공유되기를 원하는지에 관한 수준이 있다. 전 직원의 가슴 속에 불타오르는 비전을 만들겠다고 수준을 잡을 때와 구성원의 마음속에 담기기보다는 홈페이지에 장식용으로 수준을 잡을 때 워크숍의 설계는 많이 달라진다.

퍼실리테이터는 스폰서와의 사전 미팅에서 목적의 범주와 수준을 명확하게 파악하여 설계에 반영해야 한다. 일반적으로 목적의 범위와 수준이 넓고 높아지면 워크숍의 비용은 증가한다. 따라서 동원 가능한 자원 즉, 시간, 참여자, 로지스틱스, 퍼실리테이터 등을 함께 고려하면서 목적을 정해야 한다.

회의 목적의 예시

- 조직, 팀, 프로젝트의 비전 수립
- 조직, 팀, 프로젝트의 전략 수립
- 연간 업무 추진계획 수립
- 신제품 개발

    신사업 또는 프로젝트 개발
- 서비스 개발 또는 서비스 디자인
- 월간, 연간 성과 목표 설정
- 행사 기획(예: 50주년 기념 행사)
- 성과 평가
- 성과지표 도출

    성과 평가 제도 수립
- 인사제도 개선 아이템 발굴

- 보상체계 구축 골격 도출
- 부서 간 업무 조정
- 부서 내 업무분장
- 사실 확인과 경험 공유
- 구성원 간의 누적된 감정 해소
- 역량 강화(교육훈련)
- 피드백(상호학습)
- 조직의 문제 표면화
    - 00 갈등 해결
    - 00 문제 해결

2. 조성

사람들은 일을 싫어하는 것이 아니라 쓸데없는 일을 하기 싫어한다. 회의도 쓸데없는 일이라는 인식이 높은 편이다. 실제로 쓸데없는 회의는 낭비이므로 굳이 개최할 필요가 없다. 반대로 사람들은 쓸모 있는 일, 쓸모 있는 회의를 좋아한다. 쓸모 있는 회의란 참여자에게 도움이 되는 회의를 말한다.

인간은 자신의 행동 하나하나를 행함에 있어 그것과 결부된 여러 가지 비용과 효과를 생각하고, 가장 효과가 높다고 생각하는 것을 선택하게 된다. 끊임없이 나에게 돌아오는 것이 뭐지?What's in it for me?라는 질문을 던진다. 때로는 곰곰이 분석적으로 생각해 선택하고, 때로는 즉각적이고 직관적으로 판단한다. 회의에 참석할 것인지 말 것인지, 그리고 참석한다면 적극적으로 참여할 것인지 방관적인 자세로 참석할 것인지를 선택하는 경우도 마찬가지다.

그러므로 회의 개선을 위해 리더가 우선해야 하는 것은 구성원이 적극적으로 회의에 참여할 만한 가치를 느끼도록 해주는 것이다. 구성원의 참여를 가치 있게 만드는 환경의 조성은 회의의 기획 단계부터 회의가 진행되고 종료되는 순간까지 계속되어야 한다.

사람들은 누구나 존중받고 인정받기를 원한다. 사람들은 기본적으로 자신들의 의견이 최고라고 생각하며, 주어진 일을 잘 해내기 위한 나름의 방법을 가지고 있다. 또한 그것을 타인에게 알리고 주장하고 싶어 한다. 그러므로 리더는 그들의 생각이 널리 알려지고 채택될 가능성이 있음을 주지시켜, 구성원들이 회의에 참여할 에너지를 끊임없이 불어 넣어 줘야 한다.

예를 들면, 장소가 주는 기운과 에너지를 고려한 회의 장소의 선택과 인원 및 좌석 배치, 참여 에너지를 북돋우는 장식 등은 구성원들이 자신들의 의지와 의견이 매우 중요하다고 느낄 수 있게 하는 중요한 요소이다. 맛있는 간식, 좋은 배경음악의 제공도 참여자의 존중과 편안함을 느끼게 해준다.

아울러 퍼실리테이터의 다음과 같은 발언은 회의를 시작할 때 일반적으로 좋은 분위기를 만들어 준다.

'이 문제를 가장 잘 풀어갈 수 있는 사람이 바로 여러분이라고 생각합니다. 처음에는 다소 생소할 수 있지만 워크숍이 진행되면서 익숙해지도록 제가 도와드릴 예정입니다. 제가 할 일이라고는 "모든 의견은 동등하게 귀중하다."라는 원칙이 지켜지도록 하는 것뿐입니다. 어떤 의견도 맞고 틀린 것이 없습니다. 맨 나중에 우리가 선택을 할 수 있도록 돕기만 하겠습니다. 혹시 나중에 좋은 결과를 만들지 못했다면 그것은 제 책임입니다. 여러분은 그저 즐거운 마음으로 참여해 주시면 됩니다.'

3. 표출

이것은 참여자의 머릿속에 있는 정보, 의견, 아이디어를 밖으로 꺼내는 과정이다. 회의의 목적이 정해지고 회의에 열심히 참여해 보자는 분위기가 조성되었다면, 이제 그 목적을 달성하기 위해 참여자들의 의견을 드러내도록 하는 것이 표출^{Surface} 과정이다.

표출 단계에서 우선 퍼실리테이터가 주목해야 하는 것은 머릿속에 저장된 정보(이미지, 개념, 신념)가 떠올려지게 하는 것이다. 여기에는 주로 연상 매개가 동원된다. 연상 매개를 통해 두뇌의 저 구석에 저장^{storage}되어 있던 이미지, 개념, 신념, 욕망을 상기^{retrieval}시키도록 하는 것이다.

- 단어를 제시한다.
- 그림을 보여준다.
- 동영상을 보여준다.
- 잡지를 뒤적이게 한다.
- 그림을 그려 보게 한다.
- 유사한 것을 만들어 보게 한다.
- 유사 경험을 서로 말해보게 한다.

두 번째로 주목해야 하는 것은 참여자의 자기검열self-censorship을 해제하는 것이다. 이는 심리적 안전감과 직접 연결된다. 머릿속에 아이디어가 떠올랐다고 하더라도 참여자는 그 아이디어를 내지 않고 자기검열 후 폐기해 버릴 수 있다. 본인에게 불이익이 돌아올 것을 걱정하기 때문이다.

조직 내에 불안감이 팽배한 경우 이를 한 번에 해소하기는 어려울 것이다. 그러나 퍼실리테이터는 워크숍의 모든 단계에서 참여자의 의견을 토대로 결론에 도달하도록 지원하는 역할을 수행하는 것이기 때문에 계속해서 의견을 내도록 하는 심리적 안전감을 조성하는 능력을 반드시 발휘해야 한다.

다음은 심리적 안전감을 조성하고 자기검열을 줄여낼 수 있는 발언의 예시들이다.

'맞고 틀린 답이 없습니다.'

'엉뚱한 아이디어를 권장합니다. 오히려 더 도움이 됩니다.'

'아무거라도 꺼내 놓고 함께 발전시키면 됩니다.'

'누가 낸 의견인지에 대해 추적하지 않을 것입니다. 이에 대해 미리 보장받았습니다.'

'아이디어를 낸 사람이 그 일을 해야 하는 것은 아닙니다.'

'그 일이 가치 있다고 생각해 선택하는 사람이 그 일을 맡을 것입니다.'

아이디어를 내는 단계에서 초반의 결과는 그리 탁월하지 않은 경우가 대부분이다. 구성원들은 추상적이고 피상적이며 일상적인 의견을 제시하거나 때론 지나치게 엉뚱한 의견을 제시하곤 한다. 이때 퍼실리테이터는 질보다는 양을 확보하는 데 집중하는 것이 좋다. 양 속에서 질이 저절로 생겨나는 메커니즘을 작동시키는 것이다.

초기에 질이 좋지 않은 아이디어를 만났을 때, 일반적인 리더들은 더 이상 듣는 자세를 포기하고 훈계와 질책을 하고자 하는 충동을 갖게 된다. 퍼실리테이터인 리더는 이 과정의 심리적 고난을 극복할 수 있는 사람이다. 구성원들이 깊은 사고의 바다에 빠져들어 가는 데 걸리는 일정한 절차와 시간을 미리 알고 기다리면서, 적절한 발언과 도구를 제시하며 돕는 사람이다.

세 번째로 주목해야 할 것은 퍼실리테이터의 사고를 확장하는 질문이다. 마음이 편안한 것만으로도 참여자는 아이디어를 쉽게 낼 수 있다. 그에 보태어 퍼실리테이터가 정곡을 찌르는 질문까지 던질 수 있다면 참여자의 사고는 커다란 전환과 진전을 이루게 된다.

'현 제품에서 가장 아쉬움이 있었던 부분은 무엇인가요?'

'그것이 어째서 아쉬우셨나요?'

'다른 사람들은 어떻게 생각하고 있었나요?'

'그 아쉬움을 어떻게 처리하셨나요?'

'생각해 두었던 아이디어가 있으신가요?'

'지구 자체를 생명체로 보신다면, 지구의 어떤 특징에 근거를 두고 계신가요?'

'그 특징을 우리가 흔히 알고 있는 생명체와 비교해보면 좋겠네요.'

'또 어느 부분이 닮아 있나요?'

'아직 지구를 생명체라고 받아들이기 어려운 점이 있다면 무엇 때문일까요?'

'지금까지의 논의를 볼 때, 우리는 생명체를 어떻게 규정하고 있나요?'

'아이 돌잔치를 특별하게 하고 싶은 이유가 무엇인가요?'

'꼭 포함하고 싶은 것을 말씀해 주세요.'

'그것에서 이루고자 하는 것은 무엇이죠?'

'그것을 이루고자 하신다면 달리 시도해볼 방법은 무엇일까요?'

'알고 있는 관례 중에서 하기 싫은 것은 무엇인가요? 왜 그렇죠?'

퍼실리테이터는 참여자의 발언을 잘 적으면서 회의를 진행해야 한다. 차트 또는 보드에 판서하거나, 점착 메모지 등에서 적어내게 함으로써 기존의 아이디어를 연상 매개로 활용하게 된다. 또한 다음 아이디어 결합 발전시킬 수 있게 되어 평소의 사고를 뛰어넘게 도와준다.

두세 명의 조직이라 하더라도 그 조직은 거의 무한의 정보를 보유하고 있다. 퍼실리테이터는 구성원의 두뇌와 구성원이 접근할 수 있는 인터넷에 저장되어 있는 정보를 하나의 의견, 아이디어로 표출할 수 있도록 돕는 사람이다. 정보가 부족하다고 생각한다면 조직의 외부인이 참여할 수 있도록 워크숍을 기획하면 된다.

4. 정렬

표출 단계에서는 의견이나 아이디어의 질적인 추구를 최대한 자제했기 때문에 표출된 의견들이 썩 마음에 들지 않을 수 있다. 이를 가다듬고 발전시켜 나가려면 정렬^{Arrange}해야 한다. 구성원으로부터 도출된 정보, 의견, 아이디어를 모두 전면작업벽$^{front\ working\ wall}$에 전체 내용을 쉽게 파악할 수 있도록 게시한다.

그다음은 표출된 의견을 서로 연관성을 찾아 정리하는 작업을 시도한다. 이때 퍼실리테이터는 정리 작업에 필요한 최적의 구조를 제시해 주는 것이 필요하다. 다음 다섯 가지로 구조를 나누어 설명해 본다.

- 친화도 구조
- 트리 구조
- 매트릭스 구조
- 절차도 구조
- 연관도 구조

친화도$^{Affinity\ map}$ 구조

가장 일반적으로 자주 사용하는 구조이다. 비슷한 것끼리 묶고, 다른 것은 나누는 방식이다. 즉 공통점과 차이점을 구분하는 유목화^{categorization}이다. 이때 주의해야 하는 것은 무엇을 공통점으로 볼 것인지 그 기준에 대한 의견이 분분하다는 점이다. '바나나, 원숭이, 고양이'를 분류하는 경우 어느 것을 기준으로 할지는 보는 사람에 따라 서로 다를 수 있다. 바나나의 속성은 식물 한 가지가 아니다. 과일, 긴 것, 노란색, 썩는 것, 맛있는 것, 원숭이가 좋아하는 것,

수입 식품, 탄수화물, 실온 보관, 저렴한 것 등 거의 무한대의 속성을 가지고 있다.

의견의 종류가 많다면 그 기준은 기하급수적으로 늘어날 것이다. 그러므로 참여자들이 분류의 기준을 놓고 이러쿵저러쿵 실랑이를 벌이는 경우가 종종 있다. 여기서 퍼실리테이터가 주의해야 하는 점은 어느 것도 나름의 정당성을 가지고 있으므로 참여자 스스로 선택하도록 돕는 것이다. 일반적으로 그냥 두어도 스스로 합의해가지만, 대립이 첨예한 경우에는 퍼실리테이터가 자유토론 스킬을 발휘해 도와야 한다.

퍼실리테이터는 다음과 같은 발언으로 친화도를 완성해 가는 과정을 돕는다.

'너무 걱정하지 마시고 과감하게 그룹의 이름을 붙여보세요.'

'맞고 틀린 이름은 없습니다.'

'이름을 붙였는데, 그룹의 내용 중에서 어색한 아이디어가 들어있다면 다른 그룹으로 옮기면 됩니다.'

'정확하게 분류하는 것이 이번 워크숍의 목적은 아닙니다.'

'우리는 정답을 찾는 것이 아니라, 우리의 생각을 구성해 보는 것입니다.'

트리 구조

인류역사상 가장 오래되었으며, 가장 많이 쓰이고 있는 구조이다. 실은 위의 친화도 역시 트리 구조(tree structure)에 속한다. 나무 형상을 하고 있고 전체 묶음(root)과 그에 속한 하위 노드(node)가 간선(edge)로 연결된 구조이다.

조직도, 컴퓨터의 파일 폴더 구조, 식물 동물의 분류 체계, 주소, 족보 등이 트리 구조의 대표적인 예이다. 조직 개편과 같은 계층적인 이슈를 다룰 때 이와 같은 트리 구조를 제시해 의견을 정리할 수 있도록 하면 효과적이다. 또 책을 저술할 때 목차를 미리 정해 책을 쓰려고 하는 경우 역시 트리 구조를 사용해 정리를 도울 수 있다. 그리고 트리 구조는 MECE 원칙과 잘 부합하는 구조이므로 MECE 원칙을 고려하면서 트리 구조의 정리를 돕는다면 보다 완벽한 구조를 구현해낼 수 있다.

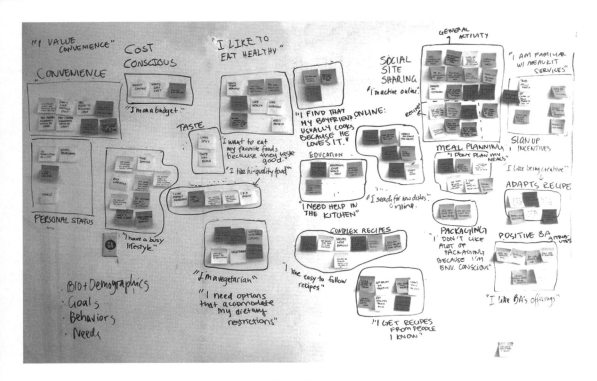

그림 4-58

트리 구조를 통한 정리 과정 역시 완벽한 구조를 완성하는 것이 목적인지 혹은 정리 과정을 도구 삼아 다른 목적을 달성하는데 편의를 위해 사용하는 것인지를 퍼실리테이터는 잘 살펴야 한다. 어떤 것을 매우 정밀하게 이루어내는 데는 엄청난 시간이 소요될 수 있다. 그냥 전체 구조를 한 번 파악해 보는 것이 목적이라면 어설픈 구조를 빠른 속도로 구현해 보는 것이 더 바람직하다. 책에 담을 식물 분류 체계를 그리려는 것이라면 많은 시간을 들여서라도 완벽을 기해야 할 것이다.

매트릭스 구조

가로 세로에 2개 이상의 항목을 두어 이에 따라 데이터를 정리하는 구조이다. 시간과 과업을 묶어서 배치한 간트 차트가 이에 속한다. 상품을 세로축에 나열하고 이를 선택하기 위한 선택 기준을 가로축에 배치할 때도 사용할 수 있다. 매트릭스 구조^{matrix structure}를 운영하는 조직이라면, 세로축에 프로젝트를 배치하고, 가로축에는 기능별 부서를 배치해 각 교차하는 자리에 담당자를 배치하는 구조로 사용할 수 있다.

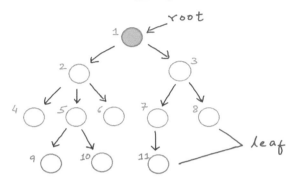

그림 4-59 트리 구조

	Marketing	**Operations**	**Finance**	**HRM**
	Marketing Manager	*Operations Manager*	*Finance Manager*	*HR Manager*
Project A (Team Leader)	Marketing Team (A)	Operations Team (A)	Finance Team (A)	HR Team (A)
Project B (Team Leader)	Marketing Team (B)	Operations Team (B)	Finance Team (B)	HR Team (B)
Project C (Team Leader)	Marketing Team (C)	Operations Team (C)	Finance Team (C)	HR Team (C)
Project D (Team Leader)	Marketing Team (D)	Operations Team (D)	Finance Team (D)	HR Team (D)

그림 4-60 매트릭스 구조

절차도 구조

신제품 출시와 같은 업무 처리 절차에 관해 워크숍을 진행할 때, 공장 생산라인의 개선을 위해 워크숍을 진행할 때는 이 구조를 사용하게 될 것이다. 상품의 유통망을 파악하고 이를 재구성하기 위한 워크숍에서도 사용하게 된다. 컴퓨터가 업무를 처리하는 것 또한 논리적 과정이므로 소프트웨어를 개발할 때 사용하는 알고리즘도 절차도^process map의 구조를 따른다.

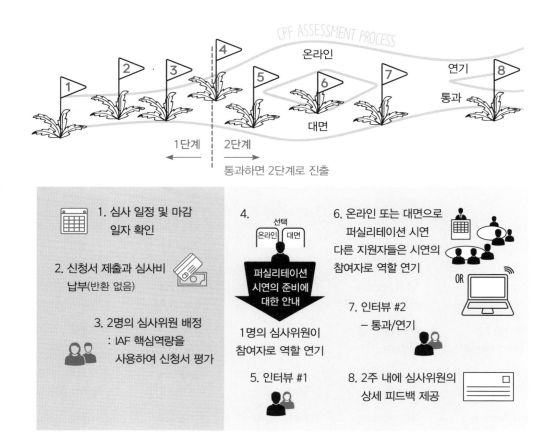

그림 4-61 절차도 구조

연관도 구조

복잡한 이슈를 다룰 때는 연관도^{influence map} 구조를 사용해야 한다. 복잡하다는 것은 원인과 결과가 명확하거나 일관되지 않는다는 의미를 지닌다. 그러므로 이를 다룰 때는 퍼실리테이터가 이에 맞는 구조를 제시해 사용할 수 있도록 안내해야 한다. 조직 문화를 다루면서 친화도 구조를 이용해 의견을 정리하게 해서는 맥락을 파악하고 해법을 찾는 데 큰 도움을 주지 못한다. 바로 조직 문화는 그 존재 자체가 복잡한 것이기 때문이다.

아래 그림은 복잡한 상황을 다루는 워크숍에서 가장 적용하기에 편리한 연관도 구조의 기본형이다.

head는 구성원들이 이루고자 하는 궁극적인 목적 또는 결과에 해당한다. 중간의 노드들은 이 목적을 향해 가는 과정이며 경로이다. head에 가까운 것은 달성해야 하는 목표^{goal}라고 볼 수 있고, 중간쯤에 위치한 것은 이 목표를 이루는 데 필요한 이슈들이라고 구분할 수 있다. 가장 아래에 위치한 것은 이슈를 해결할 수 있는 대안이라고 볼 수 있다.

다른 방식으로는 '목적 – 전략 – 과제 – 업무'라는 용어로 표현할 수 있다. 위로 올라갈수록 이루어진 상태이며, 아래로 내려올수록 구성원들이 해야 하는 활동에 해당한다.

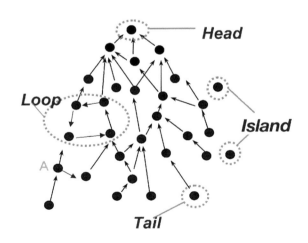

그림 4-62 연관도 구조

(출처: Alberto Franco, 2007, Strategic Options Development & Analysis(SODA), 워릭대학교 MPA 강의자료, 일부 수정)

연관도에서는 루프가 있는 점이 특이하다. 트리 구조에는 없는 구조이다. 트리와 유사하지만 또 다른 점은 자녀가 두 개 이상의 부모를 가질 수 있다는 점이다. 하나의 인간 행위가 여러 개의 효과를 낼 수 있으므로 이 구조가 사람이 하는 일의 현실을 더 잘 반영하는 구조라고 할 수 있다. 조직 문화, 동기부여, 리더십, 성과 관리, 임파워먼트, 협업, 창의성, 이직률, 소통 증진, 직무 열의와 같은 복잡한 이슈를 다룰 때는 이 구조의 사용을 권장한다.

일반적으로 구성원들은 평소에 이 구조와 같은 방식의 사고를 명시적으로 시도해 본 경험이 부족한 편이다. 퍼실리테이터는 이러한 사정을 감안해 완벽한 구조를 완성하는 것을 처음부터 요구하지 않는 것이 필요하다. 하지만, 이 구조는 구성원의 시스템 사고를 향상시키는 훈련효과가 높은 도구이므로 꾸준히 사용해 익숙하게 하는 목표를 삼아볼 만하다. 자신과 관련된 이슈에 대해 이 구조처럼 체계화해 이해도를 높인다면, 자신이 하는 일의 가치와 유용성을 보다 명확하게 알게 되기 때문에 일하는 동기가 높아진다고 볼 수 있다.

그림 4-63 아이디어를 다양한 구조로 정리하여 참여자의 사고를 돕는다.

정렬 단계에서 사용할 수 있는 5개의 기본 구조를 살펴보았는데, 이 5개에 국한하지 말고 필요에 따라 다양한 구조를 사용할 수 있으면 좋다. 다만 입문 단계에서는 손쉬운 친화도와

트리 구조를 주로 사용하고, 점점 매트릭스, 절차도, 연관도에 도전해 가는 것이 바람직한 방향이다.

그리고 경험이 많이 쌓이게 되면 필요에 따라 다양한 구조를 동원하고 변형해 사용할 수 있게 된다. 또한 하나의 워크숍에서도 다양한 종류의 정리 구조를 사용하기도 한다. 복잡한 사안을 다룰 때 제기된 다양한 의견을 다양한 구조로 다루면서 사고의 진전을 돕는 것이 퍼실리테이터의 역할이다.

5. 탐색

표출 단계에서 아이디어를 도출했다고 하더라도 새로운 아이디어는 계속해서 환영해야 한다. 워크숍의 목적은 디자인 씽킹의 절차나 파사케이드 절차를 지켜내는 것이 아니다. 도구의 법칙에 빠지지 말아야 한다. 한 단계를 지나갔더라도 워크숍 전체의 목적 달성에 필요하다면 언제든 이전 단계의 시도를 반복할 수 있다.

탐색Quest 단계는 바로 이런 일을 대놓고 하자는 단계이다. 귀중한 시간을 사용하고 있기 때문에 가급적 진도를 나가는 것이 필요하지만 퍼실리테이터는 항상 워크숍 전체의 목적 나아가 워크숍을 통해 얻으려는 기대효과까지 염두에 두면서 세션을 진행해야 한다. 두서없이 꺼낸 의견, 맞고 틀린 걱정 없이 꺼낸 의견, 깊이 생각하지 못한 피상적인 의견 등을 바탕으로 의견을 좀 더 확장하고 의견의 품질을 높여가고자 하는 단계이다.

표출한 의견을 정리까지 해두었기 때문에 이 단계에서 참여자들은 자신들이 낸 의견의 품질에 대해 만족과 아쉬움을 동시에 가지고 있다. 이에 대해 탐색하고 참여자들의 의견을 최종 결론으로 어떻게 담아낼지를 다루는 과정이다.

'우리가 낸 의견 전체를 보고 느낀 점은 무엇인가요?'

'가장 눈에 들어오는 의견은 무엇인가요?'

'어떤 의견을 추가할 수 있을까요?'

'어떤 부분을 좀 더 탐색해야 할까요?'

'우리가 내놓은 의견 중에서 최종 결정을 할 수 없다면 무엇 때문일까요?'

'정렬한 내용 중에서 수정해야 할 것은 무엇인가요?'

'이제 평가를 통해 결정하는 순서로 넘어가도 될까요?'

이 탐색 단계에서 또 빼놓지 말아야 하는 것은 참여자들의 멘탈 모델mental model의 비교이다. 대안으로 제시한 의견이 정말로 참여자들이 원하는 결과를 얻을 수 있는지 검증하는 단계이다.

---

tip

멘탈 모델

'돈이 있어야 사업이 추진되지.'

'일은 사람이 하는 것이지.'

이 세상이 어떻게 돌아가고 있는지에 대해 각자가 이해하고 있는 생각이다. 주로 인과 관계나 신념의 형태를 갖추고 있다. 사람들은 각자가 이해하는 방식에 근거해 행동하고 문제를 해결한다. 그러므로 의견 충돌은 결국 멘탈 모델의 충돌인 경우가 많다. 퍼실리테이터는 탐색 과정에서 참여자의 멘탈 모델이 드러날 수 있도록 질문하고 탐색해야 한다. 그리고 그것을 비교할 수 있도록 보여주고 더 타당한 멘탈 모델이 무엇일지를 다시 생각해보게 함으로써 합의의 계기를 마련한다.

탐색 단계는 의견의 바탕에 깔려 있는 전제와 가정을 살펴보고 인과 관계의 타당성을 검증하는 단계이다.

'그것을 하면 무엇이 좋아지나요?'

'그것이 이루어지려면 필요한 것이 무엇일까요?'

'어떤 조건이 필요할까요?'

'누가 그 일을 도울 수 있다고 생각하시나요?'

'예산은 얼마나 필요할까요?'

'누가 부담할 수 있나요?'

'우리의 생각 중에 틀린 것으로 보이는 부분은 어디인가요?'

참여자들은 자신의 욕망을 반영한 희망 사항만을 제시하고 실제로 그 희망을 이루어내는 구체적인 방법에 대해서는 미처 생각하지 못하고 있는 경우가 많다. 퍼실리테이터는 참여자의 욕망을 실현할 수 있는 현실적인 대안을 찾아가도록 돕는 사람이다. 만약 이룰 수 없는 욕망이라면 참여자들은 그 욕망을 포기하게 되므로 불만이 사라진다. 이룰 수 있는 욕망이라면 방법을 찾게 되므로 만족하게 된다.

축산 악취로 인해 갈등을 빚고 있던 한 마을의 워크숍에서 주민들에게 해결책을 물었다. 한 주민은 '대기업을 유치해달라.'는 의견을 냈다. 일견 황당해 보이는 의견이지만, 퍼실리테이터는 '모든 의견은 동등하게 귀중하다.'를 실천할 수 있는 사람이다. 그리고 이 의견을 황당하다는 부정적 인식에 사로잡히지 않는 사람이다.

'정말 그렇게 된다면 최고의 해결책이 될 것 같습니다."어떻게 하면 삼성전자를 유치할 수 있을까요?': '시에서 나서야죠."시가 지금 움직이고 있지는 않은 것 같은데 어떻게 하면 시에서 나서게 할 수 있을까요?': '그럼 시에서 여기를 전부 매입하면 악취고 뭐고 다 깨끗하게 해결됩니다."네, 그것도 좋은 방법 같습니다. 매입하도록 하려면 어떻게 하면 좋을까요?': '의원들을 찾아가야죠."네, 좋습니다. 그러면 언제 누가 의원을 찾아가서 설득해 볼지를 정하면 될 것 같습니다.': '다 필요 없고, 무창축사를 지으면 악취 문제는 깨끗이 해결됩니다."무창축사를 짓는 데는 예산이 얼마나 들어갈까요?': '그건 용역을 줘봐야지 우리는 모르죠."그래도 짐작은 한 번 해볼 수 있을 것 같아요. 1억보다 많이 드나요?"당연하죠. 그보다 훨씬 많이 듭니다."그럼 천억 원 정도 들까요?"그만큼까지는 안 들 겁니다."그럼 10억 원보다는 많은가요?"아무래도 100억은 더 들죠."그럼 500억, 300억, 200억 어느 정도일까요?"잘은 몰라도 한 300억 정도는 안 들겠어요?"네, 좋습니다. 정확하지는 않지만 300억 정도 소요된다고 보시는군요. 그럼 이제 300억 원을 어떻게 마련할지만 생각해보면 될 것 같습니다."돈을 찍어야죠.': '안 돼! 딴소리하지 말고 현실적인 방안을 찾아봅시다.'

몇 회에 걸친 워크숍을 통해 EM이라는 효소를 사용해 악취를 최소화하는 노력을 기울이자는 결론을 내렸다. 그리고 모든 가능성을 진지하게 살핀 후였기 때문에 최종 결론에 대한 책임 의식도 높아져 있었다. 사람들의 초기 의견은 끌림 동기에 따르는 경우가 많다. 그렇게 시작했더라도 퍼실리테이터의 탐색, 다른 참여자의 의견이 합쳐지면, 실현 가능한 최선의 결론에 합의를 이룰 수 있다.

6. 평가

위의 탐색 과정은 평가를 포함한다. 그리고 평가 단계 역시 탐색^{assess} 단계를 포함한다. 물론 표출 단계가 끼어들기도 한다.

'평가 기준을 무엇으로 하면 좋을까요?'

이와 같은 질문을 던진다면 평가 기준의 표출을 위한 질문을 한 것이므로 표출 단계라고 말할 수 있다. 그러므로 파사케이드를 이해할 때 기계적 단계의 적용으로 이해해서는 안 된다. 워크숍의 진행 순서가 대체로 어떻게 이루어지는 것이 바람직한 것인지의 참고로 사용하면 그만이다. 의견을 내고, 다루고, 좀 더 깊이 따져보고, 최선의 것을 찾아 결정하는 단계를 명시화한 것이다. 다른 모든 방법론과 기법도 마찬가지로 교리처럼 숭상해서는 도리어 퍼실리테이션이 아닌 방해나 조작으로 흐를 수 있음을 항상 유의해야 한다.

표출, 정렬, 탐색 과정으로 참여자들의 의견이 모두 개진되고 서로의 장단점, 인과 관계 등의 합리성 등이 다루어졌다면 이제 결정을 위한 평가를 시도한다. 더욱 온전하게 알기 위해 지금까지 취했던 에포케를 뒤로 하고 이제는 판단을 내리는 순서이다. 우리가 결코 진리를 파악할 수 없는 인간으로서의 한계를 지니고 있고, 진리는 존재하지도 않는다는 회의적 시각을 가지고 있다고 하더라도 인간과 조직이 그 생명을 지켜가려면 일정한 시점까지 결정을 내려야 한다. 그 직전에 행하는 과정이 평가이다. 평가는 각각의 대안^{option}에 기준^{criteria}을 대입시켜 보는 일이다. 이 평가의 결과로 바로 결정할 수도 있고, 평가 결과를 참고삼아 후속 토론은 한 다음 합의에 의해 최종 결정을 내리는 방법도 있다.

일반 투표

찬성/반대 또는 선호라는 하나의 기준으로 선택하는 방법이다. 가장 득표를 많이 얻은 대안을 선정한다. 최종 선정하지 않고 후속 토론과 결정을 남겨둔 투표를 여론 조사(poll)라고 부른다.

등급 투표

어떤 대안에 대해 동의하는 정도를 표시할 수 있도록 하는 평가 방법이다.

찬반 투표가 동의의 정도를 0 또는 1로 표하는 방식이라면, 등급 투표는 0에서 10 또는 1에서 8과 같이 척도를 제시하고 각 척도마다의 설명을 제시해 평가하도록 하는 방식이다.

순위 투표

대안에 대해 순위를 매기는 투표 방식이다. 10개의 대안이 있는 경우 참가자 전원이 10개의 대안에 대한 선호 순위를 매기는 방식이다. 1순위를 10점, 2순위를 9점 … 10순위를 1점으로 평가해 전체 합산을 하면 대안별 우선순위가 정해진다.

투표 방식은 위 세 가지 이외에서 매우 다양한 방식이 있다. 그러나 위 3가지의 기본 방식을 기초로 필요에 따라 응용해 사용하면 충분할 것이다. 만약 이 방법으로 참여자들로부터 공정성의 문제 제기가 생긴다면 투표 방법의 다양한 연구 결과를 참고하는 것이 좋다.[21]

---

21 참고링크: https://plato.stanford.edu/entries/voting-methods/#RankMethScorRuleMultStagMeth, 스탠퍼드대 철학백과사전 – Voting Method

성과노력대비표가 대표적인 예이다. X축에는 성과를 Y축에서 노력이라는 기준을 배치한 후 만들어진 사분면에 해당하는 대안을 배치해 선택하는 방식이다.

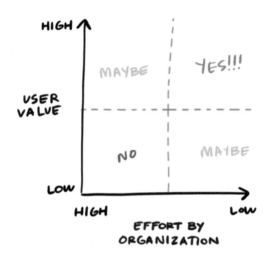

그림 4-64 4분면 격자

위의 예처럼 2개의 기준을 찾아내기만 한다면 언제든 매트릭스를 만들어 사용할 수 있다. 유명한 아이젠하워^{Eisenhower} 매트릭스는 일의 긴급도와 중요도를 두 개의 축으로 삼은 평가도 구이다.

평가와 결정에서 일반적인 상식과는 대립되는 반전이 일어날 수 있음을 퍼실리테이터는 알고 있어야 한다. 아이젠하우어 차트의 경우 스티븐 코비$^{Stephen Covey}$ 박사는 일반적인 예상과 달리 중요하지만 긴급하지 않은 일에 대해 주목한다. 이 일을 제대로 수행하지 않으면 조직 전체의 경쟁력을 확보하기도 어렵게 되고 결국 모든 일이 다급해지게 된다는 지적이다.

• 긴급하고 중요한 일: 먼저 수행한다.

- 중요하지만 긴급하지 않은 일: 중단하지 않고 완료하기 위해 일정과 시간을 정해 둔다.
- 긴급하지만 중요하지 않은 일: 위임한다.
- 긴급하지도 중요하지도 않은 일: 할 일 목록에서 삭제한다.

퍼실리테이터도 이러한 맥락을 이해하고 실제로 중요한 일이라고 평가한 것에 대해 다시 한번 그 중요도 가늠해 보도록 하고, 평가 결과 선택한 우선순위가 만족스러운지에 대해도 다시 생각해 보게 하는 것이 필요하다. 어떤 도구를 제시하면 참여자는 그 도구에 충실하게 참여한다. 그러다 보면 그 도구가 원래 지향했던 목적을 잊을 수 있다. 퍼실리테이터는 이렇게 쉽게 도구에 빠지는 참여자를 건져내는 역할도 충실해야 한다.

의사결정표decision grid

아래 그림과 같이 세로축에 대안을 나열하고 가로축에 평가에 필요한 기준을 나열한 다음 각 대안과 기준에 해당하는 점수를 부여해 평가를 하는 방식이다. 필요에 따라 가중치를 둘 수 있다.

	역량	비용	타당성	바람직함	일치성	합계
지표별 평가	3	4	5	4	2	
아이디어 A	1	3	3	1	1	
가중 평가	3	12	15	4	2	36
아이디어 B	5	3	5	3	4	
가중 평가	15	12	25	12	8	72

(다음 페이지에서 이어집니다.)

	역량	비용	타당성	바람직함	일치성	합계
아이디어 C	1	2	3	1	1	
가중 평가	3	8	15	4	2	32
아이디어 D	5	1	2	1	1	
가중 평가	15	4	10	4	2	35

표 4-8 가중치를 적용한 의사결정표(Decision Grid)

이 의사결정표는 매우 분석적이고, 객관적이고, 과학적인 것처럼 보이지만, 실은 각 항목의 점수를 어떤 근거로 하느냐에 따라 주관적이고 직관적인 도구가 될 수도 있다. 대안을 선택하는 평가 기준은 많기 때문에 평가도구에 적힌 일부 기준에만 의존해서 최종 결정을 내리는 것은 위험하다.

부여하는 가중치도 어느 수치가 적절한 것인지 객관적으로 알기 어려운 경우가 많다. 그러므로 퍼실리테이터는 각 항목에 점수를 부여하는 과정에서 자유토론의 스킬을 발휘해 상호 주관성을 최대한 높이는 노력을 기울여야 한다. 또한 이 평가 결과 산출된 전체 점수가 반드시 최종 결정이 되어야 한다는 생각을 버려야 한다. 부여된 수치들이 주관적일 수 있으므로 절대적으로 신봉하기보다 최종 토론을 거쳐 합의할 수 있도록 안내하는 것이 일반적으로 바람직하다.

7. 결정

평가의 결과는 최종 결정으로 이어진다. 결정의 질은 현명한 결정^{informed decision}이 되어야 한다. 워크숍에서 사용한 철학, 이론, 스킬, 도구가 현명한 결정에 도달하지 못하게 했다면 그 수단들은 정당성을 잃는다. 워크숍의 목적은 현명한 결정을 만들어 내는 데 있다. 나머지는 수단이다.

참여자는 워크숍이 진행되는 순간순간 세션의 목적, 세부 도구의 사용, 요구받은 어떤 행위 등에 빠져들어 잠시 워크숍 전체의 목적을 잊어버릴 수도 있지만, 퍼실리테이터는 한 시도 이 목적을 잊어서는 안 된다. 현명한 결정은 결정에 필요한 정보가 모두 사용된 결정이다. 마지막까지 필요한 정보를 다 사용하고 있는지 확인해야 한다. 도구의 법칙에 역행해야 한다.

결정은 결과물이라는 형식을 띠게 된다. 형식이 내용을 규정하는 면이 있기 때문에 퍼실리테이터는 목표로 했던 결과물의 형식에 잘 부합하는 결론을 만들어 내고 있는지를 마지막 단계서 꼼꼼하게 챙겨야 한다. 결정의 형태로써 결과물은 회의의 목적에 따라 다양해 수치, 어휘, 문장, 그림, 목록, 표, 보고서, 계획서, 컨셉보드 등으로 다양하게 만들어진다. 개수, 크기, 모양 등 미리 예정한 형식을 잘 갖추어 마무리되는지를 살펴야 한다. 만약 당초 예정한 형태를 벗어난 결과물을 만드는 것으로 결론지어진다면 그만한 타당한 이유가 스폰서, 참여자에게 충분히 납득되어야 한다.

최종 결정은 결선 후보 중에서 고를 수도 있고, 결선에 오른 의견들을 결합해 새로운 최종 결과물을 만들어 낼 수도 있다. 결정하는 방식은 위의 평가 단계에서 사용한 툴을 적용해 나온 결과를 그대로 결정으로 선택할 수 있다. 그러나 앞서 설명처럼 평가 도구의 결과를 그대로 적용할 경우 최선의 현명한 결정을 내리지 못하게 되는지를 다시 한번 검토하는 것이 필요하다.

모든 옵션이 도출되었다면 사람들은 그중에서 선택하는 데 주저하지 않을 것이다. 만약 참여자들이 선택을 주저한다면 추가 옵션을 꺼내 수 있도록 기회를 제공해야 한다.

'지금까지 제시된 그리고 우리가 다룬 대안 외에 우리가 추가로 다루어야 할 대안이 무엇일까요?'

'이렇게 하는 것이 더 좋겠다는 의견이 있다면 언제든 말씀해 주시기를 바랍니다.'

이렇게 해서 더 이상 추가할 대안이 없다는 것이 확인되면 사람들은 도출된 대안 중에서 최선의 선택을 하면 된다는 마음을 먹게 된다. 그리고 선택에는 평가 기준을 적용하면 되는 것이다.

마지막 단계에서 퍼실리테이터는 다음과 같은 질문을 던질 수 있다.

- 평가 결과에 만족하시나요?
- 조금이라도 걱정되는 점이 있다면 말씀해 주세요.
- 지금까지의 과정에서 우리가 다루지 못한 것이 있다면 무엇일까요?

- 선뜻 결과에 동의하기 어렵다면 이유가 무엇일까요?
- 이 결정에 협력하기 싫은 마음이 있다면 무엇일까요?
- 아직 남아있는 아쉬움은 무엇인가요?
- 어떻게 보완할까요?
- 이것으로 충분한가요?
- 이제 모두 만족하시나요?

이 과정을 거쳐 참여자 모두가 동의하는 만장일치 또는 합의에 의한 결정에 도달하도록 하는 것이 퍼실리테이션 워크숍의 목표이다. 다수결에 의한 결정을 하는 경우 워크숍을 마친 후에 편이 갈라지는 후유증이 남는다. 그리고 결정된 것을 실행하는 데 있어 협력의 정도가 낮아진다. 마지막 단 사람까지도 동의할 수 있도록 회의를 이끌어가려는 퍼실리테이터의 의지와 역량이 매우 중요하다.

최종 결정 단계에서 도움을 받을 수 있는 도구는 자유토론과 동의단계자이다. 자유토론은 워크숍 진행 과정 중에 수시로 사용되는 도구인 동시에 하나의 스킬이다. 동의단계자는 다른 평가도구들처럼 평가도구로 사용할 수도 결정 도구로 사용할 수도 있다. 등급 투표 방식이어서 동의의 정도를 시각적으로 확인하면서 합의를 이끌어 갈 수 있다는 장점이 있다.

8. 실행

인간도 조직도 감지하고 처리해, 결정하고 실행execute한다. 임시적 모임인 워크숍도 마찬가지다. 감지하고, 처리해, 결정한다. 그리고 결정은 내리는 이유는 실행하기 위해서다. 개인이든, 팀이든, 조직이든 실행해야 가치를 창출할 수 있다. 사고가 아닌 행동이 있어야 외부의 타자에 영향을 끼친다. 그리고 그 영향이 타자에게 가치 있으면 대가를 지불받는다.

파사케이드의 과정을 충실하게 진행해 왔다면, 참여자들은 자신의 욕망을 의견의 형태로 꺼내어 그것을 가장 잘 실현하는 방법을 찾아냈을 것이다. 실현하는 방법을 찾은 것이므로 기꺼이 그 일을 하려 할 것이다. 활사개공活私開公이 일어나는 것이다.

그러나 비록 참여자들의 욕망을 실현하는 방법을 선택하고 결정한 것이라 하더라고 그 실행의 주체인 인간은 매일매일 새로운 욕망과 마주하게 된다. 그리하여 결정할 때의 의욕과

정렬을 금세 잊어버리고 새롭게 마주한 당장의 욕망을 충족시키는 다른 일에 몰두하게 될 수 있다.

그러므로 워크숍의 마지막 단계에서 실행의 담당자와 책임자를 정해두는 것이 바람직하다. 그리고 그런 일이 있었음을 지속적으로 상기할 수 있도록 도와야 한다. 담당자를 정해 진도를 주기적으로 확인하는 것만으로도 도움이 된다. 결정한 것이 얼마나 실행되고 있는지를 체크해보는 워크숍 팔로업 세션을 마련하는 것도 하나의 방법이다.

또한 워크숍 내내 참여자의 목소리에 의해 결론을 도출했듯이, 마지막 실행 과업도 참여자가 스스로 선택할 수 있도록 유도하는 것이 좋다. 워크숍이 제대로 진행되어 왔다면 기꺼이 할 일을 선택할 것이다. 일은 고통의 원천이기도 하지만, 자부심과 성취감을 만들어주는 행복과 웰빙의 원천이기도 하다.

---

tip

결정 범위의 결정

회사에서 새로운 제품 개발해 판매하려고 할 때, 결정은 여러 단계를 거친다. 문구회사를 예로 들어보자. 이 회사는 문구시장을 석권할 기발한 신제품을 개발해 판매하고 싶다. 이때 결정해야 하는 것들은 순서대로 나열해 보면 다음과 같다.

- 신제품 개발 여부 결정
- 신제품 개발 영역과 품목의 결정(칼, 필기구, 자, 종이류 등)
  - 2번은 1번 결정의 첫 번째 실행이다.
- 신제품 개발 컨셉의 결정
  - 3번은 2번 결정의 실행이다.(이하 계속 같다.)
- 신제품 개발 예산과 일정의 결정
- 신제품 선행 연구 절차의 결정(연구 과정에서의 수많은 작은 결정)
- 신제품 양산 연구 절차의 결정

- 신제품 양산시설 설계안의 결정
- 신제품 양산시설 건설 방식의 결정(기존 시설을 이용하면서 금형 하나를 새로 제작하는 것으로 간단할 수 있음)
- 신제품 양산시설 공사(공사를 진행하는 동안에 수많은 작은 결정)
- 신제품 마케팅 전략의 결정(이는 양산연구의 과정과 병행해 진행)
- 신제품 생산(수많은 작은 결정)
- 신제품 판매(수많은 작은 결정)

이처럼 결정과 실행은 체인처럼 연결되어 있다. 퍼실리테이터는 개최하고자 하는 해당 워크숍에서 어디까지 결정하려고 하고, 어디까지 결정할 수 있는지 명확히 확인하는 능력을 갖춰야 한다. 주어진 시간, 스폰서의 의지, 퍼실리테이터의 역량, 참여자의 범위, 일의 순서 등을 함께 고려하면서 스폰서와 협의해 워크숍 개최 전에 결정해야 한다.

어떤 회의나 워크숍이든 가능성을 꺼내 놓고 그중에서 최선을 선택하는 절차를 포함한다. 인간의 인지 능력이 단번에 최선의 의견을 낼 수 없는 한계를 가지고 있다. 그러므로 여럿이 다양한 관점에서 의견을 꺼내놓고, 그중 최선을 찾아가는 것이 가장 바람직한 순서가 되는 것이다. 여기의 관점에는 진리 추구와 이익 추구가 함께 결부되어 있다. 나중 단계에서 하는 일은 진리에 대한 의견의 차이, 이익에 대한 의견의 차이를 좁혀가는 일이다.

이 기본 순서를 일컬어 확산과 수렴의 다이아몬드 모델이라고 불러왔다. 다이아몬드를 두 번 반복하는 또는 이중 다이아몬드 모델도 있다. 의견을 표출하는 확산 단계에서는 의견의 출동이 거의 생겨나지 않는다. 그러나 선택과 결정하는 수렴의 단계에서는 의견의 불일치인 갈등이 생겨나기 마련이다. 퍼실리테이터의 성패는 이 갈등의 해결 과정을 어떻게 효과적으로 해내느냐에 크게 달려있다. 이에 관해 두 개의 세션으로 나누어 좀 더 자세히 다루어 보고자 한다.

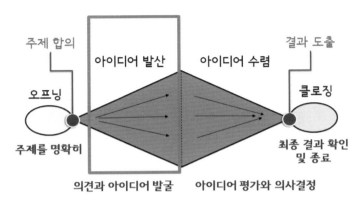

Facilitation 프로세스

주제 합의

결과 도출

아이디어 발산   아이디어 수렴

오프닝

클로징

주제를 명확히

최종 결과 확인
및 종료

의견과 아이디어 발굴   아이디어 평가와 의사결정

그림 4-65 퍼실리테이션의 절차를 가장 함축하여 표현한 다이아몬드 모델

    다이아몬드 모델을 파사케이드과 대비하면 새크(SAQ)와 캐드(QAD)로 나누어진다. 확산 부분은 창의 개발 과정으로써 SAQ로 묶어지며 수렴 부분은 갈등 해결 과정으로써 QAD로 묶어진다. Q는 양쪽 모두에 속하면서 두 개의 국면을 연결하고 전환하는 역할을 한다.

창의 개발 과정 SAQ

인간과 집단의 사고는 추정과 검증의 연속이다. 추정은 이리저리 궁리해보는 확산의 단계이고, 검증은 그중에서 최선을 찾아가는 검증의 단계이다. 여기에는 긴 주기도 있고 짧은 주기도 있다. 청소년이 '어떤 직업을 선택할까?'에 대해 고심해 결정하는 과정은 긴주기이고, 내일 '어떤 책을 읽을까?'를 결정하는 과정은 비교적 짧다.

퍼실리테이션 워크숍은 집단이 평소의 습관보다 긴 주기로 추정과 검증의 과정을 운영하는 방식이다. 추정을 보다 많이 했을 때 우리의 생각은 평소 사고의 범위를 넘어설 수 있다고 본다.

그러므로 사고의 범위를 넘어서도록 돕는 창의 개발 과정은 양을 추구하는 것이 중요하다. 질을 먼저 추구하면 평소의 생각, 기존의 패러다임을 넘어서기 어렵다. 그래서 퍼실리테이션을 양의 추구에 초점을 맞추어야 한다. 양을 추구하는 것이 꼭 필요해 보이는 워크숍의 예시는 다음과 같다.

- 30주년 기념 행사 아이디어 도출
- 마을 축제 아이템 선정
- 새로 발간하는 책 이름 짓기
- 과자 회사의 신제품 아이디어 도출
- 문구회사의 신제품 아이디어 도출
- 새로운 사무실의 인테리어 아이디어 도출
- 창의적인 수업의 설계
- 새로운 게임 시나리오 만들기
- 영화 각본의 창작
- 건축 설계

양을 추구한다는 것은 기존의 틀을 넘어서는, 박스에서 나오는, 이미 알고 있는 것 외의 것을 찾아내는 것을 말한다. 일반적으로 30개 이하의 양으로 아이디어를 모았다면 대부분 평소의 생각을 넘어선 것이 없을 것이다. 30~50개 정도의 아이디어를 도출했다면 극소수의 새로운 아이디어가 포함되기 시작한다. 100개를 넘어서면 새로운 아이디어들과 주제에서 벗어난 아이디어들이 많아지기 시작한다. 아주 바람직한 현상이다. 200~300개를 넘어서게 되면 대부분 새로운 아이디어들이 등장한다. 그리고 아이디어의 결합과 편승이 활발해진다. 1,000개를 넘어서면 온 세상이 워크숍 방으로 들어와 있는 느낌이 들 것이다. 영감이 찾아든다. 여기서 말하는 개수는 절대적인 의미를 갖지는 않는다. 주제에 따라, 참여자에 따라, 퍼실리테이터에 따라 상당한 격차가 생길 수 있다. 따라서 참고 수치로 기억하고 있으면 좋을 것이다.

참여자들이 몰입하기 시작했는지 살피는 것이 좋다. 아이디어의 양이 늘어나면 참여자들은 서서히 세션에 빠져들고, 회의실 밖의 세상을 회의실 안으로 가져오기도 한다. 만약 그런 일이 잘 일어나는 것 같지 않다면, 다음과 같이 말하면 도움이 될 것이다.

'여러분은 이제 초등학교 학생입니다. 교생 선생님께서 수업에 들어오셨어요. 여러분은 교생 선생님에게 어떤 요청을 하고 있나요?'

'드라마 속에 나왔던 가장 기억에 남는 집을 떠올려 보세요. 이제 여러분은 그 집 안으로 들어가셨습니다. 무엇이 보이시나요?'

상상의 나래를 펼칠 수 있는 큐를 제공하는 것이 도움이 된다. 퍼실리테이터가 양의 중요성을 강조하고, 좋은 것을 추구하지 말라고 호소해도 참여자들은 끊임없이 질을 추구한다. 생명을 유지하기 위해 끊임없이 시도해 온 옳은 것 추구의 습관을 갑자기 버리기 어렵기 때문이다. 이때 퍼실리테이터는 질의 추구를 거스르게 도와주는 몇 가지 도구를 제시하는 방법을 쓰기도 한다.

무작위단어법

신제품 과자를 만드는 아이디어를 내는 워크숍에서는 무작위 단어를 여러개 꺼내 보도록 유도하는 것이 좋다. '핵실험', '선거'와 같이 관련 없는 단어가 선택될 때, 선택한 주제와 관련이 없어 보이는 무작위 단어를 기반으로 아이디어를 내는 방법이다. 무작위 단어가 평소의 생각 패턴을 파괴해 새로운 아이디어 만들어 낼 때 유용하다.

처음에는 관련이 없어 보이기 때문에 참여자들이 힘들다고 호소한다. 퍼실리테이터가 맞고 틀린 답이 없다는 점, 좋은 아이디어를 내라는 것이 아니라는 점을 강조해 주고, 잠시 시간이 지나고 나면, 참여자들은 아이디어를 내기 시작한다.

- 참여자 또는 퍼실리테이터가 10개 정도의 무작위 단어를 선정한다.

  예) 스마트폰 오늘의 뉴스 창에서 5번째 줄 두 번째 단어, 각자 생각나는 단어 3개씩

- 무작위 단어와 주제(신제품)를 연결해 아이디어를 낸다.

- 무작위 단어뿐만 아니라 내놓은 아이디어 역시 연상의 매개로 삼아 아이디어를 낸다.

브레인스토밍 리허설

20년 가까이 유치원과 학교에 다니면서 시험을 보고 정답을 찾아야 했다. 그에 익숙해 있는 사람들에게 정답이 아닌 생각을 편히 해보라는 요청은 절대 편해지지 않는 요청이다. 학교 이후의 일과 삶에서도 항상 옳은 것을 추구했던 방식과 배치된다. 경험해보지 못한 일이어서 정답이 아닌 것이 어떤 것인지 상상하는 것조차 낯설다. 그러므로 표출하기의 본 세션에 들어가기 전에 연습 삼아 브레인스토밍 리허설을 해보는 것도 바람직한 접근 방법이다. 비교적 서슴없이 발언하는 서양문화권에 비해 특히 한국 문화에서는 유효한 시도라고 할 수 있다.

- 퍼실리테이터가 벽돌 사진을 제시한다.

- 이 벽돌을 이용해 해볼 수 있는 일의 아이디어를 낸다.

  (벽돌 대신 폐교, 안 쓰는 스마트폰, 풍선 등 다양한 물건으로 시도가 가능하다.)

- 아이디어를 또 낸다.

- 또 낸다.

- 200개 정도의 아이디어를 낸다.

- 아이디어가 어떻게 발전되었는지 패턴에 대해 토론한다.

역 브레인스토밍

일을 망치는 부정적인 아이디어를 내게 하는 역발상으로 참신한 아이디어를 찾는 방법이다. 죽음 충동으로 일컬어지는 타나토스(Thanatos)의 욕구를 자극하는 방법이라고 볼 수 있다.

- 회사를 폭망하게 하는 방법에 대한 아이디어를 낸다.

- 가장 최고의 폭망하는 방법을 몇 개 선정한다.
- 아이디어를 반대로 뒤집는다.(서로 대화하지 않는다. → 서로 대화를 충분히 나눈다.)
- 뒤집은 아이디어를 실현하는 방법을 찾는다.

그림연상법

수많은 텍스트와 개념을 떠올릴 수 있는 그림을 이용해 아이디어를 자극하는 방법이다. 그림을 보여주는 방법을 여러 가지가 있다. 6인 규모의 테이블에서 30~50장 정도의 그림을 제시하면 적당하다.

- 시중에서 판매되고 있는 그림 카드 세트를 구입해 사용한다.
- 여러 가지의 그림이나 사진을 진행자가 출력해 사용한다.
- 각자 스마트폰을 검색해 나타나는 그림을 무작위로 활용하도록 한다.
- 여러 권의 잡지를 비치한다.
- 퍼실리테이터가 화면에 랜덤으로 그림을 보여준다.
  - 그림을 보여준다.
  - 그림을 보고 연상되는 아이디어를 낸다.
  - 각자 다른 그림을 보거나 전체가 같은 그림을 보거나 둘 다 가능하다.
  - 그림을 인위적으로 변경하는 것은 지양하도록 한다.

이처럼 평소에 사용하지 않던 도구를 잘 사용하면 더 많은 양의 아이디어를 확보할 수 있다. 또 양의 추구를 통해 평소의 생각 범위 밖의 아이디어를 얻을 수 있는 장점이 있다. 퍼실리테이터는 이처럼 문제를 해결해가는 단계에서 적절한 도구를 제시할 줄 알아야 한다. 그리고 양의 추구라는 목적과 양의 추구로 인해 질의 추구가 가능해진다는 원리를 잘 적용해내야 한다.

새크^{SAQ}의 첫 단계로서 아이디어를 많이 모았다면 이제 아이디어를 정리하고 좀 더 탐색하는 시간을 가지게 된다. 파사케이드 모델의 정렬 단계에서 제시한 여러 가지 정렬 도구 중에서 적절한 것을 사용한다. 정렬하는 과정에서 참여자들은 타인이 낸 아이디어를 만나게 된다. 표출하기를 할 때만 하더라도 자신의 의견을 내는 데 집중하느라 다른 동료 참여자가 내는 아이디어에는 관심이 적다. 그리하여 자신의 머릿속에 뚜렷한 인식으로 남아있지 못한 편이다.

아이디어를 정리하다 보면, 다른 사람이 낸 아이디어의 속성을 들여다보아야 한다. 사과와 배를 한데 묶으려면 두 가지가 과일이라는 속성을 알아야 한다. '비가 온다.'와 '우산을 산다.'라는 두 개의 데이터를 연결하려면 어느 것이 먼저이고 어느 것이 나중인지에 대한 속성을 이해해야 한다. 그러므로 표출 단계에서 그저 힐끗 보았던 데이터들도 이제는 면밀하게 파악하는 시간을 가지게 된다. 그러므로 정렬하는 단계는 그저 기계적으로 정렬의 구조에 데이터를 집어넣는 것에 그치는 것이 아니라, 데이터의 내용과 속성을 참여자들이 파악하는 학습의 단계이기도 한 것이다.

또 한 가지 정렬 단계에서 일어나는 부수적인 효과는 모아놓은 아이디어 정보의 전체를 바라보는 시간을 가지게 된다는 것이다. 한 그룹이 꺼내놓은 아이디어의 집합 전체를 양과 질 양면에서 파악하게 된다. 자기의 의견에 주로 매달려 있던 사고의 틀에서 벗어나 분류와 정렬의 과정에서 비로소 의견 전체와 마주하게 된다.

이때 자신이 냈던 아이디어와 비교하면서 추가로 보완하고 싶은 생각, 자신과 비슷한 아이디어를 만나는 안도감, 자신보다 못해 보이는 아이디어를 보면서 느끼는 쾌감, 자신보다 더 좋은 아이디어를 만나면서 느끼는 놀라움, 시기심 등을 경험한다.

또 다른 효과는 기른 정을 키우는 것이다. 아이디어는 자신의 새끼와 같다. 내 아이디어는 내 새끼다. 너무 사랑스럽고, 귀엽고, 자랑스럽고 목숨과 같다. 아이디어가 무시당하면 자식이 무시당하는 것과 비슷한 감정을 느끼게 되며, 그것은 곧 자신이 무시당하는 것과 같다. 자기의 아이디어를 자랑스럽게 여기고 사랑하는 것은 바람직한 것이지만, 그 마음은 다른 아이디어에 대한 배척을 만들기도 한다는 점은 주의할 일이다.

집단이 도출한 의견을 한데 모아 정렬하는 과정에서 사람들은 타인의 의견이 적힌 점착 메모지를 만지작거리게 된다. 이 만지작거리는 경험은 타인의 의견에 대한 일말의 애착을 만드는 과정이 된다. 시간이 지속되면서 그 애착의 정도는 조금씩 자라나고 마침내 아이디어의 모음 전체에 대한 애착을 형성하게 된다.

여전히 내가 낸 아이디어에 대한 애착과 집착을 온전히 떨쳐 버린 것은 아니겠지만, 타인이 낸 아이디어에 대해서도 상당 수준의 애착을 키우게 된다. 이 애착은 매우 암묵적으로 일어나는 것이어서 참여자들이 인식하지 못할 수 있다. 그러므로 퍼실리테이터가 이를 명시화해 주는 것이 좋다.

'이제 여기 있는 이 모든 아이디어는 꼭 누가 낸 그 사람의 아이디어이기도 하지만 한편으로는 우리 모두의 아이디어가 된 것 같습니다.'

'우리 모두의 의견을 기반으로 부족한 것, 더 발전시킬 것들을 찾아보면 좋겠습니다.'

정렬 단계를 마치고 나면 탐색 단계로 넘어가도 좋다. 추가할 것은 무엇인지, 결합할 것은 무엇인지, 전체를 보면서 알게 된 것은 무엇인지를 탐색한다. 평가 단계로 넘어가기 전에 생각할 수 있는 아이디어를 최대한 더 끌어내는 과정이다.

정렬 단계이니까, 탐색 단계이니까 이제는 의견을 표출하는 것은 안 된다는 생각은 프로세스의 함정에 빠지는 생각이다. 모든 프로세스는 전체 워크숍의 목적을 달성하기 위해 설계한 것이다. 그리고 모든 설계는 잠정적이다. 사전에 완벽하게 설계해 그대로 실행하는 것이 가장 바람직하겠지만, 그렇게 할 수 있는 가능성으로 제로다.

설계한 워크숍 프로세스를 진행하면서 나타난 결과를 항상 피드백하면서 크고 작은 재설계를 하게 된다. 당초 계획한 설계를 너무 많이 바꾸게 되어 워크숍의 목적을 달성하지 못했다면 그 재설계를 잘못한 것이다. 퍼실리테이터는 항상 목적의 실현을 최우선으로 생각하면서 바꾸거나 바꾸지 말거나의 판단을 내려야 한다.

전남의 한 마을 워크숍을 의뢰받은 적이 있다. 일반적으로 시작하던 아이스 브레이킹과 마을 지도 그리기로 워크숍을 이어갈 계획을 가지고 있었다. 그러나 도착해서 마주한 마을의 상황은 예상과 너무 달랐다. 당초 예상보다 훨씬 적은 인원인 5명만 참여했고, 주민 모두 매우 어둡고 화가 난 표정을 짓고 있었다. 말도 별로 하지 않았다. 억지로 끌려 나온 것이 역력한 모습이었다.

이 상황에서 아이스 브레이킹 역효과를 낼 것이 빤해 보였다. 그리하여 다음과 같이 묻는 것으로 워크숍을 시작했다.

내모: '이번 마을 사업에는 50억 정도의 예산이 투입되는 것으로 알고 있는데, 선생님들의 표정을 보면 사업을 매우 싫어하시는 것 같습니다. 이렇게 싫어하는 사업을 어째서 시작하시게 된 거죠?'

주민: '우리가 시작 안 했어요.'

내모: '아 그래요. 마을에서 시작한 것이 아니라면 누가 시작한 거죠?'

주민: '공무원이 하라고 해서 한 거예요.'

마침 공무원이 함께 자리하고 있었다.

내모: '정말로 공무원이 시작한 게 맞나요?'

공무원: '네'.'

내모: '주민들이 이렇게 싫어하는 사업을 공무원이 왜 시작하게 된 거죠?'

공무원: '이번 군수님께서 이 마을이 외지인들이 들어오는 첫 관문 마을인데 너무 낙후된 것이 안타깝다면서 국비를 확보해, 해볼 만한 사업을 발굴해 보라고 지시하셨어요. 그래서 공무원들이 계획을 세워 국비를 받아낸 것입니다.'

퍼실리테이터는 답변을 적어나가기 시작했다. 아이스 브레이킹과 마을 지도 그리기에 매달릴 필요가 없었다.

내모: '마을에서 시작한 것은 아니지만 그래도 50억이라는 예산 마을을 위해 쓰는 것이

니 나쁠 것을 없어 보이는데 무엇이 마음에 안 드시는 거예요?'

주민: '대통령상까지 받은 마을 전통 농악 전수관을 지을 수 없다잖아요.'

내모: '아 농악 전수관을 지을 수 없다는 것에 좌절하고 계신 거군요.'

처음에는 이번 사업으로 지을 수 없을 것이라던 의견은 심층 논의를 하면서 방법을 찾아 낼 수 있었다. 주민들의 눈은 반짝이기 시작했고 이런 말을 남기도 했다.

'내가 전수관을 지을 수만 있다면 내가 문자 한 번만 날려도 여기 40명으로 바로 달려옵 니다.'

파사케이드는 단계 그대로 따라야 하는 방법이 아니며 언제든 변경해 사용할 수 있다. 일반적으로는 이 순서에 따라 회의를 진행하는 것을 추천한다.

계획된 우연 기법

우연을 계획하자.

창의적 결과물을 만들어야 하는 워크숍을 설계하는 데 참고하면 좋을 개념은 '계획된 우연planned chance'이다. 창의적 결과물이 계획한 대로만 이루어질 수 있다면 창조물은 모두 컴퓨터에 맡기고 인간은 알고리즘을 짜면 될 일이다. 그러나 일은 그렇게 작동하지 않는 것 같다.

인간의 사고 과정, 비즈니스 환경, 집단의 역동, 날씨의 변화 등 수많은 우리의 실생활에 우연이 작동한다. 그리고 그 우연을 다양한 문제를 불러일으키기도 하지만 창조의 토대가 되기도 한다. 혼돈의 가장자리Edge of Chaos에서 가장 많은 우연이 작동할 것이고 그 우연의 산물로서 새로운 창조 혹은 질서가 만들어진다.

'계획된 우연'은 이러한 현상을 워크숍 설계에 반영하는 방법이다. 아래 사례는 필자가 실제로 진행한 사례이다. 프로세스는 다음과 같다.

1. 사람들의 활발한 회의 동영상을 여러 개 보여준다.
2. 토론을 통해 동영상의 공통점(적극적인 참여 등)을 찾게 한다.
3. 공통점이 생겨난 원인을 찾게 한다. (2인 1조)
4. 공통점으로 생겨날 결과를 찾게 한다. (2인 1조)
   (그룹워크의 중요성과 원인을 제공하는 역할의 중요성을 설명한다.)
5. 3명이 그룹을 지어 첨단기술 전문가, 엄청난 문제 보유자, 기자로 역할을 나눈다.
6. 전문가가 파격적인 문제 해결 방안(거짓말을 권장한다.)을 제시한다.
   (퍼실리테이터는 거짓말의 중요성을 강조한다.)
7. 기자는 열심히 기록하며 취재한다.
8. 3~4회 파트너를 바꾸어 진행한다.
9. 취재한 내용을 전시한다.

10. 전시한 내용 중에서 가장 매력적인 해결 방안을 선정한다.

11. 선정한 해결 방안은 부검한다. (해결 방안이 성공하지 못할 이유 찾기)(6인 1조)

12. 성공하지 못할 이유를 해결할 방안을 토론한다.

　　(제한된 시간으로 인해 여기까지 진행하고, 과정을 돌아보는 토론과 설명으로 마무리했다.)

13. 엄청난 문제의 해결 방안을 최종 정리한다.

그림 4-66 '계획된 우연' 워크숍 진행 모습

'계획된 우연' 계획 원칙

몇몇 그룹에서 우연한 해법이 나타났다. 그 해법을 발견하고 나서 미소 짓던 참여자의 모습이 선하다. 계획된 우연을 만들어 내는 데 필요한 것을 정리해 보면 다음과 같다.

1. 발언의 안전한 환경을 조성한다.('맞고 틀린 답이 없습니다.')
2. 뻥치기 세션을 포함한다.('거짓말을 하시는 것이 중요합니다.')
3. 마주침을 만든다. 우연의 비약을 기대하는 지점이다.(발언 내용을 기록한다.(예: 취재기자의 역할), 파트너를 바꾼다. 내용을 전시한다.)
4. 주저와 의심을 모두 꺼낼 때까지 파고든다.('아직 남아있는 걱정은 무엇인가요?')
5. 발언의 자기 검열이 심한 그룹에서는 예행연습을 먼저 시도한다.(열린 발언, 맞고 틀린 것이 없다는 것이 무엇인지 경험해보지 않은 경우 잘 해내지 못한다. 위험이 없는 연습 과정을 통해서 열린 발언을 경험해 보도록 설계한다.)
6. 인간의 부정성과 긍정성 모두를 활용한다.('해도 안 될 것 같은 우려'와 '하면 좋을 것 같은 기대'를 모두 말하도록 안내한다.)
7. 전체를 보는 시간을 마련한다.(부분에 매달리다 보면, 큰 그림을 발견하지 못할 수 있다. 부분의 활동 속에서 드러나는 큰 그림을 만나게 하는 것이 필요하다.)
8. 퍼실리테이터는 프로세스에 집중한다.(정보의 마주침이 활발하게 일어나도록 절차를 설계하고 진행한다.)

갈등 해결 과정 QAD

SAQ가 확산 단계의 순서라면, QAD는 수렴 단계의 순서이다. 'Q' 단계는 양쪽에 겹쳐지는 분수령 같은 과정이다. 갈등은 의견의 지속적인 불일치를 지칭한다. SAQ 과정에서 도출된 의견(욕망)은 서로 불일치하는 경우가 대부분이다. 도출된 의견에 비해 결정되는 의견의 수는 적다. 때로는 하나의 의견으로 결정한다. 추구했던 양의 대부분은 폐기해야 하는 운명에 놓이게 된다. 그리고 새끼 같은 내 의견이 폐기되는 것은 기본적으로 싫다. 그러므로 다양한 의견을 확산해 모은 것을 다루어 최종 결론에 도달하는 과정에서는 필연적으로 갈등이 발생한다. 서로 대립하는 이해관계를 가진 사람들이 공정한 분배를 이루어가는 과정에서 생겨나는 의견의 대립은 더욱 강력하다.

이렇게 발생한 갈등을 다수결로 성급하게 종결지어 버리거나, 권위나 힘으로 결론을 내리는 경우, 갈등은 해결되지 않은 채 잠재하게 되고, 결정한 것을 실행하는 데 있어 상호 협력을 얻어내기 어렵다. 때로는 결정 이후 집단이 서로 갈라져 더 큰 대립의 길을 걷게 되기도 한다. 최근에 회사에서 업무분장을 해달라는 요청을 자주 받는다. 과거에는 팀장의 권위에 의해 결정하면 되었을 일인데 오늘날에는 구성원의 의견 대립이 팽팽하기 때문이다.

앞서 예로 든 한 대기업의 조직 개편안을 만든 워크숍의 경우에도 과거라면 의견을 수렴해 회장 또는 사장의 결정하면 받아들였던 일이다. 이제는 그렇게 시행하면 조직 개편안 발표 후에 커다란 사후 갈등이 발생할 것이 예견된다. 이해관계 당사자들이 직접 의견을 내고 직접 다루어 집단의사결정을 하는 것이 가장 원만하게 문제를 해결하는 방법이다. 한 사람의 권위에 의존해 문제를 해결하는 시대를 넘어서고 있는 것이다. 지적으로 우수해진 구성원들이 더 진리에 가까운 해결책, 더 공정한 해결책을 원하는 시대가 되었다.

퍼실리테이션은 구성원들이 서로 갈등하거나 이견을 보이는 자리에서 그들의 의견과 어떤 의견을 내는 데 깔려 있는 전제와 가정을 충분히 탐색하도록 도와준다. 그리고 지금까지 제시된 대안보다 더 좋은 대안이 있을 경우 서슴없이 제출할 수 있도록 권장한다. 그리하여 서로의 입장, 주장의 근거와 가정, 충분한 대안이 탐색 되고, 그러고 나면 사람들은 그중에서 최선의 선택을 할 수 있게 된다.

일반적으로 조직에서의 업무분장은 갈등을 만들어 내는 빈번한 원인이 된다. 쉽사리 합의에 도달하기 어렵기 때문에 대부분의 경우 리더가 결정을 내림으로써 분쟁을 종결짓는다. 그러나 그 종결이 갈등을 해소한 것은 아니어서 조직이 견고하게 협력체로 움직여 가는 데 걸림돌이 되곤 한다.

언어의 역설 함정

내모(북돋우미)는 어떻게 의견의 불일치를 해소하고 하나의 결론에 도달하도록 안내할 것인다. 우선 의견의 집이라고 할 수 있는 언어를 면밀하게 살펴야 한다. 다음은 갈등 해결 과정에서 퍼실리테이터가 염두에 두면 좋을 언어 속에 들어있는 몇 가지 역설 함정의 예시이다.

선택은 포기다

내모(북돋우미)는 참여자 중의 누군가가 어떤 것을 선택하거나 선택하고 싶다고 말할 때 그 속에는 포기가 들어있다는 것을 알아채야 한다.

'한 여자가 한 남자를 남친으로 삼았다면, 그녀는 나머지 남자들을 남친으로 삼는 것을 포기한 것이다.'

'취준생이 어떤 회사에 취업을 성공했다면, 그는 나머지 다른 회사를 포기한 것이다.'

'점심으로 순대국을 먹기로 했다면 나머지 다른 모든 메뉴를 포기한 것이다.'

무엇을 선택한 순간 대대적인 포기가 동시에 일어나는 것이다. 퍼실리테이터는 참여자의 선택에 대한 열망, 선택의 즐거움 속에 포기의 두려움과 주저함이 함께 자리 잡고 있다는 것을 살펴야 한다.

참여자들이 어떤 선택을 선뜻하지 못하고 있을 때 그 이유가 포기의 두려움에 숨어 있다는 점을 들여다보는 눈을 가져야 한다.

선택의 다른 한 측면은 선택하는 자유 또는 자율의 편에 서 있는 말이라는 점이다. 선택할 수 있는 자율을 조직의 구성원들은 희망한다. 하지만 그 선택 속에는 또한 구속이 들어있다는 역설이 있다. 선택이란 선택한 것에 구속되겠다는 의지의 실현이다. 선택한 것을 하겠다는 것이고 포기한 것을 하지 않겠다는 것이니 선택 즉시 그 선택에 구속되는 것이다.

워크숍은 구성원들에게 결정의 자유를 주는 과정이다. 1인의 독재자가 결정하는 것이 아니라 구성원 전체 또는 구성원의 대표로 구성한 다수가 결정에 참여하는 것이다. 그리고 그 결정이 이루어지는 순간 구성원들은 그 결정에 구속된다. 자기 구속이 자유의 실현인 셈이다.

찬성은 반대다

어떤 사안에 대해 누군가가 찬성하고 있다면 그는 그 사안을 동시에 반대하고 있는 것이다. 무조건 찬성은 없다. 어떤 찬성이라도 반드시 전제조건을 담고 있다. 본인조차 알아차리지 못하고 있을 뿐이다. 퍼실리테이터는 이를 알아차릴 수 있어야 찬성과 반대를 다루기 좋다.

'나는 대학에 가기 싫어요.(나는 대학 가는 것을 반대해요.)'

'무엇이 가장 걱정이세요?'

'부모님이 원하는 학과가 정해져 있어요.'

'그렇다면 학과를 스스로 선택할 수 있다면 대학에 갈 수 있다는 의미네요.'

부모가 원하는 학과에 가야 한다는 조건 아래서 대학 가는 것을 반대하는 것이다. 그러므로 이 사안은 대학에 가느냐 아니냐의 문제라기보다는 실은 부모가 학과를 지정하느냐 아니냐의 문제였다. 내모는 참여자가 미처 알아채지 못했을 이 숨은 전제를 찾을 수 있도록 도와야 갈등을 해결할 수 있다.

'부모가 희망하는 학과는 무엇인가요?'

'의대에 가기를 원합니다.'

'부모께서 의대를 희망하는 이유는 무엇일까요?'

'의대를 나오면 직업적인 안정과 고소득을 올릴 거로 생각하십니다.'

부모는 직업 안정성과 고소득을 올릴 것이라는 조건 아래 의대 진학을 찬성하고 있는 상황이다. 역시 의대냐 아니냐의 문제에서 직업 안정과 소득의 이슈로 전환되고 있다는 것을 알 수 있다. 직업 안정과 고소득이 가능한 다른 학과를 발견한다면 갈등이 해결될 수 있다.

'부모님께서는 자제분의 직업 안정과 고소득이 왜 중요하다고 생각하시나요?'

'그것은 어떤 부모나 다 바라는 것 아닌가요? 그렇지 않다면 생활이 안정되지 않고 불행한 삶을 살게 될 것 같아요.'

'부모님은 자녀의 생활 안정과 행복한 삶을 기대하시는군요.'

'네, 의대에 가게 되면 그 모든 것이 실현될 것이라고 생각합니다.'

옵션이 많이 열리게 된다. 삶을 행복하게 사는 데는 정말 다양한 방법이 있다. 생활의 안정이 반드시 행복을 이끄는 것도 아니다. 이런 전제조건을 놓고 대화를 이어가면 깔려 있던 조건을 충족하는 다른 대안을 찾아낼 수 있다. 그리고 그 대안 중에 부모와 자녀가 모두 동의하는 대안을 발견할 수 있게 된다.

찬성과 반대가 역설의 한몸이라는 인식은 퍼실리테이터의 개입 전략을 어떻게 가져가면 좋을지에 대한 힌트를 제공한다. 그리고 퍼실리테이터가 어떤 갈등이라도 대화로 해결이 가능하다는 자신감을 만들어준다.

선택은 포기, 자율은 구속, 찬성은 반대라는 역설의 이해는 갈등 해결 과정에서 퍼실리테이터가 습관적으로 상기시키면 좋을 철학적 관찰이다. 이를 바탕에 두면서 캐드^{QAD}의 단계를 진행하면 도움이 된다. 앞선 새크 단계에서 충분한 아이디어를 꺼냈다면 이제 어느 의견이 가장 현명한 것인지를 정해가는 캐드 단계로 넘어서게 된다. 민주적 결정방법론의 저자 샘 케이너는 이 과정에서 신음 나는 Groan Zone$^{으르렁 지대}$라고 불렀다. 낙담하고, 실망하고, 분노가 일어나기도 한다. 자기 새끼와 같은 의견이 폐기되고 탈락하는 고통이 다가온다.

퍼실리테이터는 이 과정의 고통을 최대한 완화하고 나아가 즐겁고 희망찬 시간으로 전환하는 능력을 갖추어야 한다. 일은 한편으로는 짐이지만 다른 한편으로는 놀이이다. 문제 해결, 갈등 해결이라는 일도 문제의 해결책, 갈등의 해결책이라는 사냥감을 목적으로 삼는 게임이 될 수 있다.

새크 단계에서의 탐색^{quest}은 새로운 아이디어, 더 많은 아이디어 의견, 참여자의 욕망 표출에 집중한 것이다. 캐드 단계의 탐색은 평가와 결정을 염두에 둔 전제의 탐색에 집중한다. 의견의 바탕에 깔려 있는 전제와 가정을 찾아내어 표면에서 대립하는 것으로 보이는 이견의 근원을 찾아가는 시간이다. '1,000원은 비싸다.'라는 의견이 있는 경우, 그 바탕에는 틀림없이 수많은 전제가 깔려 있다.

'원가가 50원이다.'

'유사 제품의 가격은 800원이다.'

'구매자의 소득이 매우 낮다.'

'작년에는 900원이었다.'

'10% 넘게 올랐다.'

'1,000원에는 판매가 잘 되지 않을 것이다.'

'다른 지역에서는 700원까지 팔린다.'

앞서 대입의 사례에서 설명한 것처럼 또 각 전제에도 그 전제에 깔린 전제가 또 있다. 전제를 탐색하고 나서야 제대로 된 평가를 할 수 있다. 어떤 학과를 왜 가려고 하는지에 대한 탐색이 없이 어떤 학과가 더 좋다 아니다를 말하기는 어렵다. 그러므로 퍼실리테이터는 성급한 평가$^{premature\ judgement}$를 하기에 앞서 어떤 주장을 한 사람들이 각각 어떤 전제에서 그런 주장을 한 것인지를 먼저 말해 볼 수 있는 기회를 제공해야 한다.

전제를 탐색하고, 전제의 전제를 탐색한 다음에는 그 전제를 기반하는 사실의 확인이 필요하다. '원가가 50원인 것이 가격이 1,000원이면 안 되는 전제'가 무엇인지를 탐색할 수 있다. '너무 심한 이윤을 남기는 것이 나중에 소비자의 반발을 살 것이라는 전제'를 가지고 있을 수 있다. 그렇다면 진짜 이슈는 '나중에 소비자가 반발할 것이냐'로 전환되는 것이다.

'원가가 정말 50원인지 확인한다.'

'유사 제품이 진짜로 800원인지를 확인한다.'

'소비자가 반발할 것인지를 확인한다.'

이때 원가 50원이나, 유사 제품 가격 800원은 일반적으로 확인이 가능할 것이다. 그러나 소비자의 반발 여부는 그 일이 일어나기 전에 미리 예측하기는 만만치 않다. 이런 경우 퍼실리테이터는 확인하기 어려운 문제임을 확인하고 참여자의 직관에 의한 선택일 수밖에 없는 사안이라는 점을 알려 줘야 한다.

이와 같은 탐색은 너무 심하게 따지는 것이 아니냐는 생각이 들 수 있다. 따지지 않고 합의에 도달할 수 있거나, 권력자의 단독 결정으로 문제가 되는 상황이 아니라면 따지는 시간과 노력이 낭비된다. 그러나 합의에 도달하지 못하고 있거나, 단독 결정이 실행력을 확보하는 데 문제가 되는 상황이라면 따져 보는 것이 필요하다. 따진다는 것이 무엇인지를 면밀히 안다면 더욱 효율적으로 따질 수 있다.

이렇게 탐색 과정을 충분히 거치게 되면 최선의 결정을 하기 위해 어떤 기준을 동원하는 것이 좋은지 참여자들의 머릿속에 떠오르게 된다. 퍼실리테이터는 참여자에게 현명한 결정을 위한 선택의 기준을 묻고 이에 따른 대안을 선택할 수 있도록 한다.

새크를 거쳐 캐드의 탐색 과정을 잘 거쳤다면 사람들은 쉽사리 합의에 도달하게 된다. 따져볼 것을 다 따져 보았기 때문에 최선의 의견이 무엇인지 두드러지게 되는 것이다. 마지막까지 경합하는 의견이 거의 동등하게 대립해 어느 쪽도 선택하기 어렵다면 그것은 어느 쪽을 선택해도 별반 차이가 없는 상태라는 것을 의미한다. 퍼실리테이터는 이 점을 상기시켜 줌으로써 합의에 도달하는 데 도움을 준다.

평가와 최종 선택의 과정에서도 추가적인 문제 제기가 있다면 퍼실리테이터는 전제와 사실을 확인하는 탐색 과정을 다시 시도하면 된다. 평가와 최종 선택의 과정에서 기존에 제시되지 않았던 의견이나 전혀 새로운 아이디어가 등장하는 경우가 있다. 팀의 이름을 사과로 할지, 바나나로 할지, 호랑이로 할지를 놓고 씨름하다가 페라리로 결정되는 경우가 있다. 이는 의견의 탐색 과정에서 품고 있던 전제가 드러나면서 그 전제를 바탕으로 한 더 좋은 의견이 떠오른 것이므로 바람직하고 자연스러운 것이다. 계획된 우연의 결과라고도 볼 수 있다. 항상 합의가 일어나는 것은 아니다. 시간의 제약이 있기 마련이고, 동원해야 하는 정보의 양이 엄청나게 많을 수 있다. 그 모든 것을 처리하려다 보면 시간과 참여자의 역량이 부족할 수 있다. 퍼실리테이터의 역량도 완벽할 수는 없다.

그러므로 회의나 워크숍이 예정한 시간에 합의에 도달하지 못할 수 있다. 그때는 다수결로 정하거나, 추첨하거나, 상급자가 정하거나, 결정 소위원회를 구성해 정하는 등의 결정 방법을 선택해야 한다. 비록 합의에 따라 정하지는 못했더라도 새크와 캐드의 과정을 충실하게 진행했다면 결과에 대한 참여자들의 수용도는 높아진다.

시간과 퍼실리테이션

퍼실리테이션을 배우는 사람들에게 반드시 찾아오는 하나의 공통된 의문점이 있다.

'다 좋은데 시간이 많이 걸릴 것 같습니다.'
'바쁜 업무 중에 언제 일일이 그렇게 합의해 결정할 수 있나요?'

1. 결정하는 시간, 실행하는 시간

리더의 직관에 의해 단독으로 결정하는 데는 분명 시간을 절약하는 부분이 있다. 포탄이 날아오는 전투에서 지휘관은 자신의 직관으로 돌격 또는 후퇴의 명령을 내려야 한다. 회의하고 있을 시간이 없다.

그러나 비록 전쟁이라는 긴박한 상황에서조차도 참모본부에서 전략을 수립하는 데는 회의가 필요하다. 사령관 한 사람의 직관에만 의존한다면 커다란 전략적 실패를 만들 수 있다.

현명한 결정과 긴급한 결정 사이의 두 가지 가치를 모두 선택하면서 독재냐 합의냐의 선택하면 된다. 독재가 좋을 줄 알았는데 결과가 좋지 않다면 합의라는 방법을 고려하면 된다. 반대도 마찬가지다.

2. 시간은 기술이다.

같은 회의를 하더라도 회의 진행자의 역량에 따라 결과는 내는 시간이 달라진다. 시간의 이슈처럼 보였지만 실은 역량 또는 기술의 이슈이다. 필자가 도자기로 술병을 하나 빚으려 한다면 너무나 많은 시간이 걸릴 것이다. 그래서 나는 술병을 빚는 일을 포기하고 있다. 언뜻 술병을 빚는 시간의 문제로 보인다. 그러나 살펴보면 그것은 내가 물레를 돌려 술병을 빚어내는 기술이 없는 것이다. 숙련된 도예가라면 금방 술병 하나를 빚어낼 것이다.

회의가 시간을 잡아먹는다는 인식이 많다. 회의 기술 또는 회의 역량이 부족하다고 보는 것이 더 본질을 바라보는 것이다. 소통이 없이 결정해도 되는 사안이라면 단독 결정을 하면 된다. 그러나 많은 조직을 진단해 보면 가장 공통으로 호소하는 이슈가 소통이 안 된다는 것이다. 소통을 어떤 방법으로 실현할 것인가? 모여서 대화하는 것이 가장 좋은 방법이다. 매체풍부성이론(media richness theory)에 비추어 보아도 대면 매체가 가장 효율성이 높은 매체이다. 그곳에 퍼실리테이터가 있다면 그 효율은 훨씬 높아진다.

3. 구성원의 웰빙

결정권을 가지지 못하면 존재감이 사라진다. 존재감은 좋은 기분을 만들어 주는 웰빙의 가장 중요한 한 부분이다. 구성원이 결정에 영향을 미친다는 것은 자신의 이익이 실현되는 것이고, 그동안 배움으로부터 얻는 지식이 유용한 것이었음을 입증하는 것이기도 하다. 한 마디로 자신의 우수성을 증명하는 시간이다. 회의란 그런 장소이기도 하다.

또한 구성원의 의견이 결정에 반영되어 그 결정을 실행한 것이 좋을 성과를 냈을 때 그 구성원은 성취의 주체가 된다. 그리하여 성취감을 맛보게 되는 것이다. 이러한 성취감은 조직에 대한 소속감과 충성심으로 이어진다. 조직이 자신의 성취를 만들어 주는 일터, 놀이터가 되고 있다는 것을 느끼게 된다.

결정에 대한 참여는 또한 몰입을 만들어 준다. 성패의 위험 부담이 어떤 사안에 대해 결정권을 가질 때 구성원들은 전심을 다해 의견의 정당성과 타당성을 검토하게 된다. 이 과정은 몰입감을 만들어 준다. 행복학의 대가인 마틴 셀리그만(Martin Seligman)은 웰빙의 조건으로써 긍정적 감정, 몰입, 관계, 의미, 성취라는 PERMA 모델을 제시한 것으로 유명하다. 회의는 PERMA의 모든 영역과 관련되어 있다.

퍼실리테이션은 한 사람 한 사람의 두뇌 속에 잠재해 있던 해결책을 발아시킨다. 그것을 지표 위로 솟아나게 도와준다. 그렇게 모아진 수많은 새싹 아이디어들을 정렬하고, 탐색하고, 평가해 최선의 결론을 구성하도록 돕는다. 그 일을 하고 나면 어려워만 보이던 문제가 해결되고, 심각해만 보이던 갈등이 해소된다.

퍼실리테이션 도입 여부와 상관 없이, 지금까지 인류는 수없이 많은 문제와 갈등을 해결해 왔다. 하지만 내모 회의를 도입하게 되면 기존의 회의는 더 효과적이고 생산성 있는 회의가 될 것이다.

tip

업무분장 퍼실리테이션의 예시

부서 내에 퍼실리테이터가 있다면 다음의 프로세스를 참고해 워크숍을 진행하면 좋을 결과를 얻을 수 있을 것이다.

업무분장 프로세스

1. 해보고 싶은 업무와 해야 하는 업무를 모두 나열한다. (A4 또는 점착 메모지에 작성)
2. 모두가 쉽게 확인할 수 있는 방식으로 벽에 게시한다.
3. 중요도와 긴급도를 고려해 우선순위를 정하면서 다른 쪽 벽에 옮겨 붙인다.
4. 몇 개의 업무를 옮겨 붙인 다음 업무 담당을 희망하는 사람이 이름을 표시한다. 자발적으로 이름을 표시하는 동안 지속한다.
5. 추가로 우선할 일을 옮겨 붙인다.
6. 4번과 5번을 반복한다. (참여자들은 이 과정에서 업무가 서로 공정하게 배분되고 있는지를 스스로 평가한다.)
7. 반드시 해야 하는 업무가 모두 선택되었는지 확인한다.

8. 모두 선택되었으면 업무분장 회의를 종료한다. 남아있으면 남은 업무를 확인한다.

9. 업무를 선택하지 못하는 걸림돌이 무엇인지 생각한다. (공정성, 역량, 업무 가치 등)

10. 걸림돌을 해결할 수 있는 대안을 제시하고 논의한다. (업무 협력, 다른 업무와 교환, 업무 포기, 보상 등)

11. 모두 만족하는지 확인한다. (만약 불만족이 제기되면 10번으로 돌아간다.)

12. 해결되었으면 합의를 축하하고 업무분장 회의를 종료한다.

퍼실리테이터의 개입

1. 해보고 싶은 업무는 무엇인가요? 반드시 해야 하는 업무는 무엇인가요? 빠진 것은 없나요?

2. 작성한 내용을 벽에 잘 보이도록 게시해 봅시다.

3. 벽의 다른 공간에 중요도와 긴급도를 표시하는 십자가를 긋고 사분면으로 나눈다. 10개 정도의 우선시 되는 업무를 옮겨서 이 차트에 붙여볼까요?

4. 본인이 해보고 싶은 업무가 있다면 업무명 옆에 자신의 이름을 써주세요.

5. 더 이상 표시할 업무가 없다면, 추가로 업무를 옮겨서 붙여보겠습니다. 이번에도 10개 정도 우선 업무를 옮겨 주시죠. 해보고 싶은 업무이든 반드시 해야 하는 업무이든 상관없습니다.

6. 하기 싫은 일을 억지로 선택할 필요는 없습니다. 본인이 자발적으로 선택하는 것이 중요합니다.

7. 자, 이제 꼭 필요한 업무들이 모두 선택되었는지 확인해 주세요.

8. 남아 있는 업무가 어떤 것들인가요?

9. 남은 업무에 선택하지 못한 걸림돌이 무엇인지 들어볼까요? (대체로 업무량 과다, 업무 역량 부족, 성과 평가 불리 등의 사유가 숨어 있다.)

10. 그 걸림돌은 어떻게 해결하면 좋은가요? 그렇게 하면 해결이 되나요? 또 어떤 방법이 있을까요?

11. 우리가 내린 결론에 모두 만족하시나요?(아니라면 거리낌을 가지는 부분을 다시 논의해 볼까요? 무엇이죠?)

12. 모두 수고했습니다. 정말 대단하십니다. 우리가 이 어려운 일을 스스로 해냈군요. 업무분장 회의를 모두 마치겠습니다.

---

tip

실전 업무분장 워크숍(프로세스와 개입의 결합)

1. 워크숍 방식의 안내

- 모두가 동의하고 합리적인 결과를 낼 훌륭한 부서원임을 인정하는 발언(긍정적 인간관)

- 여기서 내린 결론이 최종 결론이며 부서장이 변경하지 않을 것임과 다수결이 아닌 합의로 결정할 것임을 선언

  (이 발언이 당연한 것이 되어 버린 이미 경험이 있는 팀에서는 생략)

2. 업무의 나열

- 우리 부서에서 수행해야 하는 업무들은 어떤 것이 있나요? 모두 나열해 봅시다.

- 점착 메모지에 적어 전면에 붙여주세요.

3. 업무의 분류

- 필수 업무와 선택 업무로 나누어 봅시다.

- 연간 지속 업무와 계절성 업무로도 나누어 봅시다.
- 혹시 누락된 업무가 있으면 추가해 주세요.

4. 업무의 자발적 선택

- 보드에 자신의 이름을 적어주세요.
- 각자 스스로 해보고 싶은 업무를 가져다 자신의 이름 아래에 붙여주세요.
- 마음에 썩 내키지 않지만 내가 해야 할 것 같은 업무도 가져오세요.

5. 남아 있는 업무의 선택

- 아직 선택받지 못한 업무들이 있군요. 이것은 어떻게 하면 좋을까요?(기다림)
- (선택할 때마다) 감사합니다. 우리를 구해 주셨군요.
- 지금 남아있는 업무 중에 꼭 해야 하는 업무는 무엇인가요?
- 저 업무를 선택하는데 가장 걱정되는 것은 무엇인가요?(난이도, KPI, 업무량 등)
- 그 걱정을 해결할 수 있는 방법은 무엇인가요?
- 그 방법으로 적용하는 것에 동의하시나요? 어떤 더 좋은 방법이 있을까요?

  (업무량에 대한 미세 조정이 이루어진다. 기피 업무를 선택한 사람의 명예가 높아진다.)

6. 신규 발생 업무의 처리방식 합의(필요한 경우)

- 오늘 정한 분장업무 이외의 새로운 업무가 등장할 경우 어떻게 정하면 좋을까요?

  (3~4명의 협의체 결정, 부서장 결정 등의 안으로 합의)

7. 축하와 마무리

- 업무분장에 합의를 이루어낸 것을 축하드립니다.
- 업무분장의 난제를 스스로 해결하는 멋진 모습을 보여주셨습니다.
- 어려운 업무를 기꺼이 맡아주신 여러분께 감사드립니다.

업무분장에서 발생하는 갈등이 곁에서 바라보면 단순히 일하기 싫어하는 구성원의 소극적, 이기적, 부정적 태도 때문인 것으로 보여진다. 그러나 그 갈등 속에는 공정성의 이슈가 담겨 있다. 앞서 다루었던, 절차, 분배, 관계, 정보적 공정성의 시각에 바라보면 해결의 실마리가 보인다.

내모를 통한 업무분장 워크숍은 구성원들이 각자 공정하다고 생각하는 의견을 내고 그 의견에 대해 함께 경청하는 과정을 포함하게 된다. 서로 조금씩 다르게 생각하는 공정성에 관한 의견을 들으면서 공동체 전체에 최선인 결과를 찾아간다. 내모 워크숍은 이 공정성을 실현하는 효과적인 절차로 작동한다.

협력적 갈등 해결 방법

내모 워크숍에서 일반적으로 잡는 목표는 협업을 증진시키는 것이다. 협업을 증진시킨다는 말은 의견 불일치를 해소하고 합의한 결정을 도출한다는 뜻이며, 구성원이 힘을 모아 업무를 추진한다는 뜻이다. 바로, 욕망하는 목소리를 실현하는 것이다. 협력적 갈등 해결 방법은 쿠가 현장 경험을 바탕으로 관련 이론을 결합해 수립한 방법론이다. 실제 갈등 현장에서도 사용하고 있으며, 토마스-킬만 갈등 해결 모델의 협업 collaboration 모드를 현장에서 실현하는 방법이다. 타협 compromise 과 다른 모드이다.

노점과 상인 간의 갈등, 공장 증설에 얽힌 주민과의 갈등, 공공사업을 둘러싼 주민 간의 갈등, 지역 개발 관련 갈등도 그것이 해결되어 가는 원리와 메커니즘은 동일하다. 뒷거래나 이중 채널을 만들지 않고 중립을 잘 지키는 숙련된 퍼실리테이터가 있다면 대규모의 갈등도 미리 예방하거나 해결할 수 있다.

다음은 협력적 갈등 해결의 원칙과 방법이다.

협력적 갈등 해결의 대전제

- 모든 의견은 동등하게 귀중하다.
- 사람은 늘 효과성을 추구한다.

- 인간은 이기성과 협동성을 동시에 지닌다.
- 사람이 그렇게 행동하는 데는 그만한 이유가 있다.
- 모든 옵션이 제시되었다면 사람들은 그중에서 최선의 선택을 하고 합의에 도달할 수 있다.

협력적 갈등 해결의 6원칙

- 참여 개방의 원칙 – 당해 사안에 대해 이해관계가 있다고 주장하는 사람에게 모든 논의를 개방한다.
- 대화의 원칙 – 갈등은 상생 회의에서의 대화로 해결한다. 물리적 폭력적 수단을 행사하지 않는다.
- 중립 진행의 원칙 – 상생 회의의 진행자는 중립을 지키고, 질문으로 전제를 탐색하며, 논의 내용을 잘 기록 한다.
- 단일 채널의 원칙 – 하나의 생생회의 이외의 별도의 협의를 진행하지 않는다.
- 합의의 원칙 – 갈등 해결의 최종안은 다수결이 아닌 합의에 따라 결정한다.
- 완결성의 원칙 – 상생 회의의 종료는 모든 갈등 이슈가 다루어지고 최종 합의되었음을 뜻한다.

협력적 갈등 해결 회의(상생 회의) 진행의 방법

- 이해관계의 당사자가 아닌 독립적이고 중립적인 제삼자(퍼실리테이터)가 회의를 진행한다.
- 회의 진행 방식에 대해 설명하고 퍼실리테이터에 대해 참여자들로부터 사전 인정을 받는다.
- 퍼실리테이터가 중립을 지키지 못하면 해임하고 다른 퍼실리테이터를 선임한다.
- 회의에서의 발언은 즉석에서 확인이 가능하도록 충실하게 기록한다.
- 테이블 퍼실리테이터를 배치해 테이블 토크와 기록 유지를 보조한다.

- 소그룹 배치로 토론의 효율성을 확대할 수 있는 장소에서 회의를 진행한다.
- 토론 그룹의 인원이 20명을 초과하는 경우 효율성을 위해 참관 그룹을 구분해 운영할 수 있다.
- 상생 회의 참여자(이해관계 집단의 대표자)는 논의 사항을 소속집단에 가능한 한 빠짐없이 전달한다. 필요한 경우 사무국을 두고 논의 사항에 관한 유인물을 제작해 활용한다.
- 오해를 방지하거나 풀기 위해 필요한 경우 이해관계자 전원이 참여하는 총회를 개최한다.
- 회의 참여자의 정신과 육체의 활동을 증진하고 유지하는 장식과 다과를 준비한다.

호구 회피 전략

쿠는 지난 20여 년 동안 퍼실리테이션을 실행하면서 '사람은 항상 최선을 다하고 있다.' 는 긍정적 인간관에 기초를 두고 워크숍을 설계하고 진행했다. 그리고 워크숍의 성공에는 긍정적 인간관이 큰 요인으로 자리 잡고 있다는 점을 강조해왔다.

긍정적 인간관을 말할 때마다, 인간의 부정성을 입증할 만한 만만치 않은 반례들을 제시받는다.

'여러 차례 좋게 말해도 업무 태도가 달라지지 않아요.'
'휴일에 나오지 않으면 문제가 된다는 것을 빤히 알면서도 휴일은 무조건 쉰다고 합니다.'
'저 시위하는 사람들은 악마예요. 무조건 반대만 하고 보는 거예요.'
'땅값을 10배나 높여서 달라는 거예요. 해도 해도 너무하는 것 같아요.'

겉으로 드러나는 모습이나 그들의 발언을 놓고 보면 더 이상 상종하기 어려운 악인들로 보인다. 개인의 이익을 위해 전체가 나아갈 길을 가로막는 사람이라는 관점이 생겨난다. 그리하여 그들을 상대하는 사람의 마음에 무시와 적대감이 자라난다.

'나쁜 사람을 좋게만 대할 수는 없어.'

여기서 악순환이 만들어진다. 무시하고 적대감을 보이는 사람에게 그들은 더욱 사납게 자기 생각을 관철하려 한다. 그들이 나쁜 사람이라는 생각은 더욱 강화된다. 확증 편향이 일어나고 갈등은 더욱 악화한다. 적대적 감정마저 더욱 커간다. 싫어지고 미운 감정이 커진다. 고조된 감정은 이성의 작동을 마비시킨다. 적대의 악순환이다.

'호구가 될 수는 없어.'

쿠는 그들을 단지 호구가 되기 싫어하는 사람으로 본다. 사람들은 대부분 호구가 되기 싫어하므로 그들은 정상이다. 그러므로 그들에게 적대감을 느끼고 마주할 이유도 사라진다. 그들은 전체를 해치려는 나쁜 마음을 먹고 있는 사람이 아니라, 호랑이처럼 자신을 해치려 들지도 모르는 상황에 놓여있다고 생각하는 사람이다. 잡아먹히지 않으려고 몸부림을 치는 나약하고 두려운 사람이다. 그들은 정당하고 공정한 교환을 하고 싶어 하는 것이다.

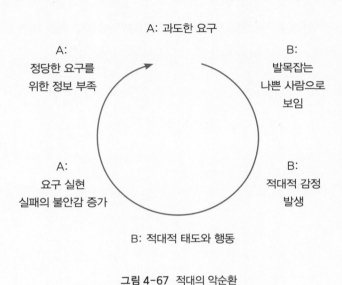

그림 4-67 적대의 악순환

하지만 그들은 어떤 것이 정당한 교환인지 정확하고 충분한 정보가 없다. 그래서 절대로 손해를 보지는 않을 것 같은 최대의 요구를 우선 제시하고 본 것이다. 실은 '공동체 방해 전략'이 아니라 '호구 회피 전략'일 뿐이다.

퍼실리테이터는 그들이 호구가 되지 않도록 도우면 된다. 두려움을 극복하는 데 필요한 정보를 찾아낼 수 있도록 도와준다. 그리고 다른 사람들이 그들을 이용해 이득을 취하려 들지 않는다는 것을 알 수 있도록 도와줘야 한다.

'일을 좀 더 잘해보려 할 때 걸림돌이 뭘까요?'

'휴일에 일을 하지 못하는 절박한 사정이 무엇인가요?'

'대화보다 시위가 더 좋은 점이 무엇인가요?'

'10배를 부르셨는데 우리도 그렇게 할 수 있으면 좋겠습니다. 혹시 어떤 것을 더 알고 싶으세요?'

사람들은 정당한 교환을 원한다. 만약 그렇게 보이지 않는다면 그들이 생각하는 교환의 공식에 내가 알지 못하는 무엇인가가 포함되어서 그렇다. 대화를 통해 각자의 공식에 숨겨진 변수를 찾아 서로 이해하도록 하는 것이 북돋우미의 역할이다.

삽질 회피 전략

협업에 발을 내딛지 못하고 갈등하고 있는 현장의 커다란 심리적 경향성 중 다른 하나는 '삽질 회피 전략'이다.

'삽질할 수는 없어.'

사람들은 호구가 되기를 싫어하기도 하지만, 삽질 역시 싫어한다. 성공하지 못할 일을 하기 싫어한다. 성공하지 못하는 일을 하려 하지 않는 것은 매우 현명하고 당연한 일이다. 그러나 아직 성패를 알 수 없는 상황에서 아무것도 하지 않겠다는 태도를 보인 것이므로 상대방에게는 부정적으로 보인다. 현명한 생각이지만 부정적으로 보이는 모순이 들어있다. VUCA 시대의 조직에는 끊임없이 테스크포스팀이 만들어진다. 기존에 만들어 놓은 부서의 범위를 넘는 일들이 계속해서 발생하기 때문이다.

이번에 신제품 개발 프로젝트가 있는데 함께 참여해 주시겠습니까?'라는 요청받았을 때, 우리의 두뇌는 무엇을 작동시킬까? 먼저 나만 고생해 호구가 되는 것은 아닌지, 보상이 적절할 것인지 정보를 수집한다. 호구가 되지 않을 것이라는 정보가 충분하지 않은 상태에서 선뜻 'yes'하기 어렵다. 호구가 되지 않을 만큼 감수할 만한 상황이라는 정보를 얻었다면 다음은 삽질에 대해 검토한다. 물론 이 둘을 계산하는 과정은 거의 동시적이다.

'성공할까?' '성공에 필요한 자원이 공급될까?' '내 능력으로 해낼 만한 것인가?' '함께 일하게 될 동료들은 충분한 능력을 갖추었나?'

성공 가능성을 점치기 위해 스스로 던지는 질문이다. 이에 대한 대답에 확신이 없으면 사람들은 성공 가능성이 없는 일 즉, 삽질을 두려워하며 거절한다. 그리고 속마음을 밝히지 않은 채 표현된 거절은 상대방이 소극적이고 비협조적인 부정적인 인상을 주고 만다.

리더는 호구가 되거나 삽질을 하게 될까봐 두려워하는 구성원들에게 호구와 삽질에 대한 명시적인 검증을 스스로 할 수 있도록 도와주는 사람이다. 이 명시적 검증의 과정이 소통이다.

- 어떤 이익을 기대하는지, 어떤 손해를 걱정하는지 물어보아야 한다. 그리고 기대와 걱정에 대해 어떤 대답을 하더라도 불이익을 받지 않을 것이라는 심리적 안전감을 제공해 줘야 한다. 그래야 자신이 호구가 아니라는 확신을 가지고 프로젝트 또는 어떤 과업에 진심으로 참여할 수 있다.

그림 4-68

- 성공하기 위해 필요한 것이 무엇이라고 생각하는지 물어보아야 한다. 그리고 성공에 필요한 목적의 정의, 자원, 역량^{자신과 동료}에 대해 미심쩍어하는 점에 대해 어떤 발언을 하더라도 불이익을 받지 않도록 하는 심리적 안전감을 제공해 줘야 한다. 그래야 삽질이 아니라는 확신을 가지고 프로젝트 또는 어떤 과업에 진심으로 참여할 수 있다

- 세상 모든 일을 명확히 알 수 없고, 미래를 정확히 예측할 수 없다. 호구가 아닐지, 삽질이 아닐지도 정확히 다 확인할 수는 없다. 그럴더라도 확신할 수 있는 데까지는 확인하도록 도와줘야 한다. 그런 다음 아직 미심쩍은 부분이 남아 있는 것에 대해서는 '확인할 수 없지만 한 번 해보자.'는 호소를 해볼 수 있다.

이 호소를 '효능감 정보 제공' 또는 '영감을 불어넣는 일'이라고 부른다.

소극적이고, 비협조적이고, 일을 싫어하는 것이 아니다. 호구가 될까봐, 삽질할까봐 두려워하는 것뿐이다. 리더가 할 일은 이 두 가지 관점에서 무엇을 두려워하는지 물어보고 친절하게 대화해 가는 것이다. 마저 다 알 수 없는 지점에 다다랐을 때 한 스푼의 용기를 불어넣어 주는 것^{inspiration}이다.

그림 4-69

음부리 카페 내모 사례

2015. 11. 2. 제주 한림읍 월림리에서 마을 회의를 개최했다.

마을 카페를 설치할지에 대해서 논의했을 때, 주민들 사이에 의견이 어긋났다. 이를 해결하는 과정에서 몇 가지 놀라운 점이 있었다.

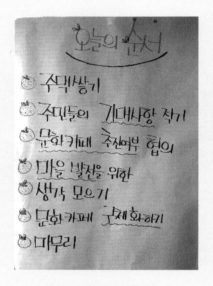

그림 4-70 워크숍 아젠다

1. 개최 배경

참관을 통한 퍼실리테이터의 양성과
실제 주민의 갈등 문제를 해결하는 두 마리 토끼 잡기 프로젝트

당시 협치는 제주도의 핵심 정책과제 중 하나였다. 제주도인재개발원에서는 이에 부응해 협치를 현장에서 이루어낼 퍼실리테이터를 양성하고자 했고, 이의 일환으로 2015년 7월 도민 21명을 선발해 24시간의 퍼실리테이션 종합교육인 '이니셔티브'를 교육했다.

교육을 수강한 도민들은 퍼실리테이션의 강력한 협치 방법론에 크게 공감했고, 24시간의 교육만으로 퍼실리테이션을 원활하게 수행할 수 없음을 알아채고, 퍼실리테이션 역량을 지속적으로 개발할 수 있도록 지원해 줄 것을 요청하게 되었다.

제주도 인재개발원은 도민들의 진심을 반영해 협치 퍼실리테이터로서 현장 경험을 체계적으로 쌓을 수 있도록 현장 교육을 실시하게 되었다. 현안이 있는 3개 마을을 선정해 실제 워크숍을 개최함과 동시에 전문가가 진행하는 워크숍 과정을 직접 체험하도록 하여 협치 퍼실리테이터를 양성하는 두 마리 토끼 잡기 프로그램을 가동하게 된 것이다.

그림 4-71 협치 퍼실리테이터 양성을 위한 '쿠 퍼실리테이션 이니셔티브' 수강 장면

2. 퍼실리테이터의 현장 교육 도전

현장 교육의 필요성은 절감했으나, 막상 이를 실현하는 데는 여러 가지 난관이 따랐다. 우선 적절한 현장을 찾는 것이 어려웠다. 협치를 실현할 수 있는 실제 이슈와 현장이 있어야 했다. 실제로 협치를 이루어내야 하는 현장은 많겠지만, '그것을 도와 드릴 테니 신청해 보세

요'하고 인재개발원에서 공문을 보내니 정작 응답해 오는 곳은 없었다.

담당 공무원은 실망하지 않고, 의지와 끈기를 가지고 여러 마을과 연락을 취했다. 그 결과 3개의 마을로부터 동의를 구할 수 있게 되었다. 억지로 인재개발원의 요청에 응하는 것이 아니라 '실제로 풀고자 하는 현안'이 있는 것이 중요하다는 점을 강조했다. 그리고 도에서는 이를 면밀하게 확인하는 것을 소홀히 하지 않았다.

그림 4-72 현장 워크숍의 참관을 준비하고 있는 협치 퍼실리테이터

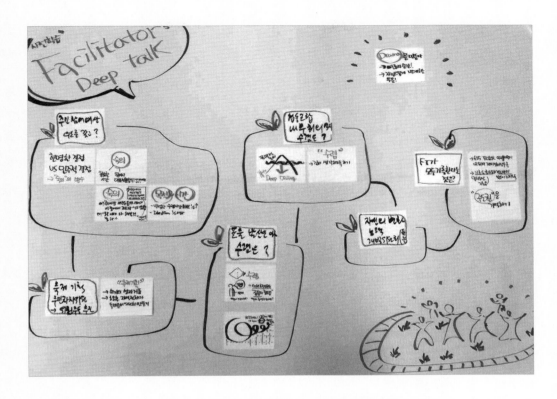

그림 4-73 협치 퍼실리테이터와의 사전대화 기록

마을 카페의 설치 여부를 놓고 주민 사이에 찬반이 갈려 추진하지 못하고 있는 마을에서 신청했고 도는 이 마을의 이슈를 대상으로 선정했다. 대상 마을을 정하고 나니 이제 일정이 문제가 되었다. 현장 교육을 주도할 메인 퍼실리테이터의 일정, 공무원의 사정 등을 모두 고려 하려니 일정 잡기가 쉽지 않았다. 난관이었지만, 끈기를 가지고 조정해 11월 2일로 워크숍 및 현장 교육 일정을 확정했다.

이번에는 협치 퍼실리테이터의 일정이 문제가 되었다. 후속 교육을 받고자 하는 열망이 강하고, 그들의 요청에 의해 프로그램이 만들어진 것이었지만, 막상 일정을 정하고 나니 이 일정에 부합하는 사람은 제한적이었다.

실제로 갈등을 잘 해결할 줄 아는 퍼실리테이터를 양성하는 것이 현실적으로 몹시 어렵다는 것을 보여주는 실례이다. 이런 과정을 몇 년은 거쳐야 유능한 갈등 해결 전문가를 양성할 수 있다. 그러나 생업에 종사하면서 전문가로 수련받는 것은 어렵지 않다.

3. 현장에서 생긴 세 가지 놀라움

전문 퍼실리테이터와 퍼실리테이션 수련자의 경계선에는 '신뢰의 선'이 자리 잡고 있다. 퍼실리테이터가 참여자를 얼마나 신뢰하느냐가 퍼실리테이션의 질을 결정하는 핵심이 된다. 이는 갈등 해결의 가능성에도 커다란 영향을 미친다. 퍼실리테이션 현장 교육은 갈등을 해결할 수 있다는 확신을 갖도록 해준다.

강의실에서 신뢰의 중요성을 역설하고, 사례를 통해 신뢰로 이루어내는 것을 설명할 수 있지만, 이를 실제 현장에서 실천하기는 정말 어렵다. 그래서 직접 눈으로 그 현장을 보기 전까지는 그 '신뢰의 선'을 과감하게 넘어 보지 못하고 자꾸 물러서게 된다.

그렇게 할 경우 퍼실리테이션은 고작 요란한 도구의 사용자로 전락하게 된다. 평소와 다른 회의 도구를 사용할 뿐 정작 퍼실리테이션의 깊은 효과를 거두지 못하는 결과만을 낳는다.

그림 4-74 주민들의 논의 중심에 있던 농산물 창고 – 농협에서 저가로 구입함

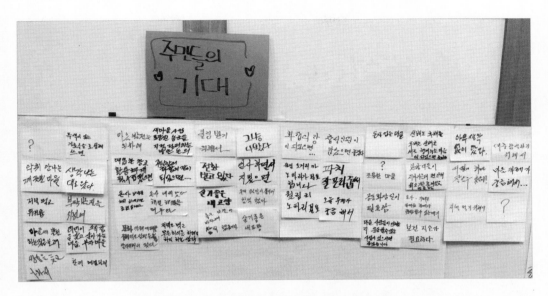

그림 4-75 오늘의 기대에 대한 주민들의 응답

첫 번째 신뢰는 참여자의 '무관심'에 대한 신뢰다

워크숍에 참석한 참여자에게 "오늘 오시면서 무슨 기대를 하고 오셨나요? 포스트잇에 그 대를 적어서 탁자 위에 붙여보세요."라고 요청한다. 이때 수련 중인 퍼실리테이터는 참여자 들이 제대로 된 기대를 적어내지 않으면 어떨까 하는 두려움을 갖는다. 그리하여 가능한 한 근사한 의견이 적히기를 기대하고, 심지어 근사한 의견이 나오도록 은근히 유도하는 실수를 범한다.

전문 퍼실리테이터는 이렇게 말한다. "'밥 준다고 해서 왔어요, 아무 생각 없이 왔어요.'라 고 적으셔도 좋습니다. 어떤 의견이라도 좋으니 생각나시는 대로 적어 주시기를 바랍니다." 수련받는 퍼실리테이터가 처음으로 경험하는 놀라운 광경이다.

이 발언이 가능해지는 것은 참여자가 워크숍에 대해 '무관심'해도 그것을 인정하고 받아들 이겠다는 퍼실리테이터의 의지 때문이다.

이 퍼실리테이터의 발언을 듣고 정답을 찾으려던 참여자들은 마음을 바꾸어 자신의 의견 을 적어내기 시작한다. 요청자의 의도에 따라 근사한 답을 찾는 부담을 덜며 그때부터 회의 참여에 대한 불만과 부담에서 벗어나 편안한 표정과 미소가 감돌게 된다.

실제로 적어낸 주민의 기대를 읽어보면, 워크숍의 실제 주제와 일치하는 것이 거의 없다. 이장님께서 마을 카페에 관해 논의할 것이라고 예고했다고 했지만, 그렇게 알고 왔다고 적어 낸 사람은 거의 없다. 중요한 점은 그렇게 적어내지 않았다고 해서 워크숍의 성패에 큰 영향 이 없다는 것이다.

그림 4-76 논의에 푹 빠져있는 주민

두 번째 신뢰는 참여자의 '이탈'에 대한 신뢰이다

"자! 쉬는 시간이 되었습니다. 바쁘신 분은 지금 집에 돌아가셔도 좋습니다. 오늘 회의가 가치 없는 것이라면 집에 가셔서 바쁜 일을 하셔도 좋습니다. 오늘 이 회의가 가치 있다고 생 각하시면 계속 남으셔서 서로를 도와주셔도 좋고요."

수련 중인 퍼실리테이터는 마지못해 참여한 사람이 혹여나 집으로 돌아가게 되어 분위기 가 어수선해질까 걱정되어 긴 회의에도 쉬는 시간을 주지 않거나 쉬는 시간에 집에 가지 말 라고 당부하게 된다.

전문 퍼실리테이터는 회의가 의미 없거나 정말 바쁜 일이 있어 집에 가는 사람들을 붙잡지 않는다. 이날 앞의 발언 후에 집으로 돌아간 사람은 거의 없었다. 그리고 남아있는 사람은 마지못해 남아 있는 것이 아니라 오늘의 회의가 정말 값어치가 있어서 남아있는 것이 되었다. 사람들은 누가 시켜서가 아니라 자신의 순수한 의지에 의해서 어떤 일을 하고 싶어 한다. 그 순수한 자발성을 믿고 기다릴 줄 아는 사람이 전문 퍼실리테이터다. 그리고 자리를 떠나는 사람을 받아들이려는 의지가 퍼실리테이터의 신뢰다.

그림 4-77 마을 주민 대부분이 마지막까지 참여했다.

세 번째 신뢰는 주민의 '헌신'에 대한 신뢰다

워크숍을 진행하면서 주민의 의견을 수렴한 결과, 문화 카페에 관련된 주민의 갈등은 마을에 이를 책임지고 제대로 운영할 사람이 없을 테니 운영이 부실해질 것이고, 그래서 반대한다는 것 때문이라는 것이 밝혀졌다. 그리하여 퍼실리테이터는 운영할 사람이 실제로 존재하는지, 그들이 믿을 만한 사람들인지를 현장에서 확인시켜 줌으로써 갈등을 해결할 수 있다는 것을 알게 되었고, 그렇게 시도했다.

"이제 또 중요한 순간이 다가왔습니다. 마을에 문화 카페를 어떻게 만들자는 것에 대한 좋은 의견을 많이 내주셨는데요. 이제 이 문화 카페를 누가 운영할 것인지를 정해야 합니다. 자발적으로 운영에 참여하겠다는 분이 계시면 포스트잇에 적어서 내주시길 바랍니다."

퍼실리테이터의 발언을 마치자 마자, "거봐 아무도 없어!"

테이블에서 당연하다는 듯한 외침이 있었다.

"아! 조금만 기다리시면 하신다는 분이 있으실 겁니다."(기다림)

한 분 두 분 자신의 이름을 적어내기 시작했다.

마을 주민들은 서로 놀랐다. 그리고 속으로 깨달았을 것이다.

맞아 우리에게는 그런 마음이 원래 있었어.'

사람들은 기회주의자들이고 누구도 희생하거나 헌신하려 하지 않는다는 말은 일견 맞다. 그러나 우리의 깊은 마음속에는 타인을 도우려는 마음이 있다. 또는 일을 통해서 즐거움을 찾을 수 있다는 것을 알고 실천하는 사람이 있다. 누구도 손 들지 않을지도 모르는 상황을 받아들이려는 의지가 전문 퍼실리테이터의 신뢰다.

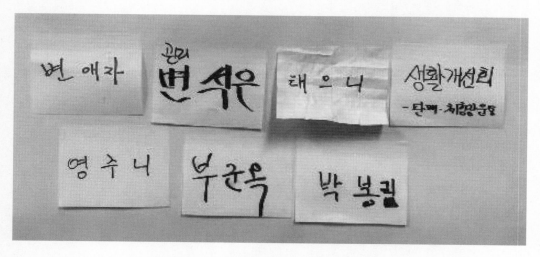

그림 4-78 자발적 운영자로 명단을 올린 사람들

퍼실리테이터는 다시 확인했다. "자! 이분들이라면 문화 카페를 잘 운영할 만한가요? 어떠세요?" "네, 잘할 것 같아요." 그럼 모두 박수를 쳐서 문화 카페를 잘 지어 운영해보는 것으로 결론을 내도 되겠습니까?" "네~"(박수)

4. 피드백

워크숍이 끝나면 특별한 사정이 없는 한 늘 함께 한 운영진과 피드백 시간을 갖는다. 이번에는 훈련의 일환이었으므로 더욱 공식적인 피드백 시간을 가졌다.

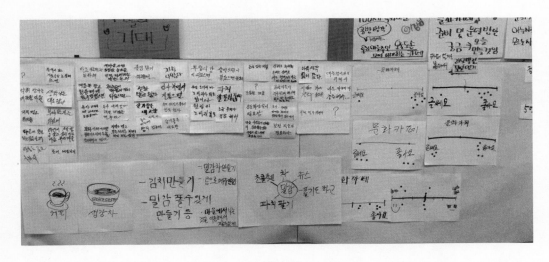

그림 4-79

워크숍은 성공적으로 이루어졌다. 문화 카페의 설치에 합의하고, 까페에 무엇을 담을지, 까페에서 무엇을 하면 좋을지에 대한 주민의 의견이 잘 모아졌다. 이 행사를 개최하기까지 난관을 기꺼이 감당하면서 이번 프로그램을 담당했던 공무원의 얼굴에서는 깊은 미소가 배어나왔다. 함께 지원 나온 동료 공무원들의 얼굴도 매우 밝았다. 수련 중인 퍼실리테이터들은 세 가지의 놀라움을 피드백 시간에 말해 주었다. 정말로 '모든 의견은 동등하게 귀중하다.'라는 신념을 지키는 것, 바쁜 사람은 가시라'는 말을 감히 실제로 하는 것, 자발적인 운영자를 손 들도록 요청한 것. 이 세 가지 모두 퍼실리테이터의 참여자에 대한 신뢰에 달렸다.

수련 퍼실리테이터들은 강의에서 강조한 것을 현장에서 직접 확인했다. 협치가 어떻게 가능해지는지를 눈으로 보면서 배웠다. 그리고 성공적인 퍼실리테이션 워크숍의 테이블 퍼실리테이터로서 일원이 되었다.

이것이 '읍부리 카페'의 탄생 실화다. 갈등은 일의 성공을 바라는 마음이 학습하는 과정일 뿐이다.

그림 4-80

논의에 대한 논의

패널 토론에 참석해 보면 아쉬울 때가 많다. 아마도 논의의 일방성이 높기 때문으로 보인다. 특히 현실의 문제를 해결하고자 하는 상황에서 시도하는 패널 토론의 경우 더욱 큰 아쉬움을 느끼게 된다. 일방적인 발언으로 구성되는 패널 토론이 학습의 방법으로는 적합하지만, 현실의 문제를 해결하는 방법에는 커다란 한계를 지니고 있기 때문이다. 해결 방법의 견해를 견주고 최선안을 함께 찾는 과정이 빠져 있는 것이다.

학자나 전문가들이 문제 해결에 필요한 훌륭한 이론적 기초를 지니고 있고, 이 이론들을 서로 비교하고 견고하게 다져가는 과정에서 패널 토론은 매우 바람직한 기능을 한다. 그래서 학자들은 패널 토론 방식을 선호하고, 보다 작은 규모에서는 세미나 형식의 학습 미팅에 익숙해 있다.

이해관계자들의 이득과 손실이 직접 결부된 현실의 문제를 직접 다루어 해결하려면 어떤 토론을 하는 것이 바람직할까? 논의에 대한 논의^{Meta-Discussion}는 바로 이런 질문에 대답하는 과정을 지칭한다. 중요한 사안을 다룰 때는 전통적이고 관습적인 방식의 회의를 그대로 채택하기보다는 논의에 대한 논의를 거치는 것이 필요하다.

바람직한 논의 방식을 먼저 잘 선택해야 훌륭한 논의를 만들어 낼 수 있다. 훌륭한 논의는 현명한 결정을 이루어내는 논의를 의미한다. 그러므로 결정에 필요한 정보들이 충분하고도 효율적으로 사용될 수 있도록 설계되고 운영되어야 한다. 메타-디스커션에서는 논의의 목적이 가장 중요한 의제가 된다.

학습을 위한 것이라면 어떤 주제의 학습을 하고자 하는 것인지를 우선 명확하게 정해야 한다. 문제를 해결하고자 하는 것이라면, 어떤 문제를 해결할지를 정해야 한다. 이러한 논의 과정은 기본적으로 의견의 표출, 의견의 수렴과정에서 발생하는 갈등(이견)의 해결, 의사결정의 과정을 거치게 된다. 이 중 갈등 해결의 과정에는 고도의 퍼실리테이션 역량이 필요하므로 이 과정을 누가 진행하도록 할 것인지를 결정하는 것도 중요한 메타-디스커션의 의제가 된다.

또한 문제 해결의 경우 논의의 진행 과정을 설계하는 것과, 의사결정 방법을 결정하는 것 또한 메타-디스커션의 중요한 의제라고 말할 수 있다.

그림 4-81

회의가 성공적으로 이루어지는 데는 참으로 많은 것들이 필요하다. 사회란 소통이고, 회의는 작은 사회이며, 그 소통의 가장 밀도 있는 장면 중의 하나이므로 이 과정이 복잡하고 어려운 것은 어쩌면 당연한 것일지도 모른다. 한 번 한 번의 회의가 성공적이라면, 사회가 성공적인 것이 되고, 개개인의 삶 역시 성공적인 삶의 가능성이 쑥 올라갈 것이다.

문제 삼기

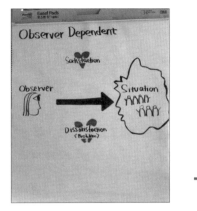
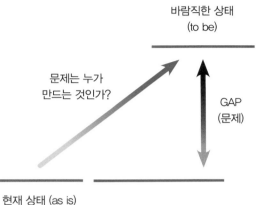

그림 4-82

세상의 모든 문제는 인간이 만든 것이다. 원래 문제가 객관적으로 존재하고 있는 것은 하나도 없다. 인간이 자신의 욕망으로부터 문제를 삼게 된 것이다. 위 그림에서처럼 문제란 바람직한 상태와 현재 상태의 차이를 말한다. 얼핏 보면 미흡한 현재 상태가 있으니 문제가 원래있는 것처럼 보이지만 그것이 문제시된 것은 먼저 관찰자에게 바람직한 상태라는 욕망이 있었기 때문이다. 사무실 근무가 바람직하다고 보는 사람에게는 재택근무는 문제로 보인다. 반대로 재택근무가 바람직하다고 보는 사람에게는 사무실 근무가 문제가 되는 것이다.

이때 두 사람이 근무 방식의 문제를 해결한다고 했을 때 둘은 서로 반대되는 방향에서 문제를 인식하고 있을 것이다. 그러므로 문제를 해결한다고 했을 때 문제 자체에 대해 서로 동의하고 있는지부터 확인해야 한다. 그렇지 않다면 문제시되고 있는 근무 상황을 주제로 들고와서 워크숍의 시작 단계에서 문제를 구조화하는 과정을 먼저 진행해야 한다. 문제의 구조는주어진 사안에 대해 참여자 모두의 욕망을 표현하도록 함으로써 드러난다.

'어떤 것을 다루면 좋을까요?'

'근무 방식과 관련해 무슨 일들이 벌어지고 있나요?'

질의응답, 포스트잇에 써서 제출, 경험 그리기$^{rich\ picture}$, 전지에 끄적거리기 등의 도구를 사용할 수 있다. 위 질문에 대한 응답을 표현하게 하고 나면 그 안에 구성원들의 욕망이 드러나게 된다. 그리고 그 욕망의 실현이 타인의 욕망과 동시에 실현되는 원원의 답을 찾아가는 것이 해법 찾기가 될 것이다.

'효과적인 근무 방식에 대한 합의 문제'

'업무 성과를 보장하는 문제'

'업무 과정의 모니터링 방법을 찾는 문제'

'구성원의 여건에 따라 근무 편의를 제공하는 문제'

문제의 구조화 과정을 거친다면 위와 같이 문제의 정의가 만들어질 수 있다. 문제를 정의했을 때, 비로소 그 문제를 해결할 수 있는 해법을 찾을 수 있게 된다.

결정에 대한 결정

유효한 결정을 하려면 먼저 결정에 대한 결정^{Meta-Decision}이 필요하다. 의사결정을 어떻게 할지에 대해 미리 결정하는 것을 말한다. 이번에 결정을 할 것인지, 논의만 하고 결정은 다음 회의에서 할지도 미리 결정해야 한다. 이처럼 결정에 관련된 여러 가지 사항을 미리 결정해놓지 않으면 결정을 할 수 없거나, 결정해놓고도 나중에 논란에 휩싸이게 될 수 있다.

1. 결정 주체의 결정

누가 결정권자인지를 결정하는 것이다.

- 리더의 단독 결정
- 리더와 구성원이 합의한 결정
- 구성원의 일부로 구성된 위원회에서 결정
- 구성원 전원의 합의에 의한 결정
- 구성원 개인의 단독 결정
- 추첨에 의한 결정^{운에 의한 결정}
- 전문가에게 의뢰한 결정

국가의 경우 헌법과 법률에 여러 사안에 대해 결정권자가 누구인지에 대한 규정을 두고 있다. 회사에서는 정관이나 사규에 이러한 기본적인 규정을 두고 있다. 또한 위임 전결 규정을 두어 의사결정권자를 명확히 하고 있다.

회의나 워크숍에서 어떤 결정을 내리는 경우에도 그것이 최종 결정인지, 보고한 후 결정권자의 결재를 얻어 결정하는 것인지를 미리 정해야 한다.

2. 정족수 결정

개인인 의사결정권자에 의해 결정하는 경우가 아니라 집단에 결정권을 두고자 하는 경우에서 의사정족수와 의결정족수를 미리 정해두어야 한다. 일반적으로 두 가지 정족수 모두 과반수로 정하는 경우가 많지만, 이는 지극히 편의를 위한 관계임을 알아야 한다. 협력적 실행을 높이려면 합의에 의한 결정이 가장 바람직하다.

'우리 모두 동의하는 가장 합리적인 결정을 하고자 합니다.'

'어떤 한 사람이 동의하지 않는다면, 그 사람이 결정에 동의하지 못하는 이유를 충분히 듣고 나머지 모두 마음을 바꿀 수 있을 것입니다.'

'반대로 나머지 모두 거부하고 있는 사람이 의문을 품고 있는 점에 대해 최선을 다해 합리적 설명을 할 수 있을 것입니다.'

'과정이 쉽지 않겠지만, 퍼실리테이터인 제가 최선을 다해 도와가겠습니다.'

정족수는 조직마다 전통과 사정에 따라 선택하면 되고, 시행한 결과 만족스럽지 못할 경우에는 보완해가는 방식으로 운영하면 된다.

의결정족수의 종류

- 만장일치
- 만장일치 -1
- 만장일치 -2
- 7/8
- 3/4
- 2/3
- 과반수
- 1/3
- 3명이상 찬성
- 단독 결정(독재)

3. 결정된 것, 결정할 것

'내년에는 창사 30주년인데, 우리 부서에서 기념 행사를 준비해야 할 것 같습니다. 여러분에게 모든 것을 맡길 테니 좋은 계획을 세워 시행해 주시면 감사하겠습니다.'

이때 이 요청을 받은 퍼실리테이터는 결정된 것과 결정할 것을 잘 구분해 일을 처리해야 한다. 그렇지 않을 경우 나중에 결정된 것에 대해 불필요하게 결정하거나, 결정할 것을 빼놓고 결정하는 실수를 범하게 된다.

- 창사 30주년 행사 개최 여부
- 행사 기간 및 주요 일자
- 행사 아이템
- 행사 예산
- 행사 총괄 및 아이템별 책임자

결정에 대해 결정해가는 과정은 기계적이지 않다. 여러 가지 정보를 고려하면서 순차적으로 정해 가게 될 것이고, 어떤 결정 사항은 최종 결정인 것처럼 보이지만 사실상 잠정결정(특별한 사정이 발생하지 않는다면 결정한 대로 시행)인 경우가 있다.

그러므로 1차 기본계획의 초안을 작성해 의사결정권자로부터 승인받아 결정된 것을 하나씩 둘씩 확정해 가는 것이 필요하다. 그래야 회의에 참석하는 사람들에게 결정된 것과 결정할 것의 경계선을 알리고, 결정할 것에 집중할 수 있게 된다.

맞춤 워크숍의 설계

모든 일은 목적을 달성하기 위한 수단을 찾는 것이다. 워크숍도 일이고 그 일을 잘하기 위해 워크숍을 설계하는 것은 워크숍 목적을 달성하기 위한 수단을 잘 찾아 정리하는 것이다. 초보자에게 이 과정은 막막하고 어려우므로 어떤 기법을 도입하거나 표준 설계안에 의존하게 된다. 퍼실리테이션을 처음 시작하면서 맞춤형 워크숍의 설계를 능숙하게 해낼 수는 없다. 하지만 설계의 원리를 이해하고 비판적으로 바라보면서 기법을 도입 적용하는 것이 꼭 필요한 일이다. 그래야 워크숍을 성공시킬 수 있고, 퍼실리테이터로서 성장할 기회가 되기도 한다.

앞서 설명한 여러 가지 방법론을 참고하면서 조직 개발 워크숍의 가장 기본이 되는 미션 수립 워크숍을 예로 설계 과정을 설명해 본다.

"We strive to offer our customers the lowest possible prices,
the best available selection, and the utmost convenience."

'우리는 가능한 한 가장 낮은 가격, 풍부한 선택,
최고의 편의를 고객에게 제공하기 위해 치열하게 노력한다.'

아마존^{Amazon}의 미션 선언문이다.

조직은 미션을 지속적으로 이루어내기 위해 일한다. 미션을 달성하기 위해 전략을 수립하고, 과제를 도출한다. 이 과정을 구성원들의 참여를 통해 만들고자 할 때 퍼실리테이션 워크숍을 열게 된다. 그러므로 가장 먼저 시도하면 좋을 워크숍은 미션 수립 워크숍이다.

팟팁(PODTiP)

- 워크숍 목적: 우리 조직의 미션을 수립한다.

- 워크숍 결과물: 미션 선언문(10~50자)
- 참가인원: 30명(5팀)
- 진행 시간: 8시간
- 장소: 사내 세미나실

조직의 미션 수립 워크숍은 조직의 미션을 수립하는 데 필요한 수단이 된다. 그리고 미션 수립은 워크숍이라는 수단을 통해서 달성된다. 하나의 워크숍은 워크숍의 각 단계(프로세스 또는 아젠다)라는 수단을 통해서 실현된다. 워크숍 설계는 바로 이 워크숍 전체의 목적을 실현하는 여러 수단을 순서에 맞게 배치하는 과정이다.

워크숍 설계 → 워크숍 아젠다 → 워크숍 실행 → 워크숍 결과물 → 결과물의 활용

이때 워크숍 아젠다는 워크숍 전체의 목적을 실현하는 과정에서 다루어야 할 세부 목적들로 구성된다.

- 심리적 안전감의 조성(세부 목적) – 워크숍에서의 발언으로 불이익을 당하지 않을 것이라는 안심을 제공한다.
- 워크숍의 이해(세부 목적) – 이 워크숍이 무엇을 하겠다는 것인지, 그 중요성이 무엇인지를 안다.
- 미션의 이해(세부 목적) – 참여자들이 만들려고 하는 미션이 무엇인지 안다. 비전, 핵심 가치와 무엇이 다른지, 어떤 형태를 가졌는지, 유사 사례나 샘플은 어떤 것인지 안다.
- 환경분석(세부 목적) – 조직이 처하고 있는 주변 환경(정치, 경제, 사회, 문화, 기술, 환경, 법률, 경쟁, 협력 등)을 다각도로 알아낸다.
- 내부 자원 분석(세부 목적) – 구성원의 역량, 문화, 가치관, 자산, 시스템, 브랜드, 지리(상권), 네트워크 등을 찾고 분석한다.
- 구성원의 열망 표출(세부 목적) – 조직을 통해 구성원이 이루고자 하는 열망을 드러낸다.
- 미션 키워드 도출(세부 목적) – 조직의 미션에 포함되면 좋을 만한 단어, 문구, 문장을 도출한다.

- 키워드 위계화(세부 목적) – 키워드가 품고 있는 의미를 수단-목적 관계(무엇으로 무엇을 달성)로 연결한다.
- 개인별 미션문안 작성(세부 목적) – 앞서 진행하면서 도출된 다양한 개념, 의견, 정보를 바탕으로 개인별로 문안을 작성한다.
- 팀별 최선안 선정(세부 목적) – 5~6명의 팀 단위 토론을 통해 팀별 최선안을 도출한다.
- 팀별 최선안 공유(세부 목적) – 각 팀의 문안을 공유하고 서로 질문과 응답을 통해 탐색한다.
- 기준에 따른 평가(세부 목적) – 좋은 미션의 기준에 얼마나 부합하는지 평가한다.
- 전체 합의(세부 목적) – 평가 결과에 근거해 모두 동의하는 최선안이 있는지 물어본다. 단박에 합의에 이르지 못한 경우 각 문구의 어떤 부분을 개선하면 좋을지 전체 토론을 통해 합의를 이룬다.
- 최종 확인과 축하(세부 목적) – 합의를 이룬 최종안의 문구를 명확하게 확인하고 축하한다.

위 미션 수립 프로세스(아젠다)는 워크숍 전체 목적을 이루기 위한 세부 목적이며, 동시에 전체 목적의 수단이라고 부를 수 있다. 미션 수립의 목적을 위해 심리적 안전감을 조성하는 세션을 운영하는 수단을 쓰는 것이다. 이처럼 워크숍의 설계는 우리가 일을 하는 목적-수단의 연속선상에서 이루어지고 있는 점을 잘 알고 있어야 한다.

일을 한다는 것은 목적을 이루려는 것이고, 목적을 이룬다는 것은 목적을 이루기 위한 바른 수단을 찾는 것이다. 그러므로 수단을 찾는 과정에서 '도구의 법칙'에 빠지지 않고 목적을 끊임없이 염두에 두면서 찾아가는 것이 성공적인 설계의 필수 요건이다.

워크숍 전체를 구성하는 각 세션의 얼개가 나왔으면 이제 각 세션마다의 구체적인 설계가 필요하다. 역시 세션의 목적을 달성하기 위한 수단을 찾는 것이다.

스킬 의존적 세션

'심리적 안전감 조성'은 세션의 목적(워크숍 전체의 수단)이다. 그리고 이를 위한 수단을 또 찾아야 한다.

'어떻게 심리적 안전감을 조성할 것인가?'

다양한 수단(방법)이 가능하다. 우선 당부나 요청의 수단을 사용하는 방식이다.

'여러분 오늘은 회사에 매우 중요한 미션을 만드는 날이니, 발언에 대한 걱정을 접어주시고 편안하게 마음을 먹고 워크숍에 참여해 주시길 바랍니다.'

진행방식을 설명함으로써 자연스럽게 마음이 편해지도록 하는 방식도 가능하다.

'미션을 만드는 과정은 옳고 그름을 따지거나 정해진 답을 찾는 과정이 아닙니다. 여러분이 이 조직에서 실현해 보고자 하는 마음을 하나씩 꺼내고, 다른 사람의 기대와 열망을 공유하면서 우리 모두의 생각을 여러분의 힘으로 정리하는 시간입니다. 저는 그 과정이 더 쉽게 이루어지도록 듣고 적고 하면서 정성껏 도와드릴 예정입니다.'

과거의 마음 편하지 못한 역사가 있거나, 조직 문화가 경직된 상황에서는 이와 같은 발언으로 두려움을 좀 더 완화할 수 있다.

'오늘 미션 워크숍에 대해 "과연 우리 뜻이 받아들여질 것인가?"와 같은 다양한 의구심들이 마음속에 있는 것 같습니다. 워크숍을 기획하는 단계에서 CEO와 미리 이야기를 나누었습니다. 오늘 합의하게 될 미션 선언문의 결과를 전적으로 여러분에게 맡긴다는 약속을 했습니다. 어떤 결과가 나와도 그것이 최종 미션 선언문입니다. 저는 여러분의 작은 지혜들이 잘 모이도록 열심히 돕겠습니다.'

그라운드 룰을 게시하는 것으로도 심리적 안전감을 높일 수 있다. 예를 들면, '모든 의견은 동등하게 귀중하다.'라는 배너를 걸어 두는 것이다.

다음과 같은 말을 보탤 수도 있다.

'오늘 제 역할은 '모든 의견은 동등하게 귀중하다.'라는 원칙이 잘 지켜지도록 하는 것입니다. 여러분은 마음 놓고 말씀하시고, 저는 저 원칙이 잘 지켜지도록 해보겠습니다.'

이처럼 하나의 세션도 여러 가지 방법으로 진행할 수 있다. 워크숍의 설계는 이러한 세션 진행 방법까지 미리 생각해 두는 것이다.

실제 발언 내용 – 세션 진행 방법 – 세션 목적 – 워크숍 목적

여기서 실제 발언 내용까지 시나리오를 작성해 워크숍을 진행할 수도 있다. 한 치의 오차도 허락되지 않는 격식 있는 국가적 의례의 경우, 즉석에서 임기응변으로 진행하는 것보다 미리 써두고 그대로 읽는 방식이 더 바람직하다. 임기응변으로 국기에 대한 경례문을 읽는

것은 어색하다.

하지만 비교적 자유분방한 분위기에서 창의적인 아이디어를 많이 꺼내는 워크숍의 경우는 다르다. 여기서는 퍼실리테이터가 미리 적어둔 시나리오를 읽는 방식으로 진행하는 것이 오히려 어색할 것이다.

워크숍 목적, 세션 목적, 세션 진행 방법까지는 미리 정해 두되 세션 진행 내용은 상황에 맞추어 교감하는 스킬을 적용하는 것이 바람직하다.

방법 의존적 세션

첫 번째 예시는 주로 퍼실리테이터의 발언 즉, 스킬에 의존하는 세션이다. 이제는 방법에 의존하는 세션을 소개해 보겠다. 미션 키워드 도출은 세션의 목적이다. 어떤 방법으로 키워드를 도출할 것인가? 설계를 한다는 것은 이 방법까지 미리 생각해 정해두는 것을 말한다.

우선 몇 가지 후보를 떠올려 볼 수 있다.

1. 1명씩 돌아가며 발언하기
2. 원하는 참여자로부터 의견 듣기
3. 각자 점착 메모지에 적어내기
4. 팀별 대화 내용 적어두기
5. 팀별로 10개의 단어, 문구, 문장 차트에 써내기

만약 1번이나, 3번의 방법을 선택했다면 퍼실리테이터에게 특별한 스킬이 요구되지는 않는다. 그에 비해, 2, 4, 5번의 경우에는 세션을 운영하는 스킬이 좀 더 필요할 것이다. 2번의 경우 발언을 주저하던 사람들도 활발하게 의견을 낼 수 있도록 하는 교류 스킬의 발휘가 요구된다. 4번의 경우, 대화가 활발하게 이루어지도록 촉진하고, 발언 가운데에서 미션과 관련된 단어나 문구를 잘 포착하는 스킬이 필요한다. 5번의 경우, 질문, 기록, 교류 스킬을 폭넓게 갖춘 테이블 퍼실리테이터의 도움을 필요로 한다. 반면에 1, 3번의 경우에는 방법을 전달해 주기만 하면 참여자들이 그 방법에 따라 쉽게 행동할 수 있는 세션이라고 할 수 있다.

대부분의 세션은 정도의 차이가 있을 뿐 방법과 스킬이 결합되어 있다. 퍼실리테이터가 방법은 배웠으나 필요한 스킬을 충분히 습득하지 못해 워크숍을 성공적으로 진행하지 못하는 경우가 많다.

ADMOS를 활용한 설계

아직 스킬을 훈련하는 단계의 퍼실리테이터는 방법에 의존적인 워크숍을 설계하는 것이 바람직하다. 어떤 방법을 선택할지 정하려면 우선 워크숍의 골격을 잘 잡아야 한다. 앞서 보여준 예시처럼 우선 세션의 흐름을 잡는다. 워크숍의 목적을 세션의 목적으로 세분화하고 시간 순서대로 세분된 목적을 배열해 보는 것이다.

다음의 목록은 합의를 통해 조직 미션을 정하는 상황을 가정한 설계 예시이다.

- 심리적 안전감의 조성
- 워크숍의 이해
- 미션의 이해
- 환경분석
- 내부 자원 분석
- 구성원의 열망 표출
- 미션 키워드 도출
- 키워드 위계화
- 개인별 미션문안 작성
- 팀별 최선안 선정
- 팀별 최선안 공유
- 기준에 따른 평가
- 전체 합의
- 최종 확인과 축하

그런 다음 ADMOS에 맞추어 세션의 세부 내용을 정리한다.

- Aim(세션 목적): 워크숍 전체 목적을 달성하기 위해 이번 세션에서 이루고자 하는 기대를 말한다. 위에 적힌 내용이 이에 해당한다. 워크숍 전체의 목적을 Objective 또는 Purpose로 사용하는 것과 구분해 Aim이라는 단어를 선택했다.
- Duration(소요 시간): 세션을 진행하는 데 필요한 예상 시간이다.
- Method(세션 진행 방법): 세션을 진행하는 방식이다. 잘 알려진 도구를 사용하거나 기법을 만들어 적용한다.
- Output(산출물): 세션을 마쳤을 때 남겨지는 유형 또는 무형의 산출물이다.
- Supply(문구와 장비): 세션을 성공적으로 운영하는 데 필요한 문구와 장비 등을 말한다.

Method^{세션 진행 방법}는 그룹의 크기^{size}, 활동 순서^{sequence}, 도구^{tool}의 조합으로 구성된다. '기준에 따른 평가' 세션을 예로 설명해 보겠다. 이 세션은 팀별로 선정한 최선안 5개 중에서 하나의 우선안을 선정하는 세션이다. 이후 여기서 선정된 안을 중심으로 최종안을 합의로 확정할 예정이다. 5개 중에서 우선안을 선정하려면 각 대안의 장단점과 특성을 확인할 수 있는 평가지표가 필요하다. 이 평가지표는 학계의 연구 결과를 기준[22]으로 삼을 수도 있고, 참여자로부터 기준을 제시받을 수도 있다. 미션 선언문을 만드는 경우, 일반적으로 구성원들이 미션이 무엇인지에 대한 이해도가 높은 편이 아니다. 따라서 학계의 연구 결과를 제시해 동의를 구하는 것이 바람직하다. 참여자로부터 의견이 있는 경우 일부 수정하거나 이를 추가해 활용할 수 있다.

먼저, 그룹의 크기는 이 세션의 운영을 전체 그룹으로 할 것인지, 팀별로 할 것인지, 개인 작업으로 할 것인지에 대한 결정이다. 기준에 따른 평가는 전체 참여자의 동의를 확인하는 과정이므로 전체 그룹으로 진행하는 것이 좋을 것이다.

---

22 일반적으로 받아들여지고 있는 좋은 미션의 기준은 간결성, 명확성, 적합성, 현실적, 영감 부여성, 고유성 등이다.

다음으로는 활동 순서이다.

1. 세션 목적과 산출물 안내 – '이번 세션에서는 각 팀에서 제안한 5개의 미션에 대해 평가할 예정입니다. 최종 확정에 앞서 가장 우선해 다룰 하나의 미션 문안을 확인하려고 합니다.'

2. 지표에 대한 설명 – '여기 제시하는 기준은 학계의 연구 결과를 반영한 일반적인 미션의 평가지표들입니다.'

3. 지표의 확정 – '추가 의견이 없으시다면 이 7개의 평가지표를 적용해 우선안을 선정하도록 하겠습니다. 5개의 미션 문안은 각 지표에 따라 평가해 주시면 감사하겠습니다.'

4. 5개의 차트를 돌면서 평가 – '자기 팀이 작성한 문안을 제외하고 다른 팀이 작성한 문안에 대해 지표를 적용한 스티커 투표를 진행해 주시기를 바랍니다. 평가지표를 고려하여 1인당 하나의 지표에 하나의 스티커를 붙여 주시면 됩니다.'

셋째는 도구다. 이 세션에서는 5개의 대안과 여러 개의 평가지표를 결합한 도구의 사용이 필요하다. 또한 전체 인원이 30명인 점도 고려해야 한다. 하나의 차트를 만들 경우 30명이 한꺼번에 몰릴 수 있다. 또한 앞 사람의 평가 결과에 휩쓸리는 평가를 하게 될 위험성도 고려해야 한다. 자신의 표가 사표가 되기 싫어하는 심리 때문에 마음에 들지 않지만 선정될 안에 투표하는 현상이 생겨난다.

이런 점을 고려해 5개의 문항별로 지표에 따라 5점 척도로 평가하거나 전반적인 선호를 알아보는 스티커 투표 도구를 적용할 수 있을 것이다. 세션 진행 방법은 잘 알려진 도구나 기법을 가져다 사용하는 것이 일반적이다. 하지만 워크숍에서 다루는 이슈나 상황은 항상 다르기 때문에 도구와 기법을 기계적으로 사용하는 것은 위험할 수 있다. 기계적으로 도구와 기법을 적용하면 그 효과가 작거나 역효과를 낼 수 있기 때문이다. 따라서 알고 있는 도구와 기법만을 적용하기에는 불안하다면 전문가와 상의해 설계해야 한다. 방법에 대한 퍼실리테이터의 자신감과 불안감의 정도를 미리 파악하고, 만약 불안감이 높다면 방법에 대한 이해도를 높일 수 있는 사전 과정을 충분히 거쳐야 한다.

다음은 ADMOS를 적용한 워크숍 설계의 결과물이다.

ADMOS 항목을 이용한 워크숍 설계

PODTiP

- 목적 : 임원 간의 소통 증진과 논란 중인 사업 아이템의 당락 결정
- 결과물 : 2023년 사업 아이템 목록
- 시간 : 1일(7시간)
- 장소 : ○○호텔 다이아몬드실
- 인원 : 6명(CEO 및 임원)

AIM	Duration	Method	Output	Supplies
아이스 브레이킹	30'	3 Q카드	대화 분위기	Q카드 셋트
비즈니스 모델 재확인	30'	PQR	업의 정의문	차트, 마커펜
핵심역량 찾아내기	60'	Flywheel	Flywheel	화이트보드, 포스트잇, 마커펜
의사결정과 소통의 상황 드러내기	60'	자유토론	소통 상황 지도	화이트보드, 포스트잇, 마커펜
사업 아이템 논의와 당락 결정 – 사업 아이템 제시 – 지지도 투표 – 지지 또는 반대의 전제의 탐색 – 최종 선택	120'	공감 온도계 자유토론	논점 비교 등 토론 내용	화이트보드, 포스트잇, 마커펜, 도트 스티커, 점착메모지
사업 아이템 논의 사항 재확인	30'	차트 작성	사업아이템 선정 결과표	차트, 마커펜
향후 소통 개선 방법 논의	60'	경쟁 가치 대비법	소통 시스템도	화이트보드, 포스트잇, 마커펜
축하와 마무리 (10')	30'	소감 나누기	성취감	토크스틱

표 4-9

지금까지 PASAQADE 모델과 ADMOS 모델을 적용해 워크숍을 설계하는 방법을 소개했다. 방법을 비교적 상세히 다루었더라도 초보 퍼실리테이터가 이를 직접 응용하기는 쉽지 않을 것이다. 다음의 발전 단계를 참고하면서 조급하지 않게 설계 역량을 길러 갈 것을 권장한다. 워크숍의 설계는 워크숍의 목적, 참여자의 특성, 참여 인원, 해결하고자 하는 문제의 종류, 난이도, 갈등의 수준, 참여자의 이전 경험, 장소 등 엄청나게 많은 요소를 고려해야 한다. 그리고 자신의 스킬과 요령의 수준에 따라서도 설계는 달라져야 한다.

---

tip

워크숍 설계의 발전 단계

1단계: 타인이 만들어 놓은 워크숍 전체 프로세스를 그대로 가져다 거의 변형 없이 워크숍에 적용

2단계: 타인이 만들어 놓은 워크숍 전체 프로세스 중 일부를 수정해 워크숍에 적용

3단계: 타인이 만들어 놓은 워크숍 전체 프로세스를 참고해 해결하고자 하는 문제에 맞게 자신이 설계

4단계: 문제 상황에 맞는 워크숍을 스스로 설계, 도구와 기법을 적절히 배치함

5단계: 문제 상황에 맞는 워크숍을 스스로 설계, 도구와 기법까지 스스로 만들어 적용

6단계: 사전 설계 없이 현장에서 문제 상황을 감지하고 그 상황에 맞는 질문을 중심으로 워크숍을 진행

5

조직 개발과
퍼실리테이션

조직 개발과 퍼실리테이션

구성원들이 희망하는 조직 문화의 변화란 무엇일까?

직장인들의 이야기를 들어보면, 대체로 '조직이 공정하게 작동하는 것' '그리고 자신의 존재감을 확인할 수 있는 것'으로 압축된다. 사실 인간의 가장 기본적이고 보편적인 욕구를 말하는 것이다. 그리고 나아가 '자신이 성장하고 꿈을 실현하는 것'으로 이어진다.

이러한 개인의 욕망은 일견 조직의 목적과 대립해 보인다. 대립이 없다면 조직은 개인의 욕망으로 저절로 개발되고 성장해 갈 것이다. 그 대립을 조율해 조직의 역량으로 승화하는 과정이 조직 개발이다. 부분으로서의 개인과 전체로서의 조직 사이에서 발생하는 긴장을 잘 다루어 최적의 개인과 조직을 동시에 만들어 갈 필요가 있다.

조직 개발은 한 집단이 스스로를 효과적인 존재로 성장시키려는 계획된 과정이다. 자신의 역량으로 성장하거나, 조직 외부의 도움을 받아 성장하기도 한다. 조직 개발은 조직이 일하는 과정을 개선하는 것이며 과정적 접근process approach이다.

그러므로 조직 개발은 과정을 효율적으로 이끌 수 있는 퍼실리테이터의 개입을 수반한다. 조직 내에 퍼실리테이터가 없는 상황에서 조직 개발을 한다는 것은 조종사 없이 비행기를 띄우는 것과 같다. 이 점에서 조직 개발과 퍼실리테이션은 서로 뗄 수 없는 관계에 있다.

조직 개발이란 조직의 효과성을 높여가는 것이다. 달리 말하면 조직의 목적을 달성하는 과정에서 발생하는 다양한 문제의 해결 역량을 키우는 것이다. 개인이 보유한 역량이 조직의 역량으로 잘 구현되도록 하는 것이다. 조직의 역량을 키워가는 과정에서 개인은 조직의 일원으로서의 역량이 향상된다. 개인 개발은 조직 개발의 토대가 되지만 개인 개발이 조직 개발로 연결되지는 않는다. 별도의 노력을 기울여야 조직 개발이 실현된다.

또한 장래를 희생해 현재의 성과를 내고, 그리하여 장래의 성과를 보장받지 못하는 것은 바람직하지 않다. 장래의 성과를 위해 현재를 희생하는 것도 최선은 아니다. 장기 가치와 단기 가치는 서로 대립하는 경우가 많으므로 두 마리 토끼를 모두 잡는 치밀한 계획이 필요하다. 매 끼니 밥을 먹은 단기 성과와 함께 건강하게 오래 사는 장기 성과를 함께 거두어야 한다. 물론 때로는 단식의 고통이 따르는 것을 감수해야 한다. 그렇더라도 한쪽의 가치를 쉽게 포기하는 편의의 유혹에서 벗어나야 한다.

멀고 가까운 가치의 대립을 동시에 해결하는 것뿐만 아니라, 목적하는 가치의 종류에 따른 대립도 통합적으로 고려해야 한다. 성과, 웰빙, 협력은 개별적으로 모두 가치 있다. 하지만 어느 하나를 추구하다 보면 다른 가치를 희생해야 하는 상충$^{trade-off}$이 발생한다. 조직의 성과를 내려면, 협력보다는 경쟁을 권장하고 웰빙을 포기해야 할 것 같다. 또 웰빙을 추구하다 보면 조직의 성과와 협력을 뒤에 두어야 할 것 같다.

조직 개발은 성과, 웰빙, 협력이라는 세 가지 결과를 모두 잘 만드는 조직으로 변화시키는 것이다. 구성원의 소진으로 단기 성과를 이루어 가는 것은 조직 개발이 부족한 조직임을 말하는 것이다. 개인의 웰빙을 위해 협력을 거부하는 조직이 바람직한 조직일 수 없다.

이런 세 마리 토끼를 모두 잡는 방법은 무엇일까? VUCA라는 환경 변화의 요인을 고려할 때, 수평 조직, 학습 조직, 반영 조직, 민첩 조직의 방향으로 조직을 이끌어 가는 것이 그 잠정적 해답이다.

반대로 생각해보면 우리는 수직 조직을 강화하기 위해 조직 개발을 하고 있지는 않다. 정보, 논리, 합리성을 무시하고 권력과 한두 사람의 직관과 주먹구구에 의존하는 조직으로 변화시키려 하는 것은 아니다. 구성원의 목소리를 잠재우고 주주나 리더의 목소리가 압도하도록 조직을 만드려는 것도 아니다. 세상이 VUCA이건 아니건 과거의 성공 법칙을 잘 준수해 혼란에서 벗어나는 변화 없는 조직을 추구하지도 않는다.

많은 비용을 들여 조직 진단을 하지 않더라도 조직의 변화의 방향은 큰 틀에서 비슷하다.

수평, 학습, 반영, 민첩이 21세기 성공적인 조직의 코드이다.

4가지 조직 방향의 개념을 간략하게 정의해 보면 다음과 같다.

- 수평: 정보의 흐름이 필요한 다양한 방향으로 흐른다.
- 학습: 각자 옳다고 받아들인 것을 다시 열고 검증한다.
- 반영: 구성원의 목소리를 조직의 결정에 포함시킨다.
- 민첩: 위 3가지의 과정이 환경변화에 맞게 재빠르게 작동한다.

반대의 개념과 대비해 생각해 보면 다음과 같다.

수직의 시대에 훈계와 설득의 기술이 필요했다면,
수평의 시대에는 참여와 합의의 기술이 필요하다.
권위의 시대에 권력과 자리의 권위가 필요했다면,
학습의 시대에는 정보와 지식의 처리가 필요하다.
강요의 시대에 조작과 명령의 체계가 필요했다면,
반영의 시대에는 의견과 이익의 보장이 필요하다.
답습의 시대에 기준과 지침의 준수가 필요했다면,
민첩의 시대에는 창의와 도전의 허용이 필요하다.

앞서 다룬 퍼실리테이션의 내용을 이해한 사람이라면 21세기의 변화를 가장 잘 담아내는 리더의 모습은 퍼실리테이터일 것이라는 짐작이 가능할 것이다. 전통적인 리더의 덕목이 전문성과 결단력이었다면 오늘날 리더의 덕목은 겸손과 섬김이다. 퍼실리테이터의 중립성과 일치성이 높은 개념이다. 구성원들이 지닌 정보, 지식, 이기심, 책임감을 최대로 실현할 수 있도록 겸손, 섬김, 중립의 자세로 조직화하고 지원하는 일이다.

리더는 VUCA 시대를 맞이해 환경에 잘 적응하는 조직으로의 개발을 할 줄 아는 리더가 되어야 한다. 이때 리더 역량의 핵심은 퍼실리테이션이다.

수평 조직

기업들은 기존의 권위적 문화로는 다가오는 4차 산업의 파고를 감당하기 어렵다는 직감을 하고 있다. 디지털 트랜스포메이션, 인공지능, IoT와 같은 4차 산업의 확산과 그로 인한 초고속 시장 변화 등 21세기에 불어닥친 조직의 환경은 더 이상 과거 성공의 패러다임으로는 생존마저 불가능하다는 위기의식을 갖게 하고 있다. 이에 대한 반응으로 최근 대기업, 중소기업, 공조직, 사조직 할 것 없이 많은 조직이 앞다투어 조직 문화의 개선 방안을 내놓고 있다. 그리고 그 방안의 내용에는 대부분 수평성이 포함되어 있다.

그런데 해당 조직이나 기업을 다니는 직원을 만나 대화를 나누어 보면 속으로는 크게 달라진 것이 없다고 한다. 물론 시동을 건지 얼마 되지 않은 탓도 있겠지만, 본질적인 측면에서의 변화에는 소홀한 이유가 있기 때문인 것으로 보인다.

해가 다르게 유행처럼 등장하고 사라지는 많은 키워드(4차 산업, DNA, 애자일, 메타버스, ESG, OKR, GTP 등)를 화두로 삼아 조직들이 이에 대한 대응책을 고심하고, 대응책 중의 하나로서 수평적이고 창의적인 조직 문화를 만들어 내기 위한 다양한 시도를 하고 있다. 하지만 여전히 이것으로는 부족하다는 느낌을 지우지 못한다.

'과연 본질적인 변화(수평)를 시도하고 있는가?'

'정말로 수평을 원하는 것인가?'

의문이 남는다.

수평적 조직 문화의 세 가지 조건

수평 조직을 원한다면 다음 세 가지의 질문에 순서대로 대답해보아야 한다.

- 수평 조직이라는 것이 무엇인지 명확하게 정의되어 있는가?
- 수평 조직이 정말로 필요하다고 생각하고 있는가?
- 수평 조직이 실현되는 효과적인 방법을 적용하고 있는가?

지극히 당연한 것이지만 잘 지켜지지 않는다. 흔히 앞 두 가지 조건을 충족하지 않은 채, 세 번째를 찾아다니는 우를 범하고 만다. OKR을 도입하고, 애자일 도입 등 유행을 쫓기에 급급하다. 그러나 세 가지가 일치되어야 수평적 조직 문화의 달성이 가능해진다.

경제적, 지적 수준이 높아진 우리나라 직장인들의 욕구는 이제 배고픔을 극복하는 것과는 차원이 다르다. 공정한 평가와 대우를 받고, 자신의 존재와 정체성을 확인하고 지키려는 것이 필수적인 삶의 기초가 되는 것이다. 그러나 현재의 직장문화에서 이러한 것을 주장하거나 확인할 기회를 갖기가 여전히 어렵다. 눈앞의 과업과 실적을 내야 하는 압박에 내몰려 있는 것이 하루하루의 현실이다.

기업으로서는 당연히 실적과 성과를 내야 하는데, 구성원들은 주인 의식이 없어 내 일처럼 일하지 않는다는 것이 리더들의 공통된 불만이다. 한편 구성원들은 부품처럼 취급되고 인격적 존재로서 존중받고 있지 못해 조직에 대한 애정이 생기지 않는다고 불평한다. 양쪽 다 맞는 말이 평행선처럼 좁혀지지 않고 있다.

놀라운 것은 이 양쪽의 주장이 모두 '수평 조직'이라는 같은 내용을 주장하고 있다는 점이다. 리더 또는 기업의 편에서, 주인처럼 자기 일을 척척 한다면 위에 명령을 내릴 필요가 없으니 수평 조직이다. 구성원의 편에서, 부품이 아닌 인격적 주체가 되겠다는 것도 바로 수평적 조직의 일원이 되고 싶다는 뜻이다. 서로 같은 수평 조직을 원하고 있다. 그러나 그 일이 실제로 실현되고 있지는 못하다. 왜 그럴까?

그림 5-1 지혜를 모으는 과정은 회의라는 형태를 띤다. 리더는 회의를 잘 주재하는 역량을 가져야 한다.

여기에는 두 개의 핵심 요소가 있다. 하나는 결정권이고, 둘째는 리더의 두려움이다. 구성원이 주인 의식을 가지고 자기 일처럼 척척 하려면 그에게 결정권이 있어야 한다. 그런데 수직적이고 권위적인 문화와 제도 속에서 결정권은 조직의 상층부에 집중되어 있다. 결정권은 주지 않고 주인 의식만 가지라고 요청하고 있는 것이다. 수평 조직의 핵심이 결정권을 구성원에게 나누어 주는 것을 의미한다는 점을 명확하게 인식하지 못하고 있다.

서로 편하게 말할 수 있는 것이 수평적이라거나, 리더인 자신이 볼 때 과거보다 더 관대한 사람이 되어 있다는 것이 수평적이라는 것으로 착각한다. 어떤 의견을 제시해도 결국 상층에서 결정하고 만다면 이는 수평 조직이 아니다.

'연간 목표, 분기 목표가 위에서 결정되어 내려옵니다.'

'현실과 동떨어진 업무 지침을 지켜가며 일할 때 답답합니다.'

위임하려 해도 자꾸 자신이 결정하게 되는 리더에게도 이유가 있다. 구성원들은 리더 자신에 비해 역량도 부족하고, 열정도 부족하고, 주인 의식도 부족해 보인다. 그러므로 그들에게 권한을 주고 일을 맡겼다가는 그르칠 것 같은 두려움이 크다. 그러므로 늘 보고받고 감시하고 감독해야 한다. 그렇게 하는 것이 리더의 책무라는 높은 책임 의식도 가지고 있다. 그 구성원들이 제대로 하지 못할지도 모른다는 숨은 두려움에서 생겨난 리더의 감독자로서의 책임 의식은 구성원의 주인 의식을 가로막는다. 즉 수평적 조직 문화를 가로막는 원천이 된다.

하지만 그 두려움으로 인해 구성원에게 결정권을 부여하지 못한다면 조직은 결코 자발적으로 일하는 구성원을 가지지 못할 것이다. 자발성의 원천은 자율성이다. 그리고 그것은 외부에 수평적 조직 문화를 실현하겠다고 외치는 것과는 달리 여전히 내부에서 수직적인 문화의 좌절을 겪게 될 것이다.

자기결정성이론$^{self-determination\ theory}$에 의하면, 사람들은 자신에게 결정권이 있고, 그 일을 잘할 수 있는 역량이 있다고 여기며, 세상에 도움 되는 일에 내재적 동기를 느끼며 일한다고 한다.

수직적인 감시 감독 체계로 급변하는 환경에 적응하고 선도하는 조직을 경영할 수 없다. 구성원들이 자발적으로 일할 때 창의, 열정, 협력이 이루어지고, 기업은 높은 성과를, 개인은 웰빙을 체험하게 된다. 그리고 구성원들이 자발적으로 일하게 되려면 우선 리더가 결정권을 구성원에게 내려 줘야 한다. 그리고 그들이 현명한 결정을 내리도록 돕는 중립적 리더십과 퍼실리테이션이 필요하다. 이는 다른 관점에서 보면 민주주의를 실현하는 것이며, 수평 조직의 다른 이름은 기업 민주주의의 실천이다.

정보가 있는 가장 가까운 곳에서 결정하게 하라. VUCA 시대에 정보를 조직 내에서 실어 나르는 데 자원과 시간을 낭비할 필요가 없다. 일선에서 가진 정보를 가지고 내릴 수 있는 결정이라면 그 자리에서 결정하게 하면 된다. 필요한 정보가 사용된 결정, 그 자리에서 민첩하게 내리는 결정, 구성원들은 이 합리성과 정당성을 기대한다.

학습 조직

신념(옳다고 받아들인 것)이 바뀌면 행동이 바뀐다. 인간은 기본적으로 효율과 효과를 추구하는 존재이므로 학습을 한다는 것은 기존의 효율(효과)적인 방법이라고 생각하는 것을 버리고, 새로운 효율(효과)적인 방법을 선택하는 것이다. 책을 읽는 것이 성공에 도움이 된다는 신념의 변화로 인해 독서 행동이 늘어난다. 독서가 훌륭한 삶에 효과적이라는 신념의 변화로부터 독서라는 변화된 행동이 생겨난다. 그러므로 학습의 결과는 행동이 변화되는 것이다. 따라서 학습자라면 어제와 다른 나의 행동의 변화는 무엇인가를 잘 감지하고 있는 사람일 것이다.

오늘 무엇을 새로 알게 되었어요?'라는 물음에 사람들은 쉽게 답을 하지 못한다. 자기 내면을 들여다보는 습관이 부족했던 것 때문이기도 하겠지만, 타인으로부터 또는 상황으로부터 배움을 일구는 습관이 부족하기 때문이기도 한다. 또 한 가지, 안다는 것, 배운다는 것의 의미가 낯설기 때문이기도 할 것이다.

그림 5-2 업종을 가리지 않고, 일을 더 잘 하려는 끊임없는 시도가 학습이다.

우리나라에서는 일생을 살아가면서 엄청난 돈을 학습하는 일에 쏟아붓는다. 태교에서부터 평생 학습까지, 한편에서 보면 인생은 쉴 새 없는 학습의 연속이다. 시간과 재산을 들여 학습하는 데에는 학습한 것을 활용해 재산을 더 모으려는 의도가 깔려 있다. 자아실현의 깊은 의도도 포함되어 있다. 기업이 구성원들의 교육에 공을 들이는 이유도 비슷하다. 교육(가르치는 사람의 관점) 또는 학습(배우는 사람의 관점)이 성과를 내리라고 믿고 있기 때문이다. 따로 시간과 재산을 들여 학습하는 것에 익숙하다 보니, 뭔가 돈을 쓰지 않는 상황, 학교나 학원 등록과 같이 공식적으로 '학습'이라고 선언되지 않은 상항은 학습과 관련이 없는 것 같은 착각이 있다.

그러나 삶을 살거나, 일을 하는 현장은 항상 생생한 배움의 현장이다. 돈을 들이지 않아도 되는 가장 저렴한 학습의 터전이다. 이 기회를 잘 활용한다면 귀중하게 모은 재산을 탕진하지 않으면서도 풍부하고 실용적인 학습을 해낼 수 있다. 여기에는 높은 수준의 학습 의지와 메타 인지력이 필요하다.

'이번 프로젝트에서 새로 알게 된 것이 무엇인가요?'라는 질문을 던졌을 때, 이에 쉽게 여러 가지 배운 점들을 꺼내 놓을 수 있으면 좋다. 그러나 현실은 그에 미치지 못한다. 현장에서 학습을 충분히 하고 있지 못하다는 증거다.

본인이 의식하는 의식하지 못하든 항상 학습을 하고 있다. 인간은 타고난 학습자로서 자신의 의식과 관계없이 학습은 늘 일어나고 있다. 다만 적극적으로 학습할 의지를 지니고 있고, 학습을 감지하고 의식하는 사람이 훨씬 더 효과적으로 학습한다는 점이 다를 뿐이다. 효율에서 차이가 난다.

1. 학습 의지와 공유 비전

학습 의지는 인간의 내면에 본성으로 이미 장착되어 있다. 생명에 유리한 것을 끊임없이 찾아다니는 생명체로서의 인간은 한 시도 학습을 늦추지 않는다. 매일 같이 뉴스를 보는 것은 학습이다. 날씨며, 범죄 정보며, 경제 동향 등 뉴스에서 나오는 정보를 활용해 보다 생명 유지에 유리한 삶을 영위하려는 노력이다. 테니스, 골프, 수영, 요가 등 돈을 들이면서까지 열심히 배우는 것 역시 생명의 증진과 관련이 있다. 스스로 건강해지고, 건강미로 다른 사람에게 호감을 주어 자기편을 만들 때 유리해진다. 자기편이 많으면 생명 유지에 유리하다.

뉴스를 보는 것처럼 학습이 자신에게 유용한 것이라고 저절로 인정하게 되는 경우도 있지만, 어떤 경우에는 유용한 것인지 아닌지 아직 뚜렷하지 않다며 학습을 주저하게 된다. 이때는 일부러 학습 의지를 불러일으켜야 하는 상황이다. 당장은 유용함을 인식하지 못하지만, 스스로가 부족하고 불완전한 존재이니 무엇인가 배운다는 것은 미래에 도움이 될 것이라는 추정을 통해 학습 의지를 만들어 볼 수 있다. 당장의 욕망을 실현하는 것에 필요한 공부는 저절로 쉽게 된다. 장기적으로 생명에 유리한 것을 배우는 일은 추가적인 의식적 노력이 필요하다.

끊임없이 효율을 추구하는 인간에게 아직 눈앞의 유용성이 드러나지 않는 것을 추정을 통해 학습 의지로 실현해 가는 것은 쉽지 않은 일이다. 그러므로 학습 조직을 만들고 싶다면 구성원에게 현재 하고 있는 학습이 자신에게 유용한 것이라는 점을 인식하도록 하는 것이 우선이다. 피터 센게가 공유비전을 학습 조직의 조건으로 내건 이유가 여기에 있다. 비전이라는 목적의식이 공유되어 있어야 그 목적을 향한 수단을 찾는 학습의 유용성이 드러나게 된다.

기업의 연수원이나 학교 수업에서 조는 사람들을 보면 사람들은 학습을 싫어하는 것처럼 보이기도 한다. 그러나 이들은 학습을 싫어하는 것이 아니라 시간 낭비를 싫어하는 것이다. 자신에게 유용해 보이지 않는 정보를 습득하는 것은 자신의 시간 즉, 유한한 생명을 낭비하는 것이어서 싫어하는 것이다. 일터에서의 학습은 목적을 이루는 가장 효과적인 수단을 찾는 과정이다. 목적이 세워졌다면 사람들은 자신의 본성으로 그것을 이루어내는 최선의 수단이 무엇일지 학습한다. 학습 의지는 장래의 비전과 목적을 명확하게 인식할 때 높아진다. 학습 조직은 이를 돕는 리더가 많은 조직이다.

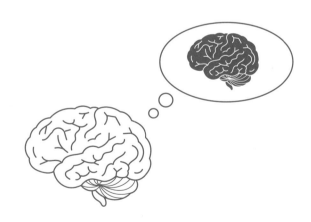

그림 5-3 자신의 생각을 생각하는 메타인지

2. 메타인지와 멘탈 모델

메타인지meta-cognition는 자신이 무엇을 생각하고 있는지를 생각하는 것이다. 그리하여 자신이 무엇을 알고 있는지, 모르고 있는지를 아는 것이다. 일하면서 일을 더욱 잘 하기 위해 자신이 어떤 생각으로 어떻게 일하고 있는지를 의식하면서 일한다면 메타인지가 높다고 말할 수 있다.

그렇게 자신의 생각을 들여다보면서 일을 하면 자신이 어떤 일에 대해 잘 하려는 전략에 깔려 있는 전제조건을 감지할 수 있다. 그 전제조건이 여전히 유효한지를 검증하면서 일할 수 있게 된다. 그리고 그 전제조건이 위배되는 상황이나 인식이 생겼을 때, 자신의 전제조건을 수정하게 된다. 그 수정이 바로 학습이다.

그 전제조건을 기반으로 무엇이 옳다고 보는 개인의 신념belief이 멘탈 모델이다. 사람들은 서로 다른 멘탈 모델을 가지고 있어서 타인이 어떤 방식으로 일할 때, '왜 저래?'와 같은 의문을 품게 된다. 학습 조직에서는 서로의 멘탈 모델을 활발하게 비교할 수 있다. 여러 구성원의 멘탈 모델 중에서 지금 상황에 여전히 유효한 것을 찾아 합의를 이루어 갈 수 있는 것이 학습 조직이다. '왜 저래?'보다는 '저 사람의 멘탈 모델이 무엇이지?'라는 의문를 품고, 이를 안전하게 서로 탐색하고 비교하는 조직이다.

3. 취약함과 팀 학습

메타인지를 통해 내가 무엇을 명확하게 알고 있지 못하다는 것을 감지했을 때, 그것을 상대방에게 물어보는 데는 취약함vulnerability이 필요하다. 상대방에게 자신이 무엇을 모르는 사람이라는 것이 탄로 날 것을 감수하는 취약함을 말한다. 자신의 부족함이 탄로 나서 상대가 자신을 무시하거나 못난 사람이라고 생각할 경우 발생하는 손해를 감수하는 것을 말한다.

그 취약함이 없다면 배움은 음지에서 벗어나지 못하고, 오만과 자만심의 그늘에서 천박한 고집쟁이 신세로 타락하고 만다. 상대방이 나를 뭘 모르는 사람이라고 무시하거나 조롱하더라도 기꺼이 감수하고 배우겠다는 마음가짐이 학습을 살려낸다.

개인은 그 취약함을 받아들이는 노력이 필요하다. 그러나 그것은 취약한 것이기 때문에 강해지려는 보통의 사람들에게 실천하기 너무 어려운 일이다. 따라서 조직 또는 리더의 지원이 필요하다. 모른다는 것이 밝혀지더라도 무시, 소외, 조롱 등 불이익을 당하지 않을 것이라는 심리적 안전감을 제공하는 것이 그것이다.

니체의 관점주의에 의하면 인간은 누구라도 전체를 알 수 없다. 자신의 눈과 같은 자리에 위치할 수 있는 눈을 가진 사람은 단 한 사람도 없다. 그러므로 사람들은 저마다 다른 관점을 가질 수밖에 없다. 또한 다른 사람만이 자신이 보지 못하는 것을 볼 수 있다. 즉, 다른 사람만이 자신에게 추가적인 정보를 줄 수 있는 스승이 될 수 있는 것이다. 이 점을 잘 아는 피터 센게는 개인학습이 아닌 팀 학습을 강조했다. 그리고 팀 학습이 일어나려면 팀을 작동시키는 내모가 필요하다.

4. 죽음으로써의 학습과 숙련

상대방으로부터 새로운 정보 또는 의견을 들었을 때, 자신의 것과 다른 경우 자신의 것을 포기하고 타인의 것을 받아들이는 것이 학습이다. 이는 기존의 자신을 죽음에 이르게 하는 것과 같다. 긍정의 관점으로 달리 보면, 거듭 태어나는 것이 된다.

육체적 죽음이 아닌 정신적 죽음을 의미하지만 육체적 죽음만큼 커다란 의미를 지닌다. 나치가 유대인에게 가했던 인격 살인을 생각해 보면 인격이라는 정신적 존중과 존재감이 육체의 생존과 별반 다르지 않음을 알 수 있다. '넌 찌질이야.'라는 말을 들은 것만으로 살인을 저지르기도 한다. 정신적 죽음이 육체적 죽음만큼 중대하다.

단발령을 내리자 의병장 최익현은 "차두가단, 차발불가단此頭可斷, 此髮不可斷: 내 목은 자를 수 있어도, 내 머리카락은 자를 수 없다"이라며 맞선 일화로 유명하다. 순교와 같이 신념을 굽힐 수 없어 목숨을 버리는 사례를 우리는 역사에서 수도 없이 목격한다. 자신의 주장, 의견, 신념은 자신의 정체성의 일부이고, 이는 육체적 생명과 맞닿아 있다.

크건 작건, 지금까지 옳다고 생각하던 자신의 주장, 의견, 신념을 버리는 일은 그만큼의 죽음을 받아들이는 것이 된다. 그러기 때문에 신념을 변경하는 것인 학습이 어렵고, 방어적인 사람이 되고, 꼰대가 되어 간다. 하지만 그것을 버릴 때만 학습이 일어나고, 죽을 때만 거듭남이 생겨난다. 개인적 숙련의 출발이다.

그림 5-4 씨앗의 죽음이 새싹으로 자란다.

학습 조직은 이 죽음의 공포를 거듭남의 즐거움으로 승화해 가는 사람들이 모여 있는 조직이다. 앨빈 토플러가 21세기의 문명인의 조건으로 제시한 '알고 있는 것을 버리는 것^{unlearn}'이 안전하고, 습관화된 조직이 학습 조직이다.

5. 변화와 불변의 시스템즈 씽킹

새로운 효율과 효과를 찾아 변화하는 것이 바람직하지만, 사람들은 변화하지 않는 것(불변)에도 가치를 부여한다. 다이아몬드나 금에 높은 가치를 부여하는 것은 그것이 희소하기 때문이기도 하지만, 변하지 않기 때문이기도 하다.

학습이 권장된다는 것은 변화가 권장된다는 것인데, 변화는 한편 변덕이기도 하다. 불변역시 한편으로는 가치 있지만 한편으로는 꼰대와 고집처럼 부정적이다. 어느 장단에 춤을 추어야 하는가?

변화에 대한 하나의 정당성은 환경과 결부된다. 환경은 한편에서는 끊임없이 변화하지만, 한편으로는 낮과 밤의 교대처럼 절대 변하지 않는다. 작게 보면 변화하고, 크게 보면 변화하지 않는다. 바람직한 학습이란 환경에 부합하는 것이라고 말할 수 있다. 나의 사고가 환경에 잘 정렬되어 있는지를 끊임없이 성찰하고, 어긋난 것이 발견되었을 때 그것을 바로 잡고, 일 치되었을 때 그것을 지키는 것이 학습의 바른길이라 할 수 있다.

나만을 생각하거나 내 팀만을 생각하거나 우리 조직만을 생각하는 데서 그치는 것이 아니 라, 나와 팀과 조직을 둘러싼 다양한 시스템을 생각하고 그와의 상호작용을 상상하고 추정하 고 그려보는 것이 시스템즈 씽킹systems thinking이다.

개인적 숙련이 충분히 이루어지지 않은 일반적인 구성원들은 자신만의 관점에 사로잡혀 있다. 내모는 각자의 관점을 제시하고 비교하고 다시 생각하는 장을 마련해 줌으로써 시스템 즈 씽킹을 불러일으킨다.

반영 조직

조직의 고전적인 문제는 구성원의 목적과 조직의 목적이 일치하지 않는다는 것이다. 구성원은 인간으로서 가진 본연의 자유를 늘 누리려 하고 조직은 조직을 만든 목적을 달성하려는 의지를 지닌다. 이에 조직에서 성과가 나려면 구성원 스스로가 조직의 목적을 추구하거나, 조직이 급여를 대가로 구성원에게 조직의 일을 하도록 강제해야 하는 상황이 생기는 것이다. 만약 구성원들이 자발적으로 일할 수만 있다면 구성원도 좋고 조직도 좋은 '윈윈' 효과를 낼 수 있으며, 그야말로 상생이 실현될 것이다.

하지만 안타깝게도 이런 일은 잘 일어나지 않는다. 구성원들이 즐거워서 일하고, 일하면서 보람을 찾으며 조직과 구성원이 일체가 되는 로망의 실현을 꿈꾸는 조직은 어떤 조직일까? 바로 구성원의 목소리가 조직의 의사결정에 늘 영향을 끼치는 조직이 반영 조직이다.

1. 목소리에 담긴 옳음

생명을 유지해야 하는 인간은 정말로 생명에 유리한 것을 찾아서 옳은 것이라 삼는다. 그리고 그 진리는 생명에 유리한 것이기 때문에 목숨을 걸고 추구한다. 목소리는 이처럼 생명과 맞닿아 있는 것이다. 그리하여 목소리를 무시하고, 천대하는 것은 자존을 잃어버리는 좌절을 제공한다.

조직이 구성원을 좌절시키면서 좋을 성과를 낼 것을 기대하는 것은 바보같은 일이다. 목소리를 내지 못하게 하고 목소리를 듣지 않는 것이 바로 그와 같은 일이다. 목소리는 하나의 관점이기 때문에 다른 사람의 관점에서 보면 진리로 보이지 않는다. 그러므로 다른 사람에게는 그 사람의 목소리를 억누르는 것이 진리의 추구가 되는 셈이다. 둘 다 정당하지만 조직은 협업이 아닌 경쟁과 투쟁의 장이 되고 만다. 흔히 말하는 부서 이기주의인 사일로 현상이 발생하는 이유이다.

내모 역량을 가진 조직 개발자는 이러한 상황을 철학적으로 이론적으로 충분히 이해하고 있는 사람이다. 그러므로 이 사일로 현상에 대해 누구도 탓하지 않는다. 자연스러운 일이 생겨난 것뿐이라고 인식한다. 그리고 내모의 스킬과 도구를 적용해 스스로 갈등을 해결하도록 돕는다. 구성원의 모든 관점을 초대한다. 목소리를 마음껏 내도록 하는 것이다. 그리고 그 목소리가 잘 보이도록 벽면과 책상 위에 적어둔다. 그러고는 그 모든 관점을 다시 보게 만든다.

'여러분의 목소리를 다 모아 보았습니다. 이제 무엇이 보이시나요?'

구성원들은 자신의 힘으로 새로운 관점을 발견한다. 대부분 같은 자리에 있었고, 그래서 구성원 눈도 비슷한 자리에서 다시 보게 된 것이기 때문에 일치하는 관점을 받아들이게 된다. 여전히 다른 것이 있다면, 좀 더 이야기해봄으로써 의견의 차이를 좁힐 수 있다. 그리하여 참여한 구성원 모두가 공감하는 새로운 진리는 만드는 것이다. 목소리의 반영을 통해 한답이 탄생하는 순간이다.

2. 목소리에 담긴 욕망

인간은 가진 것이 없으면 생명을 유지할 수 없다. 먹을 것, 입을 것, 살 곳을 가져야 한다. 생명체인 자연의 일부로서 의식주가 있어야 생존이 가능하며, 자연의 위협에 대항해 생명을 유지하는 데에도 의식주가 필요하다. 구성원들의 목소리에는 자연으로부터 육체를 보전할 수 있는 재화를 충분히 획득하려는 욕망이 담겨 있다.

사회적 존재로서의 인간의 욕망은 공정이다. 타인과 함께 살아가는 집단 안에서의 인간은 항상 공정을 욕망한다. 호구가 될 수는 없다. 공정하지 않으면 화가 나고, 공정이 실현되면 만족이 찾아온다. 인간의 목소리에는 공정을 향한 사회적 욕망이 담겨 있다.

유전적 존재로서의 인간의 욕망은 승리이다. 자신의 유전자를 더 많이 후세에 남기려면 타인에 비해 우월한 승자가 되어야 한다. 그래야 더 우월한 유전자를 가진 배우자를 선택할 힘을 얻는다. 인간의 목소리에는 짝짓기에서 승리하려는 유전적 욕망이 담겨 있다.

자연의 자원은 무한하지 않기 때문에 자연의 일부로서의 인간이 생존하는 데에는 불가피하게 경쟁이 생겨난다. 공정함을 추구하지만 인간은 수많은 편견과 지각상의 인식상 오류를 가진 존재일 뿐만 아니라, 자신의 편견으로 공정해도 불공정하게 보는 오해를 유발한다. 또한 인간의 삶은 짧은 기간으로만 보면 불공정하기 짝이 없다. 생식 본능 역시 인간의 사회적 관계를 경쟁으로 몰아넣을 위험을 안고 있다. 이러한 욕망은 자신에게는 절대적으로 정당한 것이지만, 타인의 시선에서는 이기주의로 보인다. 기본적으로 경쟁의 구도 속에 놓여 있기 때문이다. 그리하여 욕망의 추구를 방해받기 싫은 사람들은 이 욕망을 은밀하게 추구하려 든다.

내모는 이 욕망을 당연시하고 권장한다. 모두의 욕망을 최대한 꺼내놓고 최대한 실현하는 방법을 같이 찾아가도록 돕는다. 그렇게 했을 때, 경쟁적이고 이기적으로 보이던 개인의 욕망들이 활사개공의 과정을 거쳐 협력적인 공공의 규범으로 재탄생한다.

수많은 동기이론은 인간의 욕구에 기반하고 있다. 사람들은 욕구를 실현하기 위해 무엇인가를 행하는 존재이다. 이 욕구를 억누르는 통제 방식으로 이루어낼 수 있는 것은 자본과 시스템의 생산이다. 욕구와 욕망의 에너지를 마음껏 실현하도록 지원함으로써 이루어낼 수 있는 것은 진정한 인간과 조직의 생산이다. 혁신, 창조, 문명은 인간에게서 나온다. 그 시작은 구성원의 목소리이며, 이를 다루어내는 효과적인 방법이 퍼실리테이션이다.

3. 활사개공(活私開公)

사사로움을 살려 공(나눔)을 연다. 사사로움을 버려서 공을 숭상하라는 '멸사봉공'과 반대 개념이다. 많은 리더는 사사로움을 살리는 것에 두려움을 느낀다. 구성원의 목소리를 들었다가는 조직이 산으로 갈 것이라는 두려움이 깔려 있다. 그리하여 진실로 묻지 못하고 산이 아닌 바다로 향해 갈 것을 미리 유도한다. 심하면 강요한다. 구성원의 사사로움을 죽이고 리더 또는 조직의 길을 앞세우는 것이다. 때로는 조직의 앞날을 걱정하기 때문이라고 포장하지만 리더 개인의 편의와 이득이라는 사사로움을 좇는다는 의심이 든다. 리더는 자신의 사적인 욕망을 읽을 줄 아는 높은 수준의 지능적 존재이기 때문에 타인의 사적인 욕망의 위험성을 짐작한다. 원천적으로 그 위험을 봉쇄하려는 전략을 펼쳐 타인의 목소리를 차단한다.

그러나 사사로운 인간 욕망의 위험성은 위험한 상대를 만났을 때 주로 작동한다. 호의적인 상대를 만난다면 인간은 또한 한없이 호의적이게 된다. 깊은 내면에 그 호의를 베풀 기회를 끊임없이 찾고 있으며, 그 호의를 실천하는 것이 자아실현의 커다란 한 부분이다.

인간은 누구라도 세상에 가치 있는 것을 만들어 내고자 하는 욕망이 있다. 사사로운 욕망이지만 매우 바람직한 것이다. 누군가가 그 가치를 부당하게 훔쳐 갈까 봐 두렵기 때문에 호구 회피 전략을 쓰는 것뿐이다. 더 좋은 것을 만들고자 하는 인간의 욕망은 시장경제의 건강한 원동력이다.

상대가 호의적이라면 나도 호의적이게 될 수 있다. 그리고 그 호의를 가진 사람들이 여럿이 모이면 더 큰 것, 더 가치 있는 것을 만들 수 있다는 것을 안다. 집을 짓고, 다리를 놓고, 빌딩을 짓고, 우주선을 쏘아 올릴 수 있다. 혼자서는 도저히 할 수 없는 것이라는 것을 안다. 공이 열리는 것이다.

'모든 의견은 동등하게 귀중하다.'

유능한 내모는 사사로는 욕망을 감추게 하지 않는다. 그 욕망 속에 이미 긍정성이 내포되어 있음을 안다. 그리고 그 욕망이 만들어 낼 가치가 타인에 의해 훼손되지 않는 환경을 만들어 주는 사람이다. 모두에게 물어보고, 듣고, 적어두면 그 일은 저절로 일어난다. 공이 열린다. 반영 조직이 그것이다.

민첩 조직

사람들은 변화를 싫어하는 것이 아니다. 지금보다 나쁜 방향으로의 변화를 싫어하는 것이다. 사람들은 변화를 싫어하는 것이 아니다. 노력해도 변하지 않을 노력을 기울이기를 싫어하는 것이다. 민첩 조직^{agile organization}은 변화하는 조직이다. VUCA 환경은 민첩 조직이 되어야 하는 당위성을 제시하고 있다. 민첩 조직의 부상은 재빠르게 적응하지 않은 조직이 사라져갈 위험에 놓이게 된다는 경각심의 발로이기도 하다.

민첩 조직을 어떤 도구와 기법의 도입으로 이해하는 경우가 여전히 많다. ICT 업계에서 과거 폭포수 방식으로 소프트웨어를 개발하던 것을 스크럼 방식으로 바꾸어 커다란 효율을 높여 냈다. 스크럼은 애자일 개발 방법론의 하나에 불과하지만 소프트웨어 개발의 근간이 되는 방법으로 전파되기 시작했다.

IT 분야의 애자일이 유명해지고 4차 산업혁명의 파도가 밀려오면서, 애자일 조직 개발이 마치 소프트웨어 개발 방법으로써의 애자일 기법을 도입하는 것처럼 인식되기 시작했다. 모든 문제 해결을 디자인 씽킹의 '공감, 문제 정의, 아이디어 발상, 프로토타입, 테스트'라는 5단계를 적용해야 하는 강박에 사로잡히듯, 애자일 도입도 모든 문제를 스크럼 프로세스로 해결하려는 강박이 작동하기 시작했다. 망치를 든 사람의 눈에 못만 보이기 시작한 것이다.

2019년 밀라노에서 애자일 매니페스토의 서명자 중 한 사람인 아리 반 베네쿰^{Arie van Benne-}^{kum}을 만나 직접 이야기를 나눈 적이 있다. 그 역시 도구와 기법이 아닌 선언문에 명시한 애자일 마인드를 강조했다. 그리고 선언문의 첫 항목에서 이미 도구에 빠지는 위험성을 강조하고 있다.

Individuals and interactions over processes and tools
Working software over comprehensive documentation
Customer collaboration over contract negotiation
Responding to change over following a plan

공정과 도구보다 개인과 상호작용을

포괄적인 문서보다 작동하는 소프트웨어를

계약 협상보다 고객과의 협력을

계획을 따르기보다 변화에 대응하기를

앞서 도구의 법칙에서 설명한 것처럼 수평, 학습, 반영, 민첩 조직 모두 마인드를 먼저 들여다보아야 한다. 도구와 기법은 그 마인드의 실현을 돕는 그야말로 도구이지 목적이 아닌 것이다.

소프트웨어의 애자일 개발원칙을 선언한 이 선언문에서 두 번째 원칙인 '소프트웨어'라는 말만 제외한다면 민첩 조직의 일반적인 마인드셋으로 삼아도 손색이 없는 내용이다. VUCA 환경에 잘 적응하는 마음가짐으로 삼을 만하다. 앞서 설명한 활사개공, 구성원의 목소리, 퍼실리테이션 철학과 스킬, 한답 등의 개념과 잘 부합하고 있다.

1. VUCA 인식

답습 조직에서 민첩 조직으로 조직 개발의 방향을 설정한다는 것은 환경이 VUCA라는 명확한 인식에서 비롯된다. 환경의 변화가 느리고 단순하다면 굳이 조직이 민첩해질 이유가 없다. 조직 내부에서 CEO부터 신입사원까지 조직 또는 비즈니스를 둘러싸고 있는 환경이 정말로 VUCA 인식에 대한 공감의 과정이 필요하다. 이 인식이 뚜렷해진다면 VUCA를 다루는 방법을 찾아 나서기 시작할 것이다.

2. 애자일 마인드

VUCA를 극복하는 방법을 찾아나선다고 하더라도 그 방법이 바로 손에 잡히는 것은 아니다. 내부의 깊이 있는 학습과 전문가와의 협업이 필요하다. VUCA를 극복하는 애자일 마인드로서 정확성 강박과 단순계적 접근을 경계해야 한다. 안정된 환경에서 사람들은 정확한 데이터를 기반으로 미래를 예측하고 계획을 수립한다. 그리고 잘 수립된 계획을 꾸준히 밀고 나감으로써 성과를 만들어낸다. 그러나 VUCA는 이와 다른 사정이다.

첫째, 정확한 데이터는 거의 없다.

한 번 정확하게 수집한다고 하더라도 내일이면 그 데이터는 쓸모없게 될 가능성이 높다. 그러므로 정확한accurate 데이터에 집착하기보다는 그럴듯한plausible 데이터를 찾아 나서는 것이 필요하다. 정확함에서 그럴듯함으로의 마인드 전환이 필요하다. 정확한 데이터를 구할 수 없거나 정확한 데이터가 필요한 영역이 없다는 의미는 아니다. 전반적으로 정확한 데이터를 구하기 어려운 상황을 설명하려는 것이다.

둘째, 결과가 보장되는 원인을 찾기가 매우 어렵다.

세상이 복잡하다는 것은 원인과 결과의 질서를 파악하기 어렵다는 뜻이다. 그러므로 머리를 써서 문제를 해결하기 위한 해결책(원인)을 찾는다고 하더라도 그것이 꼭 문제를 해결(결과)한다는 보장을 하기 어렵다는 뜻이다. 정말 해결이 보장되는 해결책을 찾으려고 굳게 마음을 먹는다 해도, 정확하고 충분한 정보는 없고, 세상은 시시각각 변하기 때문에 정답 같은 솔루션은 없는 것이다. 그러므로 역시 그럴듯한 한답을 정해 시행하고 무슨 일이 벌어지는지를 관찰하면서 다음의 해결책을 또 찾아가는 것이 방법이 민첩이다.

셋째, MECE한 업무는 거의 없다.

조직은 부서로 나뉘어져 있다. VUCA 환경에서는 한 번 나누어 놓은 부서의 기능에 딱 부합하는 일만 일어나는 것이 아니다. 이 부서 저 부서에 걸쳐 있는 업무들이 점점 많아진다. 세상이 복잡하고 빠르게 변하고 있으니 기존에 정한 부서의 업무 구분이 그대로 유지되기 어려운 것이다.

부서 간에도 그런 일이 벌어지지만 부서 내에서도 담당자 간에 업무의 구분이 점점 어려워진다. 과거에 없던 새로운 업무의 필요성이 늘어나면서 TFT도 늘어난다. 이것이 내 업무인 줄 알았는데 어느새 이것저것 늘어나 정체성의 혼란을 겪는다. 게다가 나만 그런 것이 아닌가 싶어 희생자가 된 기분도 커진다.

이러한 문제를 해결하려면 조직 차원에서 과거와 달리 새로운 업무, 경계가 모호한 업무, 단독으로 처리하기 어려워 상호 협력해야 업무가 늘어나는 것이 정상이라는 인식을 만들어 줘야 한다. 중요한 애자일 마인드의 하나이다.

3. 애자일 방법

민첩 조직이 무엇이고, 민첩 조직을 요구하는 환경이 무엇인지를 바르게 인식하는 것에서 민첩 조직으로의 조직 개발은 시작된다. 그리고 그 실현 방법은 퍼실리테이션을 적용해 활사 개공, 한답 찾기, 갈등 해결, 창의 개발을 이루어 가는 일이다.

조직 개발의 모든 과정은 조직 개발의 실행이며 동시에 진단이다. 운전할 때, 우리는 전방과 주변을 살핀 정보를 바탕으로 핸들을 조금씩 움직인다. 핸들을 움직인 것은 실행이다. 하지만 동시에 진단이다. 내가 원하는 만큼 차량이 길을 따라 움직이고 있는지를 진단하기 위한 시도이기도 한 것이다. 원하는 만큼 움직였다면 핸들을 고정한다. 원하는 방향을 벗어났다면 다시 핸들을 돌린다. 이 과정을 민첩하게 지속한다.

조직 개발의 과정은 이와 같다. 진단 결과 리더와의 소통이 부족하다는 결과가 나왔다면 이를 바탕으로 리더와의 타운홀 미팅을 개최해 본다. 타운홀 미팅에서 바람직한 결과가 만들어졌다면 주기적으로 지속할 일이다. 만약 평소 업무에서 리더와의 대화가 더 필요하다는 의견이 타운홀에서 도출되었다면 또 그 시도를 해보면 된다. 타운홀은 실행이며 동시에 진단이기도 했다.

조직 개발에서뿐만 아니라, 신제품 개발, 전략 개발, 조직 구조 개편, 성과 평가 제도의 도입과 시행에서도 민첩성은 똑같이 요구된다. 개선의 필요성이 제기되면 회의 또는 워크숍을 개최해 개선에 필요한 한답을 만들고 그것을 실행한다. 그 실행은 또 진단되어 다음 실행의 힌트를 제공한다. 이 사이클이 원활하게 작동하도록 만드는 것이 민첩 조직으로의 조직 개발이다. 스프린트는 하나의 수단일 뿐이다.

무엇이 효과를 만드는가?

퍼실리테이션은 작게는 하나의 문제를 해결하고, 크게는 조직의 효과성을 개선한다. 한두 사람이 아니라 여러 사람의 정보 공유, 사고의 진전, 창의적인 아이디어의 창출, 갈등의 해결, 합의에 의한 현명한 의사결정을 돕는다. 리더가 해야 하는 주된 일이다.

리더는 이러한 일을 제대로 해내기 어려워서 일방적인 소통 방식과 독재자적 방식, 구성원과의 거래 등의 방법으로 영향력을 행사한다. 이런 방식은 최소한의 성과를 낼 수는 있지만, 위대한 조직이나 웰빙, 성과, 협력을 동시에 이끌어내는 데는 한계가 있다. 수많은 리더의 로망인 웰빙, 성과, 협력을 이끌어내는 퍼실리테이션의 효과는 어디에서 생겨나는 것일까?

1. 퍼실리테이터의 신념

퍼실리테이터의 신념이 효과를 만든다.

'모든 의견은 동등하게 귀중하다.'라는 신념은 중립성과 에포케의 다른 표현이다. 참여자 한 사람 한 사람이 그만한 이유가 있기 때문에 어떤 의견을 낸다고 믿는 철학적 사유의 결과이다.

이 신념을 지니면 퍼실리테이터는 경청이 쉬워진다. 부정적으로 보이는 극단의 발언마저도 귀중하게 듣는다. 이에 비롯된 퍼실리테이터의 행동은 참여자 또는 구성원으로 하여금 마음을 편안하게 해준다. 어떤 발언을 해도 혼나거나 창피당할 걱정이 없다. 심리적 안전감이 형성된다. 호의적 환경의 출발점을 만든다.

일반적인 리더들은 자신의 마음과 일치하지 않는 의견은 쓸데없는 의견으로 간주한다. 귀중하지 않은 것이다. 그리하여 그런 의견을 말하는 것은 시간을 낭비하는 것이라고 생각한다. 또는 너무 많은 의견을 듣다 보면 그 많은 의견을 감당할 수 없을 것 같아서 두려운 나머지 흔히 말하는 '됐고 팀장', '됐고 상무'가 되기 쉽다. 이러한 분위기에서 구성원들은 의욕을 잃고 나아가 머리를 쓸 이유를 찾지 못한다.

정말로 구성원의 모든 목소리를 귀중하게 듣는 것이 쓸데없고 시간 낭비라고 생각한다면 그 목소리를 듣지 않아도 된다. 리더의 의견과 리더와 일치하는 의견의 가진 목소리만을 듣고 조직을 이끌면 된다. 다만, 리더가 기대한 결과를 내고 있는지 결과를 보아야 한다. 결과를 잘 내고 있다면 굳이 방법을 바꿀 필요가 없다.

만약 결과가 좋지 않다면 '모든 의견은 동등하게 귀중하다.'는 신념을 깊이 생각해봐야 한다. 이 신념을 진심으로 받아들이지 않고 퍼실리테이션을 한다면 속임의 단계를 넘기 어려울 것이다. 그리고 구성원들에게 심리적 안전감을 제공해 주지 못할 것이다.

반대로 이 신념을 잘 받아들였다면 리더는 구성원의 어떤 목소리도 귀중하게 들을 것이다. 비로소 경청이 시작되는 것이다. 그리고 팀 또는 조직이 구성원 각자의 목소리로부터 정보와 지식을 확보하게 될 것이다. 이는 창의 개발, 갈등 해결, 현명한 결정의 기초가 된다.

2. 기억력의 보완

발언을 기록해 효과를 만든다. 퍼실리테이터의 신념에서 출발한 경청으로 참여자들이 안전함을 느끼면서 다양한 목소리를 꺼내 놓았다면, 그 꺼내진 정보를 잘 기록하는 것이 퍼실리테이터의 일이다. 퍼실리테이터 스스로 기록하거나 참여자로 하여금 기록하도록 하면서 의견을 내도록 한다.

기록을 다시 볼 수 있게 하는 장치이다. 다시 볼 수 있음으로써 참여자들의 단기 기억을 보완한다. 정보를 저장하는 기억이 있어야 정보처리를 할 수 있다. 점착 메모지, 전지, 차트, 보드 등에 참여자의 목소리를 기록해 두면, 참여자들은 그 내용을 잊지 않고 다시 볼 수 있게 된다. 그렇게 하면 다음과 같은 이점이 생겨난다.

- 발언한 내용을 정확하게 들었는지 확인할 수 있다.
- 발언한 내용을 보존할 수 있다.
- 한 얘기를 또 하는 중복 발언을 회피할 수 있다.
- 같은 내용을 함께 보면서 사고함으로써 오해의 여지가 줄어든다.
- 정확하게 봄으로써 참여자들이 비교적 같은 이해를 할 수 있다.
- 여러 사람의 발언 내용을 비교하고 종합할 수 있다.
- 발언 내용의 전체를 볼 수 있어 맥락과 체계를 파악하기 쉽다.

- 인과 관계와 같은 정보 간의 관계를 시각적으로 표현해 이해를 돕는다.
- 기록된 것 다음의 의견을 묻기 쉽다.

이처럼 퍼실리테이터의 기록은 인간 본연의 기억 능력을 보완해 정보처리의 효율을 높여준다. 다시 말하면 인간의 인지능력을 향상시켜 주는 것이다. 개인의 인지능력을 높이는 것뿐만 아니라, 흔히 집단 지성이라고 말하는 집단의 인지능력을 높여준다. 그리하여 새로운 아이디어를 창출하고, 갈등을 해결하며, 현명한 의사결정에 도달하게 한다.

3. 사고의 확장

질문으로 사고를 확장해 효과를 만든다. 각각의 참여자 또는 구성원은 각자의 맥락을 가지고 일한다. 그 맥락은 개인에게는 전부 같지만 실은 개인만큼 편협하다. 퍼실리테이션 워크숍에서는 이 각자의 맥락을 조회하고 작업벽에 기록해 모두의 맥락을 살피도록 도와준다. 이 기록만으로도 맥락의 확대와 사고의 전환이 일어나지만, 퍼실리테이터가 질문함으로써 이를 좀 더 확장할 수 있다.

- 어떤 결과가 생겨날까요?
- 누가 이익을 보고 누가 손해를 입게 될까요?
- 반대의 관점에서는 어떻게 보일까요?
- 좋아하는 사람과 싫어하는 사람은 누구일까요?
- 그 생각에 깔려 있는 전제는 무엇일까요?
- 이 전제에 어떤 의심이 있나요?
- 이것으로 충분한가요?

퍼실리테이터는 질문을 던지는 사람이다. 하나의 관점에 머무르지 않도록 질문을 통해 다양한 관점을 초대한다. 만약 '돈이 최고다.'라는 관점을 가진 사람이 있다면, 그에게 다음과 같은 질문을 던져서 사고의 확장을 도모해 볼 수 있다.

'어떤 점에서 돈이 최고라고 생각하시나요?'

'돈이 좋은 점을 좀 더 말씀해 주세요.'

'다른 분들은 어떻게 생각하시나요?'

'돈으로 살 수 있는 것은 무엇인가요?'

'돈으로 살 수 없는 것은 무엇인가요?'

'살아오면서 행복했던 순간이 있었다면, 그때 행복했던 이유는 무엇인가요?'

'우리에게 돈과 또 무엇이 필요할까요?'

이때 퍼실리테이터가 압박 질문을 하듯 몰아세우는 질문이 아니라 다른 참여자의 다양한 의견을 물어 참여자 스스로 사고를 확장하도록 돕는 방법을 취해야 한다. 이러한 방법으로 사고가 확장되면 참여자들은 보다 현명한 결론할 가능성이 커진다.

4. 방어의 해제

긍정성을 표현해 호의적 태도로 전환한다. 일반적으로 사람들은 상대방이 협력적이지 않을 때, 나만 협력적인 것은 바보 같은 태도라고 여긴다. 상대가 협력적일지 아닐지 아직 판가름이 나지 않은 상태에서 내가 취할 수 있는 안전하고 공정한 태도는 협력적이지 않은 태도일 것이다. 각자도생이며 방어적 소극성이다.

이 소극적 시도는 단기적으로 부당한 피해자가 되지 않으려는 최소한의 방어일 뿐인데, 이 점은 상대방도 마찬가지이다. 이 최소한의 방어를 경험하는 상대방은 이미 내가 협력적이지 않은 모습으로 보게 되는 상황이다. 그러므로 상대방 역시 비협력적인 모드가 작동할 가능성이 매우 높다. 누군가 호구가 될 각오^{vulnerability}를 하고 협력적인 시도를 먼저 하지 않는다면, 자연 상태에서 집단은 협력적으로 작동할 가능성이 별로 없다.

퍼실리테이터는 소극적이고, 방어적이고, 그래서 부정적으로 되어 버리는 기본 태도가 악순환으로 이어지지 않도록 개입한다. 호구가 되지 않고 불공정하게 혼자만 협력자로서 희생당하지 않도록 하겠다는 표정과 메시지를 통해 긍정의 분위기를 형성한다. 오늘의 회의 또는 워크숍이 협력적으로 작동할 것임을 예견하게 하는 퍼실리테이터의 발언에는 다음과 같은 것들이 있다.

'모든 의견은 동동하게 귀중하다는 원칙이 잘 지켜지도록 제가 돕겠습니다.'

'여러분은 그저 편안한 마음으로 참여하시면 됩니다.'

'맞고 틀린 답도, 맞고 틀린 의견도 없습니다.'

'여러분의 모든 의견은 오늘 우리가 현명한 결정을 내리는 데 도움이 될 것입니다.'

'꺼내지 않으면 다룰 수 없고, 다루지 않으면 해결할 수 없습니다.'

'말씀을 꺼내는 것도 제가 편하게 꺼낼 수 있도록 돕겠습니다.'

'어떤 의견도 환영합니다.'

참여자가 의견을 개진하는 것이 회의에 도움이 된다는 점을 스스로 느낄 때 협력하는 자세로 회의에 임하게 된다. 그리고 참여자는 자신의 의견이 차트에 적히고 다른 의견들이 추가되는 것을 보면서 내 의견이 조직에게 도움 될 것이라는 확신을 갖게 된다. 다른 사람의 의견을 보면서 자신이 생각하지 못한 점을 알게 되는 놀라움과 즐거움을 경험하게 된다.

어떤 발언을 하는 것이 자신에게 불리한 것이 되거나, 혼자만 손해 보는 것 같아서 닫아두었던 마음의 빗장을 허물기 시작한다. 이러한 방어 모드의 해제가 회의의 효과를 창출한다. 퍼실리테이션은 다름이 다툼의 이유가 아닌 도움의 이유가 되도록 하는 것이다. 살아오면서 경험한 다름의 불편함과 까다로움을 사고의 확장과 배움으로 삼아 현명한 결정을 해나가도록 돕는 것이다. 퍼실리테이션은 다름을 축복한다.

퍼실리테이터의 발전 단계

퍼실리테이션은 정치학, 경제학, 사회학, 심리학, 인문학 등을 아우르는 매우 복잡한 고도의 전문 역량이다. 여러 사람의 이슈를 다루는 일이니 쉽지 않다. 또한 해보지 않으면 늘지 않기 때문에 역량이 부족해도 해보아야 하는 딜레마가 있다.

초보자를 거치지 않은 전문가는 없다. 그런데 초보자가 모두 전문가가 되는 것은 아니다. 초보자의 시기를 어떻게 마주하느냐에 따라 중도에 포기하는 사람, 만년 초보인 사람, 퍼실리테이션이 아닌 것을 하면서 퍼실리테이션이라고 말하는 사람, 퍼실리테이션 전문가로 분화된다. 이에 참고할 수 있도록 퍼실리테이터의 발전 단계를 나누어 보았다. 퍼실리테이션의 수준은 다음 단계와 같이 구분할 수 있다.

1. 1단계 - 모름

모름ignorance의 단계에 있는 퍼실리테이터는 퍼실리테이션이 무엇인지 잘 알지 못하는 상태에서 미지의 세계를 탐험한다. 중립을 지키는 것이 무엇이며, 중립이 어떤 효과를 가져오는지 아직 알지 못한다. 그렇기 때문에, 자기 스스로 퍼실리테이터라 지칭하지만 실제로 퍼실리테이터로서의 행동을 보여주지 못한다. 이 단계에 있는 사람은 스스로 퍼실리테이션을 하고 있다고 생각하지만, 그가 진행하는 그룹워크에 참여하는 사람들은 불편함을 느낀다. 어떤 점이 다른 회의 방식과 다르다거나 효과적이라는 것인지 구분하기 어렵다.

이 단계에 있으면서 심지어 퍼실리테이션에 대해 더 알고 싶어 하지 않고 제대로 배우려는 노력을 기울이지 않는 경우도 있다. 어디선가 퍼실리테이션이라는 이름으로 회의를 진행하는 역량을 배웠지만, 퍼실리테이션이 아닌 것을 퍼실리테이션이라고 말한 것을 배웠거나, 스스로 오해한 경우이다. 퍼실리테이션을 제대로 알려는 의지가 없는 경우가 대부분이다. 의지만 있다면 퍼실리테이션에 관한 책을 보고, 퍼실리테이션이 중립의 가치를 일관되게 강조하고 있다는 것을 쉽게 알 수 있다.

모름 단계의 퍼실리테이션 워크숍에서는 접착 메모지, 소그룹 배치, 퍼실리테이터라 칭하는 사람이 등장한다는 점에서 진짜 퍼실리테이션과 외관이 비슷하다. 그러나 퍼실리테이터가 중립의 의미를 잘 모르며, 실제로 중립을 지키는 발언이나 행동을 해내지 못한다.

중립을 지키면서 논의를 이끌어 가는 과정을 유능하게 해내지 못하기 때문에, 이견이나 갈등을 해결할 때는 단순히 투표하거나 다수결로 결정하는 방법을 사용한다. 디지털 기기를 사용하는 경우 심지어 조작을 통해 투표의 결론을 왜곡한다. 그리고 그것은 주어진 시간에 결론을 내기 위해 어쩔 수 없는 것이며 그렇게 하는 것도 퍼실리테이션인 것으로 안다.

이 단계의 진행은 미리 정해진 방향으로 결론을 몰고 가거나, 토론이 형식적, 기계적으로 흐르고, 퍼실리테이터는 토론이 깊이 있게 진행되는 데 있어 도움을 주지 못한다. 그리하여 워크숍이 끝났을 때 사람들은 자신의 의지에 따라 결론에 따라 도달한 것이 아니라는 느낌이 들게 된다. 퍼실리테이션이 무엇인지 모르면서 자신을 퍼실리테이터라고 지칭하는 사람이다.

다음 단계로 넘어가려면…
- 퍼실리테이션에 관한 책을 더 많이 읽는다.
- 중립성, 비판단성의 개념을 이해한다.

2. 2단계 – 속임

속임^{deception}의 단계에 있는 퍼실리테이터는 퍼실리테이션이 무엇인지, 중립의 중요성이 무엇인지는 어느 정도 알고 있으나, 실제로 중립을 지키는 역량이 부족해 중립을 가장하고, 중립이 아닌 것을 중립이라고 주장한다.

이 단계에 있는 사람은 자신이 하고 있는 것이 진정한 퍼실리테이션은 아니라는 것을 알고 있다. 제대로 하는 것을 더 배우고 알고 싶어 하지만 현실적 한계 때문에 아직 그에 다다르고 있지 못하다. 이는 충분히 수련을 하지 못한 상황에서 자신의 역량을 초과하는 퍼실리테이션을 맡게 되었을 때 나타나기 쉽다.

자신의 역량 수준에 맞는 워크숍을 맡거나, 노력해 조금만 높은 수준의 워크숍을 맡게 되면 워크숍도 성공하고 자신도 성장하는 데 도움이 된다. 과도하게 성장에 욕심을 내거나, 과도하게 수입에 욕심을 내면서 문제가 발생한다. 교수가 의대생을 지도하는 것처럼 이 성장 단계에서는 전문가의 지도가 필요하다. 몇 시간 또는 며칠의 교육을 받은 것으로 퍼실리테이션의 역량이 완성되지 않는다. 최소한 5년 정도의 집요한 노력을 기울였을 때 비로소 퍼실리테이터가 될 수 있다. 어떤 전문영역도 5년 이상의 수련 기간이 필요하다.

속임 단계의 퍼실리테이션 워크숍에서는 제대로 된 퍼실리테이션 워크숍에서 볼 수 있는 도구와 기법들이 사용된다. 그러므로 외관상 나타나는 모습은 진짜 퍼실리테이션과 매우 닮아 있다. 그리고 이 단계의 퍼실리테이터는 어느 정도 중립을 지키면서 진행을 하기도 한다.

그러나 결정적인 순간이나 다루기 어려운 갈등 상황에서 중립을 잃게 된다. 그리고 이 상황을 중립을 지키고 퍼실리테이션의 역할을 다한 것처럼 보이도록 위장하는 노력을 행한다. 진행의 아쉬움에 대한 부정적인 발언이 참여자로부터 나오지 않게 하려고 참여자의 주의를 다른 곳으로 전환한다. 자신의 중립성을 높이려는 노력보다는 기법이나 도구의 화려함에 의존하게 되는 경향이 강하게 된다. 여기에는 자신의 부족함을 도구의 겉모양으로 감추려는 의도가 담겨 있다.

다음 단계로 넘어가려면…
- 퍼실리테이션에 관한 책을 더 많이 읽는다.
- 중립을 지키려 할 때 겪는 자신의 두려움이 무엇인지 들여다본다.
- 전문가의 지도를 받는다.

3. 제3단계 – 따름

따름acting 단계에 있는 퍼실리테이터는 퍼실리테이션이 무엇인지, 중립의 중요성이 무엇인지 잘 알고 있다. 그리고 이를 지키고 따르는 것이 집단과 회의를 잘 돕는 것이라는 것을 인식하고 있다. 그러나 아직 이를 자연스럽게 해내고 있지 못하는 상황이다. 마치 교통법규를 잘 지키는 초보 운전자와 같다. 긴장하고 애쓰지만 충분한 성과를 내지 못하고 때로는 회의에 방해되기도 한다.

이 단계에 있는 사람은 퍼실리테이션을 제대로 학습해 진정한 퍼실리테이터가 되고 싶지만 아직 몸에 익숙하지 않은 상태이다. 해냄의 단계로 발전 가능성이 있고 진정으로 집단을 도우려는 마음가짐을 가지고 있다. 참여자와 고객을 도우려는 마음보다 자신의 역량 향상을 위해 자신이 실습하는 것에 더 많은 관심을 가지게 될 경우 속임의 단계로 추락할 수 있다. 그러므로 이 단계에 있는 퍼실리테이터도 너무 욕심을 내어 어려운 과제에 도전하기보다는 쉬운 과제에 적용하고, 꾸준히 전문 퍼실리테이터와 교류해 해냄의 단계로 향해 가는 것이 바람직하다.

따름은 중립의 작동 원리와 효과를 이해하고 있는 단계이므로 실제로 현장에서 익숙하게 구현할 수 있도록 참관과 실습을 멈추지 않는 것이 필요하다. 또한 성찰적인 피드백을 통해 자신의 부족한 행동이 무엇인지 확인하고 이를 개선해 나가는 데 집중하는 것이 좋다. 이 단계는 매뉴얼을 충실히 지키는 것과 같은 단계이다. 다음으로 넘어가려면 퍼실리테이션 기법과 도구를 넘어 그 안에 자리 잡고 있는 원리와 철학에 관한 공부가 필요한 단계이다.

다음 단계로 넘어가려면…

- 철학을 공부하고, 인간과 집단의 본질을 사유한다
- 정치학, 경제학, 경영학, 사회학, 심리학, 언어학 분야의 관련 이론을 학습한다.
- 다양한 도구와 방법론을 학습한다.

4. 제4단계 – 해냄

해냄^{doing} 단계에 있는 퍼실리테이터는 퍼실리테이션이 무엇인지, 중립의 중요성이 무엇인지 잘 알고 있으며, 이미 여러 차례의 성공적인 퍼실리테이션을 경험한 사람이다. 중립을 잘 지키고, 다양한 기법과 도구를 사용해 집단과 회의를 도운 경험을 통해 퍼실리테이션에 대한 신념을 가지고 있으며, 능숙함이 높아진 단계이다. 경험이 있는 분야와 사례에 대해 자신감을 지니고 있으며, 참여자는 일반 회의에서 느끼지 못했던 다른 방식으로 참여하는 것의 즐거움을 느낀다.

이 단계에 있는 사람은 직업적으로 퍼실리테이션을 수행할 수 있으며, 집단의 문제를 잘 해결해 고객으로부터 고맙다는 인사를 듣게 된다. 퍼실리테이션이 성공했을 때, 진정으로 집단을 돕고 그들의 잠재력을 발휘하게 했다는 점에 내면의 깊은 즐거움과 자부심을 맛보기도 한다. 이러한 성공적인 수행은 타인으로 하여금 퍼실리테이션에 대한 관심을 가지게 만든다.

아직 부족한 부분은 실제의 삶과 일에서의 퍼실리테이션에 어긋남이 있는 것이다. 퍼실리테이션 워크숍의 상황으로 짜인 경우에 중립을 지키면서 퍼실리테이션을 수행하는 것은 잘 해내지만, 자기 자신의 일, 사적인 관계에서는 중립성을 잃는 경우가 종종 생겨난다.

그러므로 퍼실리테이터로서 이중적인 삶의 양식에서 오는 내면의 갈등이 있으며, 이에 관해 스트레스를 받게 된다. 이 단계를 극복하기 위해서는 시야를 보다 넓히고, 성취, 승리, 중립과 같은 수단적이고 단기적인 가치보다는 평화, 행복과 같은 장기적이고 종국적인 가치에 집중하는 노력이 필요하다.

다음 단계로 넘어가려면…

- 학습을 지속한다.
- 자신의 정체성을 명확히 재정립한다.
- 명상한다.

5. 제5단계 – 됨과 되어감

퍼실리테이션이 자연스러워진 상태이다. 퍼실리테이터는 삶과 일에서 일치된 행동을 보이며, 중립자로서의 행동에 거리낌이 없다. 퍼실리테이터로서 도구와 기법에 얽매이지 않고 집단으로부터 자연스러운 대화를 이끌어내며, 회의의 참여자는 편안하고 자연스러운 상태에서 일을 하고 있다는 느낌을 지니게 된다.

이 단계에 있는 퍼실리테이터는 다른 퍼실리테이터에게 귀감이 되며 진정한 퍼실리테이터를 양성하는 것이 가능해진다. 그리고 퍼실리테이션의 성공적인 사례를 쌓아감으로써 퍼실리테이션에 대한 사람들의 관심과 적용의 확산을 불러일으킨다. 사람들은 이 단계의 퍼실리테이터는 만나는 것만으로도 배움과 성찰을 얻고 퍼실리테이션에 대한 더 깊은 매력을 느끼게 된다.

퍼실리테이션을 수행하는 과정에서 새로운 시도가 이루어지며, 이 시도는 새로운 도구와 기법으로 발전하게 된다. 이 단계의 퍼실리테이터는 퍼실리테이터에 대한 지나친 확신을 가지는 것을 주의하고, 도그마에 빠질 위험을 생각해야 한다. 다른 영역의 활동을 존중하고 협업과 장기적인 발전에 노력을 기울이는 것이 필요하다.

됨^{being}은 이상적인 단계라서 결코 도달할 수 없다고 볼 때, 5단계 모두 됨을 향해 되어가는 becoming 과정이라고 볼 수 있다.

이 단계를 유지하기

- 과감하게 버린다.
- 굳건하게 지킨다.

어떤 것을 잘 알고 행하려면 그것이 아닌 것과 구분해보는 것이 도움이 된다. 하지만 어떤 것과 다른 것의 경계를 완전히 구분하는 것은 불가능하다. 완전하게 구분할 수 없다고 하더라도 차이를 확인하면서 보다 더 나은 방향으로 나갈 수는 있다. 퍼실리테이션의 발전 단계는 절대적 기준이라기보다는 그 비교에 도움을 주기 위한 것뿐이다.

이 퍼실리테이션의 발전 단계는 순차적으로 나타나는 것이 일반적이지만, 반드시 그런 것은 아니다. 수행하는 퍼실리테이션 워크숍의 난이도에 따라 단계가 중복되거나 겹쳐서 나타날 수도 있다. 자신의 퍼실리테이션 경험을 비추어 어느 단계에 있는지는 체크해 보고 어느 것에 주력하는 것이 좋을지를 가늠해보는 참고틀로 활용해 볼 만하다. 누구라도 거쳐야 하는 단계이기 때문에 1, 2단계에 있다고 하여 부끄러워할 필요는 없다. 다음 단계로 발전하려는 의지를 가졌다면 충분하다. 또한 누구라도 5개 단계의 모든 특성을 조금씩은 가지고 있다.

에필로그

일의 변동성과 복잡성이 높아지고, 구성원의 참여 의지가 높아진 이 시대는 많은 퍼실리테이터를 필요로 한다. 전문 퍼실리테이터가 아니더라도 리더의 역량 목록에 퍼실리테이션이 꼭 포함되면 좋겠다. 엄청난 시대적 요구가 있음에도 불구하고 아직은 리더의 역량 목록에 포함된 경우가 드물다. 앞서가는 조직에서는 이미 전 직원에게 퍼실리테이션 교육을 하고 있거나, 퍼실리테이션 역량을 갖춘 사내 변화 관리자를 육성하고 있다. 임원 교육에 퍼실리테이션을 포함하고 있다.

현재 전문 퍼실리테이터가 되는 일은 변호사나 의사처럼 국가자격으로 표준화되어 있지 않다. 민간자격이라는 아쉬움이 있지만, 한국퍼실리테이터협회(www.facilitator.or.kr)에서 제공하는 CF와 CPF 자격은 점점 신뢰와 인정을 받아 가고 있다.

퍼실리테이션의 성공에는 매우 다양한 요소들이 복합적으로 얽혀있어 표준화가 어렵다. 또한 국가자격으로 기준을 마련하고 표준화를 이루어야 할 만큼 산업 규모가 그리 크게 형성되어 있지는 못한 편이다. 또한 중립을 지키는 것을 확인하기 어려운 모호성과 갈등이 해결된 것을 뚜렷하게 확인하기 어려운 것도 표준화의 현실적인 장애가 되고 있다.

퍼실리테이터가 되는 것의 전제는 퍼실리테이터가 어떤 사람인가를 정의하는 것이다. 이 책에서 설명하는 퍼실리테이션의 역량을 갖추고 있는 사람이 퍼실리테이터라고 말할 수 있다. 그 역량은 일반인들의 눈에 쉽게 드러나지 않기 때문에 역량 높은 퍼실리테이터를 구분하기가 쉽지 않다.

퍼실리테이션을 전파하고 만나 공부하고 시도하고 전파한지 어느덧 20년이 되었다. 발기인으로서 협회를 만들고, 자격제도를 만들고, 교육 프로그램을 설계하고, 꾸준히 교육하며, 퍼실리테이션의 실행 사례도 쌓아왔다. 영광스럽고 행복하고 고마운 일이다.

이제 저변도 많이 넓어졌고, 그리하여 목소리보다 글로 퍼실리테이션을 전파해야 하는 상황으로의 변화가 일어났다. 쿠가 가진 역량 중에서 쓸모 있는 것이라면 무엇이든 송두리째 안겨드리고 싶은 심정으로 책을 썼다. 『반영 조직』처럼 이 책도 4년이 걸렸다. 게으름과 졸필의 부족함을 다시 한번 스스로 입증하면서 괴로웠지만, 한편 후련하다. 방방곡곡에서 훌륭한 퍼실리테이션을 해내고 있는 많은 도반 동지들의 날카로운 지도와 편달을 기대한다.